# "营改增"的财务效应研究

曹 越 著

本书受国家社会科学基金重点项目（17AGL011）和湖南财政与会计研究基地资助。

科 学 出 版 社

北 京

# 内 容 简 介

本书是首部从企业层面系统研究"营改增"财务效应的专著,初步形成财税政策微观因果效应评估的方法体系。"营改增"直接影响企业税负,而企业税负变化必然影响企业财务行为、绩效和投资者决策。本书研究"营改增"影响公司流转税税负和所得税税负、公司债务融资成本、公司研发支出、企业劳动力需求和企业绩效的作用机理与经验证据,以及"营改增"的市场反应、趋势及影响因素。

本书可供财税领域的研究人员、高校教师和研究生阅读与参考。

**图书在版编目(CIP)数据**

"营改增"的财务效应研究/曹越著. —北京:科学出版社,2022.2
ISBN 978-7-03-067213-1

Ⅰ.①营… Ⅱ.①曹… Ⅲ.①增值税-税收改革-影响-财务管理-研究-中国 Ⅳ.①F275

中国版本图书馆 CIP 数据核字(2020)第 255154 号

责任编辑:杭 玫 / 责任校对:张亚丹
责任印制:张 伟 / 封面设计:无极书装

科 学 出 版 社 出版
北京东黄城根北街 16 号
邮政编码:100717
http://www.sciencep.com

北京建宏印刷有限公司 印刷
科学出版社发行 各地新华书店经销

\*

2022 年 2 月第 一 版 开本:720×1000 B5
2023 年 1 月第二次印刷 印张:16 3/4
字数:338 000

定价:**158.00 元**
(如有印装质量问题,我社负责调换)

# 作者简介

　　曹越，湖南大学会计系教授、博士生导师，岳麓学者特聘岗，财政部全国会计领军人才，湖南省"121"创新人才。现为国家社会科学基金同行评议专家，中国会计学会资深专家，湖南省财务学会副会长。长期从事产权会计研究，被同行誉为"中国会计学产权学派的重要代表人物和中坚力量"。已在CSSCI、SSCI源刊上发表该领域论文 63 篇，其中权威期刊《会计研究》上 15 篇，《新华文摘》全文转载 1 篇，人大复印资料全文转载 18 篇。主持国家社会科学基金项目 4 项（含重点项目 1 项），省部级重大、重点项目 2 项。研究成果曾获湖南省哲学社会科学优秀成果一等奖和二等奖、财政部中国会计学会优秀论文三等奖。获得人大复印资料报刊资料重要转载来源作者等荣誉。

# 前　言

　　2008 年全球金融危机爆发以来，世界经济一直处于低迷状态。中国经济即便率先复苏，仍面临很大的下行压力和风险。为了助推新形势下的经济发展，中国政府出台一揽子计划，其中，降低企业税负是税制改革的重要目标，而营业税改征增值税（以下简称"营改增"）是税制改革的突破口。为了完善税制、避免重复征税、促进现代服务业的发展，财政部和国家税务总局于 2011 年 11 月 16日印发《营业税改征增值税试点方案》（财税〔2011〕110 号），将"营改增"的基本原则定位于"合理设置税制要素，改革试点行业总体税负不增加或略有下降，基本消除重复征税，建立健全适应第三产业发展的增值税管理体系"。该方案以交通运输业和部分现代服务业等生产性服务业为试点行业，将上海作为首个试点地区，并呈"雁阵"式在全国逐步铺开，旨在辐射试点效应。2016 年 5 月 1日，"营改增"试点范围扩大到建筑业、房地产业、金融业和生活服务业，至此，营业税退出历史舞台。"营改增"是深化财税体制改革的重头戏和供给侧结构性改革的重要举措，是优化增值税税制、促进服务业发展、调结构、稳增长、结构性减税特别是中小企业减税的内在要求，是用短期财政收入的"减"换取持续发展势能的"增"，为经济保持中高速增长、迈向中高端水平打下坚实基础。"营改增"对企业的财务效应与企业的应对策略已成为党和国家、企业及社会公众关注的焦点。

　　本书以"营改增"的政策目标为立足点，以"营改增"分地区、分行业逐步推进为时间节点，采用规范分析和实证检验相结合的方法，旨在从企业层面系统评估"营改增"的财务效应，创建"营改增"财务效应分析的框架体系。"营改增"的政策目标是"改革试点行业总体税负不增加或略有下降，基本消除重复征税"（财税〔2011〕110 号）。该框架体系根据"企业税负变化必然影响企业财务行为、绩效和投资者决策"的传导逻辑来安排研究内容，涉及"营改增"影响企业流转税税负和所得税税负的理论逻辑、作用机制及经验证据，"营改增"影响企业债务融资成本、研发支出及劳动力需求的作用机理与经验证据，"营改增"对企业绩效（营利能力和全要素生产率）产生影响的作用机理与经验证据，以及"营改增"的市场反应、趋势及影响因素。该框架体系的内容突出"营改增"财务效应的系统检验，其分离出"营改增"本身财务效应的方法体系，为从微观层面识别宏观财税政策的因果效应提供重要参考，初步形成财税政策微观效应评估的方法体系。本书是对现有供给侧结构性改革与微观企业行为和经济后果研究的重要补充，对后续利用财税政策完成供给侧结构性改革目标具有重要借鉴意义。

# 目　　录

# 第1章 导　　论

营业税是对在中国境内提供应税劳务、转让无形资产或销售不动产的单位和个人，就其所取得的营业额征收的一种商品与劳务税。中华人民共和国成立后，营业税（当时称"工商税"）是当时税收制度的主要税种。1950 年，政务院公布《工商业税暂行条例》，规定凡在中国境内的工商营利事业，一律依法缴纳工商税。1958 年税制改革，将当时实行的货物税、商品流通税、印花税及工商业税中的营业税部分合并为工商统一税，不再单独征收营业税。1973 年，将工商统一税并入全国试行的工商税。1984 年第二次"利改税"将工商税中的商业和服务业等行业划分出来单独征收营业税，并适当扩大征税范围。此时的营业税包括商业零售、商业批发、交通运输、建筑安装、金融保险、邮政电信、出版事业、公用事业、娱乐业、服务业和临时经营共 11 个税目。1988 年又增设典当业税目。为充实地方财政收入，调动地方政府积极性，1994 年进行影响深远的"分税制"改革。改革的主要内容如下：①将商业零售、商业批发、公用事业中的煤气和水等有形动产的销售，以及出版事业等改为征收增值税，而销售不动产、转让无形资产和从事除委托加工、修理修配之外的服务业则按取得的营业额征收营业税，建立了统一、规范的营业税税制。②增值税由国家税务局征收，收入按 3∶1 实行中央与地方分成共享；营业税一般由地方税务局征收，收入全额归地方政府。"分税制"改革调动地方政府发展经济的积极性，其引发的地方政府之间的竞争被认为是支撑中国经济发展奇迹的关键（张五常，2017）。为了适应增值税转型改革的需要，2009 年《中华人民共和国营业税暂行条例》得到修订，主要内容是减少按照差额征收营业税的项目。营业税具有以下特点：一是一般以营业额全额为计税依据，税额不受成本、费用高低影响。这对保证地方财政收入稳定增长十分重要。二是按行业设计税目税率。其中，交通运输业、建筑业、文化体育业和邮电通信业 3%，娱乐业 5%~20%，金融保险业、销售不动产、转让无形资产和服务业 5%。三是计算简便，便于征管。一般直接用营业收入全额乘以比例税率计算营业税，税款随营业收入的实现而实现，计征简便，但营业税税制也存在较为严重的问题：一是重复征税，营业税一般按全额征税，企业购买的应税服务发生增值以后，对外提供的应税服务按营业收入全额计税存在重复征税，且增值额越高，重复征税越严重。这对技术密集型服务业、生产性服务业的发展极为不利。二是营业税与增值税形成板块并行结构，一项商品销售与劳务提供或者交增值税，或者交营业税。当增值税一般纳税人从营业税纳税人处购买应税服务时，无法取得增值税进项抵扣，使得采购成本增加、利润下降。同理，营业税纳税人从增值税一般纳税人处购买应税货物，即便取得增值税专用发票，也不能进项抵扣，这同样存在采购成本增加、利润下降的问题。增值税一般纳税人的计税方法是以每个生产经营环节上货物或劳务（仅限委托加工、修理修配劳务）的销售额为计税依据，乘以规定的税率计算整体税负（销项税额），同时通过税款抵扣方式将外购项目在以前环节已纳税款（进项税额）予以扣除，即仅对增值额征税，从而完全避免重复征税，其优点如下：第一，避免重复征税使得增值税能够平衡税负，促进公平竞争；第二，征税范围的广泛性、征收的普遍性和连续性使得增值税税源充足，在组织财政收入上具有稳定性和及时性；第三，凭发票抵扣的征收制度使得买卖双方形成有机的扣税链条，在增值税征管上可以相互制约、交叉审计，减少税款流失。

为了完善税制、避免重复征税、促进现代服务业的发展，财政部和国家税务总局于2011年11月16日印发《营业税改征增值税试点方案》，拉开"营改增"改革的大序幕。该方案以交通运输业和部分现代服务业等生产性服务业为试点行业，将上海作为首个试点地区，并呈"雁阵"式在全国逐步铺开。2016年5月1日，"营改增"试点范围扩大到建筑业、房地产业、金融业和生活服务业，至此，营业税退出历史舞台。具体的试点地区、试点时间、试点行业和政策依据如表1.1所示。

**表1.1　"营改增"改革进程与试点行业**

| 试点地区 | 试点时间 | 试点行业 | 试点前营业税税率 | 试点后增值税税率（一般纳税人） | 政策依据 |
|---|---|---|---|---|---|
| 上海市 | 2012年1月1日 | "1+6"：1个交通运输业，包括陆路运输、水路运输、航空运输和管道运输服务；6个现代服务业，包括研发和技术、信息技术、文化创意、物流辅助、有形动产租赁和鉴证咨询服务 | 交通运输业：3%现代服务业：5% | 交通运输业：11%有形动产租赁：17%除有形动产租赁之外的现代服务业：6% | 财税〔2011〕111号 |
| 北京市 | 2012年9月1日 | | | | |
| 江苏省、安徽省 | 2012年10月1日 | | | | 财税〔2012〕71号 |
| 福建省（含厦门市）、广东省（含深圳市） | 2012年11月1日 | | | | |
| 天津市、浙江省（含宁波市）、湖北省 | 2012年12月1日 | | | | |

续表

| 试点地区 | 试点时间 | 试点行业 | 试点前营业税税率 | 试点后增值税税率（一般纳税人） | 政策依据 |
|---|---|---|---|---|---|
| 全国范围 | 2013 年 8 月 1 日 | "1+7"：在 "1+6" 的基础上增加 "广播影视服务" | 5% | 6% | 财税〔2013〕37 号 |
| | 2014 年 1 月 1 日 | "2+7"：在 "1+7" 的基础上增加交通运输业中的 "铁路运输" 和 "邮政业" | 3% | 11% | 财税〔2013〕106 号 |
| | 2014 年 6 月 1 日 | "3+7"：在 "2+7" 的基础上增加 "电信业" | 3% | 基础电信服务：11% 增值电信服务：6% | 财税〔2014〕43 号 |
| 全面推开 | 2016 年 5 月 1 日 | 全部：在 "3+7" 的基础上增加 "建筑业、房地产业、金融业和生活服务业" | 建筑业：3% 房地产、金融业和生活服务业：5% | 建筑业和房地产业：11% 金融业和生活服务业：6% | 财税〔2016〕36 号 |

"营改增"是迄今为止最大规模的税制改革行动（高培勇和汪德华，2016），是深化财税体制改革的重头戏和推进供给侧结构性改革的重要举措。"营改增"的减税效应直接作用于供给侧结构性改革的"降成本"任务，也为"去杠杆"等任务提供重要支撑，具有谋一域而促全局的功效。对试点企业而言，"营改增"有助于主辅业务分离、服务外包和投资成本降低，但税负有的不降反升，且可能诱发过度投资和经营流程调整成本等问题。"营改增"对企业的财务效应与应对策略已成为党和国家、企业及社会公众关注的焦点。

"营改增"的政策目标是"改革试点行业总体税负不增加或略有下降，基本消除重复征税"（财税〔2011〕110 号）。本书以"营改增"的政策目标为立足点，以"营改增"分地区、分行业逐步推进为时间节点，以信息不对称和委托代理理论为基础，综合运用微观经济学、税收学、财务学和会计学知识，采用规范分析和实证检验相结合的方法，旨在从企业层面系统评估"营改增"的财务效应。

根据"企业税负变化必然影响企业财务行为、绩效和投资者决策"的传导逻辑，全书内容包括：一是"营改增"影响企业流转税税负和所得税税负的作用机理、路径及经验证据，详见第 2 章和第 3 章；二是"营改增"影响企业财务行为（债务融资成本、研发支出和劳动力需求）的作用机理与经验证据，详见第 4 章、第 5 章和第 6 章；三是"营改增"对企业绩效（营利能力和全要素生产率）产生影响的作用机理与经验证据，详见第 7 章和第 8 章；四是"营改增"的市场反应、趋势及影响因素，详见第 9 章。具体内容主体框架如图 1.1 所示。

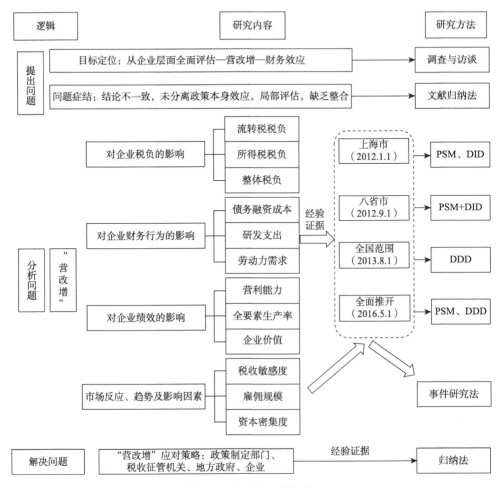

图 1.1   本书内容框架图

PSM：propensity score matching，倾向得分匹配；DID：difference-in-differences，双重差分；DDD：
domain-driven design，领域驱动设计

全书内容涉及管理学、经济学等各学科领域，因此需要采用多种研究方法，力求做到以下几个方面的结合。

（1）调查与访谈法。"营改增"是否实现了政策目标？在现实运行中存在哪些问题？是否切实降低企业税负？对企业产生哪些影响？我们调查财政部税政司、国家税务总局货物与劳务税司、湖南省国家税务局和试点企业，并与相关负责人员和典型企业财务总监进行访谈，为研究开展奠定实践基础。

（2）演绎与归纳法。"营改增"对企业税负、企业财务行为、企业绩效和投资者产生影响的作用机理是什么？这需要利用信息不对称、委托代理、财税体制、融资约束、投资机会和会计处理等多方面的知识进行演绎分析。现有文献对

"营改增"的政策效应研究存在哪些问题症结？这需要基于文献梳理，利用归纳法予以总结。从企业层面评估"营改增"的财务效应之后，对实践具有哪些政策建议？这需要基于作用机理和经验证据，从政策制定部门、税收征管机关、地方政府和企业层面予以归纳总结。

（3）DID 法。如何分离出"营改增"本身的财务效应？基本的方法是 DID 法，但其适用的前提是要求政策虚拟变量外生，且研究样本必须满足"平行趋势"假设（Heckman，2000），否则会引发"选择性偏差"。我们首选 DID 法构建模型，并检验其适用前提。

（4）PSM 和 DDD 法。控制"选择性偏差"的重要方法：一是 PSM 法，其通过匹配再抽样的方法使得观测数据尽量接近随机试验数据，若观测数据存在依不可测变量选择问题，则采用 DID+PSM（Heckman et al.，1998）；二是 DDD 法，其通过剔除处理组与控制组之间不可观测的趋势差异而分离出政策本身的效应。针对"营改增"对企业的财务效应，若DID法的适用前提不满足外生性和平行趋势假设，则采用 PSM 和"DID+PSM"。若样本年度存在实施其他重要政策（如"八项规定"、固定资产加速折旧等）的情况，则采用 DDD 法。同时，我们还采用面板 DID 和安慰剂检验等方法进行稳健性测试。

（5）事件研究法。"营改增"的市场反应需要运用事件研究法，我们采用市场模型和市场调整模型，按"营改增"分地区、分行业逐步推进的时间节点，分别检验其市场反应，描绘其变化趋势，并利用多元均值回归方法检验该市场反应的影响因素。

从研究内容和目标出发，结合上市公司数据进行实证分析，全书形成以下观点。

第一，"营改增"对公司流转税税负无显著影响，在区分试点行业、试点公司与非试点公司及所有权性质之后，仍未发现显著影响。"营改增"对公司所得税税负无显著影响，在区分试点行业、产权性质、是否处于优惠区和关系型交易之后，仍未发现显著影响。当考虑金字塔层级后，"营改增"使得试点国有企业和地方国有企业的所得税税负显著降低。上述结果与"营改增"确立的基本原则"改革试点行业总体税负不增加或略有下降"存在一定差异，但这种差异并不显著，基本符合政策预期。

第二，与非试点地区试点行业相比，"营改增"使上海市地区试点公司债务融资成本略有下降，八省市试点公司债务融资成本显著降低，且使得"上海市和八省市"试点公司现代服务业略有降低、交通运输业显著下降；与非试点公司相比，"营改增"使得上海试点地区试点公司债务融资成本略有下降，八省市和全国性试点公司债务融资成本显著降低。区分产权性质和市场化程度的进一步研究发现，八省市和全国性"营改增"对公司债务融资成本的降低效应仅在非国有企业和高市场化程度地区中存在。

第三，与非试点公司相比，"营改增"使得上海和八省市试点公司研发支出略有增加，全国性试点公司研发支出显著增加。在区分公司规模、生命周期、融资约束水平、机构投资者持股水平及产品市场竞争程度之后，发现"营改增"使得大规模公司，成长期公司，融资约束水平较低、机构投资者持股比例较高及产品市场竞争激烈的公司研发支出显著增加。

第四，"营改增"能够显著增加试点企业的劳动力需求，说明此次改革的收入效应大于替代效应。在区分产权性质与国有企业层级之后，"营改增"对八省市试点企业劳动力需求的增加效应仅在非国有企业和地方国有企业中存在，"营改增"对全国性试点企业劳动力需求的增加效应仅在国有企业和地方国有企业中存在。内源融资约束水平是"营改增"提高企业劳动力需求的重要渠道机制。"营改增"引发的企业劳动力需求增加具有显著的绩效提升作用。

第五，与非试点企业相比，"营改增"使得先行试点地区（上海市和八省市）试点企业的 ROA 略有增加、ROE 显著提升，同时使得全国性试点地区试点企业的绩效显著增加；与非试点地区试点行业相比，"营改增"使得先行试点地区（上海市和八省市）试点行业企业绩效略有上升；整体而言，"营改增"具有绩效提升功能。区分产权性质和税收征管强度的进一步研究发现，"营改增"的绩效提升作用主要集中于国有企业和所处地区税收征管强度较大的企业。拓展性分析结果显示，刺激企业投资是"营改增"改善企业绩效的重要渠道机制。

第六，"营改增"能够显著促进企业全要素生产率的提升。"营改增"对试点服务业和制造业的影响路径有所不同：对试点服务业而言，"营改增"的价格优化效应（即"营改增"后上下游企业形成完整的抵扣链条，缓解了营业税重复征税带来的价格扭曲和效率损失）是驱动其全要素生产率提高的主要力量；对制造业而言，"营改增"的专业分工效应（即"营改增"使得上下游企业的抵扣链条打通，流转税税负下降，供给意愿和购买意愿增强，形成专业化分工激励）是提升其全要素生产率的主要原因。

第七，整体而言，投资者一直将"营改增"视为利好消息，但不同行业"营改增"的市场反应有差异：投资者对交通运输业的反应经历了从"观望"到"利好"的转变，视现代服务业、邮政业、电信业、房地产业与金融业为利好消息，视建筑业为利空消息，对生活服务业持观望态度。针对市场反应影响因素的进一步研究发现，税收敏感度越高和雇佣规模越低的公司，累计超额收益率（cumulative abnormal return，CAR）越高，但固定资产密度与累计超额报酬率无显著关系。

全书在学术思想、学术观点、研究方法等方面的特色和创新体现在以下几个方面。

其一，从企业层面建立"营改增"专项研究的逻辑层次，突出"营改增"财务效应的系统检验：利用上市公司数据，以"营改增"分地区、分行业逐步推进为时间节点，分别考察"上海市→八省市→全国性→全面推开"试点这一改革进程对试点企业和非试点企业的财务影响，全面、系统检验"营改增"的短期、长期和动态财务效应。

其二，研究层次设计创新：以"营改增"的政策目标为立足点，遵循"营改增"对"企业税负（流转税税负和所得税税负）→企业财务行为（债务融资、研发支出和劳动力需求）→企业绩效（营利能力和全要素生产率）→投资者决策（市场反应、趋势及影响因素）"产生影响的逻辑来安排内容，创建"营改增"对企业的财务效应分析框架，弥补现有研究因数据的可获得性仅针对局部试点地区、局部内容展开分析的不足，并从政策制定部门、税收征管机关、地方政府和企业四个层面提出应对策略，这些建议具有针对性和可操作性，可供管理当局参考。

其三，实证检验方法创新：现有研究主要采用DID来检验"营改增"对企业的政策效应，但并未特别关注其适用前提。本书以 DID 为基础，强调其适用前提检验以确保方法的适当性，同时重点引入 PSM 和 DDD 等新方法分离出"营改增"本身的财务效应。在"营改增"的市场反应方面，引入主流的事件研究法，以弥补现有研究仅用"机构投资者持股和股票市盈率"作为市场反应替代变量进行普通最小二乘（ordinary least squares，OLS）回归的不足。这些方法的综合应用将提升研究结论的可靠性，也是本书具有参考价值的重要方面。

# 第2章 "营改增"对公司流转税税负的影响研究

本章专门讨论"营改增"对公司流转税税负的影响，在已有针对营业税的研究中，学者多侧重关注不同地区之间营业税税率差异对创业的影响（Newman and Sullivan，1988；Papke，1991）、不确定性条件下营业税的中性设计（Boadway and Bruce，1984；Bond and Devereux，1995）及营业税的税负水平（平新乔等，2010）、福利效应（平新乔等，2009）和征管力度（杨得前，2013）。针对"营改增"的实证研究，现有文献主要从宏观和微观两个层面展开。

一是宏观层面，侧重关注"营改增"的结构性减税效应，"营改增"对宏观经济、行业增加值、能源消费结构、节能减排、消费性财富、人均效率资本、国民收入分配格局、收入分配效应的影响及有关"营改增"增值税税率设置的建议。吴金光等（2014）以上海市改革试点为例，检验"营改增"政策的结构性减税效应，发现短期内"营改增"对交通运输业的促进作用有限，对产业发展的影响效应还未充分体现。石中和和娄峰（2015）通过构建"经济、能源、环境和税收"的动态可计算的一般均衡（computable general equilibrium，CGE）模型，模拟分析"营改增"对中国宏观经济、行业增加值、能源消费结构和节能减排的影响及动态累积效应，发现"营改增"每年可以使得国内生产总值（gross domestic product，GDP）名义增长率提高约 0.2 个百分点，虽然短期内能耗系数会有所提高，但从长期看将有助于降低能源强度。孙正和张志超（2015a）在新古典一般均衡框架下测算"营改增"前后流转税的边际税率及其对消费性财富和人均效率资本的影响，发现"营改增"增加国民消费性财富和人均效率资本存量，改善动态经济效率；此外，他们采用 1995~2013 年省际数据，运用面板向量自回归（panel vector autoregression，PVAR）模型考察"营改增"对中国国民收入分配格局的影响，发现"营改增"提高居民和企业部门在国民收入分配中的所得份额，并降低政府部门的所得份额（孙正和张志超，2015b）。葛玉御等（2015）

通过构建中国的"营改增"CGE 模型,从收入效应和消费效应的双重视角检验了"营改增"的收入分配效应,发现"营改增"缩小了城乡之间收入分配差距,且对城市家庭的收入分配效应大于农村。陈晓光(2013)利用 Hsieh 和 Klenow 模型及企业层面数据测算了增值税有效税率差别导致的全要素生产率损失,发现2000~2007 年,全要素生产率损失年均高达 7.9%,主张在"营改增"过程中应尽量减少增值税税率的档次,避免效率损失。

二是微观方面,已有文献侧重关注"营改增"对公司流转税税负、股价波动、企业投资、劳动雇佣、研发行为、企业成长、财务业绩和专业化分工的影响。一些研究以上海市试点上市公司为样本,发现"营改增"能有效降低这类公司的流转税税负(王佩等,2014;郭均英和刘慕岚,2015)。李嘉明等(2015)发现"营改增"政策能有效降低上海市交通运输业公司整体税负,且该政策的发布对试点行业的股票价格具有正向影响。童锦治等(2015)基于企业议价能力,从税负转嫁出发,运用 DID,采用 2010~2012 年上市公司的数据检验上海市"营改增"对企业实际流转税税负的影响,发现供应商或经销商议价能力越低,"营改增"后企业名义流转税税负上升幅度越大,但企业绩效并未因此而下降。袁从帅等(2015)采用 2007~2013 年中国上市公司的面板数据,利用 DID 检验"营改增"对企业投资、劳动雇佣及研发行为的影响,发现"营改增"显著促进企业总投资,但设备类固定资产投资促进作用不明显,人均资本量显著增加,"营改增"显著提高工资水平,但对于劳动雇佣没有实际影响,也在一定程度上增加研发支出。赵连伟(2015)采用 2011~2014 年微观企业层面的调查数据,利用 DID检验"营改增"对企业成长效应的影响,发现"营改增"使企业新增固定资产提高了 4.85%,其中,交通运输业的拉动效果强于现代服务业,同时使净资产收益率平均提高 3%。李成和张玉霞(2015)以试点地区 2011~2013 年上市公司的季度数据为样本,利用 DID 考察"营改增"对企业投资、销售、财务业绩及生产效率的影响,结果发现"营改增"显著提高固定资产投资、人均销售额和全要素生产率。陈钊和王旸(2016)采用 2008~2014 年中国上市公司的数据,利用 DID 检验"营改增"促进专业化分工的可能性,发现部分制造业企业由原来自给自足提供生产性服务变为对外经营该业务,部分服务业企业获得来自制造业企业更多的业务外包,企业不存在混业经营(避税)的动机,"营改增"确实促进企业专业化分工。

上述文献为本章奠定重要基础,但检验"营改增"对企业税负影响的文献很少,且有关企业税负的文献有待进一步推进:一是在研究方法上,部分文献没有分离出"营改增"政策本身对企业流转税税负的影响(郭均英和刘慕岚,2015;李嘉明等,2015),采用 DID 考察上海市"营改增"税负效应的文献(王佩等,2014;童锦治等,2015)并未特别关注 DID 法的适用前提,而采用案例研究方法的文献难以从整体上度量上海市"营改增"的税负效应（李嘉明等，2015）。二是流转税税负度量指标，现有文献主要基于现金流量表数据，并非基于应计制计算流转税税负，在一定程度上存在衡量偏误。三是样本区间选择，基于数据的可获得性，现有研究文献集中讨论上海市"营改增"对企业流转税税负（童锦治等，2015；李嘉明等，2015）和交通运输业流转税税负（王佩等，2014）的影响，并未全面考察除上海市之外的先行试点地区（八省市）和全国范围试点，有关"营改增"对公司流转税税负影响的经验证据甚为缺乏。

本章的研究内容与方法如下：一是利用 PSM 法检验上海市"营改增"对公司流转税税负的影响。现有文献主要利用 DID 模型检验上海市"营改增"的政策效应，但该方法运用的前提是满足"随机试验或自然试验"的严格假设。尽管部分文献论证到"营改增"近似于"自然试验"，但并非完全意义上的自然实验。经过调研发现，国家选择上海市作为第一个试点有诸多原因：①征管机构上，上海市国家税务局和地方税务局属于"两块牌子、一套人马"，实施"营改增"后很容易对比改革前后税务机关工作量、税收收入等变化。②区位优势层面，上海市作为中国的经济金融中心，是中国对外开放的窗口，属于开放型经济。2011 年上海市经济总量达到 1.9 万亿元，位居全球大城市第 11 位，选取上海市作为试点容易形成强辐射效应。③业务方面，上海市的交通运输业和现代服务业很发达，业务类型齐全且复杂，选择上海市作为试点有助于及时发现和反馈"营改增"运行中存在的问题，完善试点方案。④征管基础，上海市具有很好的税收征管基础，上海市的税收征管系统及税务干部业务素质处于全国前列。⑤公司层面，上海市的市场化程度高，竞争充分，税源充足，政府干预少，大公司和业绩好的公司相对多。这些原因决定选择上海市作为试点更有利于"营改增"方案的顶层设计，也可能引发公司从其他地区迁入上海市，使得考察上海市试点公司（处理组）与非试点公司（控制组）的初始条件不完全相同，从而引发"选择性偏差"。控制"选择性偏差"的重要方法是 PSM 法，该方法试图通过匹配再抽样的方法使得观测数据尽可能地接近随机试验数据。本章采用 PSM 法来检验上海市"营改增"对公司流转税税负的影响，丰富现有文献的检验方法。二是采用DID法，按"营改增"逐步推进时间和公司所有权性质系统考察"营改增"对先行试点地区试点公司、全国范围试点公司及非试点公司流转税税负的影响。本章先后考察上海市、八省市及全国性"营改增"对试点公司流转税税负的影响，并区分公司所有权性质进行分组检验，全面评估"营改增"对公司流转税税负的影响，弥补现有文献仅检验上海市"营改增"对公司税负影响的局限。三是改进测算"营改增"流转税税负的方法，我们利用教育费附加、地方教育费附加及城市维护建设税计算出公司流转税税额，再剔除消费税，减少"营改增"涉及流转税税额的衡量偏误，是对现有文献估算公司流转税税负方法的改进。

# 2.1　"营改增"影响公司流转税税负的理论分析

## 2.1.1　"营改增"与公司流转税税负

《营业税改征增值税试点方案》（财税〔2011〕110 号）规定的基本原则之一就是"改革试点行业总体税负不增加或略有下降，基本消除重复征税"，财政部据此原则设计了"营改增"方案，包括税率设定等内容，然而实际设置的多档税率（11%、6%）却被解读为"结构性减税"，即并非所有试点行业的税负略有下降，部分行业因为试点之后进项税额很少，其税负可能上升。与原增值税法规相比，"营改增"试点实施细则（财税〔2013〕106 号、财税〔2014〕43 号）的主要变化如下：①在增值税税率方面，提供有形动产租赁服务税率为17%，提供交通运输业、邮政业和基础电信服务税率为11%，提供除有形动产租赁之外的现代服务业（包括研发和技术、信息技术、文化创意、物流辅助、鉴证咨询服务和广播影视服务）和增值电信服务为 6%。②应税服务的应征增值税销售额超过500 万元的为一般纳税人，适用增值税税率，未超过 500 万元的纳税人为小规模纳税人，适用征收率（3%）①。③进项税额不得抵扣中，删除"纳税人自用的应征消费税的摩托车、汽车、游艇"②。这一变化可以降低企业的流转税税负。"营改增"之前，对所有企业而言，若购置的摩托车、汽车和游艇并非专门用于生产经营，则不能进项抵扣；"营改增"之后，只要企业购置的是有形动产，无论是用于生产还是用于消费，只要不是全部用于职工福利和个人消费，均可以参与进项抵扣，从而降低流转税税负。④纳税人在提供应税服务同时，适用免税和零税率规定的，优先适用零税率。免税只代表不用纳税，而零税率不仅不用纳税，还可以对前期应税服务涉及的进项税额进行抵扣，进一步降低企业流转税税负。

上述变化表明，若"营改增"涉及试点行业的纳税人为小规模纳税人，则征收率为3%，这与"营改增"前的3%（交通运输业、邮电通信业、文化体育业）和 5%（服务业）相比，交通运输业、邮政业和电信业的税负不变，而 7 个现代服务业的税负将降低。若"营改增"涉及试点行业的公司为一般纳税人，按税率

---

① 《中华人民共和国增值税暂行条例实施细则》（中华人民共和国财政部、国家税务总局令 2008 年第 50 号）规定，原增值税一般纳税人年销售额的标准如下：批发零售为主的纳税人未超过 80 万元，其他企业超过 50 万元。可见，营改增涉及行业成为一般纳税人的门槛大幅提高，这样设计旨在降低试点行业中小企业的流转税税负。

② 《中华人民共和国增值税暂行条例实施细则》（中华人民共和国财政部、国家税务总局令 2008 年第 50 号）第二十五条。

征税，交通运输业、邮政业和基础电信业为 11%，比改革前的 3% 提高 8 个百分点，但可以抵扣进项税额。改革后这些行业公司采购的运输设备、燃料、有形动产、应税服务均可以享受 6%、11%、13% 和 17% 的进项抵扣。据此可以测算交通运输业流转税税负变化：按原增值税政策和"营改增"政策，交通运输业涉及进项的税率可能有 6%、11%、13% 和 17%。假设销项税额和进项税额发生在同一年度，那么税率差异（11% 减去涉及的可能的进项税率）分别为 5%、0、−2% 和 −6%。鉴于交通运输业接受除有形动产租赁之外的现代服务业业务偏少（6%），因而从长期来看，在税率差方面更有优势。考虑到交通运输业并非劳动密集型产业，涉及进项抵扣的业务较多，即"营改增"从长远来看有助于降低交通运输业的流转税税负。从短期来看，"营改增"后交通运输业流转税税负变化的关键取决于取得进项税额的多少。若交通运输业上市公司"营改增"后大幅增加运输设备、安全设备等有形动产投资，流转税税负会降低，反之则会上升。鉴于我们考察的是短期，于是提出假设 2.1a。

**假设 2.1a：** "营改增"对交通运输业公司流转税税负没有显著影响。

对于 7 个现代服务业的一般纳税人而言，两项最大的成本是人工费和房地产租金。"营改增"后的税率 6% 比改革前的 5% 尽管仅仅增加了 1 个百分点且可以抵扣进项，但由于现代服务业大多为劳动密集型行业，雇佣的人工成本是不能抵扣的，房地产的租金在房地产业"营改增"完成（2016 年 5 月 1 日）前也不能抵扣。从短期来看，现代服务业大幅增加进项税额抵扣的可能性小，据此提出假设 2.1b。

**假设 2.1b：** "营改增"使得部分现代服务业公司流转税税负略有上升。

综合上述行业税负分析及"营改增"的基本原则，提出假设 2.1。

**假设 2.1：** "营改增"对试点公司的流转税税负没有显著影响。

在全国范围试点之后，非试点公司（原增值税一般纳税人，下同）从试点公司（一般纳税人）购进的应税服务可以抵扣进项，从而降低增值税税负。此外，非试点公司自 2013 年 8 月 1 日起购买用于消费的摩托车、汽车和游艇也可以享受进项抵扣。这双重因素将导致非试点公司的流转税税负下降。但是，一般来讲，"营改增"涉及的应税服务占非试点公司采购的比重很低，加之非试点公司采购摩托车、汽车和游艇也并非经常性的业务，这决定"营改增"对非试点公司税负的降低效应很可能不显著，据此，提出假设 2.2。

**假设 2.2：** "营改增"将使得非试点公司的流转税税负略有下降。

## 2.1.2 "营改增"、所有权性质与公司流转税税负

与非国有企业相比，"营改增"对国有企业的影响很可能更小，原因如下：

一是国有企业往往承担政府的政策性目标,也承担保障就业、促进经济增长、维护经济稳定运行、增加就业等宏观层面的社会目标。为了促进经济增长,实现"营改增"的政策目标,政府可能采用减免增值税(先征后退、先征后返和即征即退),通过行政干预促使国有企业增加设备类固定资产投资以增加进项税额抵扣等手段来降低国有企业的流转税税负,从而实现政府的政策目标,进而实现政府的经济目标与社会目标。二是国有企业参与"营改增"是"营改增"政策顺利推进的必要条件。政府的政策目标与国有企业管理层的考核目标是相容的,即政府与国有企业之间容易达成协作。而作为完全市场化运作的非国有企业以股东财富最大化为目标,根据"营改增"政策的影响做出符合自身利益的决策且更看重长远。例如,非国有企业不会为了短期降低流转税税负而在"营改增"之后大量购进有形动产和应税服务,因而可以预期,非国有企业并不会因为仅仅享受短期的税收利益而大幅增加设备类固定资产的投资,同时也难以获得政府给予的非法定的增值税优惠政策。据此,提出假设 2.3。

**假设 2.3**:与试点国有企业相比,"营改增"使得试点非国有企业的流转税税负略高。

进一步将试点国有企业划分为中央政府监督管理的国有企业(以下简称"中央国企")和地方政府监督管理的国有企业(以下简称"地方国企"),"营改增"对地方国企与中央国企流转税税负的影响很可能存在差异。主要原因如下:首先,中央国企涉及的产业大都属于国家战略性支柱产业,在整个国民经济中处于支配地位,为保证国家战略顺利实施,中央国企一直受到国家重点扶持,包括税收优惠;其次,分税制改革以来,中央政府获得国家财政的集中控制权,丰裕的财政收入降低其对中央国企税收资源的需求;再次,中央政府一般不会直接干预中央国企,因为这不符合"政企分离"的基本要求;最后,地方政府难以对中央国企进行干预(刘行和李小荣,2012)。

中国财政的分权化改革激励地方政府追求经济增长和税收收入的最大化。改革开放以来,以地区财政盈余为主的经济考核指标和以保障就业率及 GDP 增长率为中心的政治绩效,一直是中央政府衡量地方政府政绩的重中之重(曹越等,2015)。根据《营业税改征增值税试点方案》(财税〔2011〕110 号),原归属于地方政府的营业税收入,在改征增值税之后仍归属于地方政府。尽管"营改增"并未改变现行财税收入分配体制,但"改革试点行业总体税负不增加或略有下降"的改革原则及近年来经济下行风险不断加大的宏观形势,很可能使得地方政府税收收入减少,而地方政府提供公共产品与公共服务的民生开支具有刚性,一般只增不减。财政盈余减少或财政赤字增加成为必然。地方国企是地方政府实现其政绩诉求目标的重要工具,地方政府对地方国企的干预有两种可能:一是地方政府要求税务机关强化税收征管力度,加大税收违规违法处罚力度,防止税收流失，增加税收收入。二是地方政府通过税收优惠和财政补贴等方式帮助地方国企改善经营业绩，培植新的税源，实现地区经济增长和减少就业压力。前者属于地方政府的短期行为，尽管可以满足短期政绩考核要求，但长期会引起恶化地方国企经营业绩、减少税源、减损地区经济增长、增加失业等连锁反应。后者属于地方政府的长期行为，尽管短期会减少税收收入，但长期会使得地方国企业绩改善、利润增加，从而产生三重效应：①政府以所有者身份通过国有资本经营预算收取的资金会增加；②业绩改善使得税源增加，地方政府以市场管理者身份通过税收获取的财政收入也会增加；③地方国企在业绩改善的同时，也通过产业链带动地区经济增长，缓解就业难题。"营改增"是在后金融危机时代推出的税制改革方案，目的是降低企业税负尤其是中小企业的税负，促进企业做大做强，为经济增长提供强大动力。在现行税收分成保持不变的情况下，地方政府要保持税收收入的增长有培植税源（帮助改进地方国企的业绩、鼓励创业）和加强征管力度两个途径。通过培植税源增加税收收入见效慢，而通过加强征管力度增加地方政府税收收入立竿见影。况且，加强征管力度也是国家（国务院、国家税务总局）在"营改增"方案实施后所强调的重要内容。因此，加强征管力度、加大税收违法案件的处罚力度、弥补税收流失漏洞就成为地方政府应对"营改增"引发的税收减少及执行中央政府政策的最佳选择。当然，根据前文分析，"营改增"的减税效果主要体现在中小企业上，对于上市公司而言，"营改增"对公司流转税税负的影响有限，据此，可以提出假设 2.4a。

**假设 2.4a**：与试点中央国企相比，"营改增"使得试点地方国企的流转税税负略高。

结合前文分析，容易发现：与非国有企业相比，为鼓励参与"营改增"，中央国企将获得政府更多的税收优惠政策和资金支持，如通过减免增值税、先征后退、先征后返、即征即退和延期缴纳等方式给予增值税优惠，通过资金扶持中央国企购买设备和应税服务进行技术改造、产业结构调整等，从而增加增值税的进项，进而降低流转税税负。据此，提出假设 2.4b。

**假设 2.4b**：与试点非国有企业相比，"营改增"使得试点中央国企的流转税税负略低。

值得注意的是，一般而言，非国有企业根据股东财富最大化做出决策来应对"营改增"对自身的影响，更看重长远，预期"营改增"使得非国有企业短期的流转税税负略有增加。地方国企为了满足地方政府的政绩诉求，"营改增"也会使得地方国企短期的流转税税负略有增加。"营改增"对两者流转税税负的影响很可能没有显著差异。据此，提出假设 2.4c。

**假设 2.4c**：与试点非国有企业相比，"营改增"对试点地方国企的流转税税负影响无显著差异。

## 2.2 "营改增"影响公司流转税税负的研究设计

### 2.2.1 实证模型

我们设置了如下模型来检验研究假设:

$$\text{SHSD}_i = \beta_0 + \beta_1 \text{Invturn}_i + \beta_2 \text{Lev}_i + \beta_3 \text{Asset}_i + \beta_4 \text{Grossmar}_i + \beta_5 \text{Capitalin}_i + \beta_6 \text{Age}_i$$
$$+ \beta_7 \text{Tobin Q}_i + \beta_8 \text{Assetgro}_i + \beta_9 \text{Pop}_i + \beta_{10} \text{Financegro}_i + \beta_{11} \text{Soe}_i + \varepsilon_i$$
$$(2.1)$$

$$\text{VBTT}_{i,t} = \beta_0 + \beta_1 \text{Treat}_{i,t} + \beta_2 \text{Year}_{i,t} + \beta_3 \text{Treat}_{i,t} \times \text{Year}_{i,t} + \beta_4 \text{ConVars}_{i,t} + \xi_{i,t}$$
$$(2.2)$$

### 2.2.2 变量定义

1)因变量

模型(2.1)的因变量 SHSD 表示是否属于上海市试点公司的虚拟变量,若是,则为 1;其他为 0。模型(2.2)的因变量为 VBTT,用来衡量上市公司流转税税负,即公司应缴纳的增值税和营业税之和除以营业收入的比值。企业应缴纳的增值税和营业税不在财务报表中披露,需要估算。现有文献估算流转税的方法主要基于现金流基础:王佩等(2014)采用"销售商品、提供劳务收到的现金"减去"购买商品、接受劳务支付的现金"之差除以(1+增值税税率)再乘以增值税税率计算求得增值税,加上财务报表年报"营业税金及附加"附注披露的营业税,再除以营业收入。该方法存在较为严重的衡量偏误:第一,并非所有劳务都已经"营改增";第二,对于已经"营改增"的应税服务而言,公司销项税额适用 17%(有形动产租赁服务)或 6%(其他现代服务业),与其对应成本的进项税额难以适用相同的税率(可能是 6%、11%、13%或 17%),除以(1+增值税税率)欠妥;第三,增值税估算采用现金流基础,而营业税采用应计制,两者存在不匹配的问题。刘骏和刘峰(2014)采用"支付的各项税费净额-(所得税费用-递延所得税-Δ应交企业所得税)-(营业税金及附加-Δ应交的营业税金及附加)除以营业收入"来估算增值税税负,其中,"应交的营业税金及附加"等于"应交税费-应交所企业得税-应交增值税",利用"营业税-Δ应交营业税"除以营业收入来估算营业税税负,但用"应交税费-应交企业所得税-应交增值税"来度量"应交的营业税金及附加"存在较大的衡量偏误。因为在"应交税费"会计科目核算且对应科目不是"营业税金及附加"的税种中还有个人所得税和资源税。童锦治等（2015）利用城市维护建设税和教育费附加来估算公司流转税税额，即用"城市维护建设税或教育费附加"除以与之对应的平均城市维护建设税税率或教育费附加费率，得出流转税税额，再除以营业收入得出公司流转税税负。该方法并非基于现金流基础，计算出来的结果更准确，因为现金流基础涉及的税负计算除存在上述问题之外，还有当年实际缴纳的流转税可能是上年应负担的流转税。当年实际负担的流转税可能因为延期纳税或纳税期限跨年等因素而在下一年实际缴纳，从而引发衡量偏误。对于"营改增"而言，因为是考察"营改增"发生前后较短期间（1~2年）的比较，最好采用应计制以尽量降低衡量偏误。我们在童锦治等（2015）的基础上，采用以下程序计算"营改增"涉及的流转税税负，最大限度地降低衡量偏误：①考虑到教育费附加费率全国统一为3%，因此若存在单一的教育费附加费率，利用教育费附加金额除以单一费率；②若教育费附加存在多档费率，则采用地方教育费附加，因为自2011年1月1日，地方教育费附加的征收率统一为2%，即利用地方教育费附加的金额除以对应的单一费率；③若教育费附加和地方教育费附加均存在多档费率，则利用城市维护建设税除以对应的单一税率；④若教育费附加、地方教育费附加和城市维护建设税同时存在多档，则以教育费附加（全国统一费率为3%）为基础分析确定费率，如教育费附加对应的费率有3%和2%两档，而地方教育费附加费及费率为缺漏值，很可能此处的教育费附加还包括地方教育费附加，确定费率为5%；⑤费率为缺漏值的，考虑到数据中教育费附加有包含地方教育费附加的情形及"营改增"试点行业的样本量有限，2011年及以后年度，我们以地方教育费附加除以2%替代，对于2010年我们以教育费附加除以3%替代；⑥经过上述步骤计算出流转税总额之后，再剔除消费税税额，因为部分"营改增"试点企业可能有兼营应税消费品的经济业务，若消费税税额为缺漏值，很可能该企业没有应税消费品，为了保留更多样本，用0替代；⑦利用剔除消费税之后的流转税（即增值税+营业税）除以营业收入的比值度量"营改增"涉及的流转税税负，即

$$VBT = \frac{Additional\_tax}{t} - CT$$

$$VBTT = \frac{VBT}{Sales} \tag{2.3}$$

其中，VBT表示剔除消费税之后由增值税和营业税之和构成的流转税；Additional_tax表示教育费附加、地方教育费附加或城市维护建设税；$t$表示对应的单一税率或经分析确定的单一税率；CT表示消费税税额；Sales表示营业收入。我们度量"营改增"涉及流转税税负的方法对童锦治等（2015）的改进体现在以下几个方面：一是从流转税总额中剔除与"营改增"不相关的消费税，增加

指标计算的准确性；二是与涉及多档费率采用简单平均费率不同，我们分别从教育费附加、地方教育费附加和城市维护建设税三个维度逐一筛选单一税率，对少量涉及多档税率的采用分析确定，提高指标计算的科学性。

2）自变量

模型（2.2）的自变量 Treat 表示公司是否属于试点地区试点行业的虚拟变量，若是，则取 1（处理组），否则取 0（控制组）；Year 表示年份是否属于"营改增"试点当年及以后年度的虚拟变量，若是，则取 1，否则取 0；Treat×Year=1 则表示试点地区试点行业试点年度的公司（以下简称"试点公司"），Treat×Year=0 表示非试点公司；$\beta_3$ 表示度量"营改增"政策本身对公司流转税税负的影响效应。因为对于处理组，试点前后的差分估计为

$$E\left(Y\mid X,\text{Treat}=1,\text{Year}=1\right)-E\left(Y\mid X,\text{Treat}=1,\text{Year}=0\right)=\beta_2+\beta_3 \quad (2.4)$$

其中，$\beta_2$ 是时间因素，对处理组和控制组均起作用，所以式（2.4）的估计无法精确度量"营改增"的政策效应，还需要排除时间因素的干扰。

对于控制组，试点前后的差分估计为

$$E\left(Y\mid X,\text{Treat}=0,\text{Year}=1\right)-E\left(Y\mid X,\text{Treat}=0,\text{Year}=0\right)=\beta_2 \quad (2.5)$$

式（2.5）估计得到的正是式（2.4）无法分离的时间效应，因此式（2.4）-式（2.5）得到的 $\beta_3$，即 DID 剔除了影响两组其他共同因素的结果，正是"干净"度量"营改增"政策本身影响效应的系数。

PSM 分析需要对模型（2.1）进行 Logit 回归确定匹配变量，影响上海公司成为试点公司的可能性因素包括公司和宏观两个层面。借鉴刘慧龙和吴联生（2014）、刘骏和刘峰（2014）、吴联生（2009）文献中有关制度环境和公司所得税负影响因素，我们选取可能影响上海市成为试点地区的因素。公司层面的因素如下：存货周转率（Invturn），即营业成本除以存货平均余额，考虑到该指标标准差较大，实证分析取自然对数；资产负债率（Lev），即年末负债总额除以年末资产总额；公司规模（Asset），即年末资产总额的自然对数；营业收入毛利率（Grossmar），即（营业收入-营业成本）/营业收入；资产密集度（Capitalin），即年末总资产除以营业收入；上市年龄（Age），即（分析当年-上市年度+1）的自然对数；长期投资机会（Tobin Q），即（流通股股数×当期收盘价+非流通股股数×每股净资产+负债的账面价值）/资产合计；总资产增长率（Assetgro），反映短期投资机会，即（年末总资产-年初总资产）/年末总资产；公司所有权性质（Soe），国有控股公司为 1，其他为 0。宏观层面的因素包括人口规模（Pop），即各省（自治区、直辖市）当年以万为单位的人口数量的自然对数；各省（自治区、直辖市）财政收入增长率（Financegro）。

3）控制变量

借鉴唐跃军（2009）、童锦治等（2015）、刘骏和刘峰（2014）的文献，针对式（2.2），我们设置如下可能影响公司流转税税负的控制变量：供应商议价能力（Supply），即年末从前五大供应商处采购份额占公司采购总份额的比重；经销商议价能力（Customer），即年末向前五大客户销售份额占公司销售总份额的比重；销售增长率（Salesgro），即（年末营业收入–年初营业收入）/年末营业收入，反映短期投资机会；地区（Region）为类别变量，1 表示东北地区（黑龙江省、吉林省和辽宁省）、2 表示东部地区（北京市、天津市、河北省、上海市、江苏省、浙江省、福建省、山东省、广东省和海南省）、3 表示西部地区（重庆市、四川省、贵州省、云南省、西藏自治区、陕西省、甘肃省、宁夏回族自治区、青海省、新疆维吾尔自治区、内蒙古自治区、广西壮族自治区）、4 表示中部地区（山西省、安徽省、江西省、河南省、湖南省和湖北省）。此外，我们还控制资产负债率、公司规模、营业收入毛利率、资产密集度、公司所有权性质、长期投资机会、上市年龄、各省（自治区、直辖市）财政收入增长率、行业（Industry）和年度（Year）。本章的变量定义及计算说明如表 2.1 所示。

**表 2.1　变量定义及计算说明**

| 变量 | 定义及计算说明 |
| --- | --- |
| SHSD | 是否属于上海市试点公司的虚拟变量：1 为是，0 为否 |
| VBTT | 上市公司流转税税负：公司应缴纳的增值税和营业税之和除以营业收入的比值 |
| Treat | 公司是否属于试点地区试点行业的虚拟变量：1 为是，0 为否 |
| Year | 年份是否属于"营改增"试点当年及以后年度的虚拟变量：1 为是，0 为否 |
| Treat×Year | 是否属于"营改增"试点公司的虚拟变量：1 为是，0 为否 |
| Invturn | 存货周转率：营业成本除以存货平均余额的自然对数 |
| Lev | 资产负债率：年末负债总额除以年末资产总额 |
| Asset | 公司规模：年末资产总额的自然对数 |
| Grossmar | 营业收入毛利率：（营业收入–营业成本）/营业收入 |
| Capitalin | 资产密集度：年末总资产除以营业收入 |
| Tobin Q | 长期投资机会：（流通股股数×当期收盘价+非流通股股数×每股净资产+负债的账面价值）/资产合计 |
| Age | 上市年龄：（分析当年–上市年度+1）的自然对数 |
| Assetgro | 总资产增长率：（年末总资产–年初总资产）/年末总资产 |
| Salesgro | 销售增长率：（年末营业收入–年初营业收入）/年末营业收入 |
| Pop | 人口规模：各省（自治区、直辖市）当年以万为单位的人口数量的自然对数 |
| Financegro | 各省（自治区、直辖市）财政收入增长率 |
| Supply | 供应商议价能力：年末从前五大供应商处采购份额占公司采购总份额的比重 |
| Customer | 经销商议价能力：年末向前五大客户销售份额占公司销售总份额的比重 |
| Soe | 是否属于国有控股公司的虚拟变量：国有控股公司为 1，其他为 0 |
| Region | 地区类别变量：1 表示东北地区，2 表示东部地区，3 表示西部地区，4 表示中部地区 |

# 2.3  样本与描述性统计

## 2.3.1  样本选择与数据来源

考虑到"营改增"逐步推进和稳健性测试的需要,我们选取 2010~2014 年所有 A 股上市公司作为初始样本,执行以下筛选程序:①删除金融类上市公司,共 339 个观察值;②删除被特别处理(ST、PT)类型的公司,共 239 个观察值;③删除存在并购等重大资产重组的公司,共 283 个观察值;④删除资产负债率大于 1 的公司,共 420 个观察值;⑤删除流转税税负为负值的公司,共 7 个观察值。最终得到 9 649 个观察值。这一筛选程序与现有关于公司税负的文献基本一致(Chen et al., 2010;McGuire et al., 2012;吴联生,2009;刘行和李小荣,2012)。

本章反映供应商议价能力和经销商议价能力的数据从上市公司年报披露附注中手工搜集整理。各省(自治区、直辖市)财政收入增长率和最终控制者类型取自 RESSET 数据库。其他数据均来源于 CSMAR(China Stock Market Accounting Research,中国经济金融研究)数据库。为了剔除异常值的影响,我们在删除缺漏值后对所有连续变量在 1% 和 99% 水平上进行了缩尾处理。

## 2.3.2  描述性统计

表 2.2 列示了 DID 分析主要变量的描述性统计。结果显示,上市公司流转税税负的均值为 0.046,表明中国上市公司流转税税负较为合理,标准差为 0.035,最小值为 0.001,最大值为 0.177,表明从整体上来看,上市公司之间的流转税税负差异较大。从标准差来看,上市公司之间的存货周转率、公司规模和长期投资机会存在较大差异。各省(自治区、直辖市)财政收入增长率的均值为 0.184,标准差为 0.085,表明 2010~2014 年,中国各省财政收入保持良好的增长势头,但各省(自治区、直辖市)之间增长差异较大。供应商议价能力的均值为 0.355,经销商议价能力的均值为 0.280,表明就整体而言,中国上市公司供应商和经销商议价能力较强,且供应商议价能力强于经销商议价能力,客观上有助于降低公司流转税税负。

**表 2.2  DID 分析主要变量的描述性统计**

| 变量 | $N$ | 均值 | 标准差 | 最小值 | 中位数 | 最大值 |
|------|-----|------|--------|--------|--------|--------|
| VBTT | 2 727 | 0.046 | 0.035 | 0.001 | 0.039 | 0.177 |

续表

| 变量 | N | 均值 | 标准差 | 最小值 | 中位数 | 最大值 |
|---|---|---|---|---|---|---|
| Invturn | 2 727 | 1.336 | 1.267 | −2.089 | 1.409 | 5.138 |
| Lev | 2 727 | 0.507 | 0.198 | 0.072 | 0.515 | 0.899 |
| Asset | 2 727 | 22.250 | 1.278 | 19.639 | 22.092 | 25.820 |
| Grossmar | 2 727 | 0.244 | 0.164 | −0.006 | 0.209 | 0.763 |
| Capitalin | 2 727 | 0.546 | 0.688 | −1.191 | 0.516 | 2.409 |
| Age | 2 727 | 2.414 | 0.481 | 1.099 | 2.565 | 3.045 |
| Tobin Q | 2 727 | 2.141 | 1.362 | 0.878 | 1.664 | 8.286 |
| Assetgro | 2 727 | 0.160 | 0.227 | −0.207 | 0.113 | 1.234 |
| Salesgro | 2 727 | 0.168 | 0.344 | −0.473 | 0.115 | 1.923 |
| Pop | 2 727 | 8.519 | 0.641 | 6.450 | 8.614 | 9.280 |
| Financegro | 2 727 | 0.184 | 0.085 | 0.032 | 0.171 | 0.471 |
| Supply | 2 727 | 0.355 | 0.223 | 0.025 | 0.295 | 0.957 |
| Customer | 2 727 | 0.280 | 0.230 | 0.016 | 0.276 | 0.896 |

### 2.3.3 相关系数

表 2.3 列示了 DID 分析主要变量的相关系数。可以发现，上市公司流转税税负与存货周转率、资产负债率、营业收入毛利率、资产密集度、长期投资机会、销售增长率、各省（自治区、直辖市）财政收入增长率和供应商议价能力的相关系数（不论是 Spearman 相关系数还是 Pearson 相关系数）在 1% 的置信水平上显著。这在一定程度上说明我们选取的变量具有较好的代表性。此外，绝大多数控制变量两两之间的相关系数小于 0.5，说明实证模型并不存在严重的共线性问题。

## 2.4  实证检验结果与分析

### 2.4.1  上海市"营改增"对公司流转税税负影响的实证检验

为了检验上文提出的假设，我们将样本分为两组：①处理组，即 2012 年上海市"营改增"试点行业公司，共 26 家；②控制组，即 2012 年非"营改增"试点公司，共 1 691 家。为了控制样本"选择性偏差"，我们运用由 Rosenbaum 和 Rubin（1983）发展起来的 PSM 法，并参照 Dehejia 和 Wahba（2002）及 Becker 和 Ichino（2002）的思路采用 Logit 模型来估计模型（2.1）。表 2.4 列示了上海市"营改增"PSM 结果变量与匹配变量的描述性统计。

表2.3　DID分析主要变量的相关系数

| 变量 | VBTT | Invturn | Lev | Asset | Grossmar | Capitalin | Age | Tobin Q | Assetgro | Salesgro | Pop | Financegro | Supply | Customer |
|---|---|---|---|---|---|---|---|---|---|---|---|---|---|---|
| VBTT | | -0.277*** | -0.196*** | -0.031 | 0.648*** | 0.350*** | 0.014 | 0.125*** | -0.016 | -0.071*** | -0.003 | -0.072*** | -0.069*** | -0.011 |
| Invturn | -0.216*** | | -0.025 | 0.095*** | -0.363*** | -0.450*** | 0.044** | -0.066*** | -0.035* | 0.040** | 0.009 | -0.014 | 0.084*** | 0.067*** |
| Lev | -0.223*** | -0.079*** | | 0.462*** | -0.343*** | -0.044*** | 0.097*** | -0.473*** | 0.104*** | 0.039** | -0.063*** | 0.007 | -0.106*** | -0.073*** |
| Asset | -0.017 | 0.043** | 0.455*** | | -0.080*** | -0.006 | 0.172*** | -0.640*** | 0.205*** | 0.065*** | -0.132*** | -0.076*** | -0.201*** | -0.166*** |
| Grossmar | 0.639*** | -0.327*** | -0.366*** | -0.085*** | | 0.425*** | -0.029 | 0.297*** | 0.155*** | 0.082*** | 0.016 | -0.01 | -0.092*** | -0.106*** |
| Capitalin | 0.299*** | -0.470*** | -0.051*** | -0.01 | 0.390*** | | 0.073*** | -0.081*** | 0.033* | -0.117*** | -0.041*** | -0.077*** | 0.138*** | 0.151*** |
| Age | 0.029 | -0.004 | 0.118*** | 0.194*** | -0.029 | 0.078*** | | -0.132*** | -0.128*** | -0.138*** | -0.072*** | -0.243*** | 0.037* | -0.053*** |
| Tobin Q | 0.182*** | -0.003 | -0.400*** | -0.503*** | 0.328*** | -0.040*** | -0.129*** | | 0.058*** | 0.163*** | 0.089*** | 0.068*** | 0.074*** | 0.108*** |
| Assetgro | -0.031 | -0.015 | 0.061*** | 0.129*** | 0.105*** | 0.063*** | -0.107*** | 0.058*** | | 0.420*** | 0.008 | 0.156*** | -0.106*** | -0.062*** |
| Salesgro | -0.089*** | 0.031 | 0.065*** | 0.036* | 0.034* | -0.077*** | -0.093*** | 0.112*** | 0.431*** | | -0.007 | 0.261*** | -0.034* | -0.040** |
| Pop | -0.055*** | 0.006 | -0.054*** | -0.122*** | -0.007 | -0.095*** | -0.142*** | 0.037* | 0.012 | 0.001 | | 0.008 | 0.028 | -0.046** |
| Financegro | -0.050*** | -0.002 | 0.01 | -0.065*** | -0.008 | -0.072*** | -0.196*** | 0.037*** | 0.131*** | 0.167*** | -0.051*** | | -0.025 | -0.006 |
| Supply | -0.068*** | 0.049** | -0.105*** | -0.183*** | -0.061*** | 0.131*** | 0.050*** | 0.089*** | -0.058*** | 0.009 | 0.003 | -0.039*** | | 0.334*** |
| Customer | 0.037* | 0.117*** | -0.047*** | -0.103*** | -0.070*** | 0.179*** | -0.008 | 0.083*** | -0.03 | 0.012 | -0.069*** | -0.027 | 0.347*** | |

*、**和***分别表示在10%、5%和1%的置信水平上显著

注：上（下）半部分为 Spearman（Pearson）相关系数

表 2.4　上海市"营改增"PSM 结果变量与匹配变量的描述性统计

| 变量 | N | 均值 | 标准差 | 最小值 | 中位数 | 最大值 |
|---|---|---|---|---|---|---|
| VBTT | 1 717 | 0.048 | 0.035 | 0.000 | 0.041 | 0.182 |
| Invturn | 1 717 | 1.290 | 1.355 | −2.301 | 1.309 | 5.748 |
| Lev | 1 717 | 0.456 | 0.220 | 0.050 | 0.463 | 0.902 |
| Asset | 1 717 | 22.010 | 1.303 | 19.503 | 21.815 | 25.947 |
| Grossmar | 1 717 | 0.267 | 0.174 | −0.012 | 0.232 | 0.790 |
| Capitalin | 1 717 | 0.656 | 0.711 | −0.964 | 0.608 | 2.814 |
| Age | 1 717 | 1.933 | 0.954 | 0.000 | 2.303 | 3.045 |
| Tobin Q | 1 717 | 1.906 | 1.157 | 0.897 | 1.556 | 9.439 |
| Assetgro | 1 717 | 0.124 | 0.188 | −0.233 | 0.093 | 1.405 |
| Pop | 1 717 | 8.470 | 0.665 | 5.729 | 8.608 | 9.268 |
| Financegro | 1 717 | 0.158 | 0.066 | −0.034 | 0.158 | 0.470 |
| Soe | 1 717 | 0.455 | 0.498 | 0.000 | 0.000 | 1.000 |

　　结果显示，"营改增"当年，上海市上市公司的平均流转税税负为 0.048，上市公司中有 45.5%的公司属于国有企业。为了确定 PSM 的匹配变量，分析影响上海试点的因素，我们在模型（2.1）中先不放入反映宏观层面的变量 Pop 和 Financegro，形成 m1。根据回归结果变量的 $P$ 值大小和经济意义，借助逐步回归方法来选择模型：在 m1 的基础上剔除 Invturn、Tobin Q 和 Soe 形成 m2，在 m2 基础上剔除 Asset 和 Capitalin 形成 m3，在 m3 基础上剔除 Assetgro 并加入 Pop 形成 m4，在 m4 基础上剔除 Age 并加入 Financegro 形成 m5。PSM 匹配变量选择的 Logit 回归结果见表 2.5。

表 2.5　PSM 匹配变量选择的 Logit 回归结果

| 变量 | m1 | m2 | m3 | m4 | m5 |
|---|---|---|---|---|---|
| Invturn | 0.161<br>−0.760 | | | | |
| Lev | −2.741<br>（−1.59） | −3.043*<br>（−1.77） | −3.106**<br>（−1.99） | −3.033**<br>（−2.18） | −2.603*<br>（−1.67） |
| Asset | 0.017<br>−0.080 | −0.022<br>（−0.11） | | | |
| Grossmar | −5.300***<br>（−2.79） | −4.792***<br>（−2.60） | −5.384***<br>（−3.35） | −4.708***<br>（−3.03） | −4.424**<br>（−2.38） |
| Capitalin | −0.322<br>（−0.77） | −0.341<br>（−0.80） | | | |
| Age | 0.260<br>−0.850 | 0.198<br>−0.680 | 0.196<br>−0.690 | 0.166<br>−0.600 | |
| Tobin Q | 0.080<br>−0.380 | | | | |
| Assetgro | −3.521<br>（−1.18） | −3.137<br>（−1.10） | −2.746<br>（−1.08） | | |

续表

| 变量 | m1 | m2 | m3 | m4 | m5 |
|---|---|---|---|---|---|
| Pop | | | | $-1.298^{***}$ <br>（ $-5.07$ ） | $-2.046^{***}$ <br>（ $-7.74$ ） |
| Financegro | | | | | $-26.829^{***}$ <br>（ $-5.60$ ） |
| Soe | $-0.506$ <br>（ $-0.73$ ） | | | | |
| _Cons | $-15.813^{***}$ <br>（ $-3.37$ ） | $-15.500^{***}$ <br>（ $-3.78$ ） | $-14.733^{***}$ <br>（ $-20.18$ ） | $-6.181^{***}$ <br>（ $-2.99$ ） | 3.320 <br>$-1.420$ |
| 伪 $R^2$ | 0.434 | 0.428 | 0.425 | 0.472 | 0.577 |
| AUC | 0.941 | 0.943 | 0.945 | 0.969 | 0.979 |
| $N$ | 1 293 | 1 293 | 1 293 | 1 293 | 1 293 |

\*、\*\*和\*\*\*分别表示在 10%、5%和 1%的置信水平上显著

注：AUC：area under the curve，曲线下面积； 括号中为 $t$ 值；为了控制异方差，回归采用 White 稳健标准误

表 2.5 Logit 回归结果显示，根据伪 $R^2$ 和 AUC 结果判断，应选择 m5 中涉及的变量作为 PSM 分析的匹配变量。同时表明，公司所属地区人口规模越大、财政收入增长率越高，被选取作为"营改增"试点的可能性越小；资产负债率越高、营业收入毛利率越高，该类公司被选为试点的可能性越小。PSM 分析的重要前提是数据满足平衡假设，表 2.6 列示了平衡假设检验。

表 2.6 平衡假设检验

| 变量 | 匹配前（U） | 均值 | | | 降低偏差比例 | $T$ 检验 | |
|---|---|---|---|---|---|---|---|
| | 匹配后（M） | 处理组 | 控制组 | 偏差比例 | | $T$ 值 | $p>|t|$ |
| Lev | U | 0.354 | 0.421 | $-31.300\%$ | 75.600 % | $-1.590$ | 0.112 |
| | M | 0.354 | 0.338 | 7.600% | | 0.260 | 0.798 |
| Grossmar | U | 0.253 | 0.263 | $-5.500\%$ | $-0.100\%$ | $-0.280$ | 0.780 |
| | M | 0.253 | 0.263 | $-5.500\%$ | | $-0.210$ | 0.838 |
| Pop | U | 7.775 | 8.518 | $-161.900\%$ | 83.800% | $-5.830$ | 0 |
| | M | 7.775 | 7.654 | 26.300% | | 1.500 | 0.141 |
| Financegro | U | 0.095 | 0.162 | $-144.400\%$ | 92.800% | $-5.210$ | 0 |
| | M | 0.095 | 0.099 | $-10.300\%$ | | $-0.410$ | 0.685 |
| 样本 | 伪 $R^2$ | LR chi2 | $p>$chi2 | 均值偏差 | 中位数偏差 | | |
| U | 0.262 | 66.650 | 0 | 85.800% | 87.800 | | |
| M | 0.048 | 3.490 | 0.479 | 12.400% | 9.000 | | |

结果显示，匹配后的公司层面变量（Lev、Grossmar）的标准化偏差小于

10%，尽管宏观层面的变量（Pop、Financegro）的标准化偏差大于10%，但降幅均超过80%。这也与实际情况相符，因为现实中各省（自治区、直辖市）人口规模和财政收入增长率相差较大。匹配后的 $T$ 检验结果表明，Treat-Control 组的差异均不显著，LR chi2 检验表明，匹配后无法根据匹配变量的特征区分是否参与试点，这从整体上表明，平衡假设得到满足。图 2.1 表示匹配前后处理组和控制组 PS（propensity score，倾向性得分）值的密度函数图。匹配后显示，处理组和控制组 PS 值在（0.0，0.8）的区间内存在重叠值。图 2.2 显示了 Logit 模型拟合效果及共同支撑（common support）假设检验。AUC 越大，表明模型拟合效果越好；当 AUC=0.979 5 时，表明模型具有很好的拟合效果。统计学界普遍认为，AUC 接近于 0.5 就表明达到不错的匹配。AUC 等于 0.676 9，处于 95%的置信区间[0.537 9，0.815 9]。上述结果均表明，处理组与控制组满足共同支撑假设。

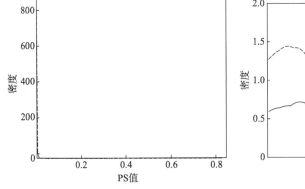 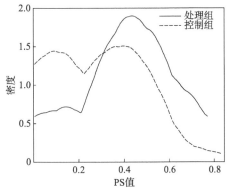

（a）匹配前处理组和控制组 PS 值的密度函数图　（b）匹配后处理组和控制组 PS 值的密度函数图

图 2.1　匹配前后处理组和控制组 PS 值的密度函数图

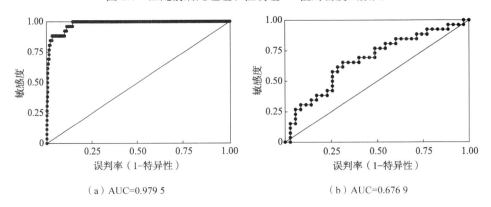

（a）AUC=0.979 5　　　　　　　　　　（b）AUC=0.676 9

图 2.2　Logit 模型拟合效果及共同支撑假设检验

表 2.7 是 PSM 分析结果。一般情况下，1：4 最近邻匹配（nearest neighbor

matching)可最小化均方误差(mean squared error,MSE)(Abadie et al.,2004)。考虑到控制组样本量大,我们运用 1:4 最近邻匹配方法进行 PSM 分析,同时采用半径匹配(radius matching)方法和核匹配(kernel matching)方法作为稳健性测试。

表 2.7 PSM 参与者平均处理效应(ATT)

| 匹配方式 | 样本 | 处理组 | 控制组 | ATT | 标准误 | $T$ 值 |
|---|---|---|---|---|---|---|
| VBTT | 匹配前 | 0.046 | 0.051 | −0.005 | 0.008 | −0.560 |
| 最近邻匹配 | | | | | | |
| | 匹配后 | 0.046 | 0.035 | 0.012 | 0.010 | 1.200 |
| 半径匹配 | | | | | | |
| | 匹配后 | 0.053 | 0.034 | 0.019 | 0.014 | 1.270 |
| 核匹配 | | | | | | |
| | 匹配后 | 0.048 | 0.036 | 0.012 | 0.011 | 1.080 |

注:参与者平均处理效应:average treatment on the treated,ATT;标准误的计算采用有放回的抽样 500 次的 Bootstrap 方法

　　三种匹配方法的结果均显示:匹配前,处理组与控制组的流转税税负相比,略有下降($T$ 值为−0.560,统计上不显著);匹配后,参与者平均处理效应(即 ATT)均为正,但 $T$ 值显示均不显著。上述结果表明,与非试点公司相比,上海市"营改增"试点公司流转税税负略有下降,"营改增"政策本身却使得这些公司的流转税税负略有上升,但无显著影响,支持了假设 2.1。进一步将控制组设为非试点地区试点行业公司,全样本、交通运输业和现代服务业最近邻匹配的 PSM 结果(表 2.8)显示:对全样本而言,匹配前与控制组(非试点地区试点行业)相比,试点公司流转税税负略有上升(ATT=0.002,$T$ 值= 0.330),匹配后 ATT=−0.018,$T$ 值=−1.020,表明与非试点地区试点行业相比,"营改增"使得上海市试点公司整体上的流转税税负略有下降,但无显著影响,支持了假设2.1。

表 2.8 试点行业 PSM 参与者平均处理效应(ATT)

| 试点行业 | 样本 | 处理组 | 控制组 | ATT | 标准误 | $T$ 值 |
|---|---|---|---|---|---|---|
| 全样本 | | | | | | |
| VBTT | 匹配前 | 0.046 | 0.044 | 0.002 | 0.007 | 0.330 |
| | 匹配后 | 0.046 | 0.064 | −0.018 | 0.017 | −1.020 |
| 交通运输业 | | | | | | |
| VBTT | 匹配前 | 0.038 | 0.031 | 0.007 | 0.006 | 1.220 |
| | 匹配后 | 0.038 | 0.032 | 0.006 | 0.007 | 0.850 |

续表

| 试点行业 | 样本 | 处理组 | 控制组 | ATT | 标准误 | T值 |
|---|---|---|---|---|---|---|
| 现代服务业 | | | | | | |
| VBTT | 匹配前 | 0.052 | 0.051 | 0.001 | 0.010 | 0.050 |
| | 匹配后 | 0.052 | 0.100 | −0.048 | 0.034 | −1.420 |

注：标准误的计算采用有放回的抽样 500 次的 Bootstrap 方法

对交通运输业而言，匹配前与控制组相比，公司流转税税负略有上升（统计上不显著，T值等于1.220），匹配后 ATT 等于0.006，T值等于0.850，表明"营改增"使得交通运输业公司流转税税负略有上升，但并无显著影响，支持了假设2.1a。对现代服务业而言，匹配前与控制组相比，公司流转税税负基本不变（ATT=0.001，T值=0.050），匹配后 ATT 等于−0.048，T 值等于−1.420，表明"营改增"使得现代服务业公司的流转税税负略有下降，与假设2.1b不符，说明"营改增"政策促使现代服务业试点公司增加设备类固定资产、存货和应税服务的购买，增加进项抵扣，从而降低流转税税负。考虑到试点公司数量较少，本节并未检验假设 2.2、假设 2.3 和假设 2.4。

综上所述，上海市"营改增"对试点公司流转税税负影响的检验表明，"营改增"对试点公司流转税税负无显著影响：与非试点公司相比，"营改增"使得试点公司流转税税负略有上升；与非试点地区试点行业相比，"营改增"使得试点公司的流转税税负略有下降，其中，交通运输业略有上升，现代服务业略有下降。这说明，"营改增"并未促使交通运输业公司大幅增加运输设备、安全设备和应税服务的投资，但却在一定程度上促使现代服务业公司增加设备类固定资产、存货和应税服务的购买。

## 2.4.2　八省市"营改增"对公司流转税税负影响的实证检验

为了检验八省市"营改增"对公司流转税税负的影响，我们采用 DID 模型（2.2）将样本分为两组：①处理组，即八省市"营改增"试点行业公司；②控制组，即非"营改增"试点行业公司。因为八省市的试点启动是在 2012 年度逐步铺开的，考虑到政策效应具有一定的时滞性，2012 年公司流转税税负仅仅包含一部分"营改增"效应的影响，我们将考察的年份定在 2013 年，所以把年度虚拟变量 Year 设置为当处于 2013 年时，Year=1；当处于 2011 年时，Year=0。因此，Treat×Year=1，表示 2013 年度八省市"营改增"试点公司。采用 DID 而不是PSM 分析的原因如下：①2013 年 8 月 1 日"营改增"在全国范围内启动，而八省市的考察年度也为 2013 年，以 2013 年非八省市"营改增"试点行业公司为控制组包含全国性试点的政策效应，不适合作为匹配变量；②随着"营改增"范围从上海市扩展到八省市再迅速推广到全国,样本"选择性偏差"的可能性很小,逼近于"自然试验"。我们首先考察试点公司"营改增"前后流转税税负的变化,如表 2.9 所示。

表 2.9 八省市"营改增"试点公司流转税税负变化

| 变量 | | | "营改增"前 | "营改增"后 | 差异 | P 值 | |
|---|---|---|---|---|---|---|---|
| | | | | | | T 检验 | 秩和检验 |
| 期间 1:2013~2011 年 | 全样本 | 均值 | 0.042 | 0.044 | 0.002 | 0.812 | |
| | | 中位数 | 0.033 | 0.035 | 0.002 | | 0.686 |
| | | N | 78 | 102 | | | |
| | 交通运输业 | 均值 | 0.030 | 0.029 | −0.001 | 0.807 | |
| | | 中位数 | 0.029 | 0.027 | −0.002 | | 0.749 |
| | | N | 27 | 26 | | | |
| | 现代服务业 | 均值 | 0.049 | 0.049 | 0.000 | 0.964 | |
| | | 中位数 | 0.036 | 0.040 | 0.004 | | 0.833 |
| | | N | 51 | 76 | | | |
| 期间 2:2012 年/2013~2011 年 | 全样本 | 均值 | 0.042 | 0.045 | 0.003 | 0.641 | |
| | | 中位数 | 0.033 | 0.036 | 0.003 | | 0.379 |
| | | N | 78 | 195 | | | |
| | 交通运输业 | 均值 | 0.030 | 0.030 | 0.000 | 0.998 | |
| | | 中位数 | 0.029 | 0.027 | −0.002 | | 0.984 |
| | | N | 27 | 52 | | | |
| | 现代服务业 | 均值 | 0.049 | 0.050 | 0.001 | 0.893 | |
| | | 中位数 | 0.036 | 0.042 | 0.006 | | 0.548 |
| | | N | 51 | 143 | | | |
| 期间 3:2012 年/2013~2010 年/2011 年 | 全样本 | 均值 | 0.036 | 0.045 | 0.009 | 0.022** | |
| | | 中位数 | 0.030 | 0.036 | 0.006 | | 0.009*** |
| | | N | 145 | 195 | | | |
| | 交通运输业 | 均值 | 0.026 | 0.030 | 0.004 | 0.241 | |
| | | 中位数 | 0.028 | 0.028 | 0.000 | | 0.330 |
| | | N | 54 | 52 | | | |
| | 现代服务业 | 均值 | 0.042 | 0.050 | 0.008 | 0.120 | |
| | | 中位数 | 0.034 | 0.042 | 0.008 | | 0.062* |
| | | N | 91 | 143 | | | |

*、**和***分别表示在 10%、5%和 1%的置信水平上显著

注:期间 1:2013~2011 年,表示将"营改增"后的 2013 年与"营改增"前的 2011 年进行对比分析;期间 2:2012 年/2013~2011 年,表示将"营改增"后的 2012 年和 2013 年作为一个整体与"营改增"前的 2011 年进行对比分析;期间 3:2012 年/2013~2010 年/2011 年,表示将"营改增"后的 2012 年和 2013 年作为一个整体与"营改增"前的 2010 年和 2011 年作为一个整体进行对比分析

期间 1 的结果显示：全样本均值 $T$ 检验结果（$P=0.812$）和中位数秩和检验结果（$P=0.686$）均表明，试点公司流转税税负略有上升，但无显著变化。交通运输业公司的流转税税负略有下降，现代服务业公司流转税税负略有上升，但两者均不显著，期间 2 和期间 3 的结果与期间 1 类似，此处不再赘述。我们采用 OLS 运行模型（2.2），在控制行业影响的基础上采用逐步回归筛选精简模型，形成附表 1。结果显示：营业收入毛利率与流转税税负显著正相关，表明营业收入毛利润越高，增值额越大，增值税税负越高，进而流转税税负越高；资产密集度与 VBTT 显著正相关，表明资产规模大的企业流转税税负越高，可能的原因是规模大的企业重视自身声誉，纳税遵从度高，减少了避税活动；上市年龄与 VBTT 显著正相关，说明上市时间越长，公司流转税税负越高，可能的原因在于上市时间长的公司更注重企业声誉，税务处理规范，减少了避税动机；公司所在省份的人口规模与流转税税负在 10% 的水平显著负相关，说明公司所在地人口规模越大，经济越繁荣，税源越充足，税务机关的征管力度越小，流转税税负越低；供应商议价能力与 VBTT 显著负相关，表明供应商议价能力越强，公司存货或设备类固定资产及应税服务的采购价格越高，抵扣的进项税额越多，税负越低；销售增长率与 VBTT 显著负相关，表明销售增长率越高，公司流转税税负越低，原因在于，销售增长率越高的公司正处于成长期，资金需求量大，公司有强烈的避税动机来降低税负。此外，结果还显示，公司规模、上年财政收入增长率与公司流转税税负负相关，但统计上不显著。这说明，公司规模越大，越注重自身声誉，减少了避税需求，在一定程度上降低流转税税负；上年财政收入增长率越高，表明税收越丰裕，税务机关在一定程度上降低征管力度，从而使得流转税税负略有下降。根据调整 $R^2$ 和 $F$ 值综合考虑，对于试点公司而言，我们选取 m5 用于对后续分行业和所有权性质的分析。表 2.10 中期间 1 列显示，全样本 Treat×Year 的系数为 0.002，但不显著，表明与非试点公司相比，"营改增"使得试点公司的流转税税负增加了 0.2%，支持了假设 2.1。进一步将控制组设为"非试点地区试点行业"的结果（表 2.11）显示：对试点行业而言，Treat×Year 的系数为 0.014，但不显著，说明与非试点地区试点行业相比，"营改增"使得试点公司的流转税税负略有上升。其中，交通运输业 Treat×Year 的系数为 −0.006，但不显著，表明"营改增"使得交通运输业试点公司流转税税负略有下降，但不显著，支持了假设 2.1a；而现代服务业 Treat×Year 的系数为 0.025，也不显著，说明"营改增"使得部分现代服务业公司流转税税负略有上升，支持了假设 2.1b。

**表 2.10　八省市"营改增"对试点公司流转税税负影响 OLS 回归结果（控制组：非试点公司）**

| 变量 | 期间 1 | 期间 2 | 期间 3 |
|---|---|---|---|
| Treat×Year | 0.002<br>（0.267） | −0.004<br>（−0.681） | −0.006<br>（−1.260） |

续表

| 变量 | 期间 1 | 期间 2 | 期间 3 |
|---|---|---|---|
| Treat | −0.001<br>（−0.164） | −0.001<br>（−0.144） | 0.002<br>（−0.431） |
| Year | 0.001<br>（−0.999） | 0.001<br>（−1.160） | 0.009***<br>（−6.450） |
| Grossmar | 0.143***<br>（−21.607） | 0.144***<br>（−27.473） | 0.140***<br>（−29.404） |
| Capitalin | 0.004**<br>（−2.528） | 0.003***<br>（−3.044） | 0.003***<br>（−3.569） |
| Age | 0.004**<br>（−2.336） | 0.003***<br>（−2.593） | 0.002**<br>（−2.032） |
| Pop | −0.002*<br>（−1.835） | −0.003**<br>（−2.571） | −0.002***<br>（−2.649） |
| Supply | −0.008***<br>（−2.622） | −0.008***<br>（−3.122） | −0.008***<br>（−3.682） |
| Salesgro | −0.001***<br>（−2.892） | −0.002***<br>（−3.043） | −0.002***<br>（−3.285） |
| _Cons | −0.009<br>（−0.603） | −0.009<br>（−0.826） | −0.011<br>（−1.141） |
| N | 1051 | 1665 | 2134 |
| 调整 $R^2$ | 0.545 | 0.554 | 0.556 |

*、**和***分别表示在 10%、5%和 1%的置信水平上显著

注：期间 1：2013~2011 年，期间 2：2012 年/2013~2011 年，期间 3：2012 年/2013~2010 年/2011 年；括号中为 t 值；回归控制了行业效应和年度效应（除期间 1 外）并采用 White 稳健标准误

**表 2.11 八省市"营改增"对试点公司流转税税负影响全样本及分行业 OLS 回归结果（控制组：非试点地区试点行业）**

| 变量 | 试点行业 | | | 交通运输业 | | | 现代服务业 | | |
|---|---|---|---|---|---|---|---|---|---|
| | 期间 1 | 期间 2 | 期间 3 | 期间 1 | 期间 2 | 期间 3 | 期间 1 | 期间 2 | 期间 3 |
| Treat×Year | 0.014<br>（1.027） | 0.006<br>（0.620） | 0.003<br>（0.461） | −0.006<br>（−1.277） | −0.002<br>（−0.564） | −0.000<br>（−0.028） | 0.025<br>（1.126） | 0.016<br>（1.127） | 0.011<br>（0.918） |
| Treat | −0.015<br>（−1.109） | −0.011<br>（−1.049） | −0.007<br>（−1.019） | 0.006<br>（0.618） | −0.006<br>（−0.951） | −0.007<br>（−1.626） | −0.026<br>（−0.945） | −0.019<br>（−1.422） | −0.011<br>（−1.056） |
| Year | −0.014<br>（−1.326） | −0.009<br>（−1.040） | −0.005<br>（−0.834） | 0.004*<br>（2.004） | 0.001<br>（0.532） | 0.000<br>（−0.099） | −0.020<br>（−1.263） | −0.017*<br>（−1.720） | −0.009<br>（−1.063） |
| Grossmar | 0.101***<br>（4.317） | 0.085***<br>（5.706） | 0.089***<br>（6.786） | 0.086**<br>（2.846） | 0.090***<br>（5.842） | 0.094***<br>（4.525） | 0.132***<br>（3.028） | 0.098***<br>（3.612） | 0.100***<br>（4.578） |
| Capitalin | −0.002<br>（−0.351） | −0.001<br>（−0.177） | −0.001<br>（−0.316） | 0.001<br>（0.193） | −0.001<br>（−0.330） | −0.004<br>（−1.087） | −0.008<br>（−0.428） | 0.000<br>（0.063） | 0.001<br>（0.236） |
| Age | 0.006<br>（0.590） | 0.003<br>（0.588） | 0.005<br>（1.260） | 0.000<br>（0.011） | 0.000<br>（0.054） | 0.005<br>（1.625） | 0.004<br>（0.287） | 0.004<br>（0.543） | 0.003<br>（0.532） |
| Pop | 0.001<br>（0.084） | 0.001<br>（0.482） | 0.002<br>（0.791） | 0.002<br>（0.549） | 0.003<br>（1.462） | 0.005**<br>（2.289） | −0.001<br>（−0.078） | 0.002<br>（0.293） | 0.001<br>（0.280） |

续表

| 变量 | 试点行业 | | | 交通运输业 | | | 现代服务业 | | |
|---|---|---|---|---|---|---|---|---|---|
| | 期间 1 | 期间 2 | 期间 3 | 期间 1 | 期间 2 | 期间 3 | 期间 1 | 期间 2 | 期间 3 |
| Supply | −0.029<br>（−1.678） | −0.014<br>（−1.542） | −0.023**<br>（−2.593） | −0.003<br>（−0.342） | 0.005<br>（1.109） | 0.001<br>（0.110） | −0.058<br>（−1.073） | −0.033*<br>（−1.776） | −0.043***<br>（−2.825） |
| Salesgro | −0.007<br>（−0.562） | −0.003<br>（−0.803） | 0.001<br>（0.138） | −0.006<br>（−0.735） | 0.001<br>（0.190） | −0.006<br>（−1.104） | −0.011<br>（−0.389） | −0.006<br>（−1.063） | 0.001<br>（0.090） |
| _Cons | 0.007<br>（0.089） | −0.006<br>（−0.177） | −0.009<br>（−0.321） | −0.016<br>（−0.308） | −0.023<br>（−0.810） | −0.046*<br>（−1.969） | 0.076<br>（0.517） | 0.009<br>（0.148） | −0.001<br>（−0.017） |
| N | 52 | 100 | 112 | 20 | 39 | 43 | 32 | 61 | 69 |
| 调整 $R^2$ | 0.513 | 0.640 | 0.686 | 0.844 | 0.793 | 0.778 | 0.359 | 0.573 | 0.658 |

\*、\*\*和\*\*\*分别表示在 10%、5%和 1%的置信水平上显著

注：期间 1：2013~2011 年，期间 2：2012 年/2013~2011 年，期间 3：2012 年/2013~2010 年/2011 年；括号中为 $t$ 值；回归控制了行业效应和年度效应（除期间 1 外）并采用 White 稳健标准误

为了考察先行试点地区（含八省市和上海市）"营改增"对不同所有权性质试点公司流转税税负的影响，我们根据最终控制人类型将公司划分为非国有企业（SoeN）和国有企业（SoeY），并进一步将国有企业企区分为地方国企（SoeL）和中央国企（SoeC）。在控制行业的基础上采用 OLS 运行附表 1 中的 m5 形成表 2.12 中"期间 1：2013~2011 年"列。

表 2.12　先行试点地区"营改增"对不同所有权性质试点公司的影响

| 变量 | 全样本 | SoeN | SoeY | SoeL | SoeC |
|---|---|---|---|---|---|
| 期间 1：2013~2011 年 | | | | | |
| Treat×Year | −0.000<br>（−0.033） | 0.006<br>（0.574） | −0.003<br>（−0.601） | 0.001<br>（0.169） | −0.004<br>（−0.489） |
| Treat | 0.002<br>（0.431） | 0.006<br>（0.607） | 0.006<br>（0.906） | 0.008<br>（0.905） | 0.007<br>（0.639） |
| Year | 0.001<br>（0.736） | 0.000<br>（0.055） | 0.002<br>（0.793） | 0.000<br>（−0.020） | 0.005<br>（1.302） |
| Grossmar | 0.144***<br>（22.259） | 0.141***<br>（15.597） | 0.148***<br>（15.528） | 0.144***<br>（13.492） | 0.168***<br>（7.862） |
| Capitalin | 0.003**<br>（2.283） | 0.004**<br>（2.244） | 0.002<br>（0.812） | 0.003<br>（1.141） | −0.002<br>（−0.465） |
| Age | 0.004***<br>（2.605） | 0.005**<br>（2.123） | 0.002<br>（0.903） | 0.005<br>（1.529） | −0.003<br>（−0.645） |
| Pop | −0.002*<br>（−1.869） | −0.005**<br>（−2.293） | −0.001<br>（−0.419） | 0.000<br>（0.054） | −0.002<br>（−0.497） |
| Supply | −0.007**<br>（−2.513） | −0.008*<br>（−1.783） | −0.008*<br>（−1.847） | −0.009<br>（−1.508） | −0.001<br>（−0.114） |
| Salesgro | 0.000**<br>（2.098） | 0.000<br>（1.423） | −0.001<br>（−0.962） | −0.002<br>（−1.209） | 0.001<br>（0.301） |

续表

| 变量 | 全样本 | SoeN | SoeY | SoeL | SoeC |
|---|---|---|---|---|---|
| 期间 1：2013~2011 年 | | | | | |
| _Cons | −0.011<br>（−0.839） | 0.001<br>（0.052） | −0.015<br>（−0.967） | −0.026<br>（−1.379） | −0.004<br>（−0.164） |
| N | 1 143 | 501 | 642 | 444 | 198 |
| 调整 $R^2$ | 0.542 | 0.555 | 0.523 | 0.535 | 0.506 |
| 期间 2：2012 年/2013~2011 年 | | | | | |
| Treat×Year | −0.002<br>（−0.278） | 0.002<br>（0.202） | −0.002<br>（−0.370） | 0.004<br>（0.548） | −0.010<br>（−1.075） |
| Treat | 0.004<br>（0.767） | 0.011<br>（1.079） | 0.007<br>（1.327） | 0.008<br>（1.058） | 0.008<br>（0.854） |
| Year | 0.001<br>（1.044） | 0.000<br>（−0.074） | 0.002<br>（1.275） | 0.001<br>（0.452） | 0.005<br>（1.428） |
| Grossmar | 0.143***<br>（27.557） | 0.141***<br>（20.195） | 0.149***<br>（19.174） | 0.144***<br>（16.565） | 0.164***<br>（9.824） |
| Capitalin | 0.003***<br>（3.162） | 0.004**<br>（2.318） | 0.003*<br>（1.838） | 0.004*<br>（1.916） | 0.001<br>（0.276） |
| Age | 0.003***<br>（2.622） | 0.004**<br>（2.325） | 0.001<br>（0.500） | 0.003<br>（1.173） | −0.002<br>（−0.603） |
| Pop | −0.003***<br>（−2.712） | −0.004***<br>（−2.680） | −0.001<br>（−0.885） | −0.001<br>（−0.602） | −0.002<br>（−0.771） |
| Supply | −0.008***<br>（−2.988） | −0.008**<br>（−2.246） | −0.007*<br>（−1.806） | −0.010*<br>（−1.941） | 0.003<br>（0.570） |
| Salesgro | 0.000***<br>（3.013） | 0.000<br>（1.390） | −0.001**<br>（−2.413） | −0.002**<br>（−1.982） | −0.000*<br>（−1.755） |
| _Cons | −0.009<br>（−0.838） | −0.003<br>（−0.176） | −0.010<br>（−0.807） | −0.016<br>（−1.041） | 0.001<br>（0.059） |
| N | 1 829 | 807 | 1 022 | 705 | 317 |
| 调整 $R^2$ | 0.541 | 0.559 | 0.527 | 0.541 | 0.521 |
| 期间 3：2012 年/2013~2010 年/2011 年 | | | | | |
| Treat×Year | −0.003<br>（−0.727） | 0.001<br>（0.087） | −0.003<br>（−0.736） | 0.000<br>（0.031） | −0.009<br>（−1.071） |
| Treat | 0.006<br>（1.617） | 0.010<br>（1.580） | 0.008**<br>（2.078） | 0.009*<br>（1.907） | 0.011<br>（1.424） |
| Year | 0.004***<br>（4.193） | 0.004**<br>（2.299） | 0.005***<br>（3.378） | 0.004**<br>（2.257） | 0.006**<br>（2.124） |
| Grossmar | 0.140***<br>（29.341） | 0.134***<br>（20.308） | 0.149***<br>（21.507） | 0.145***<br>（18.604） | 0.162***<br>（10.998） |
| Capitalin | 0.003***<br>（3.408） | 0.004***<br>（3.211） | 0.002<br>（1.477） | 0.002<br>（1.460） | 0.001<br>（0.493） |
| Age | 0.003***<br>（2.719） | 0.004**<br>（2.486） | 0.000<br>（0.288） | 0.001<br>（0.822） | 0.000<br>（0.092） |
| Pop | −0.002**<br>（−2.196） | −0.002<br>（−1.477） | −0.001<br>（−0.983） | 0.000<br>（−0.176） | −0.003<br>（−1.460） |

续表

| 变量 | 全样本 | SoeN | SoeY | SoeL | SoeC |
|---|---|---|---|---|---|
| 期间 3：2012 年/2013~2010 年/2011 年 | | | | | |
| Supply | $-0.008^{***}$<br>（$-3.446$） | $-0.011^{***}$<br>（$-3.281$） | $-0.005$<br>（$-1.395$） | $-0.005$<br>（$-1.084$） | $0.002$<br>（$0.401$） |
| Salesgro | $-0.002^{***}$<br>（$-3.102$） | $-0.002^{***}$<br>（$-2.622$） | $-0.002^{***}$<br>（$-2.928$） | $-0.002^{**}$<br>（$-2.257$） | $-0.004^{**}$<br>（$-2.351$） |
| _Cons | $-0.014$<br>（$-1.469$） | $-0.022$<br>（$-1.200$） | $-0.009$<br>（$-0.797$） | $-0.017$<br>（$-1.265$） | $-0.001$<br>（$-0.051$） |
| $N$ | 2 158 | 956 | 1 202 | 825 | 377 |
| 调整 $R^2$ | 0.549 | 0.561 | 0.543 | 0.556 | 0.543 |

*、**和***分别表示在 10%、5%和 1%的置信水平上显著

注：括号中为 $t$ 值；回归控制了行业效应和年度效应（除期间 1 外）并采用 White 稳健标准误

　　表 2.12 显示，对非国有企业、国有企业、地方国企和中央国企而言，Treat×Year 的系数分别为 0.006、−0.003、0.001 和−0.004，但均不显著，说明"营改增"使得非国有企业流转税税负略有上升、国有企业流转税税负略有下降、地方国企的流转税税负略有上升，而中央国企的流转税税负略有下降。考虑到样本量偏少，我们采用无放回的 Bootstrap 方法抽样 1 000 次检验上述 Treat×Year 的回归系数之间的差异性，结果见表 2.13 中"期间 1"列。

表 2.13　先行试点地区"营改增"对不同所有权性质试点公司影响回归系数差异比较

| 变量 | 期间 1 | | 期间 2 | | 期间 3 | |
|---|---|---|---|---|---|---|
| | 系数差异 | 经验 $P$ 值 | 系数差异 | 经验 $P$ 值 | 系数差异 | 经验 $P$ 值 |
| SoeY−SoeN | | | | | | |
| Treat×Year | $-0.009$ | 0.258 | $-0.004$ | 0.382 | $-0.002$ | 0.415 |
| SoeL−SoeC | | | | | | |
| Treat×Year | 0.005 | 0.328 | 0.013 | 0.135 | 0.009 | 0.150 |
| SoeL−SoeN | | | | | | |
| Treat×Year | $-0.005$ | 0.391 | 0.002 | 0.484 | 0.001 | 0.472 |
| SoeC−SoeN | | | | | | |
| Treat×Year | $-0.010$ | 0.329 | $-0.012$ | 0.236 | $-0.009$ | 0.233 |

注：期间 1：2013~2011 年，期间 2：2012 年/2013~2011 年，期间 3：2012 年/2013~2010 年/2011 年

　　表 2.13 显示，SoeY−SoeN 的系数差异为−0.009，经验 $P$ 值为 0.258，表明与非国有企业相比，"营改增"使得国有企业流转税税负略低，支持了假设 2.3。

SoeL-SoeC 的系数差异为 0.005,经验 P 值为 0.328,说明与中央国企相比,"营改增"使得地方国企的流转税税负略高,支持了假设 2.4a。SoeL-SoeN 的系数差异为-0.005,经验 P 值为 0.391,说明与非国有企业相比,"营改增"使得地方国企的流转税税负略低,但不显著,支持了假设 2.4c。SoeC-SoeN 的真实差异为-0.010,经验 P 值为 0.329,说明与非国有企业相比,"营改增"使得中央国企的流转税税负略低,但不显著,支持了假设 2.4b。表 2.12 还显示:营业收入毛利率、资产密集度、上市年龄、人口规模和供应商议价能力是显著影响非国有企业流转税税负的因素;营业收入毛利率和供应商议价能力是显著影响国企流转税税负的因素;营业收入毛利率是显著影响地方国企和中央国企流转税税负的重要因素。

此外,我们进行了如下稳健性测试:①将 2012 年和 2013 年设置为 Year=1,2011 年设为 Year=0。②将 2012 年和 2013 年设置为 Year=1,2010 年和 2011 年设为 Year=0。在控制行业和年度效应的基础上重新执行上文处理过程,结果见表 2.9 至表 2.13。表 2.9 显示,尽管在(2012 年/2013~2010 年/2011 年)时段交通运输业试点公司试点前后流转税税负略有上升,但表 2.11 中的数据表明,"营改增"使得交通运输业试点公司流转税税负略有下降,其他结论与前文保持一致。③借鉴童锦治等(2015)的研究,采用面板随机效应模型重新估计模型,结论与 OLS 方法保持一致。上述结果表明,我们的结论具有较好的可靠性。

综上可见,就八省市试点而言,"营改增"使得试点公司的流转税税负略有上升,交通运输业试点公司流转税税负略有下降,现代服务业公司流转税税负略有上升。与非试点公司相比,先行试点地区"营改增"使得非国有企业流转税税负略有上升、国有企业的流转税税负略有下降、地方国企的流转税税负略有上升、中央国企的流转税税负略有下降。"营改增"对不同所有权性质试点公司的流转税税负影响并无显著差异:国有企业流转税税负略低于非国有企业,地方国企的流转税税负略高于中央国企、略低于非国有企业,中央国企的流转税税负略低于非国有企业。

### 2.4.3 全国性"营改增"对公司流转税税负影响的实证检验

跟前文类似,我们采用 DID 检验全国性"营改增"对公司税负的影响。先将样本分成两组:①处理组,即全国性"营改增"试点行业公司,在"1+6"的基础上增加广播影视和电信业(Treat=1);②控制组,即非"营改增"试点行业公司(Treat=0)。2013 年 8 月 1 日,全国性"营改增"启动,由于政策具有一定的时滞性,2013 年公司流转税税负仅包含部分"营改增"的影响,2012 年上海市和八省市试点行业公司流转税税负也含有部分"营改增"因素的影响。为准确度量"营改增"的税收效应，我们将考察的年份设定为2014年和2011年：当处于2014年时，Year=1；当处于2011年时，Year=0，其他年份设为缺漏值。我们首先比较"营改增"试点公司试点前（2011年）和试点后（2014年）流转税税负的变化。表2.14（期间1：2014~2011年）显示：全国性试点后，"营改增"试点公司的流转税税负略有上升，但不显著；区分行业后发现，交通运输业试点公司的流转税税负略有下降，而现代服务业试点公司流转税税负略有上升，期间2和期间3的分析方法类似，此处不再赘述。

表2.14 全国性"营改增"试点公司流转税税负变化

| 行业/变量 | | "营改增"前 | "营改增"后 | 差异 | P值 | |
|---|---|---|---|---|---|---|
| | | | | | T检验 | 秩和检验 |
| 期间1：2014~2011年 | 全样本 | 均值 | 0.039 | 0.043 | 0.004 | 0.331 | |
| | | 中位数 | 0.032 | 0.036 | 0.004 | | 0.306 |
| | | N | 167 | 189 | | | |
| | 交通运输业 | 均值 | 0.031 | 0.029 | −0.002 | 0.710 | |
| | | 中位数 | 0.030 | 0.028 | −0.002 | | 0.507 |
| | | N | 56 | 56 | | | |
| | 现代服务业 | 均值 | 0.045 | 0.049 | 0.004 | 0.422 | |
| | | 中位数 | 0.035 | 0.042 | 0.007 | | 0.245 |
| | | N | 103 | 104 | | | |
| 期间2：2013年/2014~2011年 | 全样本 | 均值 | 0.039 | 0.043 | 0.004 | 0.222 | |
| | | 中位数 | 0.032 | 0.035 | 0.003 | | 0.194 |
| | | N | 167 | 391 | | | |
| | 交通运输业 | 均值 | 0.031 | 0.030 | −0.001 | 0.846 | |
| | | 中位数 | 0.030 | 0.028 | −0.002 | | 0.585 |
| | | N | 56 | 111 | | | |
| | 现代服务业 | 均值 | 0.045 | 0.049 | 0.004 | 0.893 | |
| | | 中位数 | 0.035 | 0.040 | 0.005 | | 0.548 |
| | | N | 83 | 219 | | | |
| 期间3：2013年/2014~2010年/2011年 | 全样本 | 均值 | 0.035 | 0.043 | 0.008 | 0.000** | |
| | | 中位数 | 0.030 | 0.035 | 0.005 | | 0.000*** |
| | | N | 317 | 391 | | | |
| | 交通运输业 | 均值 | 0.028 | 0.026 | −0.002 | 0.134 | |
| | | 中位数 | 0.029 | 0.028 | −0.001 | | 0.341 |
| | | N | 111 | 111 | | | |

续表

| 行业/变量 | | "营改增"前 | "营改增"后 | 差异 | P 值 | |
|---|---|---|---|---|---|---|
| | | | | | T 检验 | 秩和检验 |
| 期间 3：2013 年/2014~2010 年/2011 年 | 均值 | 0.040 | 0.049 | 0.009 | 0.015** | |
| | 中位数 | 0.033 | 0.040 | 0.007 | | 0.006*** |
| 现代服务业 N | | 149 | 219 | | | |

\*\*和\*\*\*分别表示在 5%和 1%的置信水平上显著

注：期间 1：2014~2011 年，表示将"营改增"后的 2014 年与"营改增"前的 2011 年进行对比分析；期间 2：2013 年/2014~2011 年，表示将"营改增"后的 2013 年和 2014 年作为一个整体与"营改增"前的 2011 年进行对比分析；期间 3：2013 年/2014~2010 年/2011 年，表示将"营改增"后 2013 年和 2014 年作为一个整体与"营改增"前的 2010 年和 2011 年作为一个整体进行对比分析

同样，我们采用OLS，用White稳健标准误估计模型（2.2），在控制行业和地区的基础上，采用逐步回归法筛选精简模型，见附表2。根据调整 $R^2$ 和 $F$ 值，选择m5，结果表明（附表2及表2.15全样本期间1）：营业收入毛利率、资产密集度、上市年龄和销售收入增长率是显著影响全国性试点公司流转税税负的重要因素。地区因素对公司流转税税负具有显著影响。与东北地区（基准组）相比，东部地区、中部地区和西部地区的公司流转税税负显著偏高，可能的原因如下：东北地区国有企业较多，政府给予国有企业更多的流转税税收优惠政策。Year的系数在 1%置信水平显著为正，说明与试点前相比，"营改增"后非试点公司的流转税税负显著增加。Treat×Year 的系数为 0.004 但不显著，表明与非试点公司相比，"营改增"使得试点公司流转税税负略有上升，支持了假设 2.1；也说明与试点公司相比，"营改增"使得非试点公司的流转税税负略有下降，支持了假设2.2。我们利用m5区分行业分析的结果见表2.15（期间 1）。如表 2.15 所示，交通运输业 Treat×Year 的系数为-0.003 且不显著，说明与试点前相比，"营改增"后交通运输业公司流转税税负略有下降；现代服务业 Treat×Year 的系数为 0.009 也不显著，表明与试点前相比，"营改增"后现代服务业公司流转税税负略有上升，上述分别支持了假设 2.1a 和假设 2.1b。

表 2.15　全国性"营改增"对试点公司流转税税负影响的 OLS 回归结果

| 变量 | 全样本 | | | 交通运输业 | | | 现代服务业 | | |
|---|---|---|---|---|---|---|---|---|---|
| | 期间 1 | 期间 2 | 期间 3 | 期间 1 | 期间 2 | 期间 3 | 期间 1 | 期间 2 | 期间 3 |
| Treat×Year | 0.004（0.551） | 0.001（0.202） | -0.001（-0.330） | -0.003（-0.685） | -0.001（-0.368） | -0.002（-0.776） | 0.009（0.770） | 0.005（0.793） | 0.008（1.426） |
| Treat | -0.005（-1.056） | -0.005（-1.086） | -0.002（-0.615） | | | | | | |
| Year | 0.006***（3.054） | 0.006***（3.214） | 0.010***（6.529） | | | | | | |

续表

| 变量 | 全样本 | | | 交通运输业 | | | 现代服务业 | | |
|---|---|---|---|---|---|---|---|---|---|
| | 期间 1 | 期间 2 | 期间 3 | 期间 1 | 期间 2 | 期间 3 | 期间 1 | 期间 2 | 期间 3 |
| Asset | −0.001<br>(−1.584) | −0.001<br>(−1.586) | −0.001<br>(−1.569) | 0.075**<br>(2.973) | 0.079***<br>(7.065) | 0.079***<br>(7.940) | 0.098***<br>(2.940) | 0.099***<br>(4.083) | 0.098***<br>(4.706) |
| Grossmar | 0.145***<br>(19.207) | 0.140***<br>(23.991) | 0.137***<br>(26.249) | −0.005<br>(−1.392) | −0.004*<br>(−1.868) | −0.002<br>(−0.985) | −0.009<br>(−0.697) | −0.009<br>(−1.141) | −0.009<br>(−1.413) |
| Capitalin | 0.003*<br>(1.776) | 0.004***<br>(3.299) | 0.004***<br>(3.692) | −0.003<br>(−1.125) | −0.003**<br>(−2.531) | −0.003***<br>(−3.100) | −0.014**<br>(−2.157) | −0.011**<br>(−2.313) | −0.011***<br>(−2.775) |
| Age | 0.004**<br>(2.132) | 0.004**<br>(2.427) | 0.002*<br>(1.954) | 0.016<br>(1.350) | 0.010<br>(1.331) | 0.006**<br>(2.387) | 0.005<br>(0.563) | 0.004<br>(0.591) | 0.003<br>(0.469) |
| Pop | −0.002<br>(−1.341) | −0.002**<br>(−2.102) | −0.002**<br>(−2.074) | 0.005<br>(1.584) | 0.004**<br>(2.231) | 0.003<br>(1.631) | 0.010<br>(1.441) | 0.004<br>(0.896) | 0.006<br>(1.550) |
| Supply | −0.005<br>(−1.561) | −0.010***<br>(−3.776) | −0.010***<br>(−4.228) | −0.006<br>(−0.543) | −0.008<br>(−1.098) | −0.010*<br>(−1.710) | −0.026<br>(−1.031) | −0.031<br>(−1.670) | −0.035**<br>(−2.191) |
| Salesgro | −0.001***<br>(−2.797) | −0.002**<br>(−2.400) | −0.002***<br>(−2.626) | −0.025<br>(−1.195) | −0.022**<br>(−2.660) | −0.017***<br>(−3.454) | −0.008<br>(−0.617) | −0.009<br>(−0.801) | −0.005<br>(−0.634) |
| _Cons | 0.005<br>(0.217) | 0.008<br>(0.463) | 0.001<br>(0.054) | −0.005<br>(−0.074) | 0.021<br>(0.615) | 0.044<br>(1.467) | 0.235<br>(1.458) | 0.218**<br>(2.391) | 0.207**<br>(2.657) |
| $N$ | 886 | 1 465 | 1 934 | 18 | 30 | 38 | 29 | 50 | 63 |
| 调整 $R^2$ | 0.530 | 0.525 | 0.538 | 0.770 | 0.863 | 0.850 | 0.359 | 0.368 | 0.433 |

*、**和***分别表示在 10%、5%和 1%的置信水平上显著

注：1.期间 1：2014~2011 年，期间 2：2013 年/2014~2011 年，期间 3：2013 年/2014~2010 年/2011 年；括号中为 $t$ 值；回归控制了行业效应、年度效应（除期间 1 外）和地区效应并采用 White 稳健标准误

全国性试点公司区分所有权性质的回归结果（表 2.16 期间 1）显示，"营改增"使得非国有企业的流转税税负上升，国有企业的流转税税负略有下降。利用有放回的 Bootstrap 方法抽样 1 000 次比较两者回归系数之间的差异显著性（表 2.16 期间 1 列），发现真实差异为−0.007，经验 $P$ 值为 0.319，即两者系数差异并不显著，说明"营改增"使得国有企业的流转税税负略低于非国有企业，支持了假设 2.3。我们又将国有企业分为地方国企和中央国企分别考察，Treat×Year 的回归系数显示，"营改增"使得地方国企的流转税税负略有上升、中央国企的流转税税负略有下降，说明"营改增"主要通过降低中央国企流转税税负从而使得整个国有企业的流转税税负略有下降，但两者之间的系数差异为0.014 并不显著（经验 $P$ 值为 0.173），表明与中央国企相比，"营改增"使得地方国企的流转税税负略高，支持了假设 2.4a。此外，我们还检验了"营改增"对地方国企、中央国企与非国有企业之间的影响是否存在显著差异。表 2.16"期间1"列的系数差异表明，"营改增"对地方国企与非国有企业之间的影响无显著差异（经验 $P$ 值为 0.444），支持了假设 2.4c；"营改增"使得中央国企流转税税负比非国有企业流转税税负略有下降，但不显著（经验 $P$ 值为 0.202），支持

了假设 2.4b。

表 2.16　全国性"营改增"对试点公司不同所有权回归系数差异比较

| 变量 | 期间 1 | | 期间 2 | | 期间 3 | |
|---|---|---|---|---|---|---|
| | 系数差异 | 经验 P 值 | 系数差异 | 经验 P 值 | 系数差异 | 经验 P 值 |
| SoeY-SoeN | | | | | | |
| Treat×Year | −0.007 | 0.319 | −0.004 | 0.369 | −0.002 | 0.393 |
| SoeL-SoeC | | | | | | |
| Treat×Year | 0.014 | 0.173 | 0.010 | 0.146 | 0.003 | 0.330 |
| SoeL-SoeN | | | | | | |
| Treat×Year | −0.002 | 0.444 | 0.001 | 0.465 | −0.001 | 0.454 |
| SoeC-SoeN | | | | | | |
| Treat×Year | −0.017 | 0.202 | −0.009 | 0.252 | −0.004 | 0.337 |

此外，与前文类似，我们进行了如下稳健性测试：①将 2013 年和 2014 年设置为 Year=1，2011 年设置为 Year=0，即期间 2。②将 2013 年和 2014 年设置为 Year=1，2010 年和 2011 年设置为 Year=0，即期间 3。在控制行业、年度和地区效应的基础上分别重新运行模型（2.2），结果见表 2.14~表 2.16 中"期间 2"和"期间 3"。就试点公司流转税税负变化而言（表 2.14）：期间 2 与期间 1 的结论完全一致；在期间 3 中，全样本显示，与"营改增"前相比，"营改增"后的试点公司流转税税负显著上升；其中，交通运输业公司流转税税负略有下降，现代服务业公司流转税税负显著上升。结合表 2.15"期间 3"列所示可知，在控制其他因素影响情况下，与"营改增"前相比，"营改增"后试点公司的流转税税负略有降低、交通运输业公司流转税税负略有下降及现代服务业公司流转税税负略有上升。表 2.15 的结果还表明，短期来看（2014~2011 年，2013 年/2014~2011 年），"营改增"使得试点公司流转税税负略有上升（Treat×Year 的系数分别为 0.004、0.001），但从相对较长期间来看（2013 年/2014~2010 年/2011 年），"营改增"却使得试点公司流转税税负略有下降（Treat×Year 的系数为 −0.001）。表 2.16 中"期间 3"Treat×Year 的系数显示，"营改增"使得非国有企业（−0.001）、国有企业（−0.003）、地方国企（−0.002）和中央国企（−0.005）的流转税税负均有一定程度的下降。结合期间 1 和期间 2 的结果可知，与非试点公司相比，"营改增"使得非国有企业和地方国企流转税税负短期略有上升、长期略有下降，其他结论与前文保持一致。③借鉴童锦治等（2015）的研究，采用面板随机效应模型重新估计模型，结论与 OLS 保持一致。上述结果表明，我们的结论具有较好的可靠性。

综上所述，就全国性试点而言，与非试点公司相比，"营改增"使得试点公司流转税税负短期略有上升、长期略有下降,交通运输业公司流转税税负略有下降,现代服务业公司流转税税负略有上升。"营改增"使得非试点公司的流转税税负略有下降。区分试点公司所有权性质的回归结果显示,"营改增"使得国有企业的流转税税负略有下降、中央国企的流转税税负略有下降,而非国有企业和地方国企流转税税负短期略有上升、长期略有下降。这说明"营改增"主要通过降低中央国企税负从而使得整个国有企业的流转税税负略有下降。"营改增"对不同所有权性质公司流转税税负影响的差异如下:国有企业比非国有企业略低,地方国企比中央国企略高,地方国企与非国有企业之间无显著差异,中央国企比非国有企业略有下降。

## 附　　表

**表 1　八省市"营改增"对试点公司流转税税负影响的模型选择及 OLS 回归结果**

期间 1:2013~2011 年

| 变量 | m1 | m2 | m3 | m4 | m5 |
|---|---|---|---|---|---|
| Treat×Year | 0.001<br>(0.198) | 0.002<br>(0.244) | 0.002<br>(0.221) | 0.002<br>(0.220) | 0.002<br>(0.267) |
| Treat | −0.001<br>(−0.205) | −0.001<br>(−0.145) | −0.001<br>(−0.164) | −0.001<br>(−0.169) | −0.001<br>(−0.164) |
| Year | 0.001<br>(0.514) | 0.001<br>(0.511) | 0.001<br>(0.507) | 0.001<br>(0.510) | 0.001<br>(0.999) |
| Invturn | −0.001<br>(−0.559) | −0.001<br>(−0.666) | | | |
| Lev | 0.003<br>(0.611) | | | | |
| Asset | −0.001<br>(−0.959) | −0.001<br>(−0.953) | −0.001<br>(−0.991) | −0.001<br>(−1.056) | |
| Grossmar | 0.143***<br>(17.784) | 0.142***<br>(20.722) | 0.143***<br>(21.103) | 0.143***<br>(21.365) | 0.143***<br>(21.607) |
| Capitalin | 0.003*<br>(1.939) | 0.003*<br>(1.910) | 0.003**<br>(2.329) | 0.003**<br>(2.449) | 0.004**<br>(2.528) |
| Age | 0.004**<br>(2.509) | 0.004**<br>(2.551) | 0.004**<br>(2.539) | 0.004**<br>(2.529) | 0.004**<br>(2.336) |
| Tobin Q | 0.000<br>(0.207) | | | | |
| Lfinancegro | −0.009<br>(−0.914) | −0.009<br>(−0.903) | −0.008<br>(−0.875) | −0.008<br>(−0.865) | |
| Pop | −0.003*<br>(−1.886) | −0.003*<br>(−1.909) | −0.003*<br>(−1.911) | −0.003*<br>(−1.917) | −0.002*<br>(−1.835) |
| Supply | −0.009***<br>(−2.789) | −0.009***<br>(−2.940) | −0.009***<br>(−2.945) | −0.009***<br>(−2.860) | −0.008***<br>(−2.622) |

续表

| 变量 | m1 | m2 | m3 | m4 | m5 |
|------|-----|-----|-----|-----|-----|
| Customer | 0.001<br>（0.269） | 0.001<br>（0.295） | 0.001<br>（0.237） | | |
| Salesgro | −0.001***<br>（−2.839） | −0.001***<br>（−2.832） | −0.001***<br>（−2.789） | −0.001***<br>（−2.827） | −0.001***<br>（−2.892） |
| _Cons | 0.008<br>（0.336） | 0.008<br>（0.351） | 0.007<br>（0.345） | 0.008<br>（0.389） | −0.009<br>（−0.603） |
| N | 1 051 | 1 051 | 1 051 | 1 051 | 1 051 |
| 调整 $R^2$ | 0.544 | 0.544 | 0.545 | 0.545 | 0.545 |
| F | 37.425 | 40.415 | 42.088 | 43.986 | 48.302 |

*、**和***分别表示在 10%、5%和 1%的置信水平上显著

注：括号中为 t 值，回归控制了行业效应并使用 White 稳健标准误

期间 2：2012 年/2013~2011 年

| 变量 | m1 | m2 | m3 | m4 | m5 |
|------|-----|-----|-----|-----|-----|
| Treat×Year | −0.004<br>（−0.735） | −0.004<br>（−0.697） | −0.004<br>（−0.729） | −0.004<br>（−0.731） | −0.004<br>（−0.681） |
| Treat | −0.001<br>（−0.173） | 0.000<br>（−0.093） | −0.001<br>（−0.115） | −0.001<br>（−0.109） | −0.001<br>（−0.144） |
| Year | 0.002<br>（1.201） | 0.001<br>（1.169） | 0.001<br>（1.166） | 0.001<br>（1.163） | 0.001<br>（1.160） |
| Invturn | −0.001<br>（−0.650） | −0.001<br>（−0.793） | | | |
| Lev | 0.004<br>（1.051） | | | | |
| Asset | −0.001<br>（−1.482） | −0.001<br>（−1.603） | −0.001*<br>（−1.657） | −0.001*<br>（−1.646） | |
| Grossmar | 0.143***<br>（21.952） | 0.142***<br>（25.880） | 0.143***<br>（26.485） | 0.143***<br>（27.163） | 0.144***<br>（27.473） |
| Capitalin | 0.003**<br>（2.461） | 0.003**<br>（2.345） | 0.003***<br>（2.886） | 0.003***<br>（2.920） | 0.003***<br>（3.044） |
| Age | 0.003***<br>（2.711） | 0.004***<br>（2.794） | 0.004***<br>（2.786） | 0.004***<br>（2.814） | 0.003***<br>（2.593） |
| Tobin Q | 0.000<br>（0.672） | | | | |
| Lfinancegro | −0.002<br>（−0.342） | −0.002<br>（−0.351） | −0.002<br>（−0.311） | −0.002<br>（−0.310） | |
| Pop | −0.003***<br>（−2.705） | −0.003***<br>（−2.752） | −0.003***<br>（−2.743） | −0.003***<br>（−2.702） | −0.003**<br>（−2.571） |
| Supply | −0.009***<br>（−3.236） | −0.009***<br>（−3.392） | −0.009***<br>（−3.421） | −0.009***<br>（−3.490） | −0.008***<br>（−3.122） |
| Customer | −0.002<br>（−0.479） | −0.002<br>（−0.433） | −0.002<br>（−0.480） | | |
| Salesgro | −0.001***<br>（−2.976） | −0.001***<br>（−2.883） | −0.001***<br>（−2.881） | −0.002***<br>（−2.924） | −0.002***<br>（−3.043） |

续表

| 变量 | m1 | m2 | m3 | m4 | m5 |
|---|---|---|---|---|---|
| _Cons | 0.009<br>（0.517） | 0.011<br>（0.645） | 0.011<br>（0.632） | 0.009<br>（0.571） | −0.009<br>（−0.826） |
| N | 1 665 | 1 665 | 1 665 | 1 665 | 1 665 |
| 调整 $R^2$ | 0.554 | 0.554 | 0.554 | 0.554 | 0.554 |
| F | 63.824 | 68.341 | 71.292 | 73.763 | 80.942 |

*、**和***分别表示在 10%、5%和 1%的置信水平上显著

注：括号中为 t 值，回归控制了行业效应、年度效应并使用 White 稳健标准误

期间 3：2012 年/2013~2010 年/2011 年

| 变量 | m1 | m2 | m3 | m4 | m5 |
|---|---|---|---|---|---|
| Treat×Year | −0.006<br>（−1.288） | −0.006<br>（−1.239） | −0.006<br>（−1.282） | −0.006<br>（−1.287） | −0.006<br>（−1.260） |
| Treat | 0.001<br>（0.379） | 0.002<br>（0.471） | 0.002<br>（0.462） | 0.002<br>（0.473） | 0.002<br>（0.431） |
| Year | 0.009***<br>（4.471） | 0.008***<br>（4.357） | 0.008***<br>（4.371） | 0.008***<br>（4.352） | 0.009***<br>（6.450） |
| Invturn | 0.000<br>（−0.631） | −0.001<br>（−0.787） | | | |
| Lev | 0.004<br>（1.057） | | | | |
| Asset | −0.001<br>（−1.405） | −0.001<br>（−1.566） | −0.001<br>（−1.605） | −0.001<br>（−1.594） | |
| Grossmar | 0.139***<br>（24.028） | 0.139***<br>（27.939） | 0.139***<br>（28.461） | 0.139***<br>（29.068） | 0.140***<br>（29.404） |
| Capitalin | 0.003***<br>（2.898） | 0.003***<br>（2.753） | 0.003***<br>（3.396） | 0.003***<br>（3.431） | 0.003***<br>（3.569） |
| Age | 0.002**<br>（2.205） | 0.002**<br>（2.242） | 0.002**<br>（2.231） | 0.002**<br>（2.252） | 0.002**<br>（2.032） |
| Tobin Q | 0.000<br>（0.759） | | | | |
| Lfinancegro | 0.004<br>（0.480） | 0.004<br>（0.501） | 0.004<br>（0.526） | 0.004<br>（0.544） | |
| Pop | −0.002***<br>（−2.706） | −0.002***<br>（−2.733） | −0.002***<br>（−2.721） | −0.002***<br>（−2.676） | −0.002***<br>（−2.649） |
| Supply | −0.009***<br>（−3.811） | −0.009***<br>（−3.946） | −0.009***<br>（−3.977） | −0.009***<br>（−4.015） | −0.008***<br>（−3.682） |
| Customer | −0.001<br>（−0.456） | −0.001<br>（−0.403） | −0.001<br>（−0.449） | | |
| Salesgro | −0.002***<br>（−3.261） | −0.002***<br>（−3.211） | −0.002***<br>（−3.209） | −0.002***<br>（−3.224） | −0.002***<br>（−3.285） |
| _Cons | 0.002<br>（0.152） | 0.005<br>（0.318） | 0.004<br>（0.297） | 0.003<br>（0.225） | −0.011<br>（−1.141） |

续表

| 变量 | m1 | m2 | m3 | m4 | m5 |
|---|---|---|---|---|---|
| N | 2 134 | 2 134 | 2 134 | 2 134 | 2 134 |
| 调整 $R^2$ | 0.556 | 0.556 | 0.556 | 0.556 | 0.556 |
| F | 72.414 | 77.387 | 80.499 | 83.003 | 90.391 |

**和***分别表示在 5% 和 1% 的置信水平上显著

注：括号中为 t 值，回归控制了行业效应、年度效应并使用 White 稳健标准误

**表 2　全国性"营改增"对试点公司流转税税负影响的模型选择及 OLS 回归结果**

期间 1：2014~2011 年

| 变量 | m1 | m2 | m3 | m4 | m5 |
|---|---|---|---|---|---|
| Treat×Year | 0.004<br>（0.512） | 0.005<br>（0.614） | 0.005<br>（0.615） | 0.004<br>（0.607） | 0.004<br>（0.551） |
| Treat | −0.006<br>（−1.233） | −0.005<br>（−1.108） | −0.005<br>（−1.119） | −0.005<br>（−1.118） | −0.005<br>（−1.056） |
| Year | 0.004<br>（1.601） | 0.004*<br>（1.671） | 0.004*<br>（1.675） | 0.004*<br>（1.681） | 0.006***<br>（3.054） |
| Invturn | 0.001<br>（0.576） | 0.000<br>（0.342） | | | |
| Lev | 0.007<br>（1.199） | | | | |
| Asset | −0.001<br>（−1.502） | −0.001<br>（−1.599） | −0.001<br>（−1.574） | −0.001<br>（−1.610） | −0.001<br>（−1.584） |
| Grossmar | 0.148***<br>（17.115） | 0.146***<br>（19.155） | 0.145***<br>（19.208） | 0.145***<br>（19.220） | 0.145***<br>（19.207） |
| Capitalin | 0.003*<br>（1.803） | 0.003*<br>（1.705） | 0.003*<br>（1.721） | 0.003*<br>（1.773） | 0.003*<br>（1.776） |
| Age | 0.004**<br>（2.074） | 0.004**<br>（2.142） | 0.004**<br>（2.145） | 0.004**<br>（2.140） | 0.004**<br>（2.132） |
| Tobin Q | 0.001<br>（0.535） | | | | |
| Lfinancegro | −0.012<br>（−0.812） | −0.013<br>（−0.826） | −0.013<br>（−0.839） | −0.013<br>（−0.830） | |
| Pop | −0.002<br>（−1.277） | −0.002<br>（−1.300） | −0.002<br>（−1.308） | −0.002<br>（−1.311） | −0.002<br>（−1.341） |
| Supply | −0.005<br>（−1.504） | −0.006<br>（−1.581） | −0.005<br>（−1.573） | −0.005<br>（−1.567） | −0.005<br>（−1.561） |
| Customer | 0.000<br>（−0.039） | 0.000<br>（0.101） | 0.001<br>（0.118） | | |
| Salesgro | −0.001***<br>（−2.830） | −0.001***<br>（−2.762） | −0.001***<br>（−2.768） | −0.001***<br>（−2.778） | −0.001***<br>（−2.797） |
| East | 0.009**<br>（2.107） | 0.009**<br>（2.098） | 0.009**<br>（2.125） | 0.009**<br>（2.116） | 0.009**<br>（2.149） |
| Central | 0.008*<br>（1.759） | 0.008*<br>（1.809） | 0.008*<br>（1.836） | 0.008*<br>（1.829） | 0.008*<br>（1.765） |

续表

| 变量 | m1 | m2 | m3 | m4 | m5 |
|---|---|---|---|---|---|
| West | 0.009** <br> (2.026) | 0.009** <br> (2.056) | 0.009** <br> (2.077) | 0.009** <br> (2.069) | 0.009** <br> (2.001) |
| _Cons | 0.006 <br> (0.228) | 0.008 <br> (0.323) | 0.008 <br> (0.330) | 0.008 <br> (0.351) | 0.005 <br> (0.217) |
| $N$ | 886 | 886 | 886 | 886 | 886 |
| 调整 $R^2$ | 0.529 | 0.529 | 0.529 | 0.530 | 0.530 |
| $F$ | 30.801 | 32.540 | 33.654 | 35.019 | 36.031 |

*、**和***分别表示在 10%、5%和 1%的置信水平上显著

注：括号中为 $t$ 值，回归控制了行业效应、地区效应并使用 White 稳健标准误

期间 2：2013 年/2014~2011 年

| 变量 | m1 | m2 | m3 | m4 | m5 |
|---|---|---|---|---|---|
| Treat×Year | 0.001 <br> (0.155) | 0.001 <br> (0.230) | 0.001 <br> (0.215) | 0.001 <br> (0.217) | 0.001 <br> (0.202) |
| Treat | −0.005 <br> (−1.192) | −0.005 <br> (−1.132) | −0.005 <br> (−1.108) | −0.005 <br> (−1.114) | −0.005 <br> (−1.086) |
| Year | 0.005** <br> (2.183) | 0.005** <br> (2.241) | 0.005** <br> (2.239) | 0.005** <br> (2.241) | 0.006*** <br> (3.214) |
| Invturn | 0.000 <br> (−0.319) | 0.000 <br> (−0.421) | | | |
| Lev | 0.003 <br> (0.706) | | | | |
| Asset | −0.001 <br> (−1.356) | −0.001 <br> (−1.537) | −0.001 <br> (−1.554) | −0.001 <br> (−1.586) | −0.001 <br> (−1.586) |
| Grossmar | 0.141*** <br> (20.252) | 0.140*** <br> (23.466) | 0.140*** <br> (23.831) | 0.140*** <br> (23.982) | 0.140*** <br> (23.991) |
| Capitalin | 0.004*** <br> (2.878) | 0.004*** <br> (2.838) | 0.004*** <br> (3.231) | 0.004*** <br> (3.296) | 0.004*** <br> (3.299) |
| Age | 0.004** <br> (2.397) | 0.004** <br> (2.438) | 0.004** <br> (2.435) | 0.004** <br> (2.434) | 0.004** <br> (2.427) |
| Tobin Q | 0.000 <br> (0.372) | | | | |
| Lfinancegro | −0.008 <br> (−0.685) | −0.008 <br> (−0.698) | −0.008 <br> (−0.681) | −0.008 <br> (−0.682) | |
| Pop | −0.002** <br> (−2.076) | −0.002** <br> (−2.102) | −0.002** <br> (−2.103) | −0.002** <br> (−2.093) | −0.002** <br> (−2.102) |
| Supply | −0.010*** <br> (−3.574) | −0.010*** <br> (−3.711) | −0.010*** <br> (−3.739) | −0.010*** <br> (−3.784) | −0.010*** <br> (−3.776) |
| Customer | 0.000 <br> (−0.063) | 0.000 <br> (0.001) | 0.000 <br> (−0.031) | | |
| Salesgro | −0.002** <br> (−2.369) | −0.002** <br> (−2.381) | −0.002** <br> (−2.373) | −0.002** <br> (−2.390) | −0.002** <br> (−2.400) |
| East | 0.006* <br> (1.852) | 0.006* <br> (1.855) | 0.006* <br> (1.834) | 0.006* <br> (1.830) | 0.006* <br> (1.909) |
| Central | 0.006* <br> (1.797) | 0.006* <br> (1.815) | 0.006* <br> (1.793) | 0.006* <br> (1.790) | 0.006* <br> (1.766) |

续表

| 变量 | m1 | m2 | m3 | m4 | m5 |
|------|------|------|------|------|------|
| West | 0.005<br>（1.324） | 0.005<br>（1.343） | 0.005<br>（1.323） | 0.005<br>（1.322） | 0.004<br>（1.266） |
| _Cons | 0.009<br>（0.457） | 0.011<br>（0.559） | 0.011<br>（0.559） | 0.010<br>（0.565） | 0.008<br>（0.463） |
| N | 1 465 | 1 465 | 1 465 | 1 465 | 1 465 |
| 调整 $R^2$ | 0.524 | 0.524 | 0.524 | 0.525 | 0.525 |
| F | 44.731 | 47.586 | 49.401 | 51.331 | 53.181 |

*、**和***分别表示在 10%、5%和 1%的置信水平上显著

注：括号中为 t 值，回归控制了行业效应、年度效应、地区效应并使用 White 稳健标准误

期间 3：2013 年/2014~2010 年/2011 年

| 变量 | m1 | m2 | m3 | m4 | m5 |
|------|------|------|------|------|------|
| Treat×Year | −0.002<br>（−0.442） | −0.001<br>（−0.324） | −0.001<br>（−0.337） | −0.001<br>（−0.331） | −0.001<br>（−0.330） |
| Treat | −0.002<br>（−0.712） | −0.002<br>（−0.634） | −0.002<br>（−0.614） | −0.002<br>（−0.619） | −0.002<br>（−0.615） |
| Year | 0.010***<br>（6.369） | 0.010***<br>（6.293） | 0.010***<br>（6.295） | 0.010***<br>（6.297） | 0.010***<br>（6.529） |
| Invturn | 0.000<br>（−0.293） | 0.000<br>（−0.393） | | | |
| Lev | 0.003<br>（0.774） | | | | |
| Asset | −0.001<br>（−1.260） | −0.001<br>（−1.549） | −0.001<br>（−1.559） | −0.001<br>（−1.572） | −0.001<br>（−1.569） |
| Grossmar | 0.137***<br>（22.260） | 0.136***<br>（25.714） | 0.137***<br>（26.071） | 0.137***<br>（26.246） | 0.137***<br>（26.249） |
| Capitalin | 0.004***<br>（3.281） | 0.004***<br>（3.191） | 0.004***<br>（3.664） | 0.004***<br>（3.692） | 0.004***<br>（3.692） |
| Age | 0.002*<br>（1.927） | 0.002*<br>（1.957） | 0.002*<br>（1.953） | 0.002*<br>（1.956） | 0.002*<br>（1.954） |
| Tobin Q | 0.000<br>（0.664） | | | | |
| Lfinancegro | −0.002<br>（−0.226） | −0.002<br>（−0.240） | −0.002<br>（−0.232） | −0.002<br>（−0.233） | |
| Pop | −0.002**<br>（−2.070） | −0.002**<br>（−2.094） | −0.002**<br>（−2.092） | −0.002**<br>（−2.070） | −0.002**<br>（−2.074） |
| Supply | −0.010***<br>（−4.049） | −0.010***<br>（−4.157） | −0.010***<br>（−4.183） | −0.010***<br>（−4.230） | −0.010***<br>（−4.228） |
| Customer | −0.001<br>（−0.198） | 0.000<br>（−0.120） | 0.000<br>（−0.148） | | |
| Salesgro | −0.002***<br>（−2.623） | −0.002***<br>（−2.625） | −0.002***<br>（−2.621） | −0.002***<br>（−2.621） | −0.002***<br>（−2.626） |
| East | 0.006**<br>（2.238） | 0.006**<br>（2.259） | 0.006**<br>（2.242） | 0.006**<br>（2.231） | 0.006**<br>（2.268） |
| Central | 0.007**<br>（2.494） | 0.007**<br>（2.518） | 0.007**<br>（2.502） | 0.007**<br>（2.492） | 0.007**<br>（2.493） |

续表

| 变量 | m1 | m2 | m3 | m4 | m5 |
|------|-----|-----|-----|-----|-----|
| West | 0.005*<br>（1.735） | 0.005*<br>（1.767） | 0.005*<br>（1.752） | 0.005*<br>（1.747） | 0.005*<br>（1.740） |
| _Cons | −0.002<br>（−0.091） | 0.002<br>（0.102） | 0.002<br>（0.096） | 0.001<br>（0.075） | 0.001<br>（0.054） |
| $N$ | 1 934 | 1 934 | 1 934 | 1 934 | 1 934 |
| 调整 $R^2$ | 0.537 | 0.537 | 0.537 | 0.537 | 0.538 |
| $F$ | 55.342 | 58.776 | 60.925 | 63.182 | 65.321 |

*、**和***分别表示在10%、5%和1%的置信水平上显著

注：括号中为 $t$ 值，回归控制了行业效应、年度效应、地区效应并使用 White 稳健标准误

**表3　全国性"营改增"对非试点公司流转税税负影响模型选择及 OLS 回归结果**

期间1：2014~2011 年

| 变量 | m1 | m2 | m3 | m4 | m5 |
|------|-----|-----|-----|-----|-----|
| Treat×Year | −0.004<br>（−0.512） | −0.005<br>（−0.614） | −0.005<br>（−0.615） | −0.004<br>（−0.607） | −0.004<br>（−0.551） |
| Treat | 0.006<br>（1.233） | 0.005<br>（−1.108） | 0.005<br>（1.119） | 0.005<br>（1.118） | 0.005<br>（1.056） |
| Year | 0.008<br>（1.094） | 0.009<br>（1.195） | 0.009<br>（1.200） | 0.009<br>（1.195） | 0.010<br>（1.370） |
| Invturn | 0.001<br>（0.576） | 0.000<br>（0.342） | | | |
| Lev | 0.007<br>（1.199） | | | | |
| Asset | −0.001<br>（−1.502） | −0.001<br>（−1.599） | −0.001<br>（−1.574） | −0.001<br>（−1.610） | −0.001<br>（−1.584） |
| Grossmar | 0.148***<br>（17.115） | 0.146***<br>（19.155） | 0.145***<br>（19.208） | 0.145***<br>（19.220） | 0.145***<br>（19.207） |
| Capitalin | 0.003*<br>（1.803） | 0.003*<br>（1.705） | 0.003*<br>（1.721） | 0.003*<br>（1.773） | 0.003*<br>（1.776） |
| Age | 0.004**<br>（2.074） | 0.004**<br>（2.142） | 0.004**<br>（2.145） | 0.004**<br>（2.140） | 0.004**<br>（2.132） |
| Tobin Q | 0.001<br>（0.535） | | | | |
| Lfinancegro | −0.012<br>（−0.812） | −0.013<br>（−0.826） | −0.013<br>（−0.839） | −0.013<br>（−0.830） | |
| Pop | −0.002<br>（−1.277） | −0.002<br>（−1.300） | −0.002<br>（−1.308） | −0.002<br>（−1.311） | −0.002<br>（−1.341） |
| Supply | −0.005<br>（−1.504） | −0.006<br>（−1.581） | −0.005<br>（−1.573） | −0.005<br>（−1.567） | −0.005<br>（−1.561） |
| Customer | 0.000<br>（−0.039） | 0.000<br>（0.101） | 0.001<br>（0.118） | | |
| Salesgro | −0.001***<br>（−2.830） | −0.001***<br>（−2.762） | −0.001***<br>（−2.768） | −0.001***<br>（−2.778） | −0.001***<br>（−2.797） |
| _Cons | 0.000<br>（0.003） | 0.002<br>（0.094） | 0.002<br>（0.100） | 0.003<br>（0.117） | 0.000<br>（−0.004） |

续表

| 变量 | m1 | m2 | m3 | m4 | m5 |
|---|---|---|---|---|---|
| $N$ | 886 | 886 | 886 | 886 | 886 |
| 调整 $R^2$ | 0.529 | 0.529 | 0.529 | 0.530 | 0.530 |
| $F$ | 30.801 | 32.540 | 33.654 | 35.019 | 36.031 |

*、**和***分别表示在10%、5%和1%的置信水平上显著

注：括号中为 $t$ 值，回归控制了行业效应、地区效应并使用 White 稳健标准误

期间 2：2013 年/2014~2011 年

| 变量 | m1 | m2 | m3 | m4 | m5 |
|---|---|---|---|---|---|
| Treat×Year | −0.001<br>（−0.155） | −0.001<br>（−0.230） | −0.001<br>（−0.215） | −0.001<br>（−0.217） | −0.001<br>（−0.202） |
| Treat | 0.005<br>（1.192） | 0.005<br>（1.132） | 0.005<br>（1.108） | 0.005<br>（1.114） | 0.005<br>（1.086） |
| Year | 0.006<br>（1.139） | 0.006<br>（1.221） | 0.006<br>（1.202） | 0.006<br>（1.203） | 0.007<br>（1.409） |
| Invturn | 0.000<br>（−0.319） | 0.000<br>（−0.421） | | | |
| Lev | 0.003<br>（0.706） | | | | |
| Asset | −0.001<br>（−1.356） | −0.001<br>（−1.537） | −0.001<br>（−1.554） | −0.001<br>（−1.586） | −0.001<br>（−1.586） |
| Grossmar | 0.141***<br>（20.252） | 0.140***<br>（23.466） | 0.140***<br>（23.831） | 0.140***<br>（23.982） | 0.140***<br>（23.991） |
| Capitalin | 0.004***<br>（2.878） | 0.004***<br>（2.838） | 0.004***<br>（3.231） | 0.004***<br>（3.296） | 0.004***<br>（3.299） |
| Age | 0.004**<br>（2.397） | 0.004**<br>（2.438） | 0.004**<br>（2.435） | 0.004**<br>（2.434） | 0.004**<br>（2.427） |
| Tobin Q | 0.000<br>（0.372） | | | | |
| Lfinancegro | −0.008<br>（−0.685） | −0.008<br>（−0.698） | −0.008<br>（−0.681） | −0.008<br>（−0.682） | |
| Pop | −0.002**<br>（−2.076） | −0.002**<br>（−2.102） | −0.002**<br>（−2.103） | −0.002**<br>（−2.093） | −0.002**<br>（−2.102） |
| Supply | −0.010***<br>（−3.574） | −0.010***<br>（−3.711） | −0.010***<br>（−3.739） | −0.010***<br>（−3.784） | −0.010***<br>（−3.776） |
| Customer | 0.000<br>（−0.063） | 0.000<br>（0.001） | 0.000<br>（−0.031） | | |
| Salesgro | −0.002**<br>（−2.369） | −0.002**<br>（−2.381） | −0.002**<br>（−2.373） | −0.002**<br>（−2.390） | −0.002**<br>（−2.400） |
| _Cons | 0.004<br>（0.210） | 0.006<br>（0.293） | 0.006<br>（0.297） | 0.006<br>（0.299） | 0.004<br>（0.203） |
| $N$ | 1 465 | 1 465 | 1 465 | 1 465 | 1 465 |
| 调整 $R^2$ | 0.524 | 0.524 | 0.524 | 0.525 | 0.525 |
| $F$ | 44.731 | 47.586 | 49.401 | 51.331 | 53.181 |

**和***分别表示在5%和1%的置信水平上显著

注：括号中为 $t$ 值，回归控制了行业效应、年度效应、地区效应并使用 White 稳健标准误

期间 3：2013 年/2014~2010 年/2011 年

| 变量 | m1 | m2 | m3 | m4 | m5 |
|---|---|---|---|---|---|
| Treat×Year | 0.002<br>（0.442） | 0.001<br>（0.324） | 0.001<br>（0.337） | 0.001<br>（0.331） | 0.001<br>（0.330） |
| Treat | 0.002<br>（0.712） | 0.002<br>（0.634） | 0.002<br>（0.614） | 0.002<br>（0.619） | 0.002<br>（0.615） |
| Year | 0.012***<br>（3.275） | 0.013***<br>（3.282） | 0.013***<br>（3.260） | 0.013***<br>（3.260） | 0.013***<br>（3.252） |
| Invturn | 0.000<br>（−0.293） | 0.000<br>（−0.393） | | | |
| Lev | 0.003<br>（0.774） | | | | |
| Asset | −0.001<br>（−1.260） | −0.001<br>（−1.549） | −0.001<br>（−1.559） | −0.001<br>（−1.572） | −0.001<br>（−1.569） |
| Grossmar | 0.137***<br>（22.260） | 0.136***<br>（25.714） | 0.137***<br>（26.071） | 0.137***<br>（26.246） | 0.137***<br>（26.249） |
| Capitalin | 0.004***<br>（3.281） | 0.004***<br>（3.191） | 0.004***<br>（3.664） | 0.004***<br>（3.692） | 0.004***<br>（3.692） |
| Age | 0.002*<br>（1.927） | 0.002*<br>（1.957） | 0.002*<br>（1.953） | 0.002*<br>（1.956） | 0.002*<br>（1.954） |
| Tobin Q | 0.000<br>（0.664） | | | | |
| Lfinancegro | −0.002<br>（−0.226） | −0.002<br>（−0.240） | −0.002<br>（−0.232） | −0.002<br>（−0.233） | |
| Pop | −0.002**<br>（−2.070） | −0.002**<br>（−2.094） | −0.002**<br>（−2.092） | −0.002**<br>（−2.070） | −0.002**<br>（−2.074） |
| Supply | −0.010***<br>（−4.049） | −0.010***<br>（−4.157） | −0.010***<br>（−4.183） | −0.010***<br>（−4.230） | −0.010***<br>（−4.228） |
| Customer | −0.001<br>（−0.198） | 0.000<br>（−0.120） | 0.000<br>（−0.148） | | |
| Salesgro | −0.002***<br>（−2.623） | −0.002***<br>（−2.625） | −0.002***<br>（−2.621） | −0.002***<br>（−2.621） | −0.002***<br>（−2.626） |
| _Cons | −0.003<br>（−0.202） | 0.000<br>（−0.009） | 0.000<br>（−0.012） | −0.001<br>（−0.035） | −0.001<br>（−0.056） |
| N | 1 934 | 1 934 | 1 934 | 1 934 | 1 934 |
| 调整 $R^2$ | 0.537 | 0.537 | 0.537 | 0.537 | 0.538 |
| F | 55.342 | 58.776 | 60.925 | 63.182 | 65.321 |

*、**和***分别表示在 10%、5%和 1%的置信水平上显著

注：括号中为 $t$ 值，回归控制了行业效应、年度效应、地区效应并使用 White 稳健标准误

# 第3章 "营改增"对公司所得税税负的影响研究

本章专门讨论"营改增"对公司所得税税负的影响,研究内容与方法如下:一是首次检验"营改增"对公司所得税税负的影响。现有针对"营改增"对公司税负影响的少量文献集中于公司流转税税负,并未关注"营改增"对公司所得税税负的影响。"营改增"的政策目标是降低公司税负。若流转税税负降低而所得税税负上升,那么"营改增"的减税效果将大打折扣。本章检验"营改增"对公司所得税税负的影响丰富了"营改增"对税负影响的文献,同时为全面评估"营改增"政策的税负影响提供了经验证据。二是利用PSM法来检验上海市"营改增"对公司所得税税负的影响。现有文献主要利用DID法来检验上海市"营改增"的政策效应,忽略了该方法的适用前提。本章采用PSM法来检验上海市"营改增"对公司所得税税负的影响,改进了现有文献的检验方法。三是采用DID法,按"营改增"逐步推进时间,从公司产权性质、是否处于优惠区、金字塔层级和关系型交易等维度系统考察"营改增"对八省市和全国性试点公司所得税税负的影响。本章先后考察上海市、八省市及全国性"营改增"对试点公司所得税税负的影响,并为区分公司产权性质、是否处于优惠区、金字塔层级、关系型交易进行分组检验,全面评估"营改增"对公司所得税税负的影响,弥补现有文献仅检验上海市"营改增"对公司流转税税负影响的局限。

## 3.1 "营改增"影响公司所得税税负的理论分析

按原增值税政策和"营改增"政策,交通运输业涉及进项的税率可能有6%、11%、13%和17%。假设销项税额和进项税额发生在同一年度,那么税率差异(11%减去涉及的可能的进项税率)分别为(5%、0、-2%和-6%)。鉴于交通运输业接受除有形动产租赁之外的现代服务业业务偏少（6%），因而从长期来看，在税率差方面更有优势。考虑到交通运输业并非劳动密集型产业，涉及进项抵扣的业务较多，即"营改增"从长远看来有助于降低交通运输业的流转税税负，增加利润。从短期来看，"营改增"后交通运输业流转税税负变化的关键取决于取得进项税额的多少。若交通运输业上市公司"营改增"后大幅增加运输设备、安全设备等有形动产投资，流转税税负会降低，利润增加，反之流转税税负则会上升，利润下降，即"营改增"对交通运输业试点公司的利润影响具有不确定性。对于 7 个现代服务业的一般纳税人而言，两项最大的成本是人工费和房地产租金。"营改增"后的税率6%比改革前的5%尽管仅仅增加了 1 个百分点且可以抵扣进项，但由于现代服务业大多为劳动密集型行业，雇佣的人工成本是不能抵扣的，房地产的租金在房地产业"营改增"完成（2016 年 5 月 1 日）前也不能抵扣。从短期来看，现代服务业大幅增加进项税额抵扣的可能性小，流转税税负很可能会升高，利润下降。

衡量公司所得税税负的指标是公司有效税率（effective tax rate，ETR），具体计算方法有四种：ETR1=（所得税费用−递延所得税费用）÷（税前利润−递延所得税费用/法定税率）（Shevlin，1987）；ETR2=（所得税费用−递延所得税费用）÷息税前利润（Porcano，1986）；ETR3=所得税费用÷息税前利润（Porcano，1986）；ETR4=所得税费用÷（税前利润−递延所得税费用/法定税率）（Stickney and McGee，1982）。鉴于 2007 年与国际趋同的企业会计准则所得税会计核算采纳了资产负债表债务法，所以 ETR1 是最适合度量中国公司所得税税负的指标。该指标的分子"所得税费用−递延所得税费用"实际上就是当期所得税费用，而"当期所得税费用=应纳税所得额×法定税率"；分母中"递延所得税费用/法定税率"即暂时性差异项目的金额，则"税前利润−暂时性差异项目的金额=包含永久性差异项目的利润总额"，即 ETR1 的实质是当期所得税费用除以剔除暂时性差异之后的利润总额。上述分析表明，ETR1 是最适合所得税会计资产负债表债务法核算方法的度量指标。

就"营改增"实施后的试点公司而言，受限于竞争约束，若采购价格和销售价格与"营改增"前保持一致，当年采购的成本（应税货物与劳务）（$C$）和该服务产生的销售收入（$P$）处于同一会计年度，我们可以测算"营改增"实施后试点公司利润总额的变化。为简化处理，假定该公司生产经营位于市区，则城市维护建设税税率为 7%。在其他条件不变的情况下，"营改增"影响的公司利润等于主营业务收入减去主营业务成本和营业税金及附加（附加包括教育费附加 3%及地方教育费附加 2%）。设营业税税率为 $r'$，采购应税货物或劳务的增值税税率为 $r_1$，销售应税服务的增值税税率为 $r_2$。"营改增"前的利润为 $\text{Profit}_1$，

"营改增"后的利润为 $\text{Profit}_2$ ,则

$$\text{Profit}_1 = P - C - P \times r' \times \left(1+7\%+3\%+2\%\right)$$

$$\text{Profit}_2 = \left(\frac{P}{1+r_2} - \frac{C}{1+r_1}\right) - \left(\frac{P}{1+r_2} \times r_2 - \frac{C}{1+r_1} \times r_1\right) \times \left(1+7\%+3\%+2\%\right)$$

$$\Delta\text{Profit} = \text{Profit}_2 - \text{Profit}_1 \tag{3.1}$$

（1）若试点公司为交通运输业，即 $r_2$ =11%， $r'$ =3%，但 $r_1$ 可能为 6%、11%、13%或17%。当 $r_1$ 为 6%时，$\Delta\text{Profit}$ 小于 0。若 $r_1$ 为 11%，当销售成本率（C/P）大于等于 96.76%时，$\Delta\text{Profit}$ 大于等于 0；当销售成本率（C/P）小于96.76%时，$\Delta\text{Profit}$ 小于 0；若 $r_1$ 为 17%，当销售成本率（C/P）大于等于66.01%时，$\Delta\text{Profit}$ 大于等于0；当销售成本率（C/P）小于66.01%时，$\Delta\text{Profit}$ 小于 0。

（2）若试点公司为现代服务业，即 $r_2$ =6%， $r'$ =5%，但 $r_1$ 可能为 6%、11%、13%或 17%。若 $r_1$ 为 6%，当销售成本率（C/P）大于等于 90.63%时，$\Delta\text{Profit}$ 大于等于0；当销售成本率（C/P）小于90.63%时，$\Delta\text{Profit}$ 小于0。若 $r_1$ 为17%，当销售成本率（C/P）大于等于 35.30%时，$\Delta\text{Profit}$ 大于等于 0。当销售成本率（C/P）小于 35.30%时，$\Delta\text{Profit}$ 小于 0。

可见，不论是交通运输业还是现代服务业，在"营改增"之后，当试点公司面临的采购价格和销售价格保持不变时，$\Delta\text{Profit}$ 既可能大于等于 0，也可能小于0。当然，若试点公司和非试点公司根据"营改增"调整定价策略，情况就更加复杂了。总之，对试点公司而言，与试点前相比，试点后利润的变动具有不确定性，既可能上升，也可能下降或保持不变。

另外，在其他条件不变的情况下，"营改增"之后，试点公司利润的变动对所得税税负（ETR1）的影响也具有不确定性。具体而言，此时ETR1的分子增加"$\Delta\text{Profit}$×法定税率"，而分母则增加"$\Delta\text{Profit}$"：若 ETR1 小于法定税率，则"营改增"将使得试点公司的所得税税负上升；若 ETR1 大于法定税率，则"营改增"将使得试点公司的所得税税负下降；若 ETR1 与法定税率相等，则"营改增"将使得试点公司的所得税税负不变。值得注意的是，"营改增"之后，试点公司很可能增加对外直接投资和劳动雇佣，这会使得免税收入和扣除项目增加，从而降低公司所得税税负。

综上可见，"营改增"对试点公司所得税税负的影响具有不确定性。据此，提出以下有待检验的假设 3.1。

**假设 3.1：**"营改增"对试点公司的所得税税负没有显著影响。

# 3.2　"营改增"影响公司所得税税负的研究设计

## 3.2.1　实证模型

我们设置了如下模型来检验研究假设：

$$SHSD_i = \beta_0 + \beta_1 Roa_i + \beta_2 Ppe_i + \beta_3 Invint_i + \beta_4 Lev_i + \beta_5 Size_i$$
$$+ \beta_6 Grossmar_i + \beta_7 Age_i + \beta_8 MB_i + \beta_9 Assetgro_i + \beta_{10} GS_i \quad （3.2）$$
$$+ \beta_{11} Pop_i + \beta_{12} Financegro_i + \beta_{13} Soe_i + \varepsilon_i$$

$$ETR_{i,t} = \beta_0 + \beta_1 Treat_{i,t} + \beta_2 Year_{i,t} + \beta_3 Treat_{i,t} \times Year_{i,t} + \beta_4 ConVars_{i,t} + \xi_{i,t}$$
$$（3.3）$$

## 3.2.2　变量定义

1）因变量

模型（3.2）的因变量 SHSD，表示是否属于上海市试点公司的虚拟变量，若是则为 1，其他为 0。模型（3.3）的因变量为 ETR，用来衡量上市公司所得税税负。如前所述，ETR1 是最适合度量中国公司所得税税负的指标，所以我们主要采用该指标来分析，其他 3 个指标（ETR2、ETR3 和 ETR4）用于稳健性测试。

2）自变量

模型（3.3）的自变量 Treat 表示公司是否属于试点地区试点行业的虚拟变量，若属于则取 1（处理组），否则取 0（控制组）。Year 表示考察年份是否属于"营改增"试点当年及以后年度的虚拟变量，若属于则取 1，否则取 0。Treat×Year=1 则表示试点公司；Treat×Year=0 表示非试点公司。系数 $\beta_3$ 就是度量"营改增"政策本身对公司流转税税负的影响效应。因为对于处理组，试点前后的差分估计为

$$E(Y|X, Treat = 1, Year = 1) - E(Y|X, Treat = 1, Year = 0) = \beta_2 + \beta_3 \quad （3.4）$$

其中，$\beta_2$ 表示时间因素，对处理组和控制组均起作用，所以式（3.4）的估计无法精确度量"营改增"的政策效应，还需要排除时间因素的干扰。

对于控制组，试点前后的差分估计为

$$E(Y|X, Treat = 0, Year = 1) - E(Y|X, Treat = 0, Year = 0) = \beta_2 \quad （3.5）$$

式（3.5）估计得到的正是式（3.4）无法分离的时间效应，因此式（3.4）－式（3.5）得到的 $\beta_3$，即差分再差分（DID）剔除了影响两组其他共同因素的结果，正是"干净"度量"营改增"政策本身影响效应的系数。

PSM 分析需要对模型（3.2）进行 Logit 回归确定匹配变量，影响上海市公司成为试点公司的可能性因素包括公司和宏观两个层面。借鉴现有文献中有关制度环境和公司所得税税负影响因素，我们选取了可能影响上海市成为试点地区的因素。公司层面的因素如下：总资产报酬率（Roa），等于净利润除以年末总资产，营利能力越强，应纳税所得额越多，所得税税负越高（Zimmerman，1983；Kim and Limpaphayom，1998；Spooner，1986），但是营利能力越强也说明公司越有效率，支付的有效税收也越少（Derashid and Zhang，2003）；资本密集度（Ppe），等于固定资产净值除以年末总资产，资本密集度越高，税前扣除的折旧越多，所得税税负越低（Stickney and McGee，1982；Zhang et al.，2016）；存货密集度（Invint），等于存货净额除以年末总资产（Gupta and Newberry，1997），一般而言，资本密集度越高，则存货密集度越低，即存货密集度与所得税税负负相关；资产负债率（Lev），等于年末负债总额除以年末资产总额，因为利息支付可以税前扣除，所以资产负债率越高，所得税税负越低（Gupta and Newberry，1997），但也可能存在所得税税负越高的公司通过提高负债水平来减轻税负（Derashid and Zhang，2003）的现象；公司规模（Size），等于年末资产总额的自然对数，因为大公司有更多资源来进行纳税筹划和政治游说，所以所得税税负更低（Porcano，1986；Siegfried，1972）；营业收入毛利率（Grossmar），等于"（营业收入－营业成本）/营业收入"，该指标在一定程度上反映了公司的投资机会，成长性与公司税负可能正相关也可能负相关（刘慧龙和吴联生，2014）；上市年龄（Age），等于"（分析当年－上市年度+1）"的自然对数，公司上市年龄越长，说明公司越重视声誉，其避税动机减弱，税负可能降低（刘骏和刘峰，2014）；市值账面价值比（MB），反映长期投资机会，等于"（流通股股数×当期收盘价+非流通股股数×每股净资产）/资产合计"，公司拥有更大的投资机会，其所得税税负更高（Spooner，1986），但也有不一致的结论（Chen et al.，2010）；总资产增长率（Assetgro），反映短期投资机会，等于"（年末总资产－年初总资产）/年末总资产"，投资机会与所得税税负的关系存在不确定性（刘骏和刘峰，2014）；国有股权比例（GS），等于"年末国有股股数/总股数"，公司中国有股权比例越高，公司避税动机越弱，税负越高（吴联生，2009）；公司所有权性质（Soe），国有控股公司为1，其他为0。宏观层面的因素如下：人口规模（Pop），等于各省（自治区、直辖市）当年以万为单位的人口数量的自然对数，人口规模越大，地区的竞争均衡税负越高（Bucovetsky，1991；Wilson，1991）；各省（自治区、直辖市）财政收入增长率（Financegro），该指标要求越高，地方政府创收压力越大，公司所得税税负越高（刘慧龙和吴联生，2014）。

3）控制变量

针对模型（3.3），影响公司实际税负的控制变量除了上文匹配变量中涉及的公司规模（Size）、资产负债率（Lev）、资本密集度（Ppe）、存货密集度（Invint）、资产报酬率（Roa）、市值账面价值比（MB）和国有股权比例（GS）之外，我们还设置了如下可能影响公司所得税税负的控制变量：①财政盈余（Deficit），等于"（各省份当年的总财政收入-各省份当年的总财政支出）/该省份当年的 GDP"（Zhang et al.，2016）。一般而言，一个地区的财政盈余越丰裕，该地区的税收征管强度就会降低，公司所得税税负就越低；反之，一个地区的财政盈余越紧张，该地区的税收征管强度就会提高，公司所得税税负就越高。②名义税率（Rate）（刘行和李小荣，2012；吴联生，2009；刘慧龙和吴联生，2014），名义税率越高，公司所得税税负一般也越高。③会计-税收差异（LBTD），等于"税前利润-当期所得税费用/法定税率-（当期亏损-上期亏损）"（Hanlon and Heitzman，2010；Chen et al.，2010）。该指标用来度量企业所得税避税程度，一般而言，上期会计-税收差异越大，本期被税务机关发现的可能性就越大，公司所得税税负会增加。④投资收益占比（Eqinc），等于"投资收益/年末总资产"（Chen et al.，2010；刘行和李小荣，2012）。因为《中华人民共和国企业所得税法》规定，符合条件的投资收益属于免税收入，所以该指标越大，免税收入越多，公司所得税税负越小。⑤无形资产占比（Intang），等于"无形资产净额/年末总资产"（Chen et al.，2010）。无形资产占比越大的公司，摊销额越大，税前扣除越多，公司所得税税负越小。⑥地区（Region），为了控制地区效应，设该变量为类别变量，1 表示东北地区（黑龙江省、吉林省和辽宁省）、2 表示东部地区（北京市、天津市、河北省、上海市、江苏省、浙江省、福建省、山东省、广东省和海南省）、3 表示西部地区（重庆市、四川省、贵州省、云南省、西藏自治区、陕西省、甘肃省、宁夏回族自治区、青海省、新疆维吾尔自治区、内蒙古自治区和广西壮族自治区）、4 表示中部地区（山西省、安徽省、江西省、河南省、湖南省和湖北省）。在进一步分析中，除了上述控制变量以外，我们还考察了是否处于优惠区、金字塔层级和关系型交易对公司所得税税负的影响。具体而言：①优惠区域（PD），该变量为虚拟变量，1 表示优惠区（上海、民族自治地区和西部地区），0 表示非优惠区。优惠地区的公司所得税税负可能更低。②金字塔层级（Layer），等于最终控制人到上市公司控制链条的最大层级数（Fan et al.，2013），具体而言，当最终控制人直接控制上市公司时，金字塔层级数为 1；当最终控制人和上市公司之间还有一个中间控制人时，金字塔层级数为 2；当最终控制人既直接控制上市公司又通过一个中间控制人控制上市公司时，金字塔层级数取最大值 2。以此类推。对国有上市公司而言，金字塔层级数越大，表明政府干预越小，所得税税负可能越低。③关系型交易，包括供应商关系型交易（Supply）和客户关系型交易（Customer）。供应商关系型交易等于年末从前五大供应商处采购份额占公司采购总份额的比重；客户关系型交易等于年末向前五大客户销售份额占公司销售总份额的比重。已有研究表明，关系型交易越高，高管的薪酬业绩敏感性越低（林钟高等，2014），公司高管有实施避税活动谋取私有收益的动力，公司所得税税负可能降低。此外，我们还控制了行业（Industry）和年度（Year）效应。本章的变量定义及说明如表 3.1 所示。

表 3.1　变量定义及计算说明

| 变量 | 定义及计算说明 |
| --- | --- |
| SHSD | 是否属于上海市试点公司的虚拟变量：若是则为 1，其他为 0 |
| ETR1 | 上市公司所得税税负：（所得税费用-递延所得税费用）÷（税前利润-递延所得税费用/法定税率） |
| Treat | 公司是否属于试点地区试点行业的虚拟变量：若属于则取 1（处理组），否则取 0（控制组） |
| Year | 考察年份是否属于"营改增"试点当年及以后年度的虚拟变量：若属于取 1，否则取 0 |
| Treat×Year | 是否属于"营改增"试点公司的虚拟变量：1 为是，0 为否 |
| Roa | 总资产报酬率：净利润除以年末总资产 |
| Ppe | 资本密集度：固定资产净值除以年末总资产 |
| Invint | 存货密集度：存货净额除以年末总资产 |
| Lev | 资产负债率：年末负债总额除以年末资产总额 |
| Size | 公司规模：年末资产总额的自然对数 |
| Grossmar | 营业收入毛利率：（营业收入-营业成本）/营业收入 |
| Age | 上市年龄：（分析当年-上市年度+1）的自然对数 |
| MB | 市值账面价值比：（流通股股数×当期收盘价+非流通股股数×每股净资产）/资产合计 |
| Assetgro | 总资产增长率：（年末总资产-年初总资产）/年末总资产 |
| GS | 国有股权比例：年末国有股股数/总股数 |
| Pop | 人口规模：各省（自治区、直辖市）当年以万为单位的人口数量的自然对数 |
| Financegro | 各省（自治区、直辖市）财政收入增长率 |
| Deficit | 财政盈余：（各省份当年的总财政收入-各省份当年的总财政支出）/该省份当年的 GDP |

| 变量 | 定义及计算说明 |
|---|---|
| Rate | 名义税率：各公司按税法规定的企业所得税税率 |
| LBTD | 会计-税收差异：税前利润-当期所得税费用/法定税率-（当期亏损-上期亏损），为避免受绝对数太大的影响，将其除以1亿，并取滞后一期 |
| Eqinc | 投资收益占比：投资收益/年末总资产 |
| Intang | 无形资产占比：无形资产净额/年末总资产 |
| Layer | 金字塔层级：最终控制人到上市公司控制链条的最大层级数 |
| Supply | 供应商关系型交易：年末从前五大供应商处采购份额占公司采购总份额的比重 |
| Customer | 客户关系型交易：年末向前五大客户销售份额占公司销售总份额的比重 |
| Soe | 是否属于国有控股公司的虚拟变量：1为是，0为否 |
| Region | 地区类别变量：1表示东北地区，2表示东部地区，3表示西部地区，4表示中部地区 |
| PD | 优惠区域类别变量：1表示优惠区，0表示非优惠区 |

# 3.3　样本与描述性统计

## 3.3.1　样本选择与数据来源

考虑到"营改增"逐步推进和稳健性测试的需要，我们选取2010~2014年所有A股上市公司作为初始样本，执行以下筛选程序：①考虑到金融类上市公司财务特征和会计核算与一般上市公司存在差异，删除金融类上市公司；②特别处理（ST、PT）公司处于亏损，其扭亏动机强烈，易发生舞弊和避税行为，为避免其对结果的影响，删除被特别处理（ST、PT）类型的公司；③重大资产重组的企业，其所得税存在一般性税务处理和特殊性税务处理，后者税收优惠力度很大，为避免对ETR的异常影响，删除存在并购等重大资产重组的公司；④为确保ETR处于[0，1]，删除ETR小于0及ETR大于1的观察值；⑤为避免资不抵债公司从事异常避税活动产生的影响，删除资产负债率大于1的公司；⑥删除缺漏值。最终得到7 218个观察值。这一筛选程序与现有关于公司所得税税负的文献基本一致（Zhang et al.，2016；Gupta and Newberry，1997；Kim and Limpaphayom，1998；Stickney and McGee，1982；Zimmerman，1983）。

本章反映供应商关系型交易和客户关系型交易的数据从上市公司年报披露附

注中手工搜集整理;各省(自治区、直辖市)财政收入增长率和最终控制人类型取自 RESSET 数据库;名义税率来自 Wind 数据库;其他数据均来源于 CSMAR 数据库。为了剔除异常值的影响,我们对所有连续变量在 1%和 99%水平上进行缩尾处理。

## 3.3.2  描述性统计

表 3.2 列示了 DID 分析主要变量的描述性统计。结果显示,公司所得税税负(ETR1)的均值为 0.196,名义税率(Rate)的均值为 0.197,表明中国上市公司所得税税负较为合理,公司所得税税负(ETR1)的标准差为 0.106,最小值为 0,最大值为 0.614,表明整体上看,上市公司之间的所得税税负差异较大。从标准差来看,上市公司之间的资产规模(Size)、市值账面价值比(MB)和会计-税收差异(LBTD)存在较大差异。总资产报酬率(Roa)的均值为 0.050,最小值为-0.018,最大值为 0.200,表明上市公司整体上的营利能力偏低,且不同公司之间的营利能力相差较大。资产负债率(Lev)的均值为 0.465,最小值为 0.048,最大值为 0.875,说明上市公司整体上负债水平较为合理,但公司之间的负债水平差异较大。财政盈余(Deficit)的均值为-0.067,最小值为-0.273,最大值-0.014,说明中国省级地区均处于财政赤字状况,政府财政"入不敷出",各地区政府很可能通过加大税收征管强度来弥补财政赤字。投资收益占比(Eqinc)和无形资产占比(Intang)的均值分别为 0.008 和 0.048,表明上市公司整体上投资收益和无形资产偏少,这不利于降低所得税税负。国有股权比例(GS)的均值为 0.055,最小值为 0,中位数为 0,最大值为 0.669,表明上市公司国有股权比例整体上偏低,一半左右的样本公司没有国有股权。

**表 3.2  DID 分析主要变量的描述性统计**

| 变量 | 均值 | 标准差 | 最小值 | 中位数 | 最大值 | $N$ |
|---|---|---|---|---|---|---|
| ETR1 | 0.196 | 0.106 | 0 | 0.176 | 0.614 | 6 648 |
| Roa | 0.050 | 0.041 | −0.018 | 0.040 | 0.200 | 6 648 |
| Ppe | 0.236 | 0.172 | 0.002 | 0.201 | 0.722 | 6 648 |
| Invint | 0.181 | 0.171 | 0 | 0.135 | 0.784 | 6 648 |
| Lev | 0.465 | 0.207 | 0.048 | 0.468 | 0.875 | 6 648 |
| Size | 22.087 | 1.289 | 19.527 | 21.919 | 26.069 | 6 648 |
| MB | 2.301 | 1.498 | 0.898 | 1.813 | 9.391 | 6 648 |

| 变量 | 均值 | 标准差 | 最小值 | 中位数 | 最大值 | $N$ |
|------|------|--------|--------|--------|--------|-----|
| Deficit | −0.067 | 0.063 | −0.273 | −0.033 | −0.014 | 6 648 |
| Rate | 0.197 | 0.051 | 0.100 | 0.150 | 0.250 | 6 648 |
| LBTD | −0.096 | 4.380 | −20.367 | −0.050 | 23.081 | 6 648 |
| Eqinc | 0.008 | 0.017 | −0.005 | 0.001 | 0.104 | 6 648 |
| Intang | 0.048 | 0.053 | 0 | 0.034 | 0.327 | 6 648 |
| GS | 0.055 | 0.144 | 0 | 0 | 0.669 | 6 648 |

### 3.3.3　相关系数

表 3.3 列示了 DID 分析主要变量的相关系数。不管是 Pearson 还是 Spearman 相关系数，公司所得税税负（ETR1）与总资产报酬率（Roa）显著负相关，说明营利能力越强，公司实际所得税税负越低。ETR1 与存货密集度（Invint）、资产负债率（Lev）和公司规模（Size）显著正相关，初步说明存货密集度越高、资产负债率越高、公司规模越大，公司所得税税负越高，这与前文预期一致。ETR1 与市值账面价值比（MB）显著负相关，初步说明成长性好的上市公司，现金需求量大，公司实施的避税活动越多，所得税税负越低。ETR1 与财政盈余（Deficit）负相关，说明财政盈余越紧张，税收征管力度越强，公司所得税税负越低。ETR1 与名义税率（Rate）显著正相关，说明名义税率越高，公司所得税税负越高，与预期一致。ETR1 与会计−税收差异的滞后项（LBTD）显著负相关，说明上年会计−税收差异越大，避税程度越高，本年被税务机关发现的可能性越大，公司很可能减弱本年的避税程度，增加公司所得税税负。ETR1 与投资收益占比（Eqinc）显著负相关，说明投资收益越多，免税收入越多，公司所得税税负越小，与前文预期一致。ETR1 与无形资产占比（Intang）显著负相关，说明无形资产占比越高，摊销越多，税前扣除越多，公司所得税税负越小，与前文预期一致。ETR 与资本密集度（Ppe）和国有股权（GS）之间的 Spearman 相关系数显著，但 Pearson 相关系数并不显著，说明 ETR 与两者之间的关系还有待回归分析进一步检验。上述结果说明，我们选取的控制变量具有较好的代表性。此外，绝大多数控制变量两两之间的相关系数均小于 0.5，说明我们的实证模型并不存在严重的共线性问题。

表3.3　DID分析主要变量的相关系数

| 变量 | ETR1 | Roa | Ppe | Invint | Lev | Size | MB | Deficit | Rate | LBTD | Eqinc | Intang | GS |
|---|---|---|---|---|---|---|---|---|---|---|---|---|---|
| ETR1 | | -0.242*** | -0.046*** | 0.147*** | 0.276*** | 0.231*** | -0.294*** | -0.020 | 0.419*** | -0.280*** | -0.062*** | -0.023* | 0.028** |
| Roa | -0.233*** | | -0.117*** | -0.155*** | -0.436*** | -0.062*** | 0.390*** | 0.109*** | -0.145*** | 0.129*** | 0.085*** | 0.054*** | -0.026** |
| Ppe | -0.017 | -0.098*** | | -0.376*** | -0.043*** | -0.004 | -0.073*** | -0.168*** | -0.014 | 0.068*** | -0.103*** | 0.272*** | 0.064*** |
| Invint | 0.202** | -0.162*** | -0.440*** | | 0.291*** | 0.078*** | -0.112*** | 0.028** | 0.039*** | -0.129*** | -0.055*** | -0.225*** | -0.057*** |
| Lev | 0.255*** | -0.418*** | 0.017 | 0.356*** | | 0.506*** | -0.475*** | -0.081*** | 0.280*** | -0.154*** | -0.006 | -0.161*** | 0.101*** |
| Size | 0.173*** | -0.059*** | 0.067*** | 0.142*** | 0.484*** | | -0.636*** | -0.008 | 0.214*** | -0.090*** | 0.151*** | -0.092*** | 0.174*** |
| MB | -0.190*** | 0.401*** | -0.110*** | -0.158*** | -0.368*** | -0.501*** | | 0.023* | -0.250*** | 0.100*** | -0.080*** | 0.122*** | -0.077*** |
| Deficit | -0.027 | 0.081*** | -0.142*** | 0.051*** | -0.078*** | 0.018 | -0.009 | | 0.005 | 0.041*** | 0.082*** | -0.114*** | -0.070*** |
| Rate | 0.334*** | -0.126*** | 0.039*** | 0.183*** | 0.281*** | 0.214*** | -0.154*** | 0.034*** | | 0.083*** | 0.144*** | -0.088*** | 0.078*** |
| LBTD | -0.134*** | 0.066*** | 0.081*** | -0.113*** | -0.079*** | 0.011 | 0.013 | 0.048*** | 0.077*** | | 0.117*** | -0.010 | 0.028** |
| Eqinc | -0.150*** | 0.158*** | -0.116*** | -0.069*** | -0.065*** | -0.012 | 0.026** | 0.038*** | 0.134*** | 0.100*** | | -0.045*** | -0.010 |
| Intang | 0.035** | 0.018 | 0.083*** | -0.269*** | -0.076*** | -0.035*** | 0.062*** | -0.086*** | 0.041*** | 0.004 | -0.012 | | 0.007 |
| GS | 0.013 | 0.001 | 0.092*** | -0.023* | 0.077*** | 0.161*** | -0.052*** | -0.082*** | 0.091*** | 0.018 | -0.026*** | 0.033*** | |

*、**和***分别表示在10%、5%和1%的置信水平上显著

注：上（下）半部分为 Spearman（Pearson）相关系数

# 3.4 实证检验结果与分析

## 3.4.1 上海市"营改增"对公司所得税税负影响的实证检验

为了检验上文提出的假设，我们将样本分为两组：①处理组，即 2012 年上海市"营改增"试点行业公司，共 23 家；②控制组，即 2012 年非"营改增"试点公司，共 1 478 家。为了控制样本"选择性偏差"，我们运用由 Rosenbaum 和 Rubin（1983）发展起来的 PSM 法，并参照 Dehejia 和 Wahba（2002）及 Becker 和 Ichino（2002）的思路采用 Logit 模型来估计模型（3.2）。表 3.4 列示了 PSM 分析结果变量 ETR 和可能的匹配变量的描述性统计。结果显示，"营改增"当年，上海市上市公司的平均所得税税负为 0.196，上市公司中有 44%的公司属于国有企业。为了确定 PSM 的匹配变量、分析影响上海市试点的因素，我们在模型（3.2）中先不放入反映宏观层面的变量 Pop 和 Financegro，形成 m1。根据回归结果变量的 $P$ 值大小和经济意义，借助逐步回归方法来选择模型：在 m1 的基础上剔除 Ppe、Lev、Assetgro 和 GS 形成 m2，在 m2 基础上剔除 Age 形成 m3；在 m3 的基础上加入 Pop 形成 m4；在 m4 的基础上加入 Financegro 形成 m5，具体如表 3.5 所示。

表 3.4 PSM 结果变量与匹配变量 2012 年描述性统计分析

| 变量 | 均值 | 标准差 | 最小值 | 中位数 | 最大值 | $N$ |
|---|---|---|---|---|---|---|
| ETR1 | 0.196 | 0.104 | 0 | 0.173 | 0.614 | 1 501 |
| Roa | 0.049 | 0.040 | −0.018 | 0.039 | 0.200 | 1 501 |
| Ppe | 0.223 | 0.165 | 0.002 | 0.192 | 0.722 | 1 501 |
| Invint | 0.181 | 0.170 | 0 | 0.134 | 0.784 | 1 501 |
| Lev | 0.442 | 0.215 | 0.048 | 0.449 | 0.875 | 1 501 |
| Size | 21.976 | 1.274 | 19.527 | 21.785 | 26.069 | 1 501 |
| Grossmar | 0.282 | 0.169 | 0.022 | 0.245 | 0.812 | 1 501 |
| Age | 1.894 | 0.967 | 0 | 2.303 | 3.045 | 1 501 |
| MB | 1.947 | 1.173 | 0.898 | 1.594 | 9.391 | 1 501 |
| Assetgro | 0.140 | 0.197 | −0.186 | 0.105 | 1.617 | 1 501 |
| GS | 0.053 | 0.145 | 0 | 0 | 0.675 | 1 501 |
| Pop | 8.493 | 0.639 | 6.450 | 8.608 | 9.268 | 1 501 |
| Financegro | 0.156 | 0.065 | −0.005 | 0.158 | 0.470 | 1 501 |
| Soe | 0.440 | 0.497 | 0 | 0 | 1.000 | 1 501 |

表 3.5 PSM 匹配变量选择的 Logit 回归结果

| 变量 | m1 | m2 | m3 | m4 | m5 |
|------|------|------|------|------|------|
| Roa | 6.256 (0.820) | 7.078 (1.113) | 5.445 (0.863) | 1.500 (0.235) | 0.372 (0.048) |
| Ppe | 0.350 (0.201) | | | | |
| Invint | −3.577 (−0.921) | −3.467 (−0.920) | −2.704 (−0.758) | −1.795 (−0.639) | −2.847 (−1.037) |
| Lev | −1.838 (−0.978) | | | | |
| Size | −0.278 (−0.818) | −0.414 (−1.242) | −0.318 (−1.109) | −0.384 (−1.399) | −0.475** (−2.060) |
| Grossmar | −6.267*** (−2.702) | −4.672*** (−2.755) | −4.785*** (−2.928) | −4.071** (−2.375) | −4.610** (−2.152) |
| Age | 0.634* (1.697) | 0.501 (1.476) | | | |
| MB | −0.404 (−1.454) | −0.461 (−1.555) | −0.335 (−1.284) | −0.530* (−1.876) | −0.332 (−1.069) |
| Assetgro | −4.275 (−1.382) | | | | |
| GS | 1.256 (0.706) | | | | |
| Pop | | | | −1.939*** (−6.325) | −2.673*** (−7.836) |
| Financegro | | | | | −37.170*** (−5.696) |
| Soe | −0.590 (−0.802) | −0.239 (−0.364) | −0.007 (−0.010) | −0.345 (−0.486) | −0.423 (−0.608) |
| _Cons | −8.810 (−1.320) | −8.454 (−1.171) | −8.443 (−1.397) | 9.417 (1.542) | 21.476*** (3.473) |
| 伪 $R^2$ | 0.393 | 0.355 | 0.342 | 0.446 | 0.584 |
| AUC | 0.933 | 0.936 | 0.926 | 0.957 | 0.977 |
| $N$ | 711 | 711 | 711 | 711 | 711 |

*、**和***分别表示在 10%、5%和 1%的置信水平上显著

注：括号中为 $t$ 值；为了控制异方差，回归采用 White 稳健标准误

  表 3.5 Logit 回归结果显示，根据伪 $R^2$ 和 AUC 的结果判断，应选择 m5 中涉及的变量作为 PSM 分析的匹配变量。同时表明，公司所属地区人口规模越大、财政收入增长率越高，被选取作为"营改增"试点的可能性越小；营业收入毛利率越高、公司规模越大，该类公司被选为试点的可能性越小。PSM 分析的重要前提是数据需要满足平衡假设，表 3.6 列示了平衡假设检验。

表 3.6　平衡假设检验

| 变量 | 匹配前（U） | 均值 | | | 降低偏 差比例 | T 检验 | |
|---|---|---|---|---|---|---|---|
| | 匹配后（M） | 处理组 | 控制组 | 偏差比例 | | T 值 | $p>|t|$ |
| Roa | U | 0.060 | 0.048 | 32.800% | 52.500% | 1.410 | 0.159 |
| | M | 0.060 | 0.065 | −15.600% | | −0.600 | 0.554 |
| Invint | U | 0.079 | 0.140 | −64.000% | 84.600% | −2.890 | 0.004 |
| | M | 0.079 | 0.069 | 9.800% | | 0.370 | 0.713 |
| Size | U | 21.683 | 21.927 | −17.600% | 97.300% | −0.870 | 0.384 |
| | M | 21.683 | 21.690 | −0.500% | | −0.020 | 0.988 |
| Grossmar | U | 0.266 | 0.273 | −4.800% | 79.000% | −0.220 | 0.828 |
| | M | 0.266 | 0.265 | 1.000% | | 0.030 | 0.974 |
| MB | U | 1.913 | 1.947 | −3.600% | −41.100% | −0.140 | 0.891 |
| | M | 1.913 | 1.962 | −5.100% | | −0.230 | 0.820 |
| Pop | U | 7.775 | 8.535 | −171.900% | 89.200% | −5.830 | 0 |
| | M | 7.775 | 7.693 | 18.500% | | 1.420 | 0.164 |
| Financegro | U | 0.095 | 0.155 | −137.100% | 87.800% | −4.640 | 0.000 |
| | M | 0.095 | 0.102 | −16.700% | | −1.300 | 0.199 |
| Soe | U | 0.565 | 0.435 | 26.000% | 88.900% | 1.240 | 0.215 |
| | M | 0.565 | 0.551 | 2.900% | | 0.100 | 0.923 |
| 样本 | 伪 $R^2$ | LR chi2 | $p>$chi2 | 均值偏差 | 中位数偏差 | | |
| U | 0.354 | 71.990 | 0 | 57.200% | 29.400 | | |
| M | 0.046 | 2.920 | 0.939 | 8.800% | 7.500 | | |

结果显示，匹配后的公司层面变量（Invint、Size、Grossmar、MB 和 Soe）的标准化偏差小于 10%，尽管宏观层面的变量（Pop、Financegro）的标准化偏差大于 10%，但降幅均超过 85%。这也与实际情况相符，因为现实中各省（自治区、直辖市）人口规模和财政收入增长率相差较大。匹配后的 T 检验结果表明，控制组的差异均不显著；LR chi2 检验表明，匹配后无法根据匹配变量的特征区分是否参与试点。这从整体上表明，平衡假设得到满足。图 3.1 表示匹配前后处理组（SHSD）和控制组（Control）PS 值的密度函数图。匹配后显示，处理组和控制组的 PS 值在（0.0，0.8）的区间内存在重叠值。图 3.2 显示了 Logit 模型拟合效果及共同支撑假设检验。AUC 越大，表明模型拟合效果越好，AUC=0.977 1，表明模型具有很好的拟合效果。统计学界普遍认为，AUC 接近 0.5 就表明达到了不错的匹配。AUC 等于 0.682 8，处于 95%的置信区间[0.530 0，0.835 5]。上述结果均表明，处理组与控制组满足共同支撑假设。

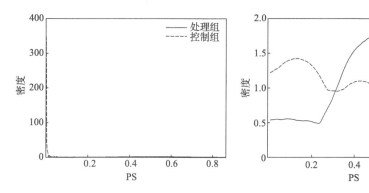

（a）匹配前处理组和控制组 PS 值的密度函数图　（b）匹配后处理组和控制组 PS 值的密度函数图

图 3.1　匹配前后处理组和控制组 PS 值的密度函数图

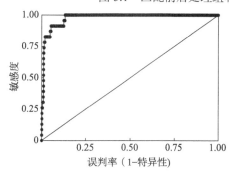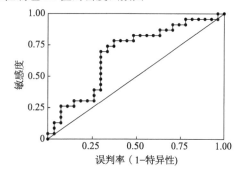

（a）ROC 曲线下的面积，AUC=0.977 1　　　　（b）ROC 曲线下的面积，AUC=0.682 8

图 3.2　Logit 模型拟合效果及共同支撑假设检验

表 3.7 是 PSM 分析结果。一般情况下，1 : 4 最近邻匹配可最小化均方误差（Abadie et al.，2004）。考虑到控制组样本量大，我们运用 1 : 4 最近邻匹配方法进行 PSM 分析，同时采用半径匹配和核匹配作为稳健性测试。

表 3.7　PSM 参与者平均处理效应（ATT）

| 度量指标 | 样本 | 处理组 | 控制组 | ATT | 标准误 | $T$ 值 |
|---|---|---|---|---|---|---|
| 1 : 4 最近邻匹配 | | | | | | |
| ETR1 | 匹配前 | 0.186 | 0.175 | 0.011 | 0.020 | 0.570 |
| | 匹配后 | 0.186 | 0.143 | 0.043 | 0.028 | 1.560 |
| ETR2 | 匹配前 | 0.203 | 0.170 | 0.033 | 0.022 | 1.520 |
| | 匹配后 | 0.203 | 0.148 | 0.055 | 0.039 | 1.440 |
| ETR3 | 匹配前 | 0.177 | 0.147 | 0.030 | 0.017 | 1.750 |
| | 匹配后 | 0.177 | 0.148 | 0.029 | 0.028 | 1.040 |
| ETR4 | 匹配前 | 0.183 | 0.164 | 0.019 | 0.024 | 0.800 |
| | 匹配后 | 0.183 | 0.166 | 0.017 | 0.035 | 0.490 |

续表

| 度量指标 | 样本 | 处理组 | 控制组 | ATT | 标准误 | T 值 |
|---|---|---|---|---|---|---|
| | 半径匹配 | | | | | |
| ETR1 | 匹配前 | 0.186 | 0.175 | 0.011 | 0.020 | 0.570 |
| | 匹配后 | 0.198 | 0.164 | 0.034 | 0.046 | 0.760 |
| ETR2 | 匹配前 | 0.203 | 0.170 | 0.033 | 0.022 | 1.520 |
| | 匹配后 | 0.220 | 0.162 | 0.058 | 0.066 | 0.870 |
| ETR3 | 匹配前 | 0.177 | 0.147 | 0.030 | 0.017 | 1.750 |
| | 匹配后 | 0.170 | 0.155 | 0.015 | 0.040 | 0.380 |
| ETR4 | 匹配前 | 0.183 | 0.164 | 0.019 | 0.024 | 0.800 |
| | 匹配后 | 0.187 | 0.170 | 0.017 | 0.061 | 0.280 |
| | 核匹配 | | | | | |
| ETR1 | 匹配前 | 0.186 | 0.175 | 0.011 | 0.020 | 0.570 |
| | 匹配后 | 0.177 | 0.135 | 0.042 | 0.034 | 1.260 |
| ETR2 | 匹配前 | 0.203 | 0.170 | 0.033 | 0.022 | 1.520 |
| | 匹配后 | 0.203 | 0.133 | 0.070 | 0.043 | 1.630 |
| ETR3 | 匹配前 | 0.177 | 0.147 | 0.030 | 0.017 | 1.750 |
| | 匹配后 | 0.172 | 0.128 | 0.044 | 0.031 | 1.420 |
| ETR4 | 匹配前 | 0.183 | 0.164 | 0.019 | 0.024 | 0.800 |
| | 匹配后 | 0.167 | 0.139 | 0.028 | 0.041 | 0.690 |

注：标准误的计算采用有放回的抽样 500 次的 Bootstrap 方法

　　三种匹配方法的结果均显示：ETR的四种度量方法匹配后，参与者平均处理效应（ATT）均为正，但 T 值显示均不显著。上述结果表明，与非试点公司相比，上海市“营改增”政策本身使得试点公司的所得税税负略有上升，但无显著影响，支持了假设 3.1。进一步将控制组设为非试点地区试点行业公司，交通运输业和现代服务业最近邻匹配的 PSM 结果如表 3.8 所示。

表 3.8　试点行业 PSM 参与者平均处理效应（ATT）

| 度量指标 | 样本 | 处理组 | 控制组 | ATT | 标准误 | T 值 |
|---|---|---|---|---|---|---|
| | 交通运输业 | | | | | |
| ETR1 | 匹配前 | 0.223 | 0.219 | 0.004 | 0.032 | 0.140 |
| | 匹配后 | 0.223 | 0.183 | 0.040 | 0.057 | 0.710 |
| ETR2 | 匹配前 | 0.265 | 0.172 | 0.092 | 0.037 | 2.460 |
| | 匹配后 | 0.265 | 0.157 | 0.108 | 0.079 | 1.360 |
| ETR3 | 匹配前 | 0.205 | 0.171 | 0.034 | 0.030 | 1.110 |
| | 匹配后 | 0.205 | 0.172 | 0.033 | 0.057 | 0.570 |
| ETR4 | 匹配前 | 0.210 | 0.222 | −0.012 | 0.039 | −0.310 |
| | 匹配后 | 0.210 | 0.203 | 0.007 | 0.077 | 0.040 |

续表

| 度量指标 | 样本 | 处理组 | 控制组 | ATT | 标准误 | T 值 |
|---|---|---|---|---|---|---|
| 现代服务业 | | | | | | |
| ETR1 | 匹配前 | 0.163 | 0.157 | 0.006 | 0.025 | 0.240 |
| | 匹配后 | 0.163 | 0.116 | 0.047 | 0.056 | 0.830 |
| ETR2 | 匹配前 | 0.164 | 0.169 | −0.005 | 0.030 | −0.180 |
| | 匹配后 | 0.164 | 0.132 | 0.032 | 0.060 | 0.530 |
| ETR3 | 匹配前 | 0.158 | 0.156 | 0.002 | 0.027 | 0.080 |
| | 匹配后 | 0.158 | 0.113 | 0.045 | 0.058 | 0.780 |
| ETR4 | 匹配前 | 0.166 | 0.157 | 0.009 | 0.032 | 0.270 |
| | 匹配后 | 0.166 | 0.103 | 0.063 | 0.058 | 1.070 |

注：标准误的计算采用有放回的抽样 500 次的 Bootstrap 方法

对交通运输业而言，ETR 的四种度量指标显示，匹配后 ATT 均大于 0，对应的 T 值可以看出 ATT 均不显著异于 0，说明与非试点地区交通运输业公司相比，"营改增"使得交通运输业试点公司的所得税税负略有上升，但并无显著影响，支持了假设 3.1。对现代服务业而言，结果与交通运输业类似，匹配后 ATT 均大于 0，对应的 T 值可以发现 ATT 均不显著异于 0，表明与非试点地区的现代服务业相比，"营改增"使得现代服务业试点公司的所得税税负略有上升，支持了假设 3.1。

综上所述，上海市"营改增"对试点公司所得税税负影响的检验表明，"营改增"对试点公司所得税税负无显著影响：与非试点公司相比，"营改增"使得试点公司所得税税负略有上升；与非试点地区试点行业相比，"营改增"使得交通运输业和现代服务业试点公司的所得税税负略有上升。

## 3.4.2　八省市"营改增"对公司所得税税负影响的实证检验

为了检验八省市"营改增"对公司所得税税负的影响，我们采用 DID 模型（3.3）将样本分为两组：①处理组，即八省市"营改增"试点行业公司；②控制组，即非"营改增"试点行业公司。因为八省市的试点是从 2012 年逐步铺开的，考虑到政策效应具有一定的时滞性，2012 年公司所得税税负仅仅包含一部分"营改增"效应的影响。我们将考察的年份定在 2013 年，所以年度虚拟变量 Year 设置如下：当处于 2013 年时，Year=1；当处于 2011 年时，Year=0。因此，Treat×Year=1，表示 2013 年八省市"营改增"试点公司。我们首先考察了试点公司"营改增"前后所得税税负的变化，如表 3.9 所示。

表 3.9    八省市"营改增"试点公司所得税税负变化

| 变量 | "营改增"前 | "营改增"后 | 差异 | P 值 | |
|------|-----------|-----------|------|------|------|
| | | | | T 检验 | 秩和检验 |
| 全样本 | | | | | |
| 均值 | 0.176 | 0.177 | 0.001 | 0.937 | |
| 中位数 | 0.158 | 0.171 | 0.013 | | 0.835 |
| N | 61 | 82 | | | |
| 交通运输业 | | | | | |
| 均值 | 0.212 | 0.213 | 0.001 | 0.981 | |
| 中位数 | 0.222 | 0.231 | 0.009 | | 0.768 |
| N | 22 | 23 | | | |
| 现代服务业 | | | | | |
| 均值 | 0.155 | 0.163 | 0.008 | 0.673 | |
| 中位数 | 0.131 | 0.146 | 0.015 | | 0.876 |
| N | 39 | 59 | | | |

结果显示：全样本均值 $T$ 检验结果（$P=0.937$）和中位数秩和检验结果（$P=0.835$）均表明，与"营改增"前相比，"营改增"后试点公司所得税税负略有上升，但无显著变化。交通运输业和现代服务业试点公司"营改增"后的所得税税负略有上升，但两者均不显著。

我们采用 OLS 运行模型（3.3）形成表 3.10。单个变量的方差膨胀系数（variance inflation factor，VIF）均小于 3，表明变量之间不存在严重的共线性问题。第（1）~（4）列分别对应 ETR 四个度量指标的回归结果，第（5）列为从 ETR 的四个度量指标中提取两个主成分（累积权重为 0.939）的主成分回归结果。结果显示：全样本 Treat×Year 的系数处于 0.007~0.016，但均不显著，表明与非试点公司相比，"营改增"使得试点公司的所得税税负略有上升，支持了假设 3.1。基于 ETR1 的经济含义如下："营改增"使得试点公司所得税税负略上升了 0.7%。整体而言，资本密集度（Ppe）与所得税税负显著负相关，说明资本密集度越高，折旧越多，税前扣除越多，所得税税负越低；存货密集度（Invint）与所得税税负显著正相关，说明资产总额中存货占比越多，固定资产和无形资产等长期资产越少，折旧摊销税前扣除少，所得税税负越高；市值与账面价值比（MB）与所得税税负显著负相关，说明具有长期成长机会的公司，现金流较为紧张，公司避税越多，所得税税负越低；名义税率（Rate）与所得税税负显著正相关，说明名义税率越高，公司所得税税负越高；会计-税收差异的滞后项（LBTD）与所得税税负显著负相关，表明上年会计-税收差异越大，公司避税程度越高，被税务机关发现和处罚的可能性越大，为了降低税务风险，公司本年会降低公司所得税税负。投资收益占比（Eqinc）与所得税税负显著负相关，说明投资收益越多，免税收入越多，所得税税负越低。净资产收益率（Roa）和公司规模（Size）对 ETR 的影响具有不确定性，这与前期文献的描述一致。财政盈余（Deficit）与 ETR 负相关，但不显著，说明财政盈余越丰裕，公司所得税税负越低，可能的原因是我国税收征管强度变化不大。上述结果与前文预期一致。值得注意的是，国有股权（GS）对 ETR 没有实质性影响，这与吴联生（2009）的结论不一致。可能的原因是，样本区间国有企业的市场化改革使得国有股权比例下降，这与描述性统计的发现相符。未报告的结果显示，各行业之间的 ETR 存在显著差异，但地区之间的 ETR 没有显著差异。

**表 3.10　八省市 "营改增" 对试点公司所得税税负影响 OLS 回归结果（控制组：非试点公司）**

| 变量 | （1） | （2） | （3） | （4） | （5） |
|---|---|---|---|---|---|
| | ETR1 | ETR2 | ETR3 | ETR4 | ETR_pca |
| Treat×Year | 0.007<br>（0.598） | 0.009<br>（0.521） | 0.015<br>（1.066） | 0.014<br>（0.793） | 0.016<br>（0.906） |
| Treat | −0.001<br>（−0.153） | −0.006<br>（−0.416） | −0.001<br>（−0.145） | 0.008<br>（0.630） | −0.001<br>（−0.089） |
| Year | 0.004<br>（0.908） | −0.005<br>（−1.170） | 0.003<br>（1.016） | 0.007<br>（1.388） | 0.002<br>（0.519） |
| Roa | −0.265***<br>（−4.023） | −0.094<br>（−1.327） | 0.226***<br>（4.220） | −0.079<br>（−0.973） | −0.087<br>（−0.996） |
| Ppe | 0.021<br>（1.387） | −0.099***<br>（−6.569） | −0.054***<br>（−4.606） | 0.040**<br>（2.214） | −0.043**<br>（−2.290） |
| Invint | 0.067***<br>（3.481） | 0.069***<br>（3.251） | 0.061***<br>（3.944） | 0.057**<br>（2.425） | 0.095***<br>（3.882） |
| Lev | 0.027*<br>（1.780） | −0.123***<br>（−8.181） | −0.104***<br>（−9.053） | 0.025<br>（1.411） | −0.074***<br>（−4.019） |
| Size | 0.002<br>（0.796） | 0.006***<br>（2.689） | 0.003*<br>（1.927） | −0.001<br>（−0.488） | 0.004<br>（1.465） |
| MB | −0.005*<br>（−1.947） | −0.004<br>（−1.693） | −0.005**<br>（−2.563） | −0.005**<br>（−2.015） | −0.007**<br>（−2.176） |
| Deficit | −0.070<br>（−1.061） | −0.005<br>（−0.087） | −0.019<br>（−0.394） | −0.084<br>（−1.074） | −0.062<br>（−0.778） |
| Rate | 0.485***<br>（9.314） | 0.403***<br>（8.399） | 0.404***<br>（10.874） | 0.511***<br>（8.125） | 0.664***<br>（10.840） |
| LBTD | −0.003***<br>（−6.905） | −0.002***<br>（−3.757） | −0.001***<br>（−4.450） | −0.003***<br>（−4.887） | −0.003***<br>（−6.508） |

续表

| 变量 | （1） | （2） | （3） | （4） | （5） |
|------|------|------|------|------|------|
|  | ETR1 | ETR2 | ETR3 | ETR4 | ETR_pca |
| Eqinc | −0.853*** <br> （−7.579） | −0.958*** <br> （−7.366） | −1.049*** <br> （−10.729） | −0.652*** <br> （−4.000） | −1.320*** <br> （−8.590） |
| Intang | 0.091** <br> （2.206） | 0.007 <br> （0.170） | 0.023 <br> （0.748） | 0.117** <br> （2.267） | 0.082* <br> （1.656） |
| GS | −0.022* <br> （−1.666） | 0.002 <br> （0.105） | −0.008 <br> （−0.762） | −0.024 <br> （−1.428） | −0.018 <br> （−1.081） |
| _Cons | −0.074 <br> （−1.474） | −0.042 <br> （−0.808） | −0.028 <br> （−0.700） | −0.018 <br> （−0.280） | −0.062 <br> （−0.978） |
| N | 2 681 | 2 681 | 2 681 | 2 681 | 2 681 |
| 调整 $R^2$ | 0.243 | 0.211 | 0.287 | 0.144 | 0.252 |

*、**和***分别表示在 10%、5%和 1%的置信水平上显著

注：括号中为 $t$ 值；回归控制了行业效应和地区效应并采用 White 稳健标准误

进一步将控制组设为"非试点地区试点行业"的结果（表 3.11）显示：对试点行业而言，Treat×Year 的系数为−0.005，但不显著，说明与非试点地区试点行业相比，"营改增"使得试点公司的所得税税负下降 0.5%。其中，交通运输业 Treat×Year 的系数为−0.012，但不显著，表明"营改增"使得交通运输业试点公司下降 1.2%，支持了假设 3.1；现代服务业 Treat×Year 的系数为−0.022，也不显著，说明"营改增"使得现代服务业公司所得税税负下降2.2%，支持了假设 3.1。

表 3.11    八省市"营改增"对试点公司所得税税负影响的全样本及分行业 OLS 回归结果
（控制组：非试点地区试点行业）

| 变量 | 全样本 | 交通运输业 | 现代服务业 |
|------|--------|-----------|-----------|
| Treat×Year | −0.005 <br> （−0.269） | −0.012 <br> （−0.647） | −0.022 <br> （−0.648） |
| Treat | 0.020 <br> （1.424） | 0.020 <br> （1.114） | 0.013 <br> （0.543） |
| Year | 0.013 <br> （0.836） | 0.009 <br> （0.681） | 0.028 <br> （0.891） |
| Roa | −0.520*** <br> （−2.687） | −0.100 <br> （−0.452） | −0.524** <br> （−2.340） |
| Ppe | 0.058* <br> （1.866） | 0.053 <br> （1.291） | 0.229** <br> （2.135） |
| Invint | 0.020 <br> （0.418） | 0.071 <br> （0.672） | −0.010 <br> （−0.181） |
| Lev | −0.033 <br> （−0.922） | −0.037 <br> （−0.825） | −0.035 <br> （−0.679） |
| Size | −0.009 <br> （−1.195） | −0.015** <br> （−2.097） | 0.001 <br> （0.049） |

续表

| 变量 | 全样本 | 交通运输业 | 现代服务业 |
|---|---|---|---|
| MB | −0.005<br>(−0.896) | −0.012<br>(−0.573) | −0.004<br>(−0.852) |
| Deficit | −0.803**<br>(−2.232) | −0.255<br>(−1.568) | −1.644**<br>(−2.517) |
| Rate | 0.649***<br>(4.936) | 0.915***<br>(3.213) | 0.574***<br>(3.527) |
| LBTD | −0.002*<br>(−1.788) | −0.001<br>(−0.909) | −0.008<br>(−1.426) |
| Eqinc | −1.449***<br>(−6.408) | −1.699***<br>(−6.367) | −1.253**<br>(−2.390) |
| Intang | 0.173**<br>(2.202) | 0.090<br>(1.274) | 0.116<br>(0.601) |
| GS | 0.045**<br>(2.091) | 0.055**<br>(2.173) | 0.049<br>(0.991) |
| _Cons | 0.204<br>(1.194) | 0.307*<br>(1.743) | −0.115<br>(−0.428) |
| N | 240 | 100 | 140 |
| 调整 $R^2$ | 0.413 | 0.475 | 0.366 |

*、**和***分别表示在 10%、5%和 1%的置信水平上显著

注：括号中为 $t$ 值；回归控制了行业效应和地区效应并采用 White 稳健标准误

### 3.4.3　全国性"营改增"对公司所得税税负影响的实证检验

跟前文类似，我们采用 DID 检验全国性"营改增"对公司所得税税负的影响。先将样本分成两组：①处理组，即全国性"营改增"试点行业公司，在"1+6"的基础上增加了广播影视和电信业（Treat=1）；②控制组，即非"营改增"试点行业公司（Treat=0）。2013 年 8 月 1 日，全国性"营改增"启动，由于政策具有一定的时滞性，2013 年公司所得税税负仅包含部分"营改增"的影响，2012 年上海市和八省市试点行业公司所得税税负也含有部分"营改增"因素的影响。为了准确度量"营改增"的税收效应，我们将考察的年份设定为 2014 年和 2011 年：即当处于 2014 年时，Year=1；当处于 2011 年时，Year=0，其他年份设为缺漏值。我们首先比较"营改增"试点公司试点前（2011 年）和试点后（2014 年）所得税税负的变化，表 3.12 显示：在全国性试点后，"营改增"试点公司的所得税税负略有下降，但不显著；区分行业后发现，电信业试点公司所得税税负略有下降，交通运输业和现代服务业试点公司所得税税负没有显著变化。

表 3.12　全国性"营改增"试点公司所得税税负变化

| 变量 | "营改增"前 | "营改增"后 | 差异 | P 值 | |
|---|---|---|---|---|---|
| | | | | T 检验 | 秩和检验 |
| 全样本 | | | | | |
| 均值 | 0.176 | 0.175 | −0.001 | 0.531 | |
| 中位数 | 0.167 | 0.157 | −0.010 | | 0.325 |
| N | 138 | 174 | | | |
| 交通运输业 | | | | | |
| 均值 | 0.215 | 0.218 | 0.003 | 0.859 | |
| 中位数 | 0.238 | 0.227 | −0.011 | | 0.707 |
| N | 47 | 53 | | | |
| 现代服务业 | | | | | |
| 均值 | 0.158 | 0.165 | 0.007 | 0.666 | |
| 中位数 | 0.148 | 0.135 | −0.013 | | 0.616 |
| N | 65 | 94 | | | |
| 电信业 | | | | | |
| 均值 | 0.152 | 0.131 | −0.021 | 0.284 | |
| 中位数 | 0.140 | 0.132 | −0.080 | | 0.328 |
| N | 26 | 27 | | | |

　　同样，我们采用 OLS、White 稳健标准误估计模型（3.3），在控制行业和地区的基础上，形成表 3.13。如表 3.13 所示，对 ETR1、ETR2 和 ETR3 而言，Treat×Year 的系数均为负且不显著，但 ETR4 Treat×Year 的系数为正，也不显著。我们提取 ETR1~ETR4 两个主成分（累积权重为 0.944）进行主成分分析，第（5）列 ETR_pca 结果显示，Treat×Year 的系数为−0.004 且不显著。上述分析表明，与非试点公司相比，"营改增"使得试点公司的所得税税负略有降低，降低幅度为 0.4%，支持了假设 3.1。主成分分析的结果还表明：资产报酬率（Roa）与 ETR 显著负相关，说明营利能力越高的公司，避税动机越强，所得税税负越低；资产负债率（Lev）与 ETR 显著负相关，说明负债水平越高，税前利息抵扣越多，所得税税负越低；公司规模（Size）与 ETR 在 10%的置信水平上显著正相关，说明公司规模越大，其越重视自身声誉，避税动机减弱。同时，大规模公司往往是当地纳税大户，税务机关的关注度高，避税被发现和处罚的概率高，所以所得税税负较高。其他控制变量对 ETR 的影响与前文的分析基本一致。考虑到分行业试点公司模型（3.3）中的 Treat 均等于 1，没有控制组，回归之后的 Treat 和 Year 均为缺漏值，不适合进行 DID 分析，所以未予报告。

**表 3.13　全国性"营改增"对试点公司所得税税负影响的 OLS 回归结果**

| 变量 | （1） | （2） | （3） | （4） | （5） |
|------|-------|-------|-------|-------|-------|
|      | ETR1 | ETR2 | ETR3 | ETR4 | ETR_pca |
| Treat×Year | −0.004 | −0.003 | −0.003 | 0.001 | −0.004 |
|            | （−0.492） | （−0.294） | （−0.345） | （0.079） | （−0.323） |
| Treat | −0.001 | 0.004 | −0.001 | −0.004 | −0.000 |
|       | （−0.169） | （0.290） | （−0.134） | （−0.366） | （−0.032） |
| Year | 0.004 | −0.002 | 0.004 | 0.006 | 0.004 |
|      | （0.823） | （−0.350） | （1.354） | （1.210） | （0.781） |
| Roa | −0.323$^{***}$ | −0.162$^{**}$ | 0.179$^{***}$ | −0.163$^{**}$ | −0.178$^{**}$ |
|     | （−5.269） | （−2.369） | （3.531） | （−2.121） | （−2.226） |
| Ppe | −0.018 | −0.117$^{***}$ | −0.075$^{***}$ | −0.004 | −0.089$^{***}$ |
|     | （−1.126） | （−7.213） | （−6.031） | （−0.234） | （−4.477） |
| Invint | 0.065$^{***}$ | 0.039$^{*}$ | 0.045$^{***}$ | 0.053$^{**}$ | 0.074$^{***}$ |
|        | （3.352） | （1.851） | （2.913） | （2.290） | （3.028） |
| Lev | 0.030$^{*}$ | −0.112$^{***}$ | −0.089$^{***}$ | 0.027 | −0.065$^{***}$ |
|     | （1.954） | （−6.671） | （−7.232） | （1.515） | （−3.330） |
| Size | 0.003 | 0.005$^{**}$ | 0.003$^{*}$ | 0.001 | 0.005$^{*}$ |
|      | （1.329） | （2.373） | （1.898） | （0.467） | （1.923） |
| MB | 0.000 | −0.001 | 0.000 | 0.001 | −0.000 |
|    | （0.052） | （−0.409） | （−0.228） | （0.236） | （−0.114） |
| Deficit | −0.140$^{*}$ | −0.025 | −0.068 | −0.163$^{*}$ | −0.135 |
|         | （−1.919） | （−0.372） | （−1.295） | （−1.839） | （−1.558） |
| Rate | 0.505$^{***}$ | 0.374$^{***}$ | 0.403$^{***}$ | 0.531$^{***}$ | 0.657$^{***}$ |
|      | （10.012） | （7.350） | （10.707） | （8.727） | （10.777） |
| LBTD | −0.003$^{***}$ | −0.003$^{***}$ | −0.002$^{***}$ | −0.002$^{***}$ | −0.004$^{***}$ |
|      | （−6.897） | （−5.238） | （−5.425） | （−3.952） | （−6.785） |
| Eqinc | −0.790$^{***}$ | −0.824$^{***}$ | −0.950$^{***}$ | −0.560$^{***}$ | −1.172$^{***}$ |
|       | （−6.807） | （−5.925） | （−9.563） | （−3.270） | （−7.456） |
| Intang | 0.080$^{*}$ | −0.050 | −0.002 | 0.105$^{*}$ | 0.036 |
|        | （1.661） | （−1.172） | （−0.052） | （1.752） | （0.621） |
| GS | −0.023$^{*}$ | 0.006 | −0.010 | −0.034$^{*}$ | −0.019 |
|    | （−1.695） | （0.385） | （−0.914） | （−1.907） | （−1.113） |
| _Cons | −0.095$^{*}$ | −0.003 | −0.040 | −0.093 | −0.078 |
|       | （−1.826） | （−0.061） | （−1.006） | （−1.444） | （−1.232） |
| N | 2 677 | 2 677 | 2 677 | 2 677 | 2 677 |
| 调整 $R^2$ | 0.243 | 0.175 | 0.255 | 0.147 | 0.237 |

*、**和***分别表示在 10%、5%和 1%的置信水平上显著

注：括号中为 t 值；回归控制了行业效应和地区效应并采用 White 稳健标准误

### 3.4.4　"营改增"、产权性质与所得税税负

为了考察"营改增"对不同产权性质试点公司所得税税负的影响，我们根据

最终控制人类型将公司划分为国有企业（SoeY）和非国有企业（SoeN），同时将国有企业区分为地方国企（SoeL）和中央国企（SoeC），并进一步将地方国企细化为省级国企（SoeLP）和市级（包括市级以下）政府控制的国企（SoeLC）。已有研究表明，市级（包括市级以下）国企，其财务特征不存在显著差异（夏立军和陈信元，2007）。在控制行业和地区效应的基础上采用 OLS 回归，八省市试点地区的结果如表 3.14 所示。

表 3.14  八省市试点地区"营改增"对不同产权性质试点公司的影响

| 变量 | （1）SoeN | （2）SoeY | （3）SoeC | （4）SoeL | （5）SoeLP | （6）SoeLC |
|---|---|---|---|---|---|---|
| Treat×Year | 0.017 （0.944） | −0.002 （−0.175） | −0.006 （−0.242） | −0.003 （−0.174） | −0.000 （−0.004） | −0.006 （−0.219） |
| Treat | −0.015 （−0.919） | 0.004 （0.316） | −0.001 （−0.028） | 0.003 （0.254） | 0.025 （1.259） | −0.007 （−0.360） |
| Year | 0.007 （1.364） | 0.001 （0.242） | −0.006 （−0.632） | 0.006 （0.928） | 0.009 （0.911） | 0.000 （−0.008） |
| Roa | −0.238** （−2.501） | −0.271*** （−3.064） | −0.395*** （−2.618） | −0.137 （−1.265） | −0.111 （−0.669） | −0.230 （−1.507） |
| Ppe | 0.007 （0.286） | 0.022 （1.042） | 0.009 （0.207） | 0.028 （1.125） | 0.052 （1.539） | 0.011 （0.274） |
| Invint | 0.070** （2.387） | 0.063** （2.551） | 0.022 （0.545） | 0.085*** （2.725） | 0.016 （0.383） | 0.101** （2.063） |
| Lev | 0.016 （0.747） | 0.036* （1.697） | 0.045 （1.172） | 0.045* （1.675） | 0.061* （1.681） | 0.019 （0.449） |
| Size | 0.003 （0.673） | 0.002 （0.712） | 0.006 （1.186） | 0.000 （0.077） | 0.001 （0.255） | 0.001 （0.115） |
| MB | −0.004 （−1.279） | −0.007* （−1.865） | 0.007 （1.218） | −0.016*** （−3.340） | −0.007 （−1.063） | −0.021*** （−3.339） |
| Deficit | −0.021 （−0.217） | −0.103 （−1.151） | −0.219 （−1.312） | −0.111 （−1.027） | −0.267** （−2.021） | −0.022 （−0.140） |
| Rate | 0.588*** （8.484） | 0.430*** （5.327） | 0.339** （2.399） | 0.475*** （4.634） | 0.503*** （3.409） | 0.432*** （2.712） |
| LBTD | −0.005*** （−3.331） | −0.003*** （−5.922） | −0.002*** （−4.009） | −0.004*** （−4.566） | −0.004*** （−3.796） | −0.004** （−2.167） |
| Eqinc | −0.683*** （−3.952） | −0.946*** （−6.456） | −0.825*** （−3.259） | −0.913*** （−4.947） | −0.779*** （−2.792） | −1.054*** （−4.343） |
| Intang | 0.075 （1.023） | 0.100** （2.048） | 0.259** （2.158） | 0.087 （1.610） | 0.100 （1.435） | 0.037 （0.408） |
| _Cons | −0.094 （−1.107） | −0.082 （−1.305） | −0.241** （−2.197） | −0.023 （−0.274） | −0.123 （−1.213） | 0.075 （0.479） |
| N | 1 359 | 1 298 | 402 | 896 | 478 | 418 |
| 调整 $R^2$ | 0.235 | 0.232 | 0.241 | 0.233 | 0.242 | 0.227 |

*、**和***分别表示在10%、5%和1%的置信水平上显著

注：括号中为 t 值；回归控制了行业效应和地区效应并采用 White 稳健标准误

结果显示，对非国有企业、国有企业、中央国企和地方国企而言，Treat×Year 的系数分别为 0.017、−0.002、−0.006 和−0.003，但均不显著，说明"营改增"使得非国有企业所得税税负略有上升，而国有企业、中央国企和地方国企的所得税税负略有下降。对省级国企和市级国企而言，Treat×Year 的系数分别为−0.000 和−0.006，也均不显著，说明"营改增"使得省级国企和市级国企的所得税税负略有降低。考虑到样本量偏少，我们采用无放回的 Bootstrap 方法抽样 1 000 次检验了上述 Treat×Year 的回归系数之间的差异性，结果如表 3.15 所示。

表 3.15    "营改增"对不同产权性质试点公司影响回归系数差异比较

| Treat×Year | 八省市试点地区 | | 全国性试点 | |
|---|---|---|---|---|
| | 系数差异 | 经验 P 值 | 系数差异 | 经验 P 值 |
| SoeY−SoeN | −0.019 | 0.204 | 0.001 | 0.457 |
| SoeL−SoeC | 0.003 | 0.476 | −0.002 | 0.453 |
| SoeL−SoeN | −0.020 | 0.274 | 0 | 0.479 |
| SoeC−SoeN | −0.023 | 0.240 | 0.002 | 0.475 |
| SoeLP−SoeLC | 0.006 | 0.430 | −0.035 | 0.164 |

表 3.15 中"八省市试点地区"的结果显示：SoeY−SoeN 的系数差异为−0.019，P 等于 0.204，表明与试点非国有企业相比，"营改增"使得试点国有企业所得税税负略低。SoeL−SoeC 的系数差异为 0.003，P 等于 0.476，说明与试点中央国企相比，"营改增"使得试点地方国企的所得税税负略高。SoeL−SoeN 的系数差异为−0.020，P 等于 0.274，说明与试点非国有企业相比，"营改增"使得试点地方国企的所得税税负略低，但不显著。SoeC−SoeN 的系数差异为−0.023，P 等于 0.240，说明与试点非国有企业相比，"营改增"使得试点中央国企的所得税税负略低，但不显著。SoeLP−SoeLC 的系数差异为 0.006，P 等于 0.430，说明与试点市级国企相比，"营改增"使得试点省级国企的所得税税负略高，但不显著。

与八省市试点地区类似，全国性试点公司区分产权性质的回归结果（表 3.16）显示："营改增"使得非国有企业、国有企业、中央国企、地方国企和省级国企的所得税税负有下降，市级国企的所得税税负有上升。利用有放回的 Bootstrap 方法抽样 1 000 次比较两两回归系数之间的差异显著性（表 3.15 "全国性试点"列），结果显示：SoeY−SoeN 的系数差异为 0.001，P 等于 0.457，表明与试点非国有企业相比，"营改增"使得试点国有企业所得税税负略高。SoeL−SoeC 的系数差异为−0.002，P 等于 0.453，说明与试点中央国企相比，"营改增"使得试点地方国企的所得税税负略低。SoeL−SoeN 的系数差异为 0，P 等于 0.479，说明与试点非国有企业相比，"营改增"使得试点地方国企的所得税税负略低。SoeC-SoeN 的系数差异为 0.002，P 等于 0.475，说明与试点非国有企业相比，"营改增"使得试点中央国企的所得税税负略高。SoeLP-SoeLC的系数差异为-0.035，P 等于 0.164，说明与试点市级国企相比，"营改增"使得试点省级国企的所得税税负略低。值得注意的是，上述两两之间系数差异均不显著。此外，表 3.16 显示：存货密集度（Invint）是影响国有企业 ETR 的重要因素；公司规模（Size）与中央国企 ETR 显著正相关，说明中央国企规模越大，其越重视声誉，减少了避税需求，所得税税负越高。

表 3.16　全国性"营改增"对不同产权性质试点公司的影响

| 变量 | （1） | （2） | （3） | （4） | （5） | （6） |
|---|---|---|---|---|---|---|
|  | SoeN | SoeY | SoeC | SoeL | SoeLP | SoeLC |
| Treat×Year | −0.004<br>（−0.282） | −0.003<br>（−0.212） | −0.002<br>（−0.110） | −0.004<br>（−0.262） | −0.024<br>（−1.121） | 0.011<br>（0.421） |
| Treat | 0.002<br>（0.146） | −0.005<br>（−0.478） | −0.025<br>（−1.398） | 0.000<br>（0.014） | 0.036$^*$<br>（1.906） | −0.039$^*$<br>（−1.800） |
| Year | 0.008<br>（1.462） | 0.002<br>（0.351） | −0.012<br>（−1.125） | 0.009<br>（1.129） | 0.014<br>（1.264） | 0.000<br>（0.010） |
| Roa | −0.229$^{***}$<br>（−2.701） | −0.379$^{***}$<br>（−4.393） | −0.424$^{***}$<br>（−3.203） | −0.320$^{***}$<br>（−2.777） | −0.301$^*$<br>（−1.752） | −0.366$^{**}$<br>（−2.241） |
| Ppe | −0.034<br>（−1.381） | 0.005<br>（0.255） | −0.052<br>（−1.607） | 0.022<br>（0.845） | 0.029<br>（0.907） | 0.017<br>（0.359） |
| Invint | 0.039<br>（1.467） | 0.109$^{***}$<br>（3.974） | 0.062<br>（1.378） | 0.132$^{***}$<br>（3.891） | 0.106$^{**}$<br>（2.202） | 0.134$^{**}$<br>（2.576） |
| Lev | 0.030<br>（1.379） | 0.021<br>（0.994） | 0.014<br>（0.381） | 0.022<br>（0.821） | 0.011<br>（0.303） | 0.030<br>（0.697） |
| Size | 0.000<br>（−0.128） | 0.002<br>（0.664） | 0.010$^{**}$<br>（2.008） | −0.001<br>（−0.204） | −0.001<br>（−0.101） | −0.001<br>（−0.176） |
| MB | −0.001<br>（−0.399） | −0.004<br>（−1.192） | 0.002<br>（0.462） | −0.006<br>（−1.262） | 0.000<br>（0.026） | −0.009<br>（−1.207） |
| Deficit | −0.140<br>（−1.318） | −0.117<br>（−1.152） | −0.292<br>（−1.570） | −0.054<br>（−0.437） | −0.287$^*$<br>（−1.958） | 0.101<br>（0.428） |
| Rate | 0.561$^{***}$<br>（8.236） | 0.480$^{***}$<br>（6.115） | 0.457$^{***}$<br>（3.345） | 0.484$^{***}$<br>（4.834） | 0.486$^{***}$<br>（3.406） | 0.468$^{***}$<br>（3.119） |
| LBTD | −0.003$^{***}$<br>（−3.294） | −0.003$^{***}$<br>（−6.057） | −0.003$^{***}$<br>（−3.401） | −0.003$^{***}$<br>（−5.243） | −0.003$^{***}$<br>（−3.961） | −0.004$^{***}$<br>（−3.816） |
| Eqinc | −0.588$^{***}$<br>（−3.296） | −0.972$^{***}$<br>（−6.792） | −0.820$^{***}$<br>（−3.110） | −1.035$^{***}$<br>（−5.936） | −1.091$^{***}$<br>（−4.451） | −0.906$^{***}$<br>（−3.664） |
| Intang | −0.029<br>（−0.345） | 0.178$^{***}$<br>（3.039） | 0.155<br>（1.289） | 0.185$^{***}$<br>（2.646） | 0.167$^{**}$<br>（2.471） | 0.166<br>（1.176） |
| _Cons | −0.012<br>（−0.138） | −0.104<br>（−1.548） | −0.344$^{***}$<br>（−3.050） | −0.014<br>（−0.158） | −0.096<br>（−0.889） | 0.062<br>（0.393） |
| N | 1 359 | 1 287 | 414 | 873 | 459 | 414 |
| 调整 $R^2$ | 0.229 | 0.240 | 0.224 | 0.237 | 0.248 | 0.222 |

*、**和***分别表示在 10%、5%和 1%的置信水平上显著

注：括号中为 t 值；回归控制了行业效应和地区效应并采用 White 稳健标准误

综上可见，区分公司产权性质的检验结果表明：不管是八省市试点地区还是全国性试点地区，"营改增"均使得国有企业、中央国企、地方国企和省级国企的所得税税负略有下降，"营改增"对非国有企业和市级国企所得税税负的影响具有不确定性，但均无显著影响；"营改增"对不同产权类型之间所得税税负的影响并不存在显著差异。

### 3.4.5 "营改增"、地区优惠与所得税税负

2008 年新实施的《中华人民共和国企业所得税法》，对所得税优惠采取了"产业优惠为主、地区优惠为辅"的原则。地区优惠主要集中在西部地区、民族自治地区和上海自贸区。一般而言，处于优惠地区的公司，其所得税税负偏低。就试点公司而言，"营改增"对是否处于优惠区的试点公司的所得税税负有何影响，"营改增"对优惠区与非优惠区试点公司所得税税负的影响是否存在差异？我们在模型（3.3）的基础上加入是否处于优惠区的虚拟变量PD，运行OLS得到表 3.17 中的第（1）列，同时将样本分为优惠区（PD）和非优惠区（NPD）形成第（2）、（3）列。结果显示，加入 PD 之后，全样本 Treat×Year 的系数为−0.004，说明控制是否处于优惠区后，"营改增"使得试点公司的所得税税负降低 0.4%，但并不显著。优惠区 Treat×Year 的系数为−0.022，但不显著，说明"营改增"使得优惠区试点公司的所得税税负略有下降，降幅为 2.2%；非优惠区 Treat×Year 的系数为 0.002，也不显著，说明"营改增"使得非优惠区试点公司的所得税税负略有上升，升幅为 0.2%。我们采用无放回的 Bootstrap 方法抽样 1 000 次检验了上述 Treat×Year 的回归系数之间的差异性，结果显示 P 等于 0，表明"营改增"使得优惠区试点公司的所得税税负显著低于非优惠区试点公司。此外，我们还分别考察了"营改增"对优惠区和非优惠区不同产权性质试点公司所得税税负的影响。未报告的结果显示："营改增"对优惠区试点公司中非国有企业、国有企业、中央国企、地方国企、省级国企和市级国企的所得税税负影响分别为−0.036、−0.013、0.005、−0.028、−0.037 和−0.040，且均无显著影响；"营改增"对非优惠区试点公司中非国有企业、国有企业、中央国企、地方国企、省级国企和市级国企的所得税税负影响分别为 0.003、0.002、−0.010、−0.002、−0.006 和 0.002，也均无显著影响。上述结论支持了假设 3.1。

表 3.17　全国性"营改增"对是否处于优惠区的试点公司所得税税负影响

| 变量 | （1） | （2） | （3） |
| --- | --- | --- | --- |
| | 全样本 | PD | NPD |
| Treat×Year | −0.004<br>（−0.446） | −0.022<br>（−1.252） | 0.002<br>（0.186） |

续表

| 变量 | （1）全样本 | （2）PD | （3）NPD |
|---|---|---|---|
| Treat | −0.002<br>（−0.185） | 0.002<br>（0.107） | −0.007<br>（−0.657） |
| Year | 0.004<br>（0.874） | 0.007<br>（0.734） | 0.002<br>（0.460） |
| PD | −0.002<br>（−0.410） | | |
| Roa | −0.309***<br>（−5.037） | −0.303**<br>（−2.467） | −0.317***<br>（−4.435） |
| Ppe | −0.015<br>（−1.011） | 0.005<br>（0.167） | −0.020<br>（−1.135） |
| Invint | 0.071***<br>（3.710） | 0.158***<br>（3.262） | 0.048**<br>（2.359） |
| Lev | 0.025*<br>（1.706） | 0.059*<br>（1.699） | 0.014<br>（0.848） |
| Size | 0.003<br>（1.187） | −0.004<br>（−0.834） | 0.004*<br>（1.720） |
| MB | −0.001<br>（−0.332） | −0.003<br>（−0.462） | 0.000<br>（−0.100） |
| Deficit | −0.055<br>（−1.528） | −0.031<br>（−0.556） | −0.014<br>（−0.257） |
| Rate | 0.507***<br>（10.084） | 0.346***<br>（3.137） | 0.550***<br>（9.569） |
| LBTD | −0.003***<br>（−6.898） | −0.004***<br>（−3.538） | −0.003***<br>（−5.969） |
| Eqinc | −0.787***<br>（−6.721） | −0.707***<br>（−2.968） | −0.803***<br>（−5.909） |
| Intang | 0.077<br>（1.595） | 0.179<br>（1.607） | 0.045<br>（0.905） |
| GS | −0.024*<br>（−1.710） | 0.012<br>（0.377） | −0.036**<br>（−2.340） |
| _Cons | −0.088*<br>（−1.716） | 0.033<br>（0.333） | −0.114*<br>（−1.901） |
| N | 2 646 | 611 | 2 035 |
| 调整 $R^2$ | 0.242 | 0.187 | 0.266 |

*、**和***分别表示在 10%、5% 和 1% 的置信水平上显著

注：括号中为 $t$ 值；回归控制了行业效应和地区效应并采用 White 稳健标准误

### 3.4.6　"营改增"、金字塔层级与所得税税负

国有企业的金字塔层级是政府放松管制和减少干预的结果。当地方国有企业金字塔层级越长时，受到政府行政干预的强度越小（Fan et al., 2013）。一般认为，在政府干预之下，国有企业拥有较低的避税程度。金字塔层级越长，政府对

国有企业的干预越少，国有企业的避税动机越强，从而所得税税负越低。另外，国有企业金字塔层级的增加会显著提升高管薪酬水平及薪酬业绩敏感性（Gupta and Newberry，1997）。当高管薪酬与公司业绩紧密挂钩时，高管有强烈的动机实施避税活动，降低所得税税负、提高公司业绩，进而增加自己的薪酬水平，即金字塔层级越长，公司薪酬业绩敏感性越高，避税程度越高，公司所得税税负越低。我们在模型（3.3）的基础上将样本限定为国有企业（Soe）和地方国企（SoeL），加入金字塔层级（Layer）变量，运行 OLS 得到表 3.18 中的第（1）列和第（4）列，同时分别以国有企业和地方国企样本中 Layer 的中位数为依据，将样本分为金字塔层级长组（大于等于中位数）（LayL）和短组（小于中位数）（LayS），分别形成表 3.18 中第（2）、（3）列和第（5）、（6）列。结果显示：不论是国有企业还是地方国企，金字塔层级与公司所得税税负显著负相关，说明金字塔层级越长，公司所得税税负越低；考虑金字塔层级的影响后发现，与非试点的国有企业相比，"营改增"使得试点国有企业的所得税税负显著降低；与非试点的地方国企相比，"营改增"使得试点地方国企的所得税税负在10%的置信水平上显著降低；对国有企业而言，"营改增"使得金字塔层级长组的试点公司所得税税负略有下降，但金字塔层级短组的试点公司所得税略有上升，组间系数差异检验结果显示 $P$ 等于0.261，说明"营改增"对金字塔层级长组和短组试点国有企业所得税税负的影响无显著差异；对地方国企而言，"营改增"使得金字塔层级长组和短组的试点公司所得税税负均略有下降，组间系数差异检验结果显示 $P$ 等于0.478，说明"营改增"对金字塔层级长组和短组试点地方国企所得税税负的影响无显著差异。

表 3.18　金字塔层级对全国性"营改增"试点公司所得税税负的影响

| 变量 | Soe | | | SoeL | | |
| --- | --- | --- | --- | --- | --- | --- |
| | （1） | （2） | （3） | （4） | （5） | （6） |
| | 全样本 | LayL | LayS | 全样本 | LayL | LayS |
| Treat×Year | −0.130*** (−2.711) | −0.036 (−0.415) | 0.091 (0.593) | −0.083* (−1.853) | −0.082 (−0.679) | −0.054 (−0.302) |
| Treat | 0.045 (1.049) | −0.059 (−1.071) | −0.061 (−0.386) | 0.024 (0.684) | −0.046 (−0.696) | 0.625** (2.846) |
| Year | 0.003 (0.094) | −0.033 (−0.814) | −0.065 (−0.696) | 0.015 (0.451) | 0.001 (0.017) | 0.077 (0.885) |
| Layer | −0.030** (−2.099) | | | −0.045*** (−2.847) | | |
| Roa | −0.774* (−1.735) | −0.819* (−1.703) | −1.802 (−1.181) | −0.240 (−0.588) | −0.977 (−0.998) | 0.222 (0.140) |

续表

| 变量 | Soe | | | SoeL | | |
|---|---|---|---|---|---|---|
| | （1） | （2） | （3） | （4） | （5） | （6） |
| | 全样本 | LayL | LayS | 全样本 | LayL | LayS |
| Ppe | 0.111<br>（1.243） | −0.013<br>（−0.134） | 0.086<br>（0.167） | −0.001<br>（−0.014） | −0.040<br>（−0.292） | −0.002<br>（−0.005） |
| Invint | 0.307***<br>（2.911） | 0.128<br>（1.083） | 0.916<br>（1.570） | 0.275***<br>（3.124） | 0.152<br>（0.746） | −0.316<br>（−0.474） |
| Lev | −0.046<br>（−0.364） | −0.183<br>（−1.375） | −0.144<br>（−0.331） | −0.056<br>（−0.417） | −0.259<br>（−1.326） | 0.679<br>（1.685） |
| Size | −0.001<br>（−0.020） | 0.017<br>（0.524） | 0.080<br>（1.113） | −0.030<br>（−0.828） | 0.039<br>（0.866） | −0.145**<br>（−2.592） |
| MB | 0.007<br>（0.370） | 0.010<br>（0.425） | −0.037<br>（−0.885） | −0.024*<br>（−1.853） | 0.014<br>（0.343） | −0.029<br>（−1.021） |
| Deficit | −0.641**<br>（−2.612） | −0.748**<br>（−2.338） | −0.103<br>（−0.301） | −0.434<br>（−1.403） | −0.704<br>（−1.399） | −0.355<br>（−0.853） |
| Rate | 0.641<br>（1.419） | 1.654***<br>（2.972） | −0.343<br>（−0.528） | 1.088*<br>（1.806） | 1.581<br>（1.678） | 2.843**<br>（2.453） |
| LBTD | −0.008<br>（−1.035） | −0.016**<br>（−2.115） | −0.001<br>（−0.124） | −0.013*<br>（−2.020） | −0.012<br>（−1.069） | −0.020<br>（−1.724） |
| Eqinc | −0.672<br>（−0.905） | −0.971<br>（−0.966） | −2.889<br>（−1.013） | −1.783**<br>（−2.465） | −2.291*<br>（−2.070） | −0.891<br>（−0.279） |
| Intang | 0.251<br>（0.704） | 0.585<br>（1.604） | −1.104<br>（−1.345） | 0.352<br>（1.250） | 0.781<br>（1.678） | −0.556<br>（−0.732） |
| _Cons | −0.283<br>（−0.422） | −0.667<br>（−0.912） | −1.658<br>（−1.177） | 0.297<br>（0.363） | −1.071<br>（−1.032） | 2.253*<br>（1.992） |
| N | 98 | 62 | 36 | 67 | 37 | 30 |
| 调整 $R^2$ | 0.370 | 0.429 | 0.483 | 0.524 | 0.438 | 0.802 |

*、**和***分别表示在10%、5%和1%的置信水平上显著

注：括号中为 t 值；回归控制了行业效应和地区效应并采用 White 稳健标准误

### 3.4.7　"营改增"、关系型交易与所得税税负

关系型交易是指企业与具有战略合作关系的供应商或客户通过贸易往来形成的商业关系交易（Wang，2012；方红星和张勇，2016）。关系型交易会弱化高管薪酬的业绩敏感性（林钟高等，2014），引发过度投资。关系型交易越多，高管需要付出的来维系双方交易关系的个人努力就越多，而这种个人努力难以从货币薪酬中获得补偿，从而降低薪酬业绩敏感性。为了补偿自身努力，高管有通过控制更多经济资源来牟取私利的动机，从而引发过度投资。薪酬业绩敏感性的降低减弱了高管从事避税活动的需求，从而使得公司所得税税负上升；但是，薪酬

业绩敏感性的降低会引发过度投资，而过度投资会提高投资收益占比，从而降低公司所得税税负，即关系型交易会降低高管薪酬业绩敏感性，但对公司所得税税负的影响具有不确定性。我们在模型（3.3）的基础上加入关系型交易变量（Supply 和 Customer），采用 OLS 回归形成表 3.19 和表 3.20 的第（1）、（4）列。在此基础上，以关系型交易变量的中位数为依据，将样本划分为关系型交易量占比高（大于等于中位数）（SupH 和 CusH）和占比低（小于中位数）两组（SupL 和 CusL），回归结果形成表 3.19 和表 3.20 的第（2）、（5）列及第（3）、（6）列。结果表明：①就八省市试点地区而言，供应商关系型（Supply）交易对公司所得税税负没有显著影响，Treat×Year 的系数为 0.006，但不显著，说明在控制供应商关系型交易后，"营改增"使得八省市试点地区试点公司的所得税税负略有上升，其中，供应商关系型交易占比高的组试点公司所得税税负略有上升，供应商关系型交易占比低的组试点公司所得税税负略有下降，但两者并不存在显著差异（系数差异检验的 P 值为 0.164）。客户关系型（Costomer）交易与公司所得税税负显著负相关，说明客户关系型交易占比越高，公司所得税税负越低，Treat×Year 的系数为 0.004，但不显著。这说明在控制客户关系型交易后，"营改增"使得八省市试点地区试点公司的所得税税负略有上升，其中，客户关系型交易占比高和占比低的组试点公司所得税税负均略有上升，但均不显著，且两组回归系数之间并不存在显著差异（系数差异检验的 P 值为 0.192）。②就全国性试点而言，供应商关系型交易对公司所得税税负没有显著影响，Treat×Year 的系数为−0.026，但不显著。这说明控制供应商关系型交易后，"营改增"使得试点公司的所得税税负略有下降，其中，供应商关系型交易占比高的组试点公司所得税税负略有下降，供应商关系型交易占比低的组试点公司所得税税负显著降低，但两者系数差异并不显著（系数差异检验的 P 值为 0.116）。客户关系型交易对公司所得税税负没有显著影响，Treat×Year 的系数为−0.026，但不显著。这说明在控制客户关系型交易后，"营改增"使得试点公司的所得税税负略有下降，其中，客户关系型交易占比高的组试点公司所得税税负显著降低，而客户关系型交易占比低的组试点公司所得税税负略有上升，且两组回归系数之间存在显著差异（系数差异检验的 P 值为 0.049）。综上可见，整体而言，在考虑关系型交易之后，"营改增"对试点公司所得税税负无显著影响；区分关系型交易占比高和低的分组检验发现，"营改增"对八省市试点地区关系型交易占比高和占比低的组仍无显著影响，但使得全国性试点地区供应商关系型交易占比低和客户关系型交易占比高的试点公司所得税税负显著下降，且客户关系型交易占比高跟占比低的试点公司相比，其所得税税负显著偏低。

表 3.19　关系型交易对八省市试点地区"营改增"试点公司所得税税负的影响

| 变量 | Supply | | | | Customer | |
|---|---|---|---|---|---|---|
| | （1） | （2） | （3） | （4） | （5） | （6） |
| | 全样本 | SupH | SupL | 全样本 | CusH | CusL |
| Treat×Year | 0.006<br>（0.283） | 0.038<br>（0.886） | −0.016<br>（−0.541） | 0.004<br>（0.180） | 0.055<br>（1.022） | 0.010<br>（0.467） |
| Treat | −0.027<br>（−1.002） | −0.043<br>（−0.902） | −0.001<br>（−0.044） | −0.030<br>（−1.119） | −0.033<br>（−0.626） | −0.029<br>（−1.233） |
| Year | 0.009<br>（1.405） | −0.003<br>（−0.256） | 0.015$^{**}$<br>（1.991） | 0.009<br>（1.388） | −0.019$^{*}$<br>（−1.668） | 0.027$^{***}$<br>（3.510） |
| Supply | −0.019<br>（−1.094） | | | | | |
| Customer | | | | −0.043$^{***}$<br>（−2.700） | | |
| Roa | −0.175$^{*}$<br>（−1.811） | −0.046<br>（−0.305） | −0.372$^{***}$<br>（−2.861） | −0.185$^{*}$<br>（−1.923） | −0.177<br>（−1.202） | −0.214<br>（−1.610） |
| Ppe | −0.013<br>（−0.556） | −0.068$^{*}$<br>（−1.697） | 0.017<br>（0.553） | −0.022<br>（−0.912） | −0.091$^{*}$<br>（−1.951） | 0.020<br>（0.659） |
| Invint | 0.081$^{***}$<br>（2.618） | 0.132$^{**}$<br>（2.246） | 0.058<br>（1.595） | 0.067$^{**}$<br>（2.151） | 0.042<br>（0.841） | 0.089$^{**}$<br>（2.152） |
| Lev | 0.035<br>（1.338） | 0.009<br>（0.230） | 0.048<br>（1.404） | 0.037<br>（1.458） | 0.017<br>（0.447） | 0.054<br>（1.632） |
| Size | 0.000<br>（0.099） | 0.009<br>（1.467） | −0.003<br>（−0.604） | 0.000<br>（−0.088） | 0.000<br>（−0.047） | −0.003<br>（−0.635） |
| MB | −0.008$^{*}$<br>（−1.795） | −0.009<br>（−1.588） | −0.002<br>（−0.331） | −0.007$^{*}$<br>（−1.701） | −0.014$^{**}$<br>（−2.070） | −0.003<br>（−0.608） |
| Deficit | −0.154<br>（−1.618） | −0.128<br>（−0.859） | −0.216$^{*}$<br>（−1.781） | −0.152<br>（−1.628） | 0.034<br>（0.237） | −0.252$^{**}$<br>（−1.970） |
| Rate | 0.518$^{***}$<br>（6.444） | 0.512$^{***}$<br>（3.915） | 0.525$^{***}$<br>（5.130） | 0.527$^{***}$<br>（6.622） | 0.414$^{***}$<br>（3.227） | 0.552$^{***}$<br>（5.245） |
| LBTD | −0.003$^{***}$<br>（−4.265） | −0.005$^{***}$<br>（−3.578） | −0.002$^{**}$<br>（−2.545） | −0.003$^{***}$<br>（−4.159） | −0.003$^{***}$<br>（−2.740） | −0.003$^{***}$<br>（−3.640） |
| Eqinc | −0.767$^{***}$<br>（−4.437） | −1.027$^{***}$<br>（−3.751） | −0.581$^{**}$<br>（−2.354） | −0.777$^{***}$<br>（−4.545） | −1.090$^{***}$<br>（−3.937） | −0.427$^{**}$<br>（−1.987） |
| Intang | 0.151$^{**}$<br>（2.040） | 0.185<br>（1.520） | 0.202$^{**}$<br>（2.258） | 0.138$^{*}$<br>（1.857） | 0.174$^{*}$<br>（1.669） | 0.119<br>（1.049） |
| GS | 0.010<br>（0.424） | 0.048<br>（1.102） | −0.021<br>（−0.692） | 0.015<br>（0.621） | 0.046<br>（1.332） | −0.010<br>（−0.302） |
| _Cons | −0.063<br>（−0.766） | −0.261$^{*}$<br>（−1.823） | −0.002<br>（−0.018） | −0.040<br>（−0.493） | −0.009<br>（−0.065） | −0.019<br>（−0.178） |
| N | 1 007 | 404 | 603 | 1 007 | 369 | 638 |
| 调整 $R^2$ | 0.213 | 0.214 | 0.231 | 0.218 | 0.231 | 0.219 |

*、**和***分别表示在 10%、5%和 1%的置信水平上显著

注：括号中为 t 值；回归控制了行业效应和地区效应并采用 White 稳健标准误

表 3.20 关系型交易对全国性"营改增"试点公司所得税税负的影响

| 变量名 | Supply | | | Customer | | |
|---|---|---|---|---|---|---|
| | （1） | （2） | （3） | （4） | （5） | （6） |
| | 全样本 | SupH | SupL | 全样本 | CusH | CusL |
| Treat×Year | −0.026 (−1.141) | −0.002 (−0.065) | −0.065** (−2.092) | −0.026 (−1.173) | −0.062** (−2.044) | 0.008 (0.273) |
| Treat | −0.002 (−0.108) | 0.016 (0.594) | −0.003 (−0.141) | −0.003 (−0.171) | −0.012 (−0.495) | −0.001 (−0.026) |
| Year | 0.008 (1.149) | −0.002 (−0.122) | 0.014* (1.668) | 0.008 (1.182) | −0.011 (−0.778) | 0.017** (2.007) |
| Supply | −0.020 (−1.117) | | | | | |
| Customer | | | | −0.003 (−0.182) | | |
| Roa | −0.222** (−2.218) | −0.134 (−0.756) | −0.346*** (−2.852) | −0.214** (−2.155) | −0.498*** (−2.793) | −0.070 (−0.566) |
| Ppe | −0.018 (−0.696) | −0.074* (−1.900) | 0.019 (0.546) | −0.020 (−0.770) | −0.025 (−0.554) | 0.003 (0.080) |
| Invint | 0.070** (2.024) | 0.124** (2.134) | 0.031 (0.731) | 0.068* (1.939) | 0.019 (0.324) | 0.114*** (2.639) |
| Lev | 0.017 (0.664) | 0.003 (0.067) | 0.023 (0.737) | 0.019 (0.741) | 0.025 (0.502) | 0.016 (0.542) |
| Size | 0.002 (0.596) | 0.006 (0.817) | 0.003 (0.523) | 0.003 (0.694) | 0.008 (1.187) | 0.001 (0.281) |
| MB | −0.004 (−0.969) | −0.007 (−1.108) | 0.002 (0.423) | −0.004 (−1.008) | 0.000 (−0.036) | −0.008* (−1.785) |
| Deficit | −0.233** (−2.050) | −0.234 (−1.293) | −0.283** (−1.983) | −0.227** (−2.012) | −0.150 (−0.961) | −0.299* (−1.782) |
| Rate | 0.494*** (5.679) | 0.406** (2.567) | 0.582*** (5.798) | 0.488*** (5.561) | 0.486*** (2.948) | 0.477*** (4.609) |
| LBTD | −0.003*** (−3.661) | −0.003** (−2.100) | −0.003*** (−3.152) | −0.003*** (−3.609) | −0.005*** (−4.103) | −0.002* (−1.915) |
| Eqinc | −0.706*** (−3.925) | −0.688** (−2.184) | −0.739*** (−3.090) | −0.712*** (−3.907) | −0.584* (−1.683) | −0.628*** (−2.885) |
| Intang | 0.181* (1.720) | 0.193 (1.161) | 0.192* (1.722) | 0.185* (1.751) | 0.116 (0.725) | 0.242* (1.827) |
| GS | −0.024 (−0.939) | 0.019 (0.377) | −0.053* (−1.887) | −0.024 (−0.920) | 0.026 (0.622) | −0.050 (−1.440) |
| _Cons | −0.096 (−1.085) | −0.173 (−1.069) | −0.127 (−1.166) | −0.107 (−1.188) | −0.285* (−1.924) | −0.106 (−0.925) |
| N | 827 | 334 | 493 | 827 | 305 | 522 |
| 调整 $R^2$ | 0.249 | 0.186 | 0.294 | 0.248 | 0.210 | 0.261 |

*、**和***分别表示在 10%、5%和 1%的置信水平上显著

注：括号中为 t 值；回归控制了行业效应和地区效应并采用 White 稳健标准误

### 3.4.8　研究假说的稳健性测试

对八省市试点地区进行如下稳健性测试：考虑到八省市在 2012 年逐步启动试点，2012 年有一部分数据受到"营改增"政策的影响，所以将 2012 年和 2013 年设置为 Year=1，将 2011 年设置为 Year=0；在控制行业、地区效应和年度效应的基础上重新执行上文处理过程。未报告的结果显示：度量"营改增"对试点公司所得税税负（ETR1~ETR4 及 ETR_pca）影响的 Treat×Year 系数分别为 0.004、-0.001、0.006、0.007 和 0.005，但均不显著。这说明整体而言，与非试点公司相比，"营改增"使得八省市试点地区试点公司的所得税税负略有上升，与前文结论一致。若将控制组设为"非试点地区试点行业"，回归结果显示，"营改增"使得试点公司的所得税税负略有下降（Treat×Year 系数为-0.002，P 为-0.131），其中，交通运输业和现代服务业试点公司所得税税负均略有下降（Treat×Year 系数分别为-0.004、-0.003，P 值分别为-0.252、-0.139），与前文结果一致。区分产权性质、是否处于优惠区、金字塔层级及关系型交易占比的进一步分析结果并未发生实质性变化。上述结果表明，八省市试点地区的结论具有较好的可靠性。

对全国性试点地区进行如下稳健性测试：2013 年 8 月 1 日启动的全国性"营改增"试点，当年的所得税税负包含部分"营改增"效应，我们将 2013 年和 2014 年设置为 Year=1，将 2011 年设置为 Year=0。在控制行业、年度和地区效应的基础上分别重新运行模型（3.3）。未报告的结果显示：度量"营改增"对试点公司所得税税负（ETR1~ETR4 以及 ETR_pca）影响的 Treat×Year 系数分别为-0.001、-0.003、-0.001、0.005 和-0.001，但均不显著。这说明整体而言，与非试点公司相比，"营改增"使得全国性地区试点公司的所得税税负略有下降，与前文结论一致。区分产权性质、是否处于优惠区、金字塔层级及关系型交易占比的进一步分析结果与前文结论一致。上述结果表明，全国性试点地区的结论具有较好的可靠性。

借鉴童锦治等（2015）的研究成果，采用面板随机效应模型重新估计模型（3.3），结论与 OLS 方法保持一致。借鉴 Chen 等（2010）的研究成果，用"营业利润/上年年末总资产"替代 Roa、用"长期负债/上年年末总资产"替代 Lev，公司规模（Size）和权益市值与账面价值比（MB）均取滞后一期，重新运行模型（3.3），结论未发生实质性变化。借鉴刘慧龙和吴联生（2014）的研究成果，用营业收入增长率替代 MB、各省（自治区、直辖市）财政收入增长率替代 Deficit，重新运行模型（3.3），结论仍未发生实质性变化。上述测试表明，我们的结论具有较好的可信度。

# 第4章 "营改增"对公司债务融资成本的影响研究

本章专门讨论"营改增"对公司债务融资成本的影响。降低实体经济融资成本是供给侧结构性改革的关键任务之一。从宏观角度来看,企业融资难、融资成本高是制约中国实体经济发展的重要因素;从微观角度来看,资金是企业生存和发展的命脉,资金的有效筹集和使用对企业的成长至关重要。债务融资和股权融资是企业筹集发展所需资金的两种重要方式,由于债务融资的利息抵税效应和财务杠杆作用,企业通常更倾向债务融资(刘慧等,2016)。尤其在中国,资本市场尚不发达,债务融资是中国企业获取外部资金更为主要的渠道(余明桂和潘红波,2008;周楷唐等,2017)。债务融资成本不但关系到企业在一定时期内举债经营所付出的代价,而且可以反映出企业进行外部融资的难易程度,即能否以较低的成本进行债务融资来缓解企业融资约束(朱凯和陈信元,2009),进而改善公司经营业绩和促进经济发展(李科和徐龙炳,2011)。关于公司债务融资成本的影响因素,现有文献主要集中在两个层面:一是内部因素,涉及企业财务状况(Menz,2010)、内部控制(陈汉文和周中胜,2014;林钟高和丁茂桓,2017)、产权性质(李广子和刘力,2009)、董事会结构(Anderson et al,2004;王营和曹廷求,2014)、股权结构(Boubakri and Ghouma,2010;Lin et al.,2011;王运通和姜付秀,2017)、机构投资者(Bhojraj and Sengupta,2003;Elyasiani et al.,2010)和高管个人特征(Francis et al.,2013;周楷唐等,2017);二是外部因素,学者侧重关注经济发达程度(Qi et al.,2010)、金融发展水平(Qian and Strahan,2007)、金融生态环境(魏志华等,2012)、利率市场化改革(张伟华等,2018)、产业集聚(盛丹和王永进,2013)和政府融资行为(范小云等,2017)对公司债务融资成本的影响。

本章的研究内容与方法如下:一是首次考察"营改增"对公司债务融资成本的影响。现有少量文献检验"营改增"对公司债务融资规模的影响(岳树民和肖春明，2017），尚无"营改增"对公司债务融资成本影响的经验研究。本章通过揭示"营改增"对公司债务融资成本的作用机理并提供经验证据，佐证"营改增"能够通过降低债务融资成本的途径，缓解企业融资约束（乔睿蕾和陈良华，2016），促进企业价值提升（钱晓东，2018）的论证逻辑，从而丰富有关税制改革文献。二是运用 PSM 法考察上海市"营改增"对公司债务融资成本的影响。DID 法的使用前提是必须满足"随机试验或自然实验"这一严格假设，尽管"营改增"被部分学者看作"自然实验"，但上海市"营改增"并非严格意义上的"自然实验"。经过调研得知，上海市被选作为首个试点地区是由于其地理位置、经济发展、业务种类、公司类型和税收税源等方面的独特性和优越性，上述特征使得上海市从众多省（自治区、直辖市）中脱颖而出，成为"营改增"的首选试点地区。加之政策可能引起企业迁移等内生性反应，使得上海市试点公司（处理组）与非试点公司（控制组）的初始条件存在差异，并引发"选择性偏差"，而 PSM 法是控制"选择性偏差"的有效方法。本章用 PSM 法来检验上海市"营改增"对公司债务融资成本的影响，从而改进现有研究在实证方法上的不足。三是运用 DID 法，依照"营改增"分地区、分行业逐步推进的时间节点考察其对公司债务融资成本的影响。本章依次考察上海市、八省市和全国性"营改增"与公司债务融资成本的关系，分别从产权性质（国有企业与非国有企业）和市场化程度（高市场化程度和低市场化程度）层面予以细化，弥补以往研究在研究内容和研究对象上的局限。四是在 PSM 法和 DID 法中选取非试点企业和非试点地区试点行业作为控制组进行实证分析。以往关于"营改增"政策效应的研究重点关注其对试点企业的影响，并未涉及非试点企业和非试点地区试点行业，这减损了研究结论的普适性。本章以"营改增"试点行业企业为处理组，分别以非试点企业和非试点地区试点行业为控制组，强化处理组与控制组的可比性，从而使研究结论更科学、更有说服力。

# 4.1  "营改增"影响公司债务融资成本的理论分析

税制结构对经济增长具有重要影响（Lee and Gordon，2005）。税制改革应该促进经济发展、改善资源分配（Stiglitz，2014）。"营改增"的直接政策目标是"改革试点行业总体税负不增加或略有下降，基本消除重复征税"（财税〔2011〕110 号），更深层次的目标是通过结构性减税释放企业活力，推动产业结构升级（乔睿蕾和陈良华，2016）。根据"企业税负变化必然影响企业财务行为、绩效和投资者决策"的传导逻辑，"营改增"打通增值税的抵扣链条，使得一般纳税人企业降低购买非生产经营用固定资产（除专门用于集体福利和个人消费之外，下同）、不动产、无形资产和服务的成本，留存更多现金流，这会对公司债务融资成本产生重要影响。

## 4.1.1　"营改增"与公司债务融资成本

税收制度作为政府与社会经济利益分割的制度安排，其变革能逐步改变债权人等决策者的决策和行为方式。根据利益相关者理论，企业是利益相关的契约联合体，是利益相关者进行价值创造的平台。利益相关者进行集体选择的目的在于分享组织的合作剩余（朱卫东等，2018）。政府对公司的税前收益享有索取权，是企业的利益相关者之一，可以通过税收制度改革改变企业原有契约关系，进而影响企业原有的利益分配格局，影响债权人等其他利益相关者的决策行为。考虑到自身利益最大化的目标，债权人会变更自己的利益诉求来适应新的契约关系和利益分配格局：根据正向信号的传递，选择放松信贷条件，降低其要求的必要报酬率；根据违约信号和损失信息，迅速地作出相应的决策来规避风险（Zhang，2008）。

"营改增"避免重复征税，完善增值税的抵扣链条，允许企业购进固定资产、不动产、无形资产和服务的进项税额抵扣，改变企业的利益分配格局。从长期来看，"营改增"政策能够增加企业利润（孙吉乐，2017）和现金流（乔睿蕾和陈良华，2016）：一方面，"营改增"后，试点企业购进非专门用于不得抵扣情形的固定资产的进项税额可以抵扣，这会增加企业进项税额，减少企业应交增值税和税金及附加，增加企业利润和现金流；同时，在其他条件不变的情况下，允许抵扣进项税额减少固定资产原值，固定资产的折旧金额减少，企业利润也会增加。由于折旧费用存在所得税税盾价值，折旧费用的下降会使公司未来的经营活动现金流量减少（万华林等，2012）。从公司现金持有上来看，"营改增"对公司经营现金流的净效应是正向的。另一方面，"营改增"降低企业流转税税负（曹越和李晶，2016）和所得税税负（曹越等，2017；岳树民和肖春明，2017），也会增加企业利润和现金流。从信号传递角度来看，"营改增"如果对公司利润和现金流具有正向影响，就可以向债权人传递正面信号，使其增加信贷资源供给，降低风险溢价要求（罗宏和陈丽霖，2012），进而改变企业外部融资能力，降低公司债务融资成本。

综上所述，"营改增"可能会使公司债务融资的成本下降。由于政策效果具有滞后性，政策出台后在实施过程中利益相关者的博弈行为可能导致新政策暂时无法发挥作用；同时，企业从可选择的最佳安排到实际经营之间也会存在时滞

（North，1990），基于以上分析，提出假设4.1。

**假设4.1**："营改增"会降低试点公司债务融资成本，并且其政策效应将逐渐显现。

### 4.1.2    "营改增"、制度环境与公司债务融资成本

制度环境可以改变企业从事某一活动的收益或损失，从而影响公司行为和决策偏好（North，1990）。在中国制度背景下，政府和市场同时对企业及其行为产生影响。一方面，中国努力推进市场化建设；另一方面，政府仍然会干预经济，政治对企业有一定的影响（Fligstein and Zhang，2011）。产权因素和地区因素深刻体现中国经济的制度特点（李茜和张建君，2010），在很大程度上影响着企业的财务决策及"营改增"的政策效果。

1）"营改增"、产权性质与公司债务融资成本

政府干预企业的活动是新兴市场的共同特征（王跃堂和倪婷婷，2015），但不同所有权性质的企业在政府干预与政府攫取程度上会有所差别（Che and Qian，1998）。政府干预国有企业的成本低于干预非国有企业的成本，因此更倾向干预国有企业（Sappington and Stiglitz，1987）。处于转型经济环境下的中国，债务信贷资源配置并非完全由市场决定，尤其是对国有企业的债务融资而言，仍然受到政府干预的影响。

一方面，与非国有企业相比，国有企业本身债务融资成本明显更低（李广子和刘力，2009）：一是国有企业存在"预算软约束"。为了追求政治目标，政府通过干预企业使其承担某种政策性负担。因此，政府需要对企业承担社会责任而导致的成本增加或盈利不佳作出相应的补偿，补偿的方式包括给予融资便利（Kornai，1980）。二是国有企业在获取资源方面具有先天优势。当国有企业陷入财务困境时，更有可能从政府得到救助，从而降低债权人的债务风险。非国有企业抵抗风险能力相对较弱，其生存发展也更容易受到威胁，在融资等方面存在诸多障碍（Liu et al.，2009）。非国有企业承担了比国有企业更高的债务融资成本，且其债务融资成本受外部环境变化更敏感。另一方面，非国有企业在产权关系上具有独立性，受政府干预的程度较轻，可以依据市场经济的规律支配各项生产要素（薛云奎和白云霞，2008），政策效果也容易显现。所以，当面临税制改革时，政策变化对国有企业债务融资成本的降低效应要小于非国有企业。由此，提出假设4.2。

**假设4.2**："营改增"对试点企业债务融资成本的降低效应在非国有企业中更明显。

2）"营改增"、市场化程度与公司债务融资成本

在中国，市场化改革在不断推进，市场在资源配置中发挥着越来越重要的作用（姜付秀和黄继承，2011）。市场化进程决定了资本市场的发育和信息不对称程度、政府干预程度及资源配置效率等与企业债务融资决策密切相关的因素。改革开放以来，中国的市场化改革虽然取得很大成就，但各地区的发展呈现出非均衡状态（樊纲等，2011）。因此，在市场化进程不同的地区，"营改增"降低公司债务融资成本的效果也可能存在差异。

一方面，市场化程度高的地区制度更完善，对利益相关者的保护程度更高，债务治理效应更好（谢德仁和陈运森，2009）。同时，市场化水平越高，产品市场和要素市场的发育程度越高，企业的信用水平和治理水平越好，信息披露质量越高，这就减少了企业与债权人之间的信息不对称和代理冲突，可以有效缓解道德风险并降低债务融资成本。另一方面，市场化程度越高的地区，政府干预程度越小，产权保护程度越高，公共服务廉洁越高效。政府更多扮演"支持之手"的角色，对企业新增资源攫取的动机和程度较小（Fan et al.，2011），企业根据市场规律调节自身行为的自由度越高，政策效果的时滞就越短。由此，提出假设 4.3。

**假设 4.3**："营改增"对试点公司债务融资成本的降低效应在市场化程度高的地区更明显。

# 4.2 "营改增"影响公司债务融资成本的研究设计

## 4.2.1 样本选择与数据来源

鉴于"营改增"渐进式的试点模式和稳健性测试的需要，我们选取2010~2014 年所有 A 股上市公司为初始样本，并对其执行如下筛选程序：①删除金融类公司，因为金融类公司的会计和税收处理存在特殊性；②删除 ST、PT 公司，因为这类公司扭亏动机强烈，可能对结果产生重要影响；③删除资产负债率大于 1 的公司，因为资不抵债的公司经营困难，可能会对实证研究产生影响；④删除相关财务数据缺失的样本。最终得到 8 870 个观测值。上述筛选程序与现有关于公司债务融资成本的文献基本一致（王艺霖和王爱群，2014；王营和曹廷求，2014）。本章最终控制人信息和各省（自治区、直辖市）财政收入增长率来自 RESSET 数据库，市场化指数来自王小鲁等（2017）编制的《中国分省份市场化指数报告（2016）》，其他财务数据均来自 CSMAR 数据库。为了消除异常值

的干扰,我们对所有连续变量在 1%和 99%分位上进行缩尾处理。

### 4.2.2 实证模型

以往研究大多采用 DID 法来考察"营改增"的政策效应。然而,由于上海市"营改增"的实施并不能被严格视为一个标准自然实验,采用 DID 法所估计的结果也并非无偏一致估计,故我们采用 PSM 法和 DID 模型分别考察上海市、八省市和全国性"营改增"对公司债务融资成本的影响。

模型设定如下:

$$SHSD_i = \beta_0 + \beta_1 Size_i + \beta_2 Roa_i + \beta_3 Grossmar_i + \beta_4 Lev_i + \beta_5 Ppe_i + \beta_6 Invint_i + \beta_7 Age_i + \beta_8 MB_i + \beta_9 Assetgro_i + \beta_{10} Gs_i + \beta_{11} Financegro_i + \beta_{12} Pop_i + \varepsilon_i$$

(4.1)

$$Debtcost_{i,t} = \beta_0 + \beta_1 Treat_{i,t} + \beta_2 Year_{i,t} + \beta_3 Treat_{i,t} \times Year_{i,t} + \beta_4 ConVars_{i,t} + Region + Industry + \varepsilon_{i,t}$$

(4.2)

### 4.2.3 变量定义

1)因变量

模型(4.1)的因变量 SHSD 表示是否属于上海市"营改增"试点企业,若属于则为 1,否则为 0。模型(4.2)的因变量 Debtcost 表示公司债务融资成本。我们借鉴 Pittman 和 Fortin(2004)、Minnis(2011)及李广子和刘力(2009)的做法,使用利息费用占比(Debtcost),即"用企业利息支出与负债合计的比值"衡量公司债务融资成本;同时使用净财务费用占比(Ndebtcost)替换因变量 Debtcost 用于稳健性测试,净财务费用占比即"净财务费用除以公司负债合计"。我们以利息支出加上手续费支出和其他财务费用作为净财务费用,这是因为企业在进行债务融资时除了利息支出外,还可能会支付手续费等其他成本。

2)自变量

自变量 Treat 表示企业是否属于"营改增"试点地区试点行业。若属于则为 1,即处理组;否则为 0,即控制组。Year 表示企业是否处于"营改增"试点后的年份,若处于则为 1;否则为 0。系数 $\beta_3$ 表示度量"营改增"政策影响试点公司债务融资成本的净效应。

3)控制变量

参考有关税制改革和公司债务融资成本影响因素的文献(Anderson et al.,

2004；李志军和王善平，2011；曹越等，2017），我们选择如下可能影响上海市成为"营改增"试点地区的因素作为 PSM 计算倾向值的匹配变量：微观层面因素包括：①企业规模（Size），等于期末资产总计的自然对数；②总资产报酬率（Roa），等于期末净利润除以期末资产总额；③营业收入毛利率（Grossmar），等于（营业收入−营业成本）/营业收入；④资产负债率（Lev），等于年末负债总额除以年末资产总额；⑤资本密集度（Ppe），等于期末固定资产净值除以期末资产总计；⑥存货密集度（Invint），等于存货净值除以期末资产总计；⑦上市年龄（Age），等于（分析当年−上市年度+1）的自然对数；⑧短期投资机会（Assetgro），等于总资产增长率；⑨市值账面价值比（MB），等于（流通股市值+未流通股数 × 每股净资产+负债总计）/资产总计；⑩国有股权比例（GS），等于国有股数与总股数的比值。宏观层面因素包括：①各省（自治区、直辖市）财政收入增长率（Financegro）；②人口规模（Pop），等于各省（自治区、直辖市）当年人口数量（以万为单位）的自然对数。

借鉴 Bradley 和 Chen（2011）、Minnis（2011）、林钟高和丁茂桓（2017）及张伟华等（2018）的文献，针对模型（4.2），我们控制如下可能影响公司债务融资成本的变量：①总资产报酬率（Roa），等于期末净利润除以期末资产总额。公司资产报酬率越高，还款能力越强，贷款违约风险越低，因而相应的融资成本也就越低（范小云等，2017），故预测总资产报酬率（Roa）的符号为负。②成长性（Growth），等于上一年营业收入的增长率。一方面，营业收入增长越快，代表公司的成长性越好，发展潜力就越大，当债权人借贷时可能会相应地降低成本（杨昌辉和张可莉，2016）；另一方面，公司成长性越好，越有可能陷入资金链紧张困境，违约风险就越大，从而存在较高的债务融资成本（李志军和王善平，2011），故无法预计成长性（Growth）的符号。③利息保障倍数（Intcov），等于息税前利润除以利息费用。利息保障倍数较大的公司具有充裕的现金流偿还到期债务，财务风险较低，公司债务融资成本较小（王艺霖和王爱群，2014），因此，预测利息保障倍数（Intcov）的符号为负。④资产负债率（Lev），等于年末负债总额除以年末资产总额。高负债企业财务风险和违约风险较大，债权人往往会要求较高的投资报酬率（张伟华等，2018）。因此预计资产负债率（Lev）的符号为正。⑤总资产周转率（Turnover），等于企业营业收入除以公司平均总资产。总资产周转率反映公司的营运能力，营运能力越强的公司，其债务融资成本越低（王艺霖和王爱群，2014），故预测总资产周转率（Turnover）的符号为负。⑥企业规模（Size），等于期末资产总计的自然对数。一般而言，企业规模越大，其担保能力、获利能力越强，信息不对称程度越低，债务融资成本越低（范小云等，2017），因此预计企业规模（Size）的符号为负。⑦第一大股东持股比例（Top1），即上市公司第一大股东持有上市公司股份数量占上市公司总股份数量的比例。第一大股东的持股比例越高，其侵占公司资金动机就越强，这会增加股东与债权人的代理冲突，进而导致公司债务融资成本上升（Lin et al.，2011；王运通和姜付秀，2017），因此预计第一大股东持股比例（Top1）的符号为正。此外，考虑到共线性问题，模型中控制地区固定效应（Region）①和行业固定效应（Industry），并且在实证分析中采用聚类稳健标准误，将标准误聚类到行业层面。

# 4.3　实证检验结果与分析

## 4.3.1　描述性统计

表 4.1 给出 DID 分析主要变量的描述性统计。结果显示：债务融资成本（Debtcost）的最小值为 0.002，最大值为 0.066，说明上市公司的债务融资成本存在较大差异；利息保障倍数（Intcov）和企业规模（Size）的标准差分别为 1.252 和 1.275，说明不同企业的利息保障倍数和规模差异较大；成长性（Growth）的均值为 0.172，反映我国上市公司的成长能力较好；资产负债率（Lev）的均值为 0.513，说明债务融资是上市公司实现资产扩张的主要方式；其他变量结果与现有文献基本一致，不再赘述。

**表 4.1　DID 分析主要变量的描述性统计**

| 变量 | 均值 | 标准差 | 最小值 | 中位数 | 最大值 | $N$ |
|---|---|---|---|---|---|---|
| Debtcost | 0.029 | 0.015 | 0.002 | 0.028 | 0.066 | 6 242 |
| Roa | 0.036 | 0.033 | −0.026 | 0.029 | 0.154 | 6 242 |
| Growth | 0.172 | 0.445 | −0.499 | 0.099 | 3.066 | 6 242 |
| Intcov | 1.679 | 1.252 | −1.035 | 1.493 | 5.637 | 6 242 |
| Lev | 0.513 | 0.180 | 0.132 | 0.508 | 0.894 | 6 242 |
| Turnover | 0.704 | 0.503 | 0.072 | 0.590 | 2.866 | 6 242 |
| Size | 22.342 | 1.275 | 19.902 | 22.160 | 26.285 | 6 242 |
| Top1 | 0.359 | 0.154 | 0.085 | 0.340 | 0.780 | 6 242 |

① Region 表示控制地区固定效应，"1"表示东北地区（黑龙江省、吉林省和辽宁省），"2"表示东部地区（北京市、天津市、河北省、上海市、江苏省、浙江省、福建省、山东省、广东省和海南省），"3"表示西部地区（重庆市、四川省、贵州省、云南省、西藏自治区、陕西省、甘肃省、宁夏回族自治区、青海省、新疆维吾尔自治区、内蒙古自治区和广西壮族自治区），"4"表示中部地区（山西省、安徽省、江西省、河南省、湖南省和湖北省）。

## 4.3.2  相关性分析

表 4.2 报告了主要变量的 Spearman 和 Pearson 相关系数。结果显示：除成长性（Growth）外，其他控制变量均与公司债务融资成本（Debtcost）在 1%的置信水平上显著相关（不论是 Spearman 还是 Pearson 相关系数），且这些变量之间的相关系数大多小于 0.5，说明本章模型选取了具有较好代表性的控制变量且不存在严重的共线性问题。

表 4.2  DID 分析主要变量的相关系数

| 变量 | Debtcost | Roa | Growth | Intcov | Lev | Turnover | Size | Top1 |
|---|---|---|---|---|---|---|---|---|
| Debtcost | | −0.136*** | −0.038*** | −0.537*** | 0.040*** | −0.049*** | −0.056*** | −0.058*** |
| Roa | −0.109*** | | 0.283*** | 0.775*** | −0.362*** | 0.186*** | −0.041*** | 0.064*** |
| Growth | 0.005 | 0.162*** | | 0.219*** | 0.027*** | 0.168*** | 0.019 | −0.005 |
| Intcov | −0.535*** | 0.661*** | 0.129*** | | −0.452*** | 0.085*** | −0.082*** | 0.061*** |
| Lev | 0.033*** | −0.354*** | 0.045*** | −0.423*** | | 0.033 | 0.481*** | 0.094*** |
| Turnover | −0.036*** | 0.149*** | 0.136*** | 0.053*** | 0.091*** | | −0.067*** | 0.053*** |
| Size | −0.079*** | −0.046*** | 0.015 | −0.063*** | 0.461*** | −0.009 | | 0.241*** |
| Top1 | −0.063*** | 0.066*** | 0.015 | 0.063*** | 0.099*** | 0.070*** | 0.280*** | |

**和***分别表示在 5%和 1%的置信水平上显著

注：表中右上角为 Spearman 相关系数，左下角是 Pearson 相关系数

## 4.3.3  上海市"营改增"影响公司债务融资成本的实证检验

为了考察上海市"营改增"对公司债务融资成本的影响，我们将样本分为两组：一是处理组，即 2012 年上海市"营改增"试点企业，共 30 家；二是控制组，即 2012 年非"营改增"试点企业，共 1 840 家。我们通过综合权衡伪 $R^2$ 和 AUC 值（伪 $R^2$ =0.293 1，AUC=0.864 2），对 PSM 配对协变量进行逐步回归，得出 4 个显著的协变量，分别为营业收入毛利率（Grossmar）、资产负债率（Lev）、存货密集度（Invint）、上市年龄（Age）。考虑到控制组样本量较大，且 1:4 匹配可最小化均方误差（Abadie et al.，2004），因此，我们采取 1:4 最近邻匹配，同时运用 1:1 最近邻匹配、1:4 卡尺内匹配、核匹配、半径匹配及局部线性匹配方法作为稳健性检验。

平衡假设和共同支撑假设是运用 PSM 法进行分析的重要前提。表 4.3 和表 4.4 报告了匹配后的数据平衡测试结果，结果显示：除资产负债率（Lev）外，匹配后所有变量的标准化偏差均大幅缩小。其中，营业收入毛利率（Grossmar）、存货密集度（Invint）和上市年龄（Age）的标准化偏差小于

5%，资产负债率（Lev）的标准化偏差为 11.5%，略大于 10%，可以接受；同时，$T$ 检验与卡方检验的结果均拒绝原假设，表明处理组与控制组已经不存在系统性差异，这从整体上说明平衡假设得到满足。图 4.1 为匹配前后处理组和控制组 PS 值的密度函数图。经过 PSM 匹配后，实验组合控制组 PS 曲线的拟合程度得到了明显的改善，AUC=0.864 2，ROC=0.682 8，表明模型具有很好的拟合效果，满足共同支撑假设。

**表 4.3 PSM 协变量匹配平衡表**

| 变量 | 匹配前（U） | 均值 | | 偏差比例 | 降低偏差比例 | $T$ 检验 | | 协变量/方差比 |
|---|---|---|---|---|---|---|---|---|
| | 匹配后（M） | 处理组 | 控制组 | | | $t$ 值 | $p>|t|$ | |
| Grossmar | U | 0.262 | 0.329 | −35.0% | | −1.74 | 0.083 | 0.86 |
| | M | 0.262 | 0.253 | 4.5% | 87.2% | 0.19 | 0.849 | 1.28 |
| Lev | U | 0.405 | 0.401 | 1.8% | | 0.09 | 0.925 | 1.07 |
| | M | 0.405 | 0.381 | 11.5% | −528.7% | 0.47 | 0.637 | 1.45 |
| Invint | U | 0.085 | 0.114 | −25.7% | | −1.26 | 0.211 | 0.77 |
| | M | 0.085 | 0.083 | 1.9% | 92.4% | 0.08 | 0.934 | 1.10 |
| Age | U | 2.465 | 1.838 | 80.2% | | 3.97 | 0.000 | 0.83 |
| | M | 2.465 | 2.438 | 3.5% | 95.7% | 0.15 | 0.881 | 1.31 |

**表 4.4 PSM 总体匹配平衡表**

| 样本 | 伪 $R^2$ | LR chi2 | $p>$chi2 | 均值方差 | 中位数方差 | 方差 |
|---|---|---|---|---|---|---|
| 匹配前（U） | 0.140 | 25.14 | 0.000 | 35.7 | 30.3 | 0 |
| 匹配后（M） | 0.004 | 0.37 | 0.985 | 5.3 | 4.0 | 0 |

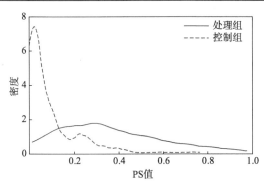

（a）匹配前处理组和控制组 PS 值的密度函数图

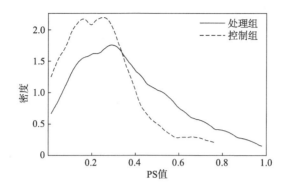

（b）匹配后处理组和控制组 PS 值的密度函数图

图 4.1 匹配前后处理组和控制组 PS 值的密度函数图

表 4.5 报告了上海市"营改增"影响公司债务融资成本的 PSM 分析结果。结果显示，匹配前参与者平均处理效应（ATT）为-0.007，$T$ 值为-1.96，在 5%的置信水平上显著，表明试点后"营改增"试点企业的债务融资成本显著降低。1 : 4 最近邻匹配后参与者平均处理效应（ATT）为-0.004，$T$ 值为-1.05，但并不显著；1 : 1 最近邻匹配、1 : 4 卡尺内匹配、核匹配、半径匹配及局部线性匹配后参与者平均处理效应（ATT）分别为-0.005、-0.004、-0.006、-0.005 及-0.006，$T$ 值分别为-1.24、-0.90、-1.53、-1.24 及-1.37，均不显著。这表明，与控制组企业相比，"营改增"使得处理组企业的债务融资成本略有降低，即相比于非试点企业，上海市"营改增"使试点公司债务融资成本略有降低，验证了假设 4.1。

表 4.5 债务融资成本 PSM 参与者平均处理效应（ATT）（一）

| 匹配方法 | 样本 | 处理组 | 控制组 | ATT | 标准误 | $T$ 值 |
|---|---|---|---|---|---|---|
| | 匹配前 | 0.018 | 0.025 | -0.007** | 0.003 | -1.96 |
| 1 : 4 最近邻匹配 | 匹配后 | 0.018 | 0.022 | -0.004 | 0.004 | -1.05 |
| 1 : 1 最近邻匹配 | 匹配后 | 0.018 | 0.023 | -0.005 | 0.004 | -1.24 |
| 1 : 4 卡尺内匹配 | 匹配后 | 0.018 | 0.022 | -0.004 | 0.004 | -0.90 |
| 核匹配 | 匹配后 | 0.018 | 0.024 | -0.006 | 0.004 | -1.53 |
| 半径匹配 | 匹配后 | 0.018 | 0.023 | -0.005 | 0.004 | -1.24 |
| 局部线性匹配 | 匹配后 | 0.018 | 0.024 | -0.006 | 0.004 | -1.37 |

**表示在 5%的置信水平上显著

我们进一步将控制组替换成非试点地区试点行业企业，表 4.6 报告了区分全样本、交通运输业和现代服务业的 1 : 4 最近邻匹配分析结果。结果显示：在全样本组中，匹配前参与者平均处理效应（ATT）为-0.004，$T$ 值为-1.280，并不显著，这说明试点企业的债务融资成本略有下降，匹配后 ATT 为−0.005，T 值为−1.360，也不显著，这表明，相比于非试点地区试点行业，"营改增"整体上使上海试点企业的债务融资成本略有降低。对于交通运输业而言，匹配前参与者平均处理效应（ATT）为−0.014，T 值为−2.990，在 1%的水平上显著，匹配后 ATT 为−0.016，T 值为−2.330，在 5%的水平上显著，说明"营改增"显著降低了交通运输业试点公司的债务融资成本。对于现代服务业而言，匹配后 ATT 值为−0.001，但不显著，说明"营改增"使上海市现代服务业试点公司的债务融资成本略有降低。上述结果支持了假设 4.1。

**表 4.6　试点行业债务融资成本 PSM 参与者平均处理效应（ATT）（一）**

| 样本 | | 处理组 | 控制组 | ATT | 标准误 | T 值 |
|---|---|---|---|---|---|---|
| 全样本 | 匹配前 | 0.018 | 0.022 | −0.004 | 0.003 | −1.280 |
| | 匹配后 | 0.018 | 0.023 | −0.005 | 0.003 | −1.360 |
| 交通运输业 | 匹配前 | 0.021 | 0.035 | −0.014*** | 0.004 | −2.990 |
| | 匹配后 | 0.021 | 0.037 | −0.016** | 0.007 | −2.330 |
| 现代服务业 | 匹配前 | 0.016 | 0.018 | −0.002 | 0.004 | −0.420 |
| | 匹配后 | 0.016 | 0.017 | −0.001 | 0.004 | −0.190 |

**和***分别表示在 5%和 1%的置信水平上显著

综上分析可知，上海市"营改增"降低了试点公司债务融资成本：一方面，与非试点企业相比，"营改增"使得试点企业的债务融资成本略有下降；另一方面，与非试点地区试点行业相比，"营改增"整体上使试点企业的债务融资成本有所降低，其中，交通运输业显著下降，现代服务业略有降低。

### 4.3.4　八省市"营改增"影响公司债务融资成本的实证检验

为了考察八省市"营改增"对债务融资成本的影响，我们根据模型（4.2）将样本分为两组：一是处理组，即八省市"营改增"试点行业企业，此时 Treat 取 1；二是控制组，即非"营改增"试点行业企业，此时 Treat 取 0。八省市试点开始时间为 2012 年 9 月，2012 年公司债务融资成本包含部分营改增效应，我们将 2013 年定为考察年份，此时 Year 取 1；当年份为 2011 年时，Year 取 0。因此，Treat×Year=1 表示 2013 年八省市"营改增"试点企业。采用 DID 法而非 PSM 法的原因如下：①八省市的考察年份为 2013 年，而"营改增"试点于 2013 年 8 月 1 日起在全国逐渐铺开，2013 年非八省市"营改增"试点行业企业包含全国性试点的政策效应，不宜作为控制组进行匹配；②"营改增"试点范围从上海市推广到八省市再迅速扩展到全国，样本几乎不存在"选择性偏差"，逼近于"自然试验"。

　　表4.7列示了OLS模型下八省市"营改增"影响公司债务融资成本的DID检验结果。结果显示：当控制组为非试点公司时，Treat × Year 系数为-0.002 1，且在 5%的置信水平上显著。这表示，相比于非试点企业，"营改增"使试点企业债务融资成本显著降低，验证了假设 4.1；当控制组为非试点地区试点行业时，全样本组的 Treat × Year 系数为-0.006 2，在 5%的置信水平上显著，其中，交通运输业的债务融资成本显著降低（Treat × Year 系数为-0.018 8，在 1%的置信水平上显著），现代服务业的债务融资成本略有下降（Treat × Year 系数为-0.001 1，但不显著）。上述结果表示，相比于非试点地区试点行业，"营改增"整体上使得试点公司债务融资成本显著下降，但并未促使现代服务业公司债务融资成本显著降低。这进一步证实了前文的猜想，即"营改增"对现代服务业债务融资成本降低效应存在时滞。随着"营改增"由上海市推广至八省市，交通运输业的显著效应逐渐占据主导，体现为营改增整体上显著降低了公司债务融资成本（无论以非试点公司还是以非试点地区试点行业为控制组）。上述结果支持了假设4.1。其他控制变量的结果符合预期，不予赘述。

**表 4.7　八省市"营改增"与公司债务融资成本**

| 变量 | 控制组：非试点公司 | 控制组：非试点地区试点行业 | | |
| --- | --- | --- | --- | --- |
| | （1） | （2） | （3） | （4） |
| | 全样本 | 试点行业 | 交通运输业 | 现代服务业 |
| Treat × Year | −0.002 1$^{**}$<br>（−2.794） | −0.006 2$^{**}$<br>（−2.006） | −0.018 8$^{***}$<br>（−3.849） | −0.001 1<br>（−0.240） |
| Treat | 0.000 3<br>（0.131） | 0.004 7<br>（1.366） | 0.021 4$^{***}$<br>（4.399） | −0.003 6<br>（−0.926） |
| Year | 0.001 1$^{**}$<br>（2.787） | 0.004 9$^{**}$<br>（2.106） | 0.011 1$^{***}$<br>（3.842） | −0.003 7<br>（−1.001） |
| Roa | 0.154 0$^{***}$<br>（14.058） | 0.184 3$^{***}$<br>（4.023） | 0.355 6$^{***}$<br>（4.768） | 0.087 7$^{*}$<br>（1.964） |
| Growth | 0.003 2$^{***}$<br>（4.243） | 0.001 2<br>（0.505） | 0.001 5<br>（0.816） | 0.001 6<br>（0.553） |
| Intcov | −0.009 6$^{***}$<br>（−21.852） | −0.008 3$^{***}$<br>（−4.019） | −0.014 7$^{***}$<br>（−5.469） | −0.006 1$^{**}$<br>（−2.580） |
| Lev | −0.009 6$^{***}$<br>（−7.423） | −0.001 4<br>（−0.101） | −0.010 8<br>（−0.884） | −0.000 4<br>（−0.021） |
| Turnover | −0.001 0<br>（−1.524） | −0.008 4$^{***}$<br>（−4.605） | −0.005 9<br>（−1.144） | −0.008 7$^{***}$<br>（−4.434） |
| Size | −0.000 3<br>（−1.642） | −0.001 5<br>（−1.459） | −0.000 9<br>（−0.759） | −0.001 3<br>（−0.978） |
| Top1 | −0.001 1<br>（−1.129） | −0.004 8<br>（−0.604） | −0.000 2<br>（−0.024） | 0.001 5<br>（0.185） |
| _Cons | 0.053 4$^{***}$<br>（13.106） | 0.069 7$^{***}$<br>（3.506） | 0.063 3$^{**}$<br>（2.545） | 0.066 8$^{**}$<br>（2.493） |

续表

| 变量 | 控制组：非试点公司 | 控制组：非试点地区试点行业 | | |
|---|---|---|---|---|
| | （1） | （2） | （3） | （4） |
| | 全样本 | 试点行业 | 交通运输业 | 现代服务业 |
| Region/Industry | 控制 | 控制 | 控制 | 控制 |
| 调整 $R^2$ | 0.469 3 | 0.445 6 | 0.627 0 | 0.290 7 |
| $N$ | 2 388 | 141 | 57 | 84 |
| $F$ | 66.961 2 | 10.412 1 | 13.295 6 | 5.528 0 |

*、**和***分别表示在 10%、5%和 1%的置信水平上显著

注：标准误经行业层面聚类调整

为了检验"营改增"影响不同产权性质试点公司债务融资成本的差异性，我们根据最终控制人类型划分为国有企业和非国有企业。表 4.8 第（1）列与第（2）列列示了全国性试点进一步区分产权性质分组之后的回归结果。结果显示：国有企业 Treat×Year 系数为 -0.000 2，但不显著；非国有企业 Treat×Year 系数为 -0.005 5，在 10%的置信水平上显著。这表明，相比于国有企业，全国性"营改增"对试点公司债务融资成本的显著降低效应仅在非国有企业中存在。上述结论验证了假设 4.2，即"营改增"对试点企业债务融资成本的降低效应在非国有企业中更明显。

**表 4.8　八省市"营改增"与公司债务融资成本（区分产权性质与市场化程度）**

| 变量 | 被解释变量：公司债务融资成本 | | | |
|---|---|---|---|---|
| | （1） | （2） | （3） | （4） |
| | 国有企业 | 非国有企业 | 高市场化程度地区 | 低市场化程度地区 |
| Treat×Year | -0.000 2<br>（-0.338） | -0.005 5*<br>（-1.976） | -0.002 3**<br>（-2.737） | 0.001 4<br>（0.960） |
| Treat | -0.001 0<br>（-0.819） | 0.002 3<br>（0.356） | 0.001 7<br>（0.347） | -0.004 0***<br>（-5.058） |
| Year | 0.001 0**<br>（2.489） | 0.000 4<br>（0.683） | 0.000 2<br>（0.256） | 0.001 8***<br>（4.024） |
| ConVars | 控制 | 控制 | 控制 | 控制 |
| _Cons | 0.034 3***<br>（3.892） | 0.064 8***<br>（10.087） | 0.061 8***<br>（12.018） | 0.042 9***<br>（8.587） |
| Region/Industry | 控制 | 控制 | 控制 | 控制 |
| 调整 $R^2$ | 0.533 6 | 0.392 7 | 0.462 3 | 0.477 0 |
| $N$ | 1 256 | 1 132 | 1 167 | 1 221 |
| $F$ | — | 504.699 0 | 34.417 4 | 39.369 3 |

*、**和***分别表示在 10%、5%和 1%的置信水平上显著

为了考察市场化程度对"营改增"政策与公司债务融资成本关系的影响,我们采用王小鲁等(2017)编制的市场化指数来衡量各省(自治区、直辖市)的市场化程度。市场化程度指数按中位数分为两组。当市场化程度指数大于等于中位数时,即高市场化程度组,否则为低市场化程度组,分组结果列于表4.8第(3)列与第(4)列。结果显示:高市场化程度组 Treat×Year 系数为-0.002 3,在 5% 的置信水平上显著;低市场化程度组 Treat×Year 系数为 0.001 4,但不显著。这说明,相比于低市场化程度地区,"营改增"对试点公司债务融资成本的降低效应仅在高市场化程度地区中存在。上述结论验证了假设 4.3,即"营改增"对试点企业债务融资成本的降低效应在高市场化程度地区中更明显。

综上可见,八省市"营改增"影响公司债务融资成本的实证结果说明,"营改增"对公司债务融资成本具有显著降低效应:一方面,与非试点企业相比,"营改增"显著降低试点企业的债务融资成本;另一方面,相比于非试点地区试点行业,"营改增"整体上使试点企业债务融资成本显著降低,其中,交通运输业显著降低,现代服务业略有降低。此外,区分产权性质和市场化程度的检验结果表明,相比于国有企业和低市场化程度地区企业,八省市"营改增"仅对非国有企业和高市场化程度地区企业的债务融资成本有显著降低作用。

### 4.3.5 全国性"营改增"影响公司债务融资成本的实证检验

与八省市的做法类似,我们使用模型(4.2)将样本分为两组:①处理组,即全国性"营改增"试点行业企业(在"1+6"基础上新增电信业和广播影视业为试点行业),此时 Treat 取 1;②控制组,即非"营改增"试点行业企业,此时 Treat 取 0。全国性"营改增"的启动时间为 2013 年 8 月 1 日,2013 年试点公司仅包含部分全国性"营改增"效应,不宜作为考察期;2012 年上海市和八省市试点公司也含有部分"营改增"效应,不宜作为控制期。为使研究环境在最大限度内"纯净化",我们将考察年份设定为 2014 年,Year 取 1;2011 年 Year 取 0。

表4.9列示了OLS模型下全国性"营改增"影响公司债务融资成本的DID检验结果。结果显示:全样本组的 Treat×Year 系数为-0.002 6,在 5%的置信水平上显著,其中,交通运输业的债务融资成本显著降低(Treat×Year 系数为-0.004 2,在 10%的置信水平上显著),现代服务业的债务融资成本显著下降(Treat×Year系数为-0.011 0,在1%的置信水平上显著)。综上可见,相比于非试点公司,全国性"营改增"显著降低了试点公司债务融资成本;相比于试点前,全国性"营改增"后交通运输业和现代服务业公司债务融资成本显著下降。值得注意的是,随着"营改增"由八省市迅速扩展至全国,"营改增"对现代服

务业的降低效应开始显著。上述结论支持了假设 4.1。

表 4.9　全国性"营改增"与公司债务融资成本

| 变量 | （1）<br>全样本 | （2）<br>交通运输业 | （3）<br>现代服务业 |
|---|---|---|---|
| Treat×Year | −0.002 6**<br>（−2.331） | −0.004 2*<br>（−1.682） | −0.011 0***<br>（−3.082） |
| Treat | 0.013 3***<br>（6.249） | — | — |
| Year | −0.002 0**<br>（−2.015） | — | — |
| ConVars | 控制 | 控制 | 控制 |
| _Cons | 0.035 8***<br>（7.108） | 0.102 7***<br>（3.737） | 0.052 6<br>（1.022） |
| Region/Industry | 控制 | 控制 | 控制 |
| 调整 $R^2$ | 0.480 7 | 0.614 5 | 0.283 0 |
| N | 2 423 | 58.000 0 | 97.000 0 |
| F | 71.072 3 | 27.783 4 | 7.362 7 |

*、**和***分别表示在 10%、5%和 1%的置信水平上显著

表 4.10 列示了区分产权性质与市场化程度分组回归结果。结果显示：国有企业 Treat × Year 系数为−0.001 8，但不显著；非国有企业 Treat × Year 系数为−0.004 0，在 5%的置信水平上显著。高市场化程度地区 Treat × Year 系数为−0.005 9，在 1%的置信水平上显著；低市场化程度地区 Treat × Year 系数为0.000 6，并不显著。这表明，相比于国有企业和处于低市场化程度地区企业，全国性"营改增"对试点企业债务融资成本的降低效应仅在非国有企业和高市场化程度地区企业中存在。上述结论验证了假设 4.2 和假设 4.3，即"营改增"对试点企业债务融资成本的降低效应在非国有企业和高市场化程度地区企业中更明显。

表 4.10　全国性"营改增"与公司债务融资成本（区分产权性质与市场化程度）

| 变量 | 被解释变量：公司债务融资成本 | | | |
|---|---|---|---|---|
| | （1）<br>国有企业 | （2）<br>非国有企业 | （3）<br>高市场化程度地区 | （4）<br>低市场化程度地区 |
| Treat×Year | −0.001 8<br>（−1.330） | −0.004 0**<br>（−2.149） | −0.005 9***<br>（−3.893） | 0.000 6<br>（0.358） |
| Treat | −0.000 3<br>（−0.122） | −0.005 5*<br>（−1.878） | 0.008 2<br>（0.961） | 0.002 9<br>（1.188） |
| Year | −0.002 4*<br>（−1.925） | −0.002 0<br>（−1.160） | 0.000 1<br>（0.103） | −0.004 2***<br>（−2.772） |
| ConVars | 控制 | 控制 | 控制 | 控制 |

| 变量 | 被解释变量：公司债务融资成本 | | | |
|---|---|---|---|---|
| | （1） | （2） | （3） | （4） |
| | 国有企业 | 非国有企业 | 高市场化程度地区 | 低市场化程度地区 |
| _Cons | 0.040 1*** <br>（5.295） | 0.040 6*** <br>（4.881） | 0.053 4*** <br>（5.423） | 0.030 8*** <br>（3.809） |
| Region/Industry | 控制 | 控制 | 控制 | 控制 |
| 调整 $R^2$ | 0.495 0 | 0.491 0 | 0.457 7 | 0.509 0 |
| $N$ | 1 256 | 1 167 | 1 185 | 1 238 |
| $F$ | 40.687 0 | 37.682 0 | 34.311 7 | 45.217 5 |

*、**和***分别表示在 10%、5%和 1%的置信水平上显著

综上所述，全国性"营改增"使得试点企业的债务融资成本显著下降。区分试点行业的进一步分析结果显示，"营改增"后交通运输业和现代服务业试点企业的债务融资成本均显著降低。此外，产权性质和市场化程度分组结果表明，相比于国有企业和低市场化程度地区，全国性"营改增"仅对非国有企业和处于高市场化程度地区企业的债务融资成本有显著降低效应。

# 4.4　稳健性检验

## 4.4.1　替换债务融资成本衡量方式

就上海市"营改增"而言，表4.11和表4.12分别列示了以非试点企业和非试点地区试点行业为控制组的 PSM 分析结果。替换债务融资成本衡量方式之后的结果显示：在 1∶4 最近邻匹配下，匹配后参与者平均处理效应（ATT）为−0.004，$T$ 值为−1.02，但不显著。在用 1∶1 最近邻匹配、1∶4 卡尺内匹配、核匹配、半径匹配及局部线性匹配方法匹配后参与者平均处理效应（ATT）分别为−0.005、−0.004、−0.005、−0.005 和−0.005，$T$ 值分别为−1.12、−0.97、−1.44、−1.21 和−1.32，均不显著。在全样本组中，匹配后 ATT 值为−0.004，$T$ 值为−1.210。在交通运输业样本组中，匹配后 ATT 值为−0.017，$T$ 值为−2.380，在5%的置信水平上显著。对于现代服务业而言，匹配后 ATT 值为−0.001，$T$ 值为−0.090，公司债务融资成本略微下降。上述结果表明，上海市"营改增"使试点企业的债务融资成本略有降低，这进一步支持了前文的结论。

表 4.11 债务融资成本 PSM 参与者平均处理效应（ATT）（二）

| 匹配方法 | 样本 | 处理组 | 控制组 | ATT | 标准误 | $T$ 值 |
|---|---|---|---|---|---|---|
| | 匹配前 | 0.020 | 0.026 | −0.006 | 0.003 | −1.92 |
| 1：4 最近邻匹配 | 匹配后 | 0.020 | 0.024 | −0.004 | 0.004 | −1.02 |
| 1：1 最近邻匹配 | 匹配后 | 0.020 | 0.025 | −0.005 | 0.004 | −1.12 |
| 1：4 卡尺内匹配 | 匹配后 | 0.020 | 0.024 | −0.004 | 0.004 | −0.97 |
| 核匹配 | 匹配后 | 0.020 | 0.025 | −0.005 | 0.004 | −1.44 |
| 半径匹配 | 匹配后 | 0.020 | 0.025 | −0.005 | 0.004 | −1.21 |
| 局部线性匹配 | 匹配后 | 0.020 | 0.025 | −0.005 | 0.004 | −1.32 |

表 4.12 试点行业债务融资成本 PSM 参与者平均处理效应（ATT）（二）

| 样本 | | 处理组 | 控制组 | ATT | 标准误 | $T$ 值 |
|---|---|---|---|---|---|---|
| 全样本 | 匹配前 | 0.020 | 0.024 | −0.004 | 0.003 | −1.270 |
| | 匹配后 | 0.020 | 0.024 | −0.004 | 0.004 | −1.210 |
| 交通运输业 | 匹配前 | 0.022 | 0.036 | −0.014 | 0.004 | −3.120 |
| | 匹配后 | 0.022 | 0.039 | −0.017** | 0.007 | −2.380 |
| 现代服务业 | 匹配前 | 0.018 | 0.020 | −0.002 | 0.004 | −0.320 |
| | 匹配后 | 0.018 | 0.019 | −0.001 | 0.005 | −0.090 |

**表示在 5%的置信水平上显著

表 4.13 列示了替换公司债务融资成本衡量方式之后的八省市 DID 检验结果。结果表明：就八省市而言，"营改增"使得试点公司债务融资成本显著下降，其中，交通运输业显著降低，现代服务业略有下降，与前文结论保持一致。

表 4.13 八省市稳健性检验（改变债务融资成本度量方法）

| 变量 | 控制组：非试点公司 | 控制组：非试点地区试点行业 | | |
|---|---|---|---|---|
| | （1） | （2） | （3） | （4） |
| | 全样本 | 试点行业 | 交通运输业 | 现代服务业 |
| Treat×Year | −0.002 9*** | −0.007 2** | −0.019 2*** | −0.001 9 |
| | （−4.416） | （−2.384） | （−4.147） | （−0.412） |
| Treat | 0.001 6 | 0.006 1* | 0.022 3*** | −0.002 4 |
| | （0.555） | （1.763） | （4.736） | （−0.633） |
| Year | 0.000 5 | 0.005 2** | 0.010 4*** | −0.002 9 |
| | （1.305） | （2.162） | （3.747） | （−0.744） |
| ConVars | 控制 | 控制 | 控制 | 控制 |

续表

| 变量 | 控制组：非试点公司 | 控制组：非试点地区试点行业 | | |
|---|---|---|---|---|
| | （1） | （2） | （3） | （4） |
| | 全样本 | 试点行业 | 交通运输业 | 现代服务业 |
| _Cons | 0.059 0$^{***}$<br>（14.380） | 0.066 3$^{***}$<br>（3.299） | 0.059 1$^{**}$<br>（2.353） | 0.060 7$^{**}$<br>（2.317） |
| Region/Industry | 控制 | 控制 | 控制 | 控制 |
| 调整 $R^2$ | 0.480 2 | 0.441 4 | 0.635 3 | 0.305 3 |
| $N$ | 2 388 | 141 | 57 | 84 |
| $F$ | 69.918 2 | 9.473 2 | 13.098 1 | 5.823 4 |

*、**和***分别表示在 10%、5%和 1%的置信水平上显著

表 4.14 列示了替换公司债务融资成本衡量方式之后的全国性"营改增"DID检验结果。结果表明：就全国范围内而言，"营改增"显著降低了试点公司债务融资成本，其中，交通运输业和现代服务业公司债务融资成本均有显著下降，与前文结论保持一致。

表 4.14 全国性稳健性检验（改变债务融资成本度量方法）

| 变量 | （1） | （2） | （3） |
|---|---|---|---|
| | 全样本 | 交通运输业 | 现代服务业 |
| Treat×Year | −0.003 2$^{***}$<br>（−2.865） | −0.004 7$^{*}$<br>（−1.851） | −0.012 0$^{***}$<br>（−3.371） |
| Treat | 0.011 3$^{***}$<br>（5.063） | — | — |
| Year | −0.002 0$^{**}$<br>（−2.008） | — | — |
| ConVars | 控制 | 控制 | 控制 |
| _Cons | 0.043 4$^{***}$<br>（8.339） | 0.101 5$^{***}$<br>（3.657） | 0.058 1<br>（1.131） |
| Region/Industry | 控制 | 控制 | 控制 |
| 调整 $R^2$ | 0.491 5 | 0.595 8 | 0.329 2 |
| $N$ | 2 423 | 58 | 97 |
| $F$ | 74.145 1 | 24.137 8 | 9.608 9 |

*、**和***分别表示在 10%、5%和 1%的置信水平上显著

## 4.4.2 调整考察年份

由于八省市试点在 2012 年逐步开展，我们将 2012 年公司债务融资成本包含的部分"营改增"效应考虑在内，即把 2012 年和 2013 年定为考察年份，Year 取1，2011 年 Year 取 0。调整考察年份之后重新执行 DID 处理，回归结果列于

表4.15。结果显示：调整样本区间后，"营改增"使得全样本组和交通运输业企业的债务融资成本显著降低，而对现代服务业企业并无显著影响。上述结论基本与前文保持一致。

表 4.15　八省市稳健性检验（调整考察年份）

| 变量 | 控制组：非试点公司 | 控制组：非试点地区试点行业 | | |
|---|---|---|---|---|
| | （1） | （2） | （3） | （4） |
| | 全样本 | 试点行业 | 交通运输业 | 现代服务业 |
| Treat×Year | −0.001 9*** | −0.004 7* | −0.015 6*** | 0.000 1 |
| | （−4.271） | （−1.804） | （−3.846） | （0.015） |
| Treat | 0.000 5 | 0.003 7 | 0.019 6*** | −0.003 6 |
| | （0.199） | （1.132） | （4.772） | （−0.984） |
| Year | 0.001 3*** | 0.003 3* | 0.009 1*** | −0.003 9 |
| | （4.018） | （1.938） | （3.545） | （−1.327） |
| ConVars | 控制 | 控制 | 控制 | 控制 |
| _Cons | 0.053 2*** | 0.071 7*** | 0.095 7*** | 0.074 7*** |
| | （13.648） | （3.522） | （4.159） | （3.025） |
| Region/Industry | 控制 | 控制 | 控制 | 控制 |
| 调整 $R^2$ | 0.473 6 | 0.385 2 | 0.576 7 | 0.237 0 |
| N | 3 604 | 214 | 104 | 110 |
| F | 102.320 3 | 7.274 0 | 25.932 2 | 6.080 0 |

*和***分别表示在10%和1%的置信水平上显著

与八省市类似，考虑到 2013 年公司债务融资成本已包含部分全国性"营改增"政策效应，于是将 2013 年和 2014 年设置为 Year=1，将 2011 年设置为Year=0。调整考察年份之后重新执行 DID 处理，回归结果列于表 4.16。结果显示：在调整样本区间之后，全国性"营改增"使得全样本组、交通运输业和现代服务业企业的债务融资成本均显著下降。上述结论仍然成立。

表 4.16　全国稳健性检验（调整考察年份）

| 变量 | （1） | （2） | （3） |
|---|---|---|---|
| | 全样本 | 交通运输业 | 现代服务业 |
| Treat×Year | −0.003 2*** | −0.003 6** | −0.008 8*** |
| | （−2.877） | （−2.413） | （−2.604） |
| Treat | 0.012 0 | — | — |
| | （1.540） | | |
| Year | −0.000 8 | — | — |
| | （−0.798） | | |
| ConVars | 控制 | 控制 | 控制 |
| _Cons | 0.030 8*** | 0.072 3*** | 0.046 0* |
| | （3.645） | （3.574） | （1.852） |

续表

| 变量 | （1） | （2） | （3） |
|---|---|---|---|
| | 全样本 | 交通运输业 | 现代服务业 |
| Region/Industry | 控制 | 控制 | 控制 |
| 调整 $R^2$ | 0.461 9 | 0.376 5 | 0.292 1 |
| $N$ | 3 723 | 104 | 123 |
| $F$ | 97.808 2 | 5.558 3 | 8.457 0 |

*、**和***分别表示在 10%、5%和 1%的置信水平上显著

　　综上可见，经过上述稳健性检验后，结果与前文基本保持一致，说明本章结论具有较好的可信度。

　　本章从税制改革视角考察了"营改增"政策对公司债务融资成本的影响，并从产权性质和市场化程度这两个维度检验了我国特殊制度背景下"营改增"对公司债务融资成本影响的差异性。整体而言，"营改增"政策能够降低试点公司债务融资成本，试点公司债务融资成本在上海市试点地区略有下降，在八省市试点地区和全国性试点地区显著降低，说明此次改革的效应随着试点范围扩大和时间推移逐渐显现。本章的政策建议如下：一是税务机关应优化"营改增"纳税服务，同时加大培训力度使得企业尽快适应新税制，从而为实现降低企业融资成本、释放企业活力等供给侧结构性改革目标奠定基础。二是政府对非国有企业的信贷行为审核严格。对于政策制定者而言，需要通过制定政策引导银行等债权人的信贷行为，改善非国有企业的信贷待遇，营造公平公正的市场环境。三是国家和各地区都应当进一步推进市场化建设，减少政府干预，让市场在资源配置中发挥决定性作用。

# 第5章 "营改增"对公司研发支出的影响研究

本章专门讨论"营改增"对公司研发支出的影响。在针对研发行为影响因素的研究中，国内外学者主要从公司内部资源禀赋与外部制度环境两方面展开：公司内部资源禀赋方面，学者侧重关注公司特征（如产权性质、公司规模、资本结构、公司治理和机构投资者持股等）与管理层背景特征（如教育专业、工作经历、学历、性别、年龄和任职时间等）对公司研发支出的影响；关于外部制度环境，已有文献侧重考察制度环境（如产业政策、环境规制、税收激励、政府支出、政府补助和增值税转型等）与市场环境（金融环境、经济不确定性和市场竞争程度等）对公司研发支出的影响。

有关"营改增"影响公司创新或者研发的研究结论并不一致。袁从帅等（2015）认为逐步推广的"营改增"改革相当于一种"自然实验"，并选取239家上市公司2007~2013年的面板数据，用DID模型研究该政策对企业研发投资的影响，结果表明"营改增"对企业研发投入具有一定的促进作用，但是并不显著。龚强等（2016）通过构建企业竞争的静态古诺模型，详细对比在营业税和增值税这两种税收体制下企业创新行为的可得性，系统分析"营改增"的财政政策对企业创新及产业升级的影响，研究表明，"营改增"有利于激励企业创新、提高产品质量、促进产业升级。袁建国等（2018）以2008~2016年中国沪深A股服务业和建筑业上市公司为研究样本，用三重差分（difference-in-difference-in-difference，DDD）模型考察"营改增"对企业技术创新的影响。研究结果显示，"营改增"降低企业税负，加大企业研发投入的强度，对企业技术创新产生激励效应。我们认为这种差异可能源于研究方法和样本区间选择的不同，采用DID模型考察上海"营改增"研发效应的部分文献并未特别关注DID法的适用前提；运用差分法分析"营改增"建筑行业公司研发的变化有待商榷，因为没有合适的对照组可以进行分析。

本章的研究内容与方法如下：一是依据"营改增"政策的逐步推广，运用 PSM 法和 DID 模型来分别依次检验上海市、八省市和全国"营改增"对公司研发支出的影响，可以丰富现有文献的检验方法。二是采用 DID 模型，从公司规模、企业生命周期、融资约束、机构投资者持股和产品市场竞争程度等维度研究"营改增"对全国性试点公司研发支出的影响，可以丰富"营改增"对公司研发支出的文献，同时为全面评估"营改增"政策的效应提供经验证据。

## 5.1　"营改增"影响公司研发支出的理论分析

1994 年税制改革以来，中国流转税中增值税和营业税并行存在，分别成为调节第二产业与第三产业的主要税种。随着经济不断发展，营业税重复征税，阻碍产业分工的消极影响逐步显现，两税并立的格局越来越不利于产业协调发展和转型升级。"营改增"政策的实施打破流转税两税并立的格局，构建不同产业间完整的增值税抵扣链条，有助于调节企业生产经营行为，并促进经济健康发展。《交通运输业和部分现代服务业营业税改征增值税试点实施办法》（财税〔2011〕111 号）规定，"营改增"试点行业为交通运输服务、研发和技术服务、信息技术服务、文化创意服务、物流辅助服务、有形动产租赁服务和鉴证咨询服务 7 个行业。试点行业的税率设置如下：有形动产租赁服务为 17%，交通运输业服务为 11%，部分现代服务业（有形动产租赁服务除外）为 6%，小规模纳税人征收率为 3%。此后的试点行业和城市范围不断扩大，直到 2016 年 5 月 1 日实现全国范围的"营改增"。我们认为"营改增"有利于促进公司的研发支出，理由如下。

首先，"营改增"最直接的效应是公司购进固定资产、无形资产及服务等的进项税额可以抵扣，这将直接降低公司研发支出的成本，从而促使公司投资那些可能产生更大收益的研发活动，增加公司的研发支出。其次，"营改增"通过完善增值税抵扣链条、消除商品和劳务流通中的重复征税，强化了财务核算、规范了经营管理，有效释放减税红利。截至 2017 年 12 月 31 日，"营改增"试点改革共为纳税人减负 1.7 万亿元，实现所有试点行业税负只减不增，增加公司的经营现金流量，缓解公司的融资约束，促进公司进行研发创新（康志勇，2013），"营改增"成为鼓励公司投资创新的推进器。再次，"营改增"有利于促进产业结构优化和新业态融合发展（刘建民等，2017），培育经济新动能，提高中国经济的整体效率（陈晓光，2013）。"营改增"可以改变大部分生产型服务业内化于第二产业内部的情况，促进研发、设计、营销等内部服务环节从主业中剥离出来，成为效率更高的创新主体（陈钊和王旸，2016；范子英和彭飞，2017），让公司在行业竞争中赢得更多的发展优势。最后，"营改增"政策也属于一种产业政策激励，研究表明中外各国政府都积极使用政府干预手段来激励创新（陈林和朱卫平，2008），主要包括建立并加强专利制度、对研发创新进行税收优惠和鼓励合作研究等。黎文靖和李耀淘（2014）研究发现，当公司受到产业政策激励时，有助于民营企业突破行业壁垒和获得更多银行融资支持，从而增加投资。依据《交通运输业和部分现代服务业营业税改征增值税试点过渡政策的规定》，试点纳税人提供技术转让、技术开发和与之相关的技术咨询、技术服务暂免征收增值税，利好的政策可能引导控制产业投资方向，改变资源的配置模式，对经济进行结构性调整，促进公司投资创新，从而激发企业的创新动力，增加研发支出。

上述分析表明，"营改增"可能会增加公司的研发支出。据此，提出假设 5.1：

**假设 5.1**：限定其他条件，"营改增"增加试点公司的研发支出。

## 5.2 "营改增"影响公司研发支出的研究设计

### 5.2.1 实证模型

我们设置了如下模型来检验研究假说。

$$\text{SHSD}_i = \beta_0 + \beta_1 \text{Cash}_i + \beta_2 \text{Growth}_i + \beta_3 \text{Opr}_i + \beta_4 \text{Ppe}_i + \beta_5 \text{Invint}_i \\ + \beta_6 \text{Size}_i + \beta_7 \text{Soe}_i + \beta_8 \text{Peo}_i + \beta_9 \text{Financegro}_i + \beta_{10} \text{GDP}_i + \varepsilon_i \tag{5.1}$$

$$\text{Invest} = \beta_0 + \beta_1 \text{Treat}_{i,t} + \beta_2 \text{Year}_{i,t} + \beta_3 \text{Treat}_{i,t} \times \text{Year}_{i,t} + \beta_4 \text{ConVars}_{i,t} + \varepsilon_{i,t} \tag{5.2}$$

### 5.2.2 变量定义

1）因变量

模型（5.1）的因变量 SHSD 表示是否属于上海市试点公司的虚拟变量，若是则为 1。模型（5.2）的因变量 Invest 为研发支出，借鉴张兆国等（2014）、刘运国和刘雯（2007）的研究，我们采用研发支出与滞后一期总资产之比来衡量研发支出。参考戴小勇和成力为（2013）采用研发支出与营业收入之比的指标用于稳健性测试。

2）自变量

模型（5.2）的自变量 Treat 表示公司是否属于试点地区试点行业的虚拟变量，若属于则取 1（处理组），否则取 0（控制组）；Year 表示考察年份是否属于"营改增"试点当年及以后年度的虚拟变量，若属于则取 1，否则取 0；Treat×Year=1 则表示试点公司，Treat×Year=0 表示非试点公司；系数 $\beta_3$ 表示度量"营改增"政策本身对公司研发支出的影响效应。

PSM 分析需要对模型（5.1）进行 Logit 回归确定匹配变量。影响上海市公司成为试点公司的可能性因素包括微观和宏观两个层面。借鉴现有文献中有关宏微观环境和公司研发支出影响因素的研究，我们选取可能影响上海市成为试点地区的因素。微观层面的因素包括：①现金存量（Cash），等于现金与短期投资之和除以期初资产总额。持有较多现金的公司资金较为宽裕，在资金保障方面更有优势，可能增加研发支出（金宇超等，2016）。②成长性（Growth），等于营业收入增长率；③营业利润率（Opr），等于"（营业收入–营业成本）/营业收入"。公司的营业收入有所增长，指标值越高，表明增长速度越快，公司市场前景越好。④资本密集度（Ppe），等于年末固定资产净值除以期初资产总额。⑤存货密集度（Invint），等于存货净额除以期初总资产。⑥公司规模（Size），等于公司资产总额的自然对数。大规模公司在技术力量与资金保障方面占有优势，对风险的承受能力也比较强（王任飞，2005；周黎安和罗凯，2005），但是小企业行为更灵活，对外界反应更快，在技术创新方面更具有行为优势（朱恒鹏，2006）。⑦公司所有权性质（Soe）。宏观层面的因素包括：①人口规模（Peo），等于各省（自治区、直辖市）当年以万为单位的人口数量的自然对数；②各省（自治区、直辖市）财政收入增长率（Financegro）；③各省（自治区、直辖市）GDP 总量（GDP）。

3）控制变量

针对模型（5.2），借鉴马永强和路媛媛（2019）、任莉莉和张瑞君（2019）的研究，我们设置影响公司研发支出的以下控制变量：①公司规模（Size），大规模公司在技术力量与资金保障方面占有优势，对风险的承受能力也比较强；但是小企业行为更灵活，对外界反应更快，在技术创新方面更具有行为优势。也有研究表明公司规模与公司研发支出的关系存在不确定性（金玲娣和陈国宏，2001；柴俊武和万迪昉，2003；安同良等，2009）。②成长性（Growth），等于营业收入增长率。③现金存量（Cash），持有较多现金的公司，其资金较为宽裕，在资金保障方面更有优势，可能增加研发支出（金宇超等，2016）。④资产负债率（Lev），公司研发创新往往具有较高的风险和信息不对称，在这种情况下，当公司财务杠杆较高时通常会降低企业的经营风险，降低公司的研发支出（吴祖光等，2017）。⑤资产报酬率（Roa），在报酬率较高的情况下,企业更有动力与能力进行研发投入。⑥经营现金净流量(Cflow),等于经营现金毛流量扣除经营营运资本增加后企业可提供的现金流量,当公司的经营现金净流量充沛时,企业的研发投资力度更大。⑦宏观层面的各省(自治区、直辖市)GDP 增长率(GDP)。此外,我们还控制了行业(Industry)和年度(Year)效应。

# 5.3    样本与描述性统计

## 5.3.1     样本选择与数据来源

考虑到"营改增"逐步推进和稳健性测试的需要,我们选取 2010~2014 年所有 A 股上市公司作为初始样本,执行以下筛选程序:①删除金融类上市公司;②删除被特别处理(ST、PT)类型的公司;③删除资产负债率大于 1 的公司,因为资不抵债的公司经营困难,可能会对实证研究产生影响;④删除缺漏值。最终得到 6 470 个观察值。上述数据筛选过程与现有文献基本一致。本章最终控制人类型(Soe)取自 RESSET 数据库,研发支出(Invest)和各省(自治区、直辖市)GDP(GDP)数据来自 Wind 数据库,人口规模(Peo)数据来自 EPS 数据库,其他数据来源于 CSMAR 数据库。为了剔除极端值的影响,我们对所有的连续变量在 1%和 99%分位上进行缩尾处理。

## 5.3.2    描述性统计

表 5.1 列示了 DID 分析主要变量的描述性统计。结果显示,公司的研发支出(Invest)最小值是 0,最大值是 0.122,标准差是 0.022,表明整体而言,样本公司的研发支出偏低,部分公司没有研发支出费用。经营现金净流量(Cflow)和现金存量(Cash)的均值分别是 0.037 和 0.243,标准差分别是 0.903 和 0.692,说明样本公司间的经营现金净流量和现金存量存在较大差异,样本公司之间的财务状况差异较大。成长性(Growth)的最小值是 -0.561,最大值是 3.963,标准差是 0.397,最大值与最小值之间差距较大,说明样本公司之间成长机会差异明显。存货密集度(Invint)和资本密集度(Ppe)的均值分别是 0.176 和 0.259,整体来看样本公司存货密集度和资本密集度较为合理。公司规模(Size)的均值为 21.851,说明样本公司规模整体上较大。营业利润率(Opr)和资产报酬率(Roa)的均值分别是 0.081 和 0.042,最大值分别是 0.560 和 0.200,最小值分别

是-0.488 和-0.112，表明整体而言，样本公司的营利能力偏低，且公司之间的营利能力相差较大，有些公司甚至为负。资产负债率（Lev）的最大值和最小值分别为 0.895 和 0.042，均值为 0.405，说明各样本公司之间的负债水平差异明显，但整体看来样本公司的资产负债率较为合理。

表 5.1　DID 分析主要变量的描述性统计

| 变量 | 均值 | 标准差 | 最小值 | 中位数 | 最大值 | 样本数 |
|---|---|---|---|---|---|---|
| Invest | 0.023 | 0.022 | 0 | 0.019 | 0.122 | 6 470 |
| Cflow | 0.037 | 0.903 | −71.611 | 0.043 | 7.034 | 6 469 |
| Cash | 0.243 | 0.692 | 0 | 0.166 | 44.039 | 6 469 |
| Growth | 0.169 | 0.397 | −0.561 | 0.115 | 3.963 | 6 469 |
| Invint | 0.176 | 0.142 | 0 | 0.146 | 0.986 | 6 470 |
| Ppe | 0.259 | 0.169 | 0.003 | 0.224 | 0.866 | 6 470 |
| Opr | 0.081 | 0.128 | −0.488 | 0.064 | 0.560 | 6 470 |
| Roa | 0.042 | 0.048 | −0.112 | 0.038 | 0.200 | 6 470 |
| Size | 21.851 | 1.206 | 19.295 | 21.646 | 25.823 | 6 470 |
| Lev | 0.405 | 0.211 | 0.042 | 0.393 | 0.895 | 6 470 |
| Peo | 8.394 | 0.827 | 5.396 | 8.582 | 9.317 | 6 470 |
| GDP | 0.110 | 0.043 | 0.019 | 0.100 | 0.239 | 6 470 |

### 5.3.3　相关性分析

表 5.2 列示了各个变量的 Spearman 相关系数结果，DID 分析下主要变量的相关系数显示：公司研发支出（Invest）与经营现金净流量（Cflow）、现金存量（Cash）、成长性（Growth）、营业利润率（Opr）、资产报酬率（Roa）和人口规模（Peo）显著正相关，与资本密集度（Ppe）、公司规模（Size）和资产负债率（Lev）显著负相关。这与前文预期保持一致，说明我们选取的控制变量具有较好的代表性。此外，大部分变量之间的相关系数都小于 0.5，表明本章模型不存在严重的共线性问题。

表 5.2　DID 分析主要变量的相关系数

| 变量 | Invest | Cflow | Cash | Growth | Invint | Ppe | Opr | Roa | Size | Lev | Peo | GDP |
|---|---|---|---|---|---|---|---|---|---|---|---|---|
| Invest | | | | | | | | | | | | |
| Cflow | 0.119*** | | | | | | | | | | | |
| Cash | 0.310*** | 0.142*** | | | | | | | | | | |
| Growth | 0.193*** | 0.076*** | 0.223*** | | | | | | | | | |

续表

| 变量 | Invest | Cflow | Cash | Growth | Invint | Ppe | Opr | Roa | Size | Lev | Peo | GDP |
|------|--------|-------|------|--------|--------|-----|-----|-----|------|-----|-----|-----|
| Invint | 0.012 | -0.204*** | -0.144*** | 0.076*** | | | | | | | | |
| Ppe | -0.133*** | 0.204*** | -0.379*** | -0.024 | -0.065*** | | | | | | | |
| Opr | 0.167*** | 0.319*** | 0.435*** | 0.310*** | -0.176*** | -0.215*** | | | | | | |
| Roa | 0.307*** | 0.396*** | 0.427*** | 0.354*** | -0.104*** | -0.189*** | 0.854*** | | | | | |
| Size | -0.255*** | 0.095*** | -0.301*** | -0.014 | 0.111*** | 0.149*** | -0.085*** | -0.082*** | | | | |
| Lev | -0.303*** | -0.121*** | -0.519*** | -0.056*** | 0.285*** | 0.200*** | -0.508*** | -0.461*** | 0.567*** | | | |
| Peo | 0.090*** | 0.012 | -0.056*** | -0.009 | 0.029*** | 0.099*** | -0.017 | -0.016 | -0.058*** | -0.018 | | |
| GDP | -0.091*** | -0.102*** | 0.104*** | 0.125*** | 0.069*** | 0.019 | 0.022 | 0.042*** | -0.055*** | 0.008 | -0.077*** | |

***表示在1%的置信水平上显著

注：表中为 Spearman 相关系数

# 5.4　实证检验结果与分析

## 5.4.1　"营改增"对公司研发支出影响的实证检验

为了检验上海市"营改增"对公司研发支出的影响，我们首先将样本分为两组：①处理组，即 2012 年上海市"营改增"试点行业公司，共 25 家；②控制组，即 2012 年非"营改增"试点公司，共 1 597 家。为了控制样本"选择性偏差"，本章采用 Logit 模型来估计模型（5.1）。为了确定 PSM 的匹配变量、分析影响上海市试点的因素，本章根据可能的匹配变量回归结果 P 值大小和经济意义，借助逐步回归方法来选择模型。Logit 回归结果显示，以伪 $R^2$ 和 AUC 最大值为选择标准（伪 $R^2$=0.459，AUC=0.931），我们应选择现金存量（Cash）、成长性（Growth）、营业利润率（Opr）、资本密集度（Ppe）、存货密集度（Invint）、公司规模（Size）、公司所有权性质（Soe）和人口规模（Peo）作为 PSM 分析的匹配变量。一般情况下，1∶4 最近邻匹配可最小化均方误差。考虑到控制组样本量大，我们运用 1∶4 最近邻匹配进行 PSM 分析，匹配结果显示：参与者平均处理效应（ATT）为 0.008，但 T 值显示不显著。上述结果表明，与非试点公司相比，上海市"营改增"政策本身使得试点公司的研发支出略有增加，但无显著影响。

为了检验八省市"营改增"对公司研发支出的影响，我们采用 DID 模型（5.2）将样本分为两组：①处理组，即八省市"营改增"试点行业公司；②控制组，即非"营改增"试点行业公司。鉴于八省市的试点启动在 2012 年逐步铺开,考虑到政策的时滞效应,我们将考察的年份定在 2013 年,所以年度虚拟变量 Year 设置如下:当处于 2013 年时,Year = 1;当处于 2011 年时,Year = 0。因此,Treat×Year=1 表示 2013 年度八省市"营改增"试点公司。我们首先考察试点公司"营改增"前后研发支出的变化。报告结果显示:全样本均值 $T$ 检验结果(P=0.592)和中位数秩和检验结果(P=0.679)均表明,与"营改增"前相比,"营改增"后试点公司研发支出略有增加,交通运输业和现代服务业试点公司"营改增"后的研发支出略有增加。我们采用 OLS 运行模型(5.2)得到表 5.3。表 5.3 的第(1)~(3)列结果显示:全样本 Treat×Year 的变量系数为 0.004 0,交通运输业 Treat×Year 的变量系数为 0.001 6,现代服务业 Treat×Year 的变量系数为 0.007 7,但均不显著。以上结果均表明与非试点公司相比,"营改增"使得试点公司的研发支出略有增加,但对不同行业公司的研发支出影响程度不同。与交通运输业相比,现代服务业所包含的研发和技术、信息技术、文化创意、物流辅助、有形动产租赁及咨询鉴证服务企业的研发支出更多。可能的原因如下:与传统行业相比,对技术产业企业而言,只有通过不断地研发取得创新成果,才能在行业中取得竞争优势,并由此在技术产业中立足,并实现企业盈利,否则很容易被淘汰,因此研发是技术产业企业的重中之重(许梦博等,2018)。试点的现代服务业公司更愿意在研发创新上投入。

表 5.3 "营改增"对试点企业研发支出影响的 OLS 回归结果

| 变量 | 八省市 | | | 全国 |
|---|---|---|---|---|
| | (1)全样本 | (2)交通运输业 | (3)现代服务业 | (4)全样本 |
| Treat×Year | 0.004 0<br>(0.788) | 0.001 6<br>(0.365) | 0.007 7<br>(1.022) | 0.005 3***<br>(2.689) |
| Treat | 0.007 4<br>(1.630) | −0.002 7<br>(−0.684) | 0.005 2<br>(0.858) | −0.003 8<br>(−0.737) |
| Year | 0.004 2***<br>(3.211) | −0.002 4<br>(−0.914) | 0.007 7<br>(0.919) | 0.002 4<br>(1.073) |
| Lev | 0.000 9<br>(0.360) | −0.001 8<br>(−0.128) | 0.008 3<br>(0.627) | 0.001 5<br>(0.591) |
| Size | −0.002 2***<br>(−6.400) | −0.001 2<br>(−1.114) | 0.003 6<br>(1.178) | −0.002 3***<br>(−6.484) |
| Roa | 0.073 0***<br>(6.674) | 0.068 9<br>(0.715) | 0.130 7**<br>(2.543) | 0.073 5***<br>(6.811) |
| Cash | 0.015 4***<br>(5.816) | 0.013 4<br>(0.836) | 0.034 4***<br>(3.239) | 0.018 9***<br>(6.646) |
| Cflow | 0.009 1*<br>(1.712) | −0.030 5*<br>(−1.790) | 0.034 9<br>(1.386) | 0.019 5***<br>(3.680) |
| Growth | 0.008 6***<br>(5.193) | −0.004 3<br>(−1.119) | 0.019 1***<br>(2.761) | 0.010 6***<br>(6.250) |

续表

| 变量 | 八省市 | | | 全国 |
| --- | --- | --- | --- | --- |
| | （1）全样本 | （2）交通运输业 | （3）现代服务业 | （4）全样本 |
| GDP | −0.027 7** <br>（−2.225） | −0.036 6 <br>（−1.150） | 0.022 4 <br>（0.289） | −0.012 4 <br>（−0.986） |
| _Cons | 0.050 9*** <br>（6.371） | 0.035 8* <br>（1.960） | −0.064 8 <br>（−1.014） | 0.050 0*** <br>（5.381） |
| $R^2$ | 0.308 6 | 0.496 8 | 0.366 8 | 0.349 3 |
| 调整 $R^2$ | 0.302 8 | 0.077 4 | 0.332 0 | 0.343 9 |
| $N$ | 2 904 | 23 | 251 | 2 904 |
| $F$ | 55.574 6 | 1.180 0 | 23.250 3 | 58.533 2 |

*、**和***分别表示在 10%、5%和 1%的置信水平上显著

注：参数估计值下方括号为经 White 异方差稳健性修正的 $t$ 值

　　为了检验全国性"营改增"对公司研发支出的影响，我们采用 DID 模型（5.2）将样本分成两组：①处理组，即全国性"营改增"试点行业公司，在"1+6"的基础上我们增加了广播影视和电信业（Treat = 1）；②控制组，即非"营改增"试点行业公司（Treat = 0）。2013 年 8 月 1 日，全国性"营改增"启动。由于政策具有一定的时滞性，我们将考察的年份设定为 2011 年和 2014 年，即当处于 2011 年时，Year = 0；当处于 2014 年时，Year = 1，其他年份设为缺漏值。我们首先比较了"营改增"试点公司试点前（2011 年）和试点后（2014 年）研发支出的变化，结果显示：全国性试点后，"营改增"试点公司的研发支出显著增加，均值 $T$ 检验和中位数秩和检验结果也均表明"营改增"使得试点公司的研发支出显著增加。同样，我们采用 OLS 运行模型（5.2），表 5.3 第（4）列结果显示：Treat×Year 的系数为正且显著。上述分析表明，与非试点公司相比，"营改增"使得试点公司的研发支出显著增加，增加幅度为0.53%，支持了我们的假说。可能的原因在于，2011~2014 年，随着"营改增"的全面推行，"营改增"有助于减轻公司税负税赋、推动产业升级转型，从而提高公司运营效率（李春瑜，2016），促进公司创新，"营改增"促进公司研发支出的长期政策效应开始显现。控制变量对研发支出的影响与前文的分析基本保持一致。

## 5.4.2　研究假说的稳健性检验

　　为了使结果更加稳健，我们替换研发支出的度量方式。借鉴戴小勇和成力为（2013）采用研发支出与营业收入之比衡量公司的研发支出，采用 DID 模型分别检验八省市和全国"营改增"对公司研发支出的影响，回归结果列于表 5.4

中。八省市"营改增"对公司研发支出的检验结果显示，与非试点公司相比，"营改增"使得试点公司的研发支出略有增加。全国性"营改增"对公司研发支出的检验结果显示，与非试点公司相比，"营改增"使得试点公司的研发支出显著增加，随着"营改增"的全面推行，"营改增"促进公司研发支出的长期政策效应开始显现。稳健性检验结果未发生实质性变化，表明本章结论具有较好的可信度。

表 5.4　稳健性分析

| 变量 | 八省市 | | | 全国 |
|---|---|---|---|---|
| | （1）全样本 | （2）交通运输业 | （3）现代服务业 | （4）全样本 |
| Treat×Year | 0.005 3<br>（0.477） | 0.005 0<br>（0.743） | 0.004 6<br>（0.320） | 0.008 7$^{**}$<br>（2.453） |
| Treat | 0.025 3$^{***}$<br>（2.608） | −0.007 5<br>（−1.165） | 0.024 7$^{**}$<br>（2.174） | −0.017 1$^{*}$<br>（−1.682） |
| Year | 0.010 3$^{***}$<br>（4.405） | 0.001 6<br>（0.347） | 0.025 3<br>（1.588） | 0.007 1$^{*}$<br>（1.715） |
| Lev | −0.056 7$^{***}$<br>（−11.970） | −0.019 9<br>（−1.206） | −0.136 4$^{***}$<br>（−4.692） | −0.055 2$^{***}$<br>（−11.344） |
| Size | −0.002 0$^{***}$<br>（−3.449） | −0.000 7<br>（−0.633） | 0.012 7$^{**}$<br>（2.151） | −0.002 2$^{***}$<br>（−3.868） |
| Roa | −0.054 2$^{***}$<br>（−2.774） | −0.029 8<br>（−0.305） | −0.098 2<br>（−1.018） | −0.045 7$^{**}$<br>（−2.386） |
| Cash | 0.028 0$^{***}$<br>（5.732） | 0.005 0<br>（0.252） | 0.062 7$^{***}$<br>（2.845） | 0.027 7$^{***}$<br>（5.573） |
| Cflow | 0.009 1<br>（1.226） | −0.035 9<br>（−1.467） | 0.031 9<br>（0.733） | 0.002 3<br>（0.300） |
| Growth | −0.003 1<br>（−1.486） | −0.009 3<br>（−1.446） | 0.005 3<br>（0.473） | −0.001 1<br>（−0.544） |
| GDP | −0.013 1<br>（−0.606） | 0.060 4<br>（1.349） | 0.081 9<br>（0.530） | 0.010 8<br>（0.485） |
| _Cons | 0.075 8$^{***}$<br>（5.693） | 0.026 4<br>（1.289） | −0.166 6<br>（−1.380） | 0.090 2$^{***}$<br>（5.814） |
| $R^2$ | 0.382 2 | 0.443 9 | 0.378 6 | 0.366 7 |
| 调整 $R^2$ | 0.377 1 | −0.019 5 | 0.344 5 | 0.361 5 |
| $N$ | 2 904 | 23 | 251 | 2 904 |
| $F$ | 52.176 8 | 0.957 9 | 24.199 0 | 54.563 4 |

\*、\*\*和\*\*\*分别表示在 10%、5%和 1%的置信水平上显著

注：参数估计值下方括号为经 White 异方差稳健性修正的 $t$ 值

前文的分析表明，"营改增"从上海市试点，后推行至八省市，最后在全国范围内全面实现，其使得试点公司的研发支出在上海市、八省市试点地区均略有

增加，在全国性试点地区显著增加，但"营改增"对不同资源禀赋试点公司研发支出的影响是否会有差异？经过理论的分析表明，不同资源禀赋公司对营改增创造的税收减负的利用方式具有差异，不同公司对研发活动的需求程度也不尽相同。同时，不同公司对研发投入带来的高风险和收益期长的特点的忍耐程度和对市场竞争的表现不同，因此我们区分公司规模、企业生命周期、融资约束、机构投资者持股和影响产品市场竞争的进一步检验。

### 5.4.3 "营改增"、公司规模与研发支出

虽然研发创新活动是公司维持核心竞争力的重要战略，但是研发创新的成功需要大量、持续的资源予以支持，公司规模在一定程度上反映公司拥有的资源禀赋，公司的资源禀赋结构会影响公司研发成功的可能性，进而影响公司实际的研发投入。学者对公司规模与公司研发创新的研究结论并不一致，"熊彼特假说"认为规模大的公司比规模小的公司承担着更大比例的创新份额，创新具有投入高、周期长、风险大等特征（Chen，2008），大规模公司具有的资源禀赋相对较高，在技术力量与资金保障方面占有优势；但也有一些学者认为公司规模与研发投入之间的关系并非线性关系（朱平芳和徐伟民，2003；柴俊武和万迪昉，2003），小规模公司为了在激烈的竞争中生存与发展反而更加注重研发的投入。那么"营改增"是否会影响不同规模公司的研发支出情况？为了考察"营改增"对不同规模公司研发支出的影响，我们设置高于年度行业中位数资产总额的公司为大规模公司，反之为小规模公司，重新进行回归分析，回归结果列于表 5.5 中。表 5.5 第（1）、（2）列结果显示：对于小规模公司，"营改增"对公司研发支出没有显著影响；大规模公司组的 Treat×Year 变量系数为 0.009 8，在 1%的置信水平上显著，即"营改增"使得大规模公司的实际研发支出显著增加。可能的原因如下：一方面，大规模公司的发展比较稳定，营利能力良好，对风险的承受能力也比较强，大公司更愿意进行高风险、收益不确定的创新研发投资活动；另一方面，大规模公司制度完善，管理者可以及时把握国家政策动向从而采取积极的策略以最大化公司的利益，故大规模公司对"营改增"会更加敏感并且会积极参与研发活动。

表 5.5　全国性"营改增"对试点企业研发支出影响的 OLS 回归结果（分样本）（一）

| 变量 | 公司规模 | | 企业生命周期 | | |
|---|---|---|---|---|---|
| | （1）大规模 | （2）小规模 | （3）成长期 | （4）成熟期 | （5）衰退期 |
| Treat×Year | 0.009 8*** (2.754) | 0.001 6 (0.482) | 0.005 9*** (2.797) | 0.004 4 （0.982） | 0.005 9 （1.298） |

续表

| 变量 | 公司规模 | | 企业生命周期 | | |
|---|---|---|---|---|---|
| | （1）大规模 | （2）小规模 | （3）成长期 | （4）成熟期 | （5）衰退期 |
| Treat | −0.014 7** <br>（−2.294） | 0.002 0 <br>（0.343） | −0.008 8** <br>（−2.212） | −0.003 6 <br>（−0.476） | −0.003 6 <br>（−0.316） |
| Year | −0.002 4 <br>（−0.633） | 0.004 0 <br>（1.106） | 0.001 5 <br>（0.610） | 0.001 2 <br>（0.256） | −0.000 7 <br>（−0.143） |
| Lev | 0.006 6** <br>（2.199） | −0.003 7 <br>（−1.435） | 0.005 9* <br>（1.811） | 0.000 6 <br>（0.199） | −0.019 1*** <br>（−4.703） |
| Size | −0.002 9*** <br>（−5.993） | −0.001 4* <br>（−1.810） | −0.003 0*** <br>（−7.300） | −0.002 0*** <br>（−4.122） | −0.000 6 <br>（−0.858） |
| Roa | 0.113 3*** <br>（10.184） | 0.046 1*** <br>（4.607） | 0.111 9*** <br>（7.939） | 0.089 3*** <br>（6.787） | 0.029 0 <br>（1.562） |
| Cash | 0.020 4*** <br>（7.466） | 0.013 9*** <br>（6.004） | 0.024 8*** <br>（7.370） | 0.004 8 <br>（1.434） | 0.003 8 <br>（0.601） |
| Cflow | 0.009 4* <br>（1.735） | 0.024 4*** <br>（4.580） | 0.018 7*** <br>（2.902） | 0.008 6 <br>（0.862） | 0.053 8*** <br>（4.228） |
| Growth | 0.011 1*** <br>（8.670） | 0.009 3*** <br>（6.680） | 0.009 0*** <br>（4.821） | 0.008 2*** <br>（4.182） | 0.009 8*** <br>（3.083） |
| GDP | −0.034 3** <br>（−2.203） | 0.001 1 <br>（0.070） | −0.011 1 <br>（−0.690） | −0.028 0* <br>（−1.650） | −0.010 8 <br>（−0.479） |
| _Cons | 0.068 1*** <br>（5.443） | 0.035 1** <br>（2.004） | 0.067 8*** <br>（6.664） | 0.051 5*** <br>（3.879） | 0.028 4 <br>（1.485） |
| $R^2$ | 0.410 9 | 0.267 6 | 0.378 5 | 0.314 5 | 0.350 4 |
| 调整 $R^2$ | 0.404 7 | 0.260 0 | 0.371 8 | 0.304 5 | 0.325 7 |
| N | 2 322 | 2 348 | 2 244 | 1 662 | 657 |
| F | 66.753 0 | 35.360 5 | 51.437 9 | 41.748 4 | 13.841 4 |

*、**和***分别表示在 10%、5%和 1%的置信水平上显著

注：参数估计值下方括号为经 White 异方差稳健性修正的 t 值

### 5.4.4　"营改增"、企业生命周期与研发支出

企业生命周期理论提出，生命周期不同阶段的企业在生产经营和组织特征方面存在较大差异。处于不同生命周期的企业对"营改增"政策的研发支出敏感度是否会有差异呢？为了检验"营改增"对不同生命周期公司研发支出的影响，我们借鉴 Dickinson（2011）提出的划分方法进行区分，根据企业的经营活动现金净流量、投资活动现金净流量和筹资活动现金净流量的符号来划分企业所处的生命周期阶段。Dickinson（2011）将企业的生命周期划分为初创期、成长期、成熟期、动荡期和衰退期五个阶段。总体来说，初创期的公司筹资活动较多，筹资活动现金流为正，处于初创期的公司投资活动现金流为负，经营活动还未步入正

轨,因而现金流为负。成长期的公司经营活动开始初见成效,所以经营活动现金流为正,但是总体上公司还处于投入建设阶段,投资活动现金流为负。另外,公司处于不断发展阶段,资本的投入不断加大,需要融资来进行跟进,所以筹资活动现金流为正。成熟期的企业经营活动日渐稳定,经营活动现金流为正,另外企业拥有较大的市场份额,资本性投资增加,投资机会也相应增多,所以投资活动和筹资活动现金流为负。衰退期的公司内部积累资金减少,整体处于下降状态,经营活动现金流为负,投资活动现金流为正,内源性融资有限,其筹资现金流的正负依赖于外部投资者对公司价值的评价。剩余的组合就是动荡期企业的符号特征,无法合理预测动荡期三种活动的现金流。由于我们的样本均为上市公司,基本度过初创期,所以将初创期和成长期合并为成长期,处于动荡期企业的特征与成熟期企业接近的样本划归到成熟期组,而将与衰退期公司特征接近的样本划归到衰退期组。

分组回归结果列于表 5.5。表 5.5 第(3)、(4)、(5)列分别列示了成长期、成熟期和衰退期时"营改增"对公司研发支出的回归结果,结果显示:当公司处于成长期时,"营改增"显著增加了公司的研发支出,而对于成熟期和衰退期的公司没有显著影响。可能的原因如下:一方面,当公司处于成长期时,主营产品开始慢慢形成,竞争实力不断增强,产生大量自由现金,公司开始进入盈利阶段并且增长速度较快,这些公司比成熟企业更有可能创新(Huergo and Jaumandreu,2004)。Balasubramanian 和 Lee(2008)在研究公司创新能力随年龄变化的规律后,发现公司创新生产能力随公司的年龄递减。另一方面,"营改增"降低了公司的投资成本,缓解了成长期企业面临的融资约束问题,显增加了成长期公司的研发投资。

### 5.4.5    "营改增"、融资约束与研发支出

随着公司治理和资本市场理论的发展,理论研究中对完美市场的假定也在逐步放松。在存在市场缺陷的现实条件下,融资约束问题及对其形成机理、影响因素、经济后果的探讨也越来越成为学者关注的热点。融资约束是公司融资决策与投资决策的衔接点,也是影响二者的重要因素(Brown et al.,2009a)。融资约束是制约技术创新与产业结构升级的重要因素,融资约束的强弱关乎着公司资本成本、利益相关者的行为决策,进而影响公司的经营成果和企业价值(谭艳艳等,2013;任曙明和吕镯,2014)。就试点公司而言,"营改增"对融资约束程度不同的公司的研发投资有何影响?"营改增"对融资约束程度不同的公司的研发投资的影响是否存在差异?

我们参考Lamont等（2001）的方法，构建如下KZ指数来衡量公司融资约束程度：

$$KZ = 3.139Lev + 0.283Tobin\ Q - 39.368Dividend \\ - 1.002Cflow - 1.315CashHolding \tag{5.3}$$

其中，Lev 为年末负债总额除以年末资产总额；Tobin Q=（流通股股数×流通股价格+非流通股股数×每股净资产+年末总负债）/年末总资产；Dividend 为当期现金股利与滞后一期固定资产之比；Cflow 为当期经营性净现金流量与滞后一期固定资产之比；CashHolding 为当期现金和现金等价物与滞后一期固定资产的比值。

若公司融资约束程度大于或等于中位数，则为融资约束程度高组，否则为融资约束程度低组，分组回归结果列于表5.6。表5.6第（1）、（2）列分别表示融资约束程度低的公司和融资约束程度高的公司与研发支出的关系，结果表明：对于融资约束程度高组，"营改增"对公司研发支出没有显著影响；融资约束程度低组的 Treat×Year 变量系数为 0.008 3，在 5%的置信水平上显著。上述结果表明，"营改增"对融资约束程度高的公司研发支出没有显著影响，但却显著增加了融资约束程度低的公司的研发支出。另外，即使公司出于融资成本考虑首先使用内部融资从事创新产品研发活动，由于研发活动本身带来的内部资金减少与流动性下降，公司对创新产品的生产也将在更大程度上依赖于外部融资。在这种情况下，外部融资约束的存在与加强限制了公司生产创新产品的能力，使公司从一开始便不倾向从事创新研发活动，因此公司是存在异质性的。当面临相同的政策变量时，不同企业受到的影响和作出的反应存在差异。Maskus 等（2012）的研究表明，相比于公司其他生产经营行为，研发活动对资金占用时间较长，从而对外部融资的需求和依赖度更高，因此，外部融资约束会对企业技术创新产生更大的消极影响。这说明融资约束程度越低，越能激发企业的创新动力，强化了"营改增"与公司研发支出之间的正相关关系。

表 5.6 全国性"营改增"对试点企业研发支出影响的 OLS 回归结果（分样本）（二）

| 变量 | 融资约束 | | 机构投资者持股 | | 产品市场竞争程度 | |
| --- | --- | --- | --- | --- | --- | --- |
| | （1）低 | （2）高 | （3）高 | （4）低 | （5）激烈 | （6）较弱 |
| Treat×Year | 0.008 3** （2.176） | 0.001 7 （0.526） | 0.008 5** （2.319） | 0.003 0 （0.900） | 0.015 3*** （6.390） | 0.004 3 （1.605） |
| Treat | −0.012 3* （−1.869） | 0.001 2 （0.205） | −0.011 2* （−1.713） | −0.000 2 （−0.037） | 0.000 0 （.） | −0.005 3 （−1.218） |
| Year | −0.002 1 （−0.534） | 0.004 2 （1.222） | −0.001 0 （−0.248） | 0.001 8 （0.495） | 0.000 0 （.） | 0.000 4 （0.165） |
| Lev | 0.004 1 （1.262） | −0.002 3 （−0.921） | 0.004 4 （1.494） | −0.003 6 （−1.365） | 0.003 7 （1.147） | −0.001 0 （−0.421） |

| 变量 | 融资约束 | | 机构投资者持股 | | 产品市场竞争程度 | |
|---|---|---|---|---|---|---|
| | （1）低 | （2）高 | （3）高 | （4）低 | （5）激烈 | （6）较弱 |
| Size | −0.002 3*** （−4.636） | −0.001 8*** （−5.040） | −0.002 5*** （−6.061） | −0.002 1*** （−4.660） | −0.001 5*** （−3.230） | −0.002 5*** （−6.666） |
| Roa | 0.069 6*** （5.732） | 0.062 2*** （6.239） | 0.115 7*** （10.952） | 0.028 4*** （2.707） | 0.081 7*** （6.560） | 0.072 1*** （7.896） |
| Cash | 0.007 5*** （3.163） | 0.032 9*** （8.992） | 0.012 8*** （4.635） | 0.018 7*** （8.080） | 0.019 4*** （6.342） | 0.014 9*** （6.890） |
| Cflow | 0.024 4*** （4.159） | 0.014 0*** （2.783） | 0.015 4*** （2.765） | 0.019 2*** （3.680） | 0.017 4*** （2.586） | 0.018 8*** （4.092） |
| Growth | 0.012 2*** （8.518） | 0.009 0*** （7.321） | 0.010 6*** （7.810） | 0.011 1*** （8.669） | 0.013 5*** （8.638） | 0.008 7*** （7.533） |
| GDP | −0.014 1 （−0.802） | −0.016 3 （−1.150） | −0.013 1 （−0.849） | −0.030 6* （−1.885） | 0.003 6 （0.176） | −0.026 1** （−1.970） |
| _Cons | 0.066 1*** （5.162） | 0.034 7*** （3.518） | 0.060 7*** （5.369） | 0.051 6*** （4.398） | 0.035 5*** （3.398） | 0.063 2*** （6.795） |
| $R^2$ | 0.325 6 | 0.313 7 | 0.380 4 | 0.311 7 | 0.194 0 | 0.393 2 |
| 调整 $R^2$ | 0.318 4 | 0.306 5 | 0.373 9 | 0.304 6 | 0.190 0 | 0.388 1 |
| $N$ | 2 283 | 2 299 | 2 304 | 2 331 | 1 775 | 2 895 |
| $F$ | 45.425 4 | 43.312 8 | 58.303 3 | 43.520 9 | 53.133 3 | 77.489 9 |

*、**和***分别表示在 10%、5%和 1%的置信水平上显著

注：参数估计值下方括号为经 White 异方差稳健性修正的 $t$ 值

### 5.4.6　"营改增"、机构投资者持股与研发支出

目前在知识经济时代，研发投资对促进公司核心竞争力越来越重要，但是短期内可能不利于公司绩效。目前国内外学术界在机构投资者对研发投资的影响方面一共有两种相互矛盾的观点：一种是机构投资者短视论的观点（Poterba and Summers，1992），这种观点认为基金经理由于来自组织的绩效考核等压力及自身职务升迁等需要，无法有效监督公司管理层，会采取惯性交易战略，即卖出短期内市场表现差的股票并买入市场表现好的股票，这会给公司经理带来较大的改善短期绩效的压力，并牺牲公司在无形项目上的投资。另一种观点认为机构投资者相对于个人投资者是先进的投资者，能够发挥有效监督公司管理层，减少管理层为了私人利益而削减长期投资等机会主义行为的作用，促进公司长期投资（Wahal and McConnell，2000）。范海峰和胡玉明（2012）研究发现我国机构投资者能够显著促进公司研发支出，机构投资者持股成为公司长远竞争力的一个重要影响因素。机构投资者如何看待公司研发活动的高风险与回报周期较长的问题呢？学者经过研究发现，机构投资者与短期的散户投资者不同。首先，机构投资者可能更加关注公司长期的业绩表现；其次，机构投资者具有充足的资金，他们

的风险承担能力更强，因此对公司的研发创新会有积极的影响（明亚欣和刘念，2018）。那么在"营改增"的政策下，机构投资者持股是否会促进公司的研发支出呢？

我们参考陆瑶等（2012）的做法，采用"年末机构投资者持股数量占总股本的比例"衡量机构投资者的持股水平，若公司机构投资者持股水平大于或等于中位数，则为机构投资者持股高组，否则为机构投资者持股低组，分组回归结果列于表5.6。表5.6第（3）、（4）列分别表示机构投资者持股高的公司和机构投资者持股低的公司与公司税负的关系，结果表明：对于机构投资者持股高组，Treat×Year变量系数为0.008 5，在5%的置信水平上显著；对于机构投资者持股低组，"营改增"对公司研发支出没有显著影响。上述结果表明，"营改增"对机构投资者持股低的公司的研发支出没有显著影响，但却显著增加了机构投资者持股高的公司的研发支出。这说明机构投资者持股比例越高，越能发挥其规模、人员和信息优势，经验丰富且专业的机构投资者比普通投资者能获得更多的市场信息，分析并预测"营改增"政策对公司产生的影响，从而采取对公司长期价值有利的投资决策，加强"营改增"与公司研发支出之间的正相关关系。

### 5.4.7 "营改增"、产品市场竞争与研发支出

产品市场竞争作为外部市场机制，对公司的生存与投资决策有重要影响。激烈的竞争环境可能对公司的研发支出产生两方面的影响：一方面，产品市场竞争会增加公司的现金流波动性和破产风险，加剧公司的外部融资约束。公司研发创新的投入高，回报周期长，公司经营风险比较大。公司为了规避风险可能会减少研发投入活动，而处于产品市场竞争较弱环境的垄断企业更愿意进行研发活动（Schumpeter，1994）。另一方面，产品市场竞争可能会激发公司研发创新的动力。因为面对激烈的竞争市场，如果不创新就可能面临被代替甚至被淘汰的风险。公司为了在市场中占领一席之地可能会增加研发支出（Nickell，1996；Okada，2005），保证公司的长期利益，而产品市场竞争较弱的垄断行业公司可能存在创新动力不足的问题，从而减少研发支出。因为这些公司可以利用其垄断地位获得高额利润，因此可能不重视公司研发支出（Arrow，1972）。那么，当公司面临产品市场竞争程度不同时，"营改增"对公司研发支出的影响是否存在差异呢？借鉴已有文献，我们用以下方法度量产品市场的竞争程度。

采用反映市场集中度的行业赫芬达尔-赫希曼指数（Herfindahl-Hirschman index，HHI），$X_j$表示当年第$j$家公司的主营业务收入；$X$表示当年所有公司的主营业务收入总和。计算公式如下：

$$HHI = \sum_{j=1}^{n} \left( X_j / X \right)^2 \qquad (5.4)$$

HHI较大意味着行业集中度较高，公司之间的竞争程度较弱；反之则表示公司之间的竞争程度较强。我们依据公司面临的不同产品市场竞争程度将样本公司分为两组，当HHI低于年度中位数时，表示产品市场竞争较强；否则，表示产品市场竞争较弱。

分组回归结果列于表5.6。表5.6第（5）、（6）列分别表示产品市场竞争激烈组和产品市场竞争较弱组与公司研发支出的关系，结果表明：对于产品市场竞争较弱组，"营改增"对公司研发支出没有显著影响；产品市场竞争激烈组的Treat×Year 变量系数在 1%的置信水平上显著为正，说明"营改增"使得产品市场竞争激烈组的公司实际研发支出显著增加。上述结果表明，相对于产品市场竞争较弱组，"营改增"对公司研发支出的促进作用在产品市场竞争激烈的公司中更为显著。上述结果说明："营改增"带来的成本的节约激发了激烈的产品市场竞争中公司的创新动力，为了保持竞争优势、占据市场份额，公司更倾向采取增加研发支出的投资行为。

# 第6章 "营改增"对企业劳动力需求的影响研究

本章专门讨论"营改增"对企业劳动力需求的影响。劳动力是企业最基本的生产投入,尤其是在发展中国家,劳动力成本在企业生产成本中所占比重往往较大(Cerda and Larrain,2010)。关于企业劳动力需求的影响因素,现有文献主要从以下两个维度展开研究:一是内部因素,即劳动力需求受到企业规模与年龄(Haltiwanger et al.,2010;Aterido et al.,2011;Ayyagari et al.,2011)、企业家社会身份(熊琪等,2015)、融资约束(Campello et al.,2010;Benmelech et al.,2011;张三峰和张伟,2016)、政治关联(Bertrand et al.,2004;梁莱歆和冯延超,2010;郭剑花和杜兴强,2011;何德旭和周中胜,2011)、减排措施(Liu et al.,2018)、产权性质(Shleifer and Vishny,1994;Dewenter and Malatesta,2001;Dong and Putterman,2003;Cooper et al.,2015;曾庆生和陈信元,2006;薛云奎和白云霞,2008)、国有企业层级(吕伟,2006)、预算软约束(Lin and Tan,1999;Bertero and Rondi,2000)和国有企业私有化(Boycko et al.,1996)的影响。二是外部因素,即劳动力需求还会受到经济环境、制度环境、商业环境等因素的影响。金融发展(黄英伟和陈永伟,2015)、产业集群效应(Ellison et al.,2010;Clarke et al.,2016)和放松银行业管制(Beck et al.,2010)强化了企业增加劳动力需求的动机;金融危机(Greenstone et al.,2014;Popov and Rocholl,2018)、环境规制(Anger and Oberndorfer,2008;Ferris et al.,2014;Liu et al.,2017)和劳动法规(Feldmann,2009;刘庆玉,2016)对企业劳动力需求具有负面效应。

目前"营改增"对企业劳动力需求或劳动雇佣的影响在理论上并不明确。袁从帅等(2015)以2007~2013年我国上市公司为样本,运用DID法对二者关系进行实证检验,结果表明"营改增"对企业劳动雇佣无显著影响。我们认为袁从帅等(2015)的研究有待进一步推进,理由如下:一是在研究方法上,该文运用

DID 法检验上海市"营改增"对企业劳动雇佣的影响,并未特别关注 DID 法的适用前提;二是在研究内容上,该文仅检验"营改增"对企业劳动雇佣的影响效应,并未具体验证其作用机理;三是在样本对象范围上,该文仅讨论"营改增"对试点企业的影响,并未涉及非试点企业和非试点地区试点行业,这减损了研究结论的普适性;四是在样本区间选择上,基于数据的可获得性,该文仅检验上海市和八省市"营改增"对企业劳动雇佣的影响,并未考察全国性试点(2013 年 8 月 1 日)之后企业劳动雇佣的变化。

本章的研究内容与方法如下:一是运用 PSM 法检验上海市"营改增"对企业劳动力需求的影响。经过调研得知,上海市在地理位置、经济发展、业务种类、公司类型和税收税源等方面具有一定的独特性和优越性,这使得上海市从众多省市中脱颖而出成为"营改增"的首个试点地区。由此可见,上海市"营改增"并非严格意义上的"自然实验",使用 DID 法检验上海市"营改增"的政策效应并不满足 DID"随机实验或自然实验"的适用前提。加之政策可能引起企业迁移等内生性反应,从而引发"选择性偏差",而 PSM 是控制"选择性偏差"的有效方法。我们采用 PSM 法来检验上海市"营改增"对企业劳动力需求的影响,可以改进现有研究在实证方法上的不足。二是运用面板模型下的 DID,依照"营改增"分地区、分行业逐步推进的时间节点考察其对企业劳动力需求的影响。依次考察上海市、八省市和全国性"营改增"与企业劳动力需求的关系,分别从产权性质(国有企业与非国有企业)和国有企业层级(中央国企和地方国企)方面予以细化,并检验"营改增"增加企业劳动力需求的渠道机制及"营改增"增加劳动力需求的绩效提升作用,弥补以往研究在研究内容和研究对象上的局限。三是在 PSM 法和 DID 法中选取非试点企业和非试点地区试点行业作为控制组进行实证分析。以往关于"营改增"政策效应的研究重点关注其对试点企业的影响,并未涉及非试点企业和非试点地区试点行业,这减损了研究结论的普适性。我们以"营改增"试点行业企业为处理组,分别以非试点企业和非试点地区试点行业为控制组,强化处理组与控制组的可比性,从而使研究结论更科学、更有说服力。

# 6.1   "营改增"影响企业劳动力需求的理论分析

## 6.1.1   "营改增"与企业劳动力需求

税制改革将直接改变企业的实际可得价格和可支配收入,进而影响企业的投资和生产行为（刘璟和袁诚，2012）。供给价格弹性和需求价格弹性共同决定了企业最终税负的高低，而市场结构和消费者偏好等诸多因素会影响价格弹性。因此，税收对企业行为的影响较为复杂，但若仅从要素投入的视角来考察税收变化对企业行为的影响，便可规避市场结构和消费者偏好等因素的干扰（聂辉华等，2009）。

在静态情形下，企业利润函数为

$$\pi = Pq - wL - rK \tag{6.1}$$

其中，$\pi$ 表示利润；$P$ 表示价格；$q$ 表示产量；$w$ 和 $r$ 分别表示工资率和利息率；$L$ 和 $K$ 分别表示劳动和资本。

一方面，企业利润最大化要求劳动和资本的边际生产力之比等于二者价格之比，即

$$\frac{q_L}{q_K} = \frac{w}{r} \tag{6.2}$$

这意味着若企业的资本价格下降，在给定市场结构和需求函数的情况下，企业很可能会增加资本投入以维持均衡状态，直到边际条件重新成立。

另一方面，在利润最大化的前提下，劳动投入的无条件需求函数等于条件需求函数，即

$$l(P, r, w) = l^c(r, w, q) \tag{6.3}$$

同时对式（6.3）等号两边的 $r$ 求导，得到要素的交叉价格效应：

$$\frac{\partial l(P, r, w)}{\partial r} = \frac{\partial l^c(r, w, q)}{\partial r} + \frac{\partial l^c(r, w, q)}{\partial q} \times \frac{\partial q}{\partial r} \tag{6.4}$$

式（6.4）表示资本价格变化引起的劳动投入需求变化。等式右边第一项为替代效应，第二项为收入效应。由于利润最大化的企业不存在预算约束，故收入效应不为 0。

为了更直观地考察收入效应的符号，若单个企业处于完全竞争市场，则价格等于边际成本（$P$=MC），那么：

$$\frac{\partial l(P, r, w)}{\partial r} = \frac{\partial l^c(r, w, q)}{\partial r} + \frac{\partial l^c(r, w, q)}{\partial q} \frac{\partial q(P = \text{MC})}{\partial \text{MC}} \times \frac{\partial \text{MC}}{\partial r} \tag{6.5}$$

利润函数作为一类拟凹函数，$\dfrac{\partial l^c(r, w, q)}{\partial r} > 0$，$\dfrac{\partial l^c(r, w, q)}{\partial q} > 0$，$\dfrac{\partial q(P = \text{MC})}{\partial \text{MC}} < 0$，$\dfrac{\partial \text{MC}}{\partial r} > 0$，因此，总效应 $\dfrac{\partial l(P, r, w)}{\partial r}$ 的符号无法确定。

由此可见，"营改增"与企业劳动力需求的关系取决于两类效应——收入效应与替代效应的权衡。收入效应是指对于试点企业而言，"营改增"打通了增值

税的抵扣链条，企业购进固定资产、不动产、无形资产和服务的进项税额允许抵扣，相当于降低了资本的价格，从而有效地降低了企业的生产成本，增加了现金储备。因此，企业很可能增加资本投入，从而扩大生产规模，企业对资本和劳动力的需求可能同时增加。替代效应是指增值税仅允许抵扣资本项目的进项税额，雇佣的劳动力成本无法抵扣，"营改增"使得试点企业资本相对劳动的价格下降，企业有采用更多资本要素来替代劳动要素的动机，因此会减少劳动力需求。若收入效应大于替代效应，企业劳动力需求增加；反之，则减少。

基于上述分析可知，"营改增"与企业劳动力需求的关系存在不确定性。故提出一对竞争性假设：

**假设 6.1a**：限定其他条件，"营改增"会增加试点企业的劳动力需求。

**假设 6.1b**：限定其他条件，"营改增"会减少试点企业的劳动力需求。

### 6.1.2 "营改增"、产权性质与企业劳动力需求

就业被视为民生之本和安国之策。国内外学者在扩大就业的重要性方面达成了共识：稳定就业是中国政府提供的最好的社会福利。企业是吸纳社会就业的主要来源（王跃堂等，2012）。为了获取政治利益，如获得来自雇员和工会的选票支持，政治家更倾向增加企业雇佣规模（Boycko et al.，1996）。政府干预企业的活动是新兴市场的共同特征（王跃堂和倪婷婷，2015），但不同所有权性质的企业在政府干预与政府攫取程度上会有所差别（Che and Qian，1998）。政府干预国有企业的成本低于干预非国有企业的成本，因此更倾向干预国有企业（Sappington and Stiglitz，1987）。于是，国有企业承担了稳定就业的社会性负担。

由 Kornai（1980）首次提出的"预算软约束"概念从经济学角度解释了国有企业雇佣规模较大这一现象背后的原因。为了追求政治目标，政府通过干预企业使其承担某种政策性负担，如增加就业和控制失业。因此，政府需要对企业由于承担社会责任而导致的成本增加或盈利不佳作出相应的补偿，补偿的方式包括给予融资便利、财政补贴和税收优惠等，这导致企业出现"预算软约束"现象，即国有企业劳动力需求较高通常被认为是"预算软约束"的副产品。虽然国有企业改革的目标是通过引入市场规则提高国有企业的经营效率和财务绩效，但国有企业作为保障社会就业的传统角色并未从根本上发生转变（Dong and Putterman，2003）。雇佣和解雇员工的自主权并未掌握在国有企业的管理者手中，国有企业无法根据需求和技术的变化自主调整劳动力数量，政府仍然能对国有企业的劳动力需求施加实质性影响。相比于国有企业，非国有企业在产权关系上具有独立

性,受政府干预的程度较轻,其可以依据市场经济的规律支配各项生产要素(薛云奎和白云霞,2008),包括自主决定用工政策和雇员规模。

综上可见,在政府试图干预国有企业以追求政治目标的情况下,国有企业与非国有企业的劳动力需求很可能存在差异。若"营改增"总体上增加了企业的劳动力需求,那么增加效应应在国有企业样本组中更显著;反之,若"营改增"减少了企业劳动力需求,那么减弱效应应在非国有企业样本组中更显著。据此,提出假设6.2。

**假设 6.2**: "营改增"对试点企业劳动力需求的增加(减弱)效应在国有(非国有)企业中更明显。

### 6.1.3 "营改增"、国有企业层级与企业劳动力需求

为了最大效率地发挥政府职能,必须建立合理的政府分级制度,中央政府和各级地方政府共同构成我国的行政体系。在这一行政体系下,各级政府的权力和职能存在一定的差异,中央政府的角色类似一位委托人,而各级地方政府更像是代理人(夏立军和方轶强,2005),因而它们干预企业的动机、手段和程度不尽相同。

依据终极控制人层级的不同,国有企业被划分为中央国企和地方国企(省级国企、市级国企和县级国企)。随着国有企业的控制权和经营权被逐步下放到地方各级政府手中,地方各级政府成为辖区内公有经济真正的索取者和控制者(吕伟,2006)。维护地区就业市场稳定是地方政府的重要职责和政绩考核的重要依据(郭剑花和杜兴强,2011)。2007年8月30日第十届全国人大常委会第二十九次会议通过《中华人民共和国就业促进法》,要求县级以上人民政府应当把扩大就业作为自身重要职责及经济和社会发展的重要目标,纳入国民经济和社会发展规划。地方国企作为与地方政府关系最密切的经济主体,其劳动力需求更容易受地方政府干预(曹书军等,2009)。因此,地方国企成为地方政府实现其政治目标的重要工具。吕伟(2006)的研究表明,地方国企的劳动力规模显著高于非国有企业和中央国企。与地方国企不同,中央国企具有中央政府背景因而受地方政府影响较小(郝颖等,2010)。此外,"政企分离"的基本要求使得中央政府不会直接干预中央国企(刘行和李小荣,2012)。

综上可见,不同层级政府控制下的国有企业的劳动力需求很可能存在差异。若"营改增"总体上增加了企业的劳动力需求,那么增加效应应在地方国企样本组中更显著;反之,若"营改增"减少了企业的劳动力需求,那么减弱效应应在中央国企样本组中更显著。据此,提出假设6.3。

**假设 6.3**："营改增"对试点企业劳动力需求的增加（减弱）效应在地方（中央）国企中更明显。

# 6.2 "营改增"影响企业劳动力需求的研究设计

## 6.2.1 样本选择与数据来源

鉴于"营改增"分批试点和稳健性测试的需要，我们以 2010~2015 年为观察期，以 A 股上市公司为初始研究样本，执行如下筛选程序：①删除金融类企业；②删除 ST、PT 公司；③删除资产负债率大于 1 的公司，因为资不抵债的公司经营困难，可能对实证研究产生影响；④剔除仅披露总部员工数即披露员工数少于 200 人的企业，因为一家上市公司的员工一般不会少于 200 人。最终得到 9 406 个样本观测值。上述筛选程序与现有关于企业劳动力需求的文献基本一致（曾庆生和陈信元，2006；王跃堂和倪婷婷，2015）。本章最终控制人信息取自 Wind 数据库，各省（自治区、直辖市）财政收入增长率来自 RESSET 数据库，市场化指数来自王小鲁等（2017）编制的《中国分省份市场化指数报告（2016）》，员工人数和财务数据均来自 CSMAR 数据库。本章对所有连续变量在 1% 和 99% 分位上进行缩尾处理。

## 6.2.2 实证模型

以往研究大多采用 DID 法来考察"营改增"的政策效应。然而，上海市"营改增"的实施并非标准的自然实验，采用 DID 法难以获得无偏一致的估计结果。因此，我们采用 PSM 法和 DID 模型分别考察上海市、八省市和全国性"营改增"对企业劳动力需求的影响。为了消除不可观测的个体效应对结果的干扰，参考聂辉华等（2009）的做法，我们使用面板 DID 模型，同时对标准误进行公司层面的聚类调整。

我们的模型设定如下：

$$
\begin{aligned}
\mathrm{SHSD}_i = {} & \alpha_0 + \alpha_1 \mathrm{Turnover}_i + \alpha_2 \mathrm{Lev}_i + \alpha_3 \mathrm{Size}_i \\
& + \alpha_4 \mathrm{Grossmar}_i + \alpha_5 \mathrm{Ppe}_i + \alpha_6 \mathrm{Age}_i \\
& + \alpha_7 \mathrm{Tobin}\,Q_i + \alpha_8 \mathrm{Assetgro}_i + \alpha_9 \mathrm{Pop}_i \\
& + \alpha_{10} \mathrm{Financegro} + \varepsilon_i
\end{aligned}
\tag{6.6}
$$

$$
\begin{aligned}
\text{Lstaff}_{i,t} = {} & \beta_0 + \beta_1 \text{Treat}_{i,t} + \beta_2 \text{Year}_{i,t} + \beta_3 \text{Treat}_{i,t} \times \text{Year}_{i,t} \\
& + \beta_4 \text{ConVars}_{i,t} + \varepsilon_{i,t}
\end{aligned} \tag{6.7}
$$

### 6.2.3　变量定义

1）因变量

模型（6.6）的因变量 SHSD 表示是否属于上海市"营改增"试点企业：若属于则为 1，否则为 0。模型（6.7）的因变量 Lstaff 表示企业劳动力需求，我们借鉴王跃堂和倪婷婷（2015）、Popov 和 Rocholl（2018）及 Liu 等（2018）的做法，以期末员工人数的自然对数衡量企业劳动力需求。此外，参照曾庆生和陈信元（2006）、梁莱歆和冯延超（2010）及王跃堂和倪婷婷（2015）的做法，使用单位资产员工数 Staffasset 替换因变量 Lstaff 用于稳健性测试，其中，Staffasset 等于员工人数/期末总资产。

2）自变量

自变量 Treat 表示企业是否属于"营改增"试点地区试点行业：若属于则为 1，即处理组；否则为 0，即控制组。Year 表示企业是否属于"营改增"试点后的年份：若属于则为 1，否则为 0。系数 $\beta_3$ 为度量"营改增"政策影响试点企业劳动力需求的净效应。

3）控制变量

参考有关影响税制改革和企业劳动力需求因素的文献（Carroll et al.，2000；刘璟和袁诚，2012；王跃堂等，2012），我们选择如下可能影响上海市成为"营改增"试点地区的因素作为 PSM 计算倾向值的匹配变量。微观层面的因素包括：①资产负债率（Lev），等于期末负债合计与期末资产总计的比值；②企业规模（Size），等于期末资产总计的自然对数；③存货周转率（Turnover），等于期末营业成本与存货平均余额的比值；④资本密集度（Ppe），等于期末固定资产净值除以期末资产总计；⑤营业收入毛利率（Grossmar），等于"（营业收入−营业成本）/营业收入"；⑥上市年龄（Age），等于（分析当年−上市年度+1）的自然对数；⑦长期投资机会（Tobin Q），等于"（流通股市值+未流通股数×每股净资产+负债总计）/资产总计"；⑧短期投资机会（Assetgro），等于总资产增长率。宏观层面的因素包括：①人口规模（Pop），等于各省（自治区、直辖市）当年以万为单位的人口数量的自然对数；②各省（自治区、直辖市）财政收入增长率（Financegro）。

借鉴 Popov 和 Rocholl（2018）、Clarke 等（2016）、曾庆生和陈信元（2006）及王跃堂和倪婷婷（2015）的研究成果，针对模型（6.7），我们设置以下可能影响企业劳动力需求的控制变量：①企业规模（Size），等于期末资产总计的自然对数。一般而言，规模越大的企业，其劳动力需求越大（王跃堂和倪婷婷，2015）；但根据规模经济理论，单位资产或单位营业收入需要投入的劳动力与企业规模成反比。因此，无法确定企业规模（Size）的符号。②资产负债率（Lev），等于期末负债合计与期末资产总计的比值。高负债企业可能因偿债压力过大而通过降低劳动力需求来节省现金流支出（Boeri et al.，2012）。因此，预计资产负债率（Lev）的符号为负。③成长性（Growth），营业收入增长越快，代表企业的成长性越好，劳动力需求越大（曾庆生和陈信元，2006），故预计成长性（Growth）的符号为正。④资本密集度（Ppe），等于期末固定资产净值除以期末资产总计。曾庆生和陈信元（2006）认为，当资产规模一定时，资本密集度越大意味着固定资产越多，劳动力需求越大；然而，资本与劳动力之间的替代效应也可能使得劳动力需求减少，故无法确定资本密集度（Ppe）的符号。⑤股权集中度（Share5），等于前五大股东持股比例的平方和。在股权高度集中的企业中，大股东对企业的影响力较大，政府干预企业以实现其政治目标的交易成本和谈判成本更低，企业劳动力需求更大（李汇东等，2017），故预测股权集中度（Share5）的符号为正。⑥上市年龄（Age），等于（分析当年-上市年度+1）的自然对数。随着企业上市时间的增加，企业生产规模不断扩大，劳动力需求也逐渐增加（曾庆生和陈信元，2006）。Haltiwanger 等（2010）研究表明，新兴的企业成长性更好，劳动力需求更大，故无法预测上市年龄（Age）的符号。⑦人均薪酬（Wage），等于"支付给职工及为职工支付的现金"除以员工数后的自然对数。较高的人均薪酬意味着较高的劳动力成本，可能会抑制企业劳动力需求（王跃堂和倪婷婷，2015），故预测人均薪酬（Wage）的符号为负。⑧地区市场化程度（Mkt），等于各省（自治区、直辖市）市场化指数。该指数越大，表明地区市场化程度越高。企业所处地区的市场化程度越高，劳动力要素的支配受市场影响越大，受政府干预越少，企业劳动力需求越小（吕伟，2006）。因此，预测地区市场化程度（Mkt）的符号为负。

# 6.3 实证检验结果与分析

## 6.3.1 描述性统计

表 6.1 列出了 DID 分析主要变量的描述性统计。结果显示：企业劳动力需求（Lstaff）的标准差为 1.218，说明上市公司的劳动力需求存在较大差异；企业规

模（Size）的标准差是 1.258，说明不同企业的规模差异较大；成长性（Growth）的均值为 0.194，反映我国上市公司的获利能力较好；资产负债率（Lev）的均值为 0.450，说明上市公司的整体负债水平较为合理，基本实现偿债风险与获利能力之间的均衡；地区市场化程度（Mkt）的标准差为 1.729，表明我国不同地区之间市场化水平差距较大。其他变量结果与现有文献基本一致，此处不再赘述。

表 6.1　DID 分析主要变量的描述性统计

| 变量 | 均值 | 标准差 | 最小值 | 中位数 | 最大值 | N |
|---|---|---|---|---|---|---|
| Lstaff | 7.718 | 1.218 | 5.303 | 7.602 | 13.223 | 9 406 |
| Size | 21.970 | 1.258 | 19.720 | 21.785 | 25.876 | 9 406 |
| Share5 | 0.174 | 0.122 | 0.014 | 0.145 | 0.587 | 9 406 |
| Ppe | 0.239 | 0.170 | 0.003 | 0.204 | 0.730 | 9 406 |
| Wage | 11.260 | 0.530 | 10.057 | 11.217 | 12.900 | 9 406 |
| Growth | 0.194 | 0.410 | −0.471 | 0.127 | 2.745 | 9 406 |
| Age | 2.071 | 0.786 | 0 | 2.303 | 3.219 | 9 406 |
| Lev | 0.450 | 0.223 | 0.046 | 0.451 | 0.953 | 9 406 |
| Mkt | 7.519 | 1.729 | −0.300 | 7.830 | 9.950 | 9 406 |

## 6.3.2　相关性分析

表 6.2 报告了主要变量的 Spearman 和 Pearson 相关系数。结果显示：除成长性（Growth）外，其他控制变量均与企业劳动力需求（Lstaff）在 1%的置信水平上显著相关（不论是 Spearman 还是 Pearson 相关系数），绝大多数控制变量之间的相关系数小于 0.5 且系数符号初步符合预期。

表 6.2　DID 分析主要变量的相关系数

| 变量 | Lstaff | Size | Share5 | Ppe | Wage | Growth | Age | Lev | Mkt |
|---|---|---|---|---|---|---|---|---|---|
| Lstaff | | 0.676*** | 0.173*** | 0.243*** | −0.113*** | 0.018* | 0.220*** | −0.335*** | −0.106*** |
| Size | 0.721*** | | 0.231*** | 0.032*** | 0.300*** | 0.025** | 0.331*** | 0.504*** | −0.009 |
| Share5 | 0.223*** | 0.301*** | | 0.019* | 0.166*** | 0.033*** | −0.149*** | 0.003 | 0.032 |
| Ppe | 0.215*** | 0.094*** | 0.033*** | | −0.180*** | −0.096*** | 0.105*** | 0.099*** | −0.185*** |
| Wage | −0.095*** | 0.327*** | 0.178*** | −0.106*** | | −0.036*** | 0.122*** | 0.059*** | 0.233*** |
| Growth | 0 | 0.035*** | 0.053*** | −0.059*** | −0.024** | | −0.163*** | −0.016 | −0.038 |
| Age | 0.224*** | 0.310*** | −0.112*** | 0.169*** | 0.121*** | −0.045*** | | 0.445*** | −0.145*** |

续表

| 变量 | Lstaff | Size | Share5 | Ppe | Wage | Growth | Age | Lev | Mkt |
|------|--------|------|--------|-----|------|--------|-----|-----|-----|
| Lev | $-0.321^{***}$ | $0.474^{***}$ | $0.021^{**}$ | $0.144^{***}$ | $0.063^{***}$ | $0.037^{***}$ | $0.477^{***}$ | | $-0.138^{***}$ |
| Mkt | $-0.087^{***}$ | $-0.021^{**}$ | $0.046^{***}$ | $-0.180^{***}$ | $0.242^{***}$ | $-0.029^{***}$ | $-0.119^{***}$ | $-0.141^{***}$ | |

*、**和***分别表示在 10%、5%和 1%的置信水平上显著

注：表中右上角为 Spearman 相关系数，左下角是 Pearson 相关系数

### 6.3.3　上海市"营改增"影响企业劳动力需求的实证检验

为了检验上海市"营改增"对企业劳动力需求的影响，我们将样本分为两组：一是处理组，即 2012 年上海市"营改增"试点行业企业，共 25 家；二是控制组，即 2012 年非"营改增"试点企业，共 1 941 家。我们通过综合权衡伪 $R^2$ 和 AUC 值（伪 $R^2$ =0.489 6，AUC = 0.880 3），对 PSM 配对协变量进行逐步回归，得出 7 个显著的协变量，分别为资产负债率（Lev）、存货周转率（Turnover）、营业收入毛利率（Grossmar）、资本密集度（Ppe）、上市年龄（Age）、长期投资机会（Tobin Q）和人口规模（Pop）。考虑到控制组样本量较大，且 1∶4 最近邻匹配可最小化均方误差（Abadie et al., 2004），因此，我们采用最近邻匹配方法进行 1∶4 和 1∶1 匹配。

表 6.3 和表 6.4 报告了匹配后的数据平衡测试结果，结果显示：除长期投资机会（Tobin Q）外，匹配后所有变量的标准化偏差均大幅缩小，其中，资产负债率（Lev）、存货周转率（Turnover）、营业收入毛利率（Grossmar）的标准化偏差小于 10%，尽管上市年龄（Age）、资本密集度（Ppe）和人口规模（Pop）的标准化偏差大于 10%，但降幅均超过 50%。同时，$T$ 检验与卡方检验的结果均拒绝原假设，表明处理组与控制组已经不存在系统性差异，这从整体上说明平衡假设得到满足。图 6.1 为匹配前后处理组和控制组 PS 值的密度函数图。经过 PSM 匹配后，处理组和控制组 PS 曲线的拟合程度得到了明显的改善，AUC 等于 0.880 3，ROC 等于 0.635 8，表明模型具有很好的拟合效果，满足共同支撑假设。

**表 6.3　PSM 协变量匹配平衡表**

| 变量 | 匹配前（U） | 均值 | | 偏差比例 | 降低偏差比例 | $T$ 检验 | | 协变量/方差比 |
|------|-----------|------|------|---------|------------|---------|---------|-------------|
| | 匹配后（M） | 处理组 | 控制组 | | | $T$ 值 | $p>|t|$ | |
| Turnover | U | 2.643 | 2.301 | 22.1% | 57.1% | 0.98 | 0.329 | 0.79 |
| | M | 2.643 | 2.496 | 9.5% | | 0.36 | 0.717 | 1.08 |
| Lev | U | 0.351 | 0.336 | 6.3% | 39.7% | 1.88 | 0.057 | 1.20 |
| | M | 0.351 | 0.342 | 3.8% | | 0.22 | 0.828 | 1.08 |
| Grossmar | U | 0.274 | 0.401 | -64.4% | 94.9% | -2.88 | 0.004 | 0.86 |
| | M | 0.274 | 0.280 | -3.3% | | -0.11 | 0.909 | 0.84 |

续表

| 变量 | 匹配前（U） | 均值 | | 偏差比例 | 降低偏差比例 | T 检验 | | 协变量/方差比 |
| --- | --- | --- | --- | --- | --- | --- | --- | --- |
| | 匹配后（M） | 处理组 | 控制组 | | | T 值 | p>\|t\| | |
| Ppe | U | 0.242 | 0.166 | 34.8% | 70.4% | 1.76 | 0.080 | 1.31 |
| | M | 0.242 | 0.219 | 10.3% | | 0.46 | 0.646 | 0.86 |
| Age | U | 9.92 | 7.691 | 34.0% | 53.3% | 1.71 | 0.089 | 1.64 |
| | M | 9.92 | 8.880 | 15.9% | | 0.52 | 0.609 | 1.10 |
| Tobin Q | U | 1.512 | 1.589 | −11.6% | −71.7% | −2.01 | 0.043 | 0.36* |
| | M | 1.512 | 1.645 | −20.0% | | −0.62 | 0.541 | 0.25* |
| Pop | U | 7.775 | 8.415 | −130.7% | 86.1% | −4.61 | 0.000 | 0.00* |
| | M | 7.775 | 7.686 | −18.2% | | 0.91 | 0.365 | 0.00* |

*表示在1%的置信水平上显著

表 6.4 PSM 总体匹配平衡表

| 样本 | 伪 $R^2$ | LR chi2 | P>chi2 | 均值偏差 | 中位数偏差 | Var |
| --- | --- | --- | --- | --- | --- | --- |
| 匹配前（U） | 0.254 | 35.34 | 0.000 | 39.6 | 22.1 | 29% |
| 匹配后（M） | 0.016 | 3.17 | 0.869 | 15.4 | 15.9 | 29% |

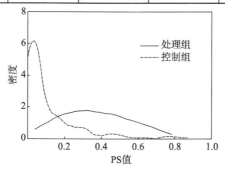

（a）匹配前处理组和控制组 PS 值的密度函数图

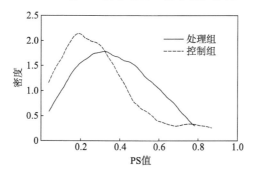

（b）匹配后处理组和控制组 PS 值的密度函数图

图 6.1 匹配前后处理组和控制组 PS 值的密度函数图

表6.5报告了上海市"营改增"影响企业劳动力需求的PSM分析结果。结果

显示，匹配前参与者平均处理效应（ATT）为 0.607，且在 5%的置信水平上显著，$T$ 值为 2.12，表明试点后"营改增"试点企业的劳动力需求显著增加。1∶4 最近邻匹配后参与者平均处理效应（ATT）为 0.832，且在 5%的置信水平上显著，$T$ 值为2.28；1∶1 最近邻匹配后参与者平均处理效应（ATT）为0.705，且在10%的置信水平上显著，$T$ 值为 1.68。这表明，与控制组企业相比，"营改增"政策本身使得处理组企业的劳动力需求显著增加。上述结果表明，相比于非试点企业，上海市"营改增"显著增加了试点企业的劳动力需求，验证了假设 6.1a。

表 6.5　劳动力需求 PSM 参与者平均处理效应（ATT）

| 匹配方法 | 样本 | 处理组 | 控制组 | ATT | 标准误 | $T$ 值 |
|---|---|---|---|---|---|---|
| | 匹配前 | 8.059 | 7.452 | 0.607** | 0.285 | 2.12 |
| 1∶4 最近邻匹配 | 匹配后 | 8.059 | 7.227 | 0.832** | 0.365 | 2.28 |
| 1∶1 最近邻匹配 | 匹配后 | 8.059 | 7.354 | 0.705* | 0.445 | 1.68 |

*和**分别表示在 10%和 5%的置信水平上显著

我们进一步将控制组替换成非试点地区试点行业企业，表 6.6 报告了区分全样本、交通运输业和现代服务业的 1∶4 最近邻匹配分析结果。结果显示：在全样本组中，匹配前参与者平均处理效应（ATT）为 0.712，且在 1%的置信水平上显著，$T$ 值为 2.63，这说明试点企业的劳动力需求显著增加；匹配后 ATT 为1.097，且在 5%的置信水平上显著，$T$ 值为 2.14，这表明与非试点地区试点行业相比，"营改增"政策本身显著增加了上海市试点企业的劳动力需求。对于交通运输业和现代服务业而言，匹配后 ATT 值为正，但不显著，表明"营改增"使得上海市交通运输业和现代服务业的劳动力需求略有增加。为了进一步探究匹配后全样本 ATT 值显著但分行业不显著的原因，我们对匹配后的交通运输业和现代服务业样本进行均值检验。未报告的均值检验结果显示，相比于现代服务业样本组，交通运输业的企业劳动力需求更高，$T$ 值为5.54，且在1%的置信水平上显著。这说明"营改增"使得上海市交通运输业的劳动力需求显著高于现代服务业。由此可见，虽然匹配后交通运输业和现代服务业各自的 ATT 值在统计上不具有显著性，但二者的共同效应使得全样本整体显著。上述结果支持了假设 6.1a。

表 6.6　试点行业劳动力需求 PSM 参与者平均处理效应（ATT）

| 样本 | | 处理组 | 控制组 | ATT | 标准误 | $T$ 值 |
|---|---|---|---|---|---|---|
| 全样本 | 匹配前 | 8.059 | 7.347 | 0.712*** | 0.271 | 2.63 |
| | 匹配后 | 8.059 | 6.962 | 1.097** | 0.512 | 2.14 |
| 交通运输业 | 匹配前 | 9.163 | 7.912 | 1.251*** | 0.421 | 2.97 |
| | 匹配后 | 9.163 | 8.259 | 0.904 | 0.580 | 1.56 |
| 现代服务业 | 匹配前 | 7.191 | 7.007 | 0.184 | 0.286 | 0.64 |
| | 匹配后 | 7.191 | 7.020 | 0.171 | 0.299 | 0.57 |

综上分析可知，上海市"营改增"对试点企业劳动力需求具有显著的增加效应：一方面，与非试点企业相比，"营改增"显著增加了试点企业的劳动力需求；另一方面，与非试点地区试点行业相比，"营改增"整体上显著增加了试点企业的劳动力需求，其中，交通运输业和现代服务业均略有增加且交通运输业的劳动力需求增加显著高于现代服务业。这一结论支持了收入效应在"营改增"与企业劳动力需求的关系中占据主导地位，假设 6.1a 得证。

### 6.3.4　八省市"营改增"影响企业劳动力需求的实证检验

我们采用模型（6.7）将样本分为两组：一是处理组，即八省市"营改增"试点行业企业，此时 Treat 取 1；二是控制组，即非"营改增"试点行业企业，此时 Treat 取 0。当企业处于 2013 年时，年度虚拟变量 Year 取 1；当企业处于 2011 年时，Year 取 0。选取 2013 年作为政策考察年份的原因是八省市"营改增"于 2012 年 9 月启动且政策存在时滞效应。因此，Treat×Year=1 表示 2013 年八省市"营改增"试点企业。使用 DID 而非 PSM 的原因如下：①八省市的考察年份为 2013 年，而"营改增"试点于 2013 年 8 月 1 日起在全国逐渐铺开，将 2013 年非八省市"营改增"试点行业企业设为控制组包含全国性试点的政策效应，不宜作为匹配变量；②随着"营改增"的试点范围从上海市扩展到八省市再迅速推广到全国，样本"选择性偏差"的可能性很小，逼近于"自然实验"。

表 6.7 列示了固定效应模型下八省市"营改增"影响企业劳动力需求的 DID 检验结果。结果显示：当控制组为非试点企业时，Treat×Year 系数为 0.092 2，且在 1%的置信水平上显著，这表明，与非试点企业相比，"营改增"显著增加了试点企业的劳动力需求，验证了假设 6.1a；当控制组为非试点地区试点行业时，全样本组的 Treat×Year 系数为 0.024 4，且在 10%的置信水平上显著，其中，交通运输业的劳动力需求显著增加（Treat×Year 系数为 0.500 6，且在 1%的置信水平上显著），现代服务业的劳动力需求略有下降（Treat×Year 系数为 −0.093 6，但不显著），表明与非试点地区试点行业相比，改革整体上促进了试点企业劳动力需求的增加，但并未促使现代服务业企业大幅增加劳动力投资，说明"营改增"对交通运输业劳动力需求的拉动效应大于现代服务业。可能的原因如下：相比于交通运输业，现代服务业以劳动密集型企业为主，企业本身的劳动力需求已经较大，因此对政策的敏感度较低。上述结果支持了假设 6.1a。其他控制变量的结果基本符合预期。

表 6.7 八省市"营改增"与企业劳动力需求

| 变量 | 控制组：非试点企业 | 控制组：非试点地区试点行业 | | |
|---|---|---|---|---|
| | 全样本 | 全样本 | 交通运输业 | 现代服务业 |
| Treat×Year | 0.092 2*** （2.755） | 0.024 4* （1.811） | 0.500 6*** （4.280） | −0.093 6 （−0.676） |
| Treat | −0.166 1*** （−2.785） | — | — | — |
| Year | 0.069 4*** （4.325） | 0.126 4** （2.278） | −0.135 2* （−1.711） | 0.121 2 （1.613） |
| Mkt | −0.007 6*** （−3.475） | −0.047 8 （−0.449） | −0.468 9*** （−5.990） | 0.069 5 （0.488） |
| Size | 0.603 3*** （18.398） | 0.425 8*** （10.960） | 0.441 0*** （14.476） | 0.382 4*** （3.418） |
| Share5 | 0.047 9 （0.168） | 1.070 2 （0.996） | 0.685 7 （0.385） | 0.419 9 （0.336） |
| Ppe | 0.425 7*** （4.042） | −0.156 2 （−0.368） | 0.356 4 （1.025） | 0.036 0 （0.042） |
| Wage | −0.833 7*** （−23.181） | −0.775 7*** （−7.167） | −0.857 7*** （−7.280） | −0.643 1*** （−5.747） |
| Growth | 0.027 4 （1.509） | 0.079 1 （1.497） | 0.209 6*** （3.847） | 0.147 7* （1.691） |
| Age | 0.190 1*** （7.013） | 0.427 8*** （3.825） | 1.388 1*** （4.875） | 0.397 9*** （3.180） |
| Lev | −0.032 4 （−0.317） | −0.189 0 （−0.399） | −0.445 0 （−0.935） | −0.036 9 （−0.075） |
| _Cons | 3.247 5*** （3.834） | 6.631 4*** （3.450） | 8.191 9*** （3.324） | 5.187 9 （1.569） |
| Within-$R^2$ | 0.679 2 | 0.822 1 | 0.885 4 | 0.786 8 |
| $N$ | 3 844 | 243 | 75 | 168 |
| $F$ | 38.87 | 54.14 | 38.58 | 41.48 |

*、**和***分别表示在 10%、5% 和 1% 的置信水平上显著
注：标准误经公司层面聚类调整；括号内为 $t$ 值

我们更深入地检验了政策在不同产权性质企业中的异质性效果，根据最终控制人类型将企业划分为国有企业和非国有企业，并进一步将国有企业区分为中央国企和地方国企。表 6.8 列示了分组回归结果。结果显示：国有企业的 Treat × Year 系数为 0.104 6，但不显著；非国有企业的 Treat × Year 系数为 0.111 0，且在 5% 的置信水平上显著。这表明，相比于国有企业，八省市"营改增"对试点企业劳动力需求的显著增加效应仅在非国有企业中存在。中央国企的 Treat × Year 系数为 −0.003 4，但不显著；地方国企的 Treat × Year 系数为 0.505 8，且在 1% 的置信水平上显著。这说明，相比于中央国企，"营改增"对试点企业劳动力需求的增加效应仅在地方国企中存在。上述结论验证了假设 6.3。

**表 6.8　八省市"营改增"与企业劳动力需求（区分产权性质与国有企业层级）**

| 变量 | 被解释变量：企业劳动力需求 | | | |
|---|---|---|---|---|
| | （1） | （2） | （3） | （4） |
| | 国有企业 | 非国有企业 | 中央国企 | 地方国企 |
| Treat×Year | 0.104 6<br>（1.505） | 0.111 0**<br>（2.394） | −0.003 4<br>（−0.062） | 0.505 8***<br>（3.893） |
| Treat | −0.151 6<br>（−1.521） | −0.123 7*<br>（−1.839） | −0.043 3<br>（−0.387） | −0.500 3***<br>（−4.040） |
| Year | 0.105 4***<br>（4.753） | 0.063 1**<br>（2.499） | 0.124 8***<br>（4.19 5） | 0.094 1***<br>（4.093） |
| ConVars | 控制 | 控制 | 控制 | 控制 |
| _Cons | 5.769 0***<br>（5.019） | 1.747 8<br>（1.397） | 6.099 3***<br>（6.520） | 5.613 6***<br>（5.981） |
| Within-$R^2$ | 0.754 2 | 0.625 6 | 0.802 2 | 0.742 3 |
| $N$ | 1 703 | 2 141 | 578 | 1 125 |
| $F$ | 75.53 | 82.52 | 93.62 | 36.15 |

*、**和***分别表示在 10%、5%和 1%的置信水平上显著

　　综上所述，八省市"营改增"影响企业劳动力需求的实证检验表明，"营改增"政策对试点企业劳动力需求具有显著的增加效应：一方面，与非试点企业相比，"营改增"显著增加了试点企业的劳动力需求；另一方面，与非试点地区试点行业相比，"营改增"整体上促进了试点企业劳动力需求的增加，其中，交通运输业显著增加、现代服务业略有下降，说明"营改增"对交通运输业劳动力需求的拉动效应大于现代服务业。这一结论支持了收入效应在"营改增"与企业劳动力需求的关系中占据主导地位。此外，区分产权性质和国有企业层级的检验结果表明，相比于国有企业和中央国企，八省市"营改增"仅对非国有企业和地方国企的劳动力需求有显著促进作用。

## 6.3.5　全国性"营改增"影响企业劳动力需求的实证检验

　　与八省市的做法类似，我们使用模型（6.7）样本分为两组：①处理组，即全国性"营改增"试点行业企业，在"1+6"的基础上增加了广播影视业、铁路运输业、邮政业和电信业，此时 Treat 取 1；②控制组，即非"营改增"试点行业企业，此时 Treat 取 0。全国性"营改增"的启动时间为 2013 年 8 月 1 日，其中，电信业"营改增"的启动时间为 2014 年 6 月 1 日，考虑到政策的时滞效应，

2014 年企业劳动力需求仅包含部分"营改增"效应，2012 年上海市和八省市试点企业的劳动力需求也含有部分"营改增"效应。为使研究环境在最大限度内"纯净化"，我们将考察年份设定为 2015 年和 2011 年：即当企业处于 2015 年时，Year 取 1；当处于 2011 年时，Year 取 0。

表 6.9 列示了固定效应模型下全国性"营改增"影响企业劳动力需求的 DID 检验结果。结果显示：全样本组的 Treat×Year 系数为 0.049 4，且在 10%的置信水平上显著，表明与非试点企业相比，"营改增"使得试点企业劳动力需求显著增加，支持了假设 6.1a。同时，与试点前相比，"营改增"后交通运输业的劳动力需求显著增加（Treat×Year 系数为 0.058 1，且在 10%的置信水平上显著），现代服务业的劳动力需求略有上升（Treat×Year 系数为 0.233 3，但不显著）。

表 6.9　全国性"营改增"与企业劳动力需求

| 变量 | （1） | （2） | （3） |
|---|---|---|---|
| | 全样本 | 交通运输业 | 现代服务业 |
| Treat×Year | 0.049 4* <br> （1.864） | 0.058 1* <br> （1.642） | 0.233 3 <br> （1.568） |
| Treat | −0.024 0 <br> （−0.389） | — | — |
| Year | 0.076 5*** <br> （2.665） | — | — |
| ConVars | 控制 | 控制 | 控制 |
| _Cons | 2.051 5** <br> （2.167） | 2.334 4* <br> （1.842） | 8.191 7*** <br> （3.332） |
| Within-$R^2$ | 0.651 8 | 0.884 6 | 0.721 0 |
| $N$ | 4 010 | 80 | 214 |
| $F$ | 25.51 | 47.58 | 18.88 |

*、**和***分别表示在 10%、5%和 1%的置信水平上显著

表 6.10 列示了区分产权性质与国有企业层级分组的回归结果。结果显示：国有企业的 Treat×Year 系数为 0.093 8，且在 5%的置信水平上显著；非国有企业的 Treat×Year 系数为−0.019 5，但不显著。中央国企的 Treat×Year 系数为−0.056 9，但不显著。地方国企的 Treat×Year 系数为 0.171 0，且在 1%的置信水平上显著。这表明，相比于非国有企业和中央国企，全国性"营改增"对试点企业劳动力需求的增加效应仅在国有企业和地方国企中存在。由此可见，"营改增"主要通过增加地方国企的劳动力需求从而使整个国有企业的劳动力需求显著增加。上述结论验证了假设 6.2 和假设 6.3，即"营改增"对试点企业劳动力需求

的增加效应在国有企业和地方国企中更明显。

表 6.10 全国性"营改增"与企业劳动力需求（区分产权性质与国有企业层级）

| 变量 | 被解释变量：企业劳动力需求 | | | |
|------|------|------|------|------|
| | （1） | （2） | （3） | （4） |
| | 国有企业 | 非国有企业 | 中央国企 | 地方国企 |
| Treat×Year | 0.093 8$^{**}$<br>（2.118） | −0.019 5<br>（−0.355） | −0.056 9<br>（−0.881） | 0.171 0$^{***}$<br>（2.693） |
| Treat | −0.006 1<br>（−0.061） | −0.125 5<br>（−1.515） | −0.003 4<br>（−0.027） | −0.158 8<br>（−0.911） |
| Year | 0.069 3<br>（1.129） | 0.039 8<br>（0.836） | 0.172 8$^{**}$<br>（2.572） | 0.044 3<br>（0.617） |
| ConVars | 控制 | 控制 | 控制 | 控制 |
| _Cons | 2.647 3<br>（1.410） | 1.570 1$^{*}$<br>（1.812） | 2.499 5$^{*}$<br>（1.733） | 1.580 3<br>（0.943） |
| Within-$R^2$ | 0.590 1 | 0.682 4 | 0.747 1 | 0.574 9 |
| $N$ | 1 703 | 2 307 | 581 | 1 122 |
| $F$ | 30.73 | 77.69 | 116.30 | 22.21 |

*、**和***分别表示在 10%、5%和 1%的置信水平上显著

值得注意的是，区分产权性质的回归结果显示：八省市"营改增"对劳动力需求的增加效应在非国有企业中更显著，而全国性"营改增"对劳动力需求的增加效应在国有企业中更显著。可能的原因如下：八省市属于我国经济发达地区，市场发育成熟，市场化程度高，劳动力要素更多受市场而非政府支配，政府干预国有企业吸纳更多劳动力以解决就业问题的程度小（吕伟，2006）。随着"营改增"试点推广至全国，全国范围的市场化程度相对八省市而言有所下降，政府干预国有企业以转嫁社会性负担的力度依然强势，因此国有企业劳动力需求显著高于非国有企业。

综上所述，全国性"营改增"整体上促进了试点企业劳动力需求的增加，其中，交通运输业显著增加，现代服务业略有增加。这一结论支持了收入效应在"营改增"与企业劳动力需求的关系中占据主导地位，同时进一步支持了"营改增"对交通运输业劳动力需求的拉动效应大于现代服务业。同时，产权性质与国有企业层级的分组结果表明，全国性"营改增"仅对国有企业和地方国企的劳动力需求有显著促进作用。这说明，"营改增"主要通过增加地方国企的劳动力需求从而使得整个国有企业的劳动力需求显著增加。

# 6.4　拓展性分析

## 6.4.1　渠道机制检验

为了更直接、更具体地体现"营改增"增加企业劳动力需求的路径，我们进一步探寻"营改增"影响企业劳动力需求的渠道机制。根据前文的逻辑推导，"营改增"打通增值税的抵扣链条，使得一般纳税人企业降低购买非生产经营用固定资产、不动产、无形资产和服务的成本，留存更多现金流，缓解内部融资约束，扩大生产规模，从而增加对劳动力的投入。基于数据的可得性，我们拟检验"营改增"政策、内源融资约束水平和企业劳动力需求三者之间的中介效应。参考罗宏和陈丽霖（2012）的做法，我们采用内部积累和商业信用衡量内源融资约束水平。其中，内部积累用"期末现金持有量除以资产总计"来度量（阳佳余，2012），商业信用用"期末应收账款与其他应收款之和除以资产总计"来衡量（Asselbergh，1999）。该类指标越高，代表企业内源融资约束水平指标越低。内源融资约束水平的具体计算方法如下：将企业的内部积累和商业信用分别按分位数值由低至高分为 5 组，对每组相应赋值为 1~5，将两项指标的得分加总之后除以 2 即得到内源融资约束水平指标 INT。INT 值越大，代表企业内源融资约束水平指标越低。

我们借鉴温忠麟等（2004）、Gu 等（2008）的方法，设定如下递归方程模型以检验内源融资约束水平的中介作用：

$$\text{Mediator}_{i,t} = \mu_i + \theta_1 \text{Treat}_{i,t} + \theta_2 \text{Year}_{i,t} + \theta_3 \text{Treat}_{i,t} \times \text{Year}_{i,t} + \tau' \text{Control}_{i,t} + \varepsilon_{i,t}$$

$$\text{（6.8）}$$

$$\begin{aligned} \text{Lstaff}_{i,t} = {}& \mu_i + \Phi_1 \text{Treat}_{i,t} \times \text{Year}_{i,t} + \Phi_2 \text{Mediator}_{i,t} + \Phi_3 \text{Treat}_{i,t} + \Phi_4 \text{Year}_{i,t} \\ & + \tau' \text{Control}_{i,t} + \varepsilon_{i,t} \end{aligned}$$

$$\text{（6.9）}$$

检验原理如下：首先估计式（6.7），如果 $\beta_3$ 显著大于 0，说明"营改增"的实施显著增加了试点企业的劳动力需求；之后再估计式（6.8）和式（6.9），若 $\theta_3$ 和 $\Phi_2$ 均显著异于 0，说明"营改增"政策通过中介变量增加了企业劳动力需求。另外，若 $\Phi_2$ 显著但 $\Phi_1$ 不显著，说明中介变量具有完全中介作用，但若 $\theta_3$ 和 $\Phi_2$ 中有一个不显著，则须通过 Sobel 检验来判断中介变量的效应。

我们借鉴罗宏和陈丽霖（2012）的做法，在模型（6.8）中控制了企业规模（Size）、资产负债率（Lev）、资本密集度（Ppe）、成长性（Growth）、净现金流（Cflow）、长期投资机会（Tobin Q）和股权集中度（Share5）等可能影响内源融资约束水平的变量。表6.11列示了中介效应的检验结果。结果显示：就八省市"营改增"而言，第（1）列中 Treat×Year 在10%的置信水平上显著为正，说明"营改增"使得试点企业内源融资约束水平指标显著下降。第（2）列中的 Treat×Year 和 INT 均在5%的置信水平上显著为正，说明"营改增"通过降低内源融资约束水平进而增加企业的劳动力需求。未报告的 Sobel 检验结果显示：中介效应检验 $Z$ 值为 1.868，$P$ 值为 0.062，中介效应比例为 0.167，表明内源融资约束水平具有显著的部分中介效应。就全国性"营改增"而言，第（3）列中 Treat×Year 在10%的置信水平上显著为正，说明"营改增"显著缓解了试点企业的内源融资约束水平。第（4）列中的 INT 在1%的置信水平上显著为正，且 Treat×Year 不显著，说明内源融资约束水平的下降是"营改增"增加企业劳动力需求的主要渠道。未报告的 Sobel 检验结果显示：中介效应检验 $Z$ 值为 2.303，$P$ 值为 0.021，中介效应比例为 0.173，表明内源融资约束水平具有显著的完全中介效应。这些结果支持了理论分析中的逻辑，即"营改增"政策的实施增加了企业内部积累，缓解了内源融资约束水平，进而对企业劳动力需求产生促进效应。

表 6.11　中介效应的检验结果

| 变量 | 八省市 | | 全国 | |
|---|---|---|---|---|
| | （1） | （2） | （3） | （4） |
| | INT | Lstaff | INT | Lstaff |
| Treat×Year | 0.125 9$^*$ （1.773） | 0.077 5$^{**}$ （2.388） | 0.055 3$^*$ （1.697） | 0.036 3 （0.875） |
| INT | | 0.027 9$^{**}$ （2.062） | | 0.063 5$^{***}$ （3.788） |
| Treat | −0.241 8$^{**}$ （−2.299） | −0.141 1$^{**}$ （−2.358） | −0.101 7 （−0.951） | −0.004 9 （−0.077） |
| Year | −0.042 5$^{**}$ （−2.032） | 0.054 1$^{***}$ （3.825） | −0.039 3 （−1.301） | 0.035 5 （0.904） |
| ConVars | 控制 | 控制 | 控制 | 控制 |
| _Cons | 7.406 5$^{***}$ （5.734） | 2.060 0$^{***}$ （2.871） | 7.847 3$^{***}$ （7.848） | 1.286 0 （1.249） |
| Within-$R^2$ | 0.126 0 | 0.696 3 | 0.182 2 | 0.655 7 |
| $N$ | 3 839 | 3 839 | 4 005 | 4 005 |
| $F$ | 20.79 | 38.21 | 32.03 | 11.45 |

*、**和***分别表示在10%、5%和1%的置信水平上显著

### 6.4.2　"营改增"、劳动力需求与企业绩效

劳动力雇佣行为是影响企业绩效的重要因素，劳动力冗余导致的劳动力成本增加会影响企业利润水平（刘慧龙等，2010）。企业劳动力成本的高低取决于劳动力数量和工资率的共同影响，若劳动力数量增加但工资率下降，那么劳动力成本的变化无法确定。因此，在工资率变化不明的情况下，企业劳动力需求的增加对劳动力成本的影响具有不确定性，进而无法确定对企业绩效的影响。借鉴Beck等（2010）的方法，我们引用DDD模型的思路来研究"营改增"增加企业劳动力需求对企业绩效的影响，具体如下：

$$
\begin{aligned}
\mathrm{ROA}_{i,t} / \mathrm{IAROA}_{i,t} = {} & \gamma_0 + \gamma_1 \mathrm{Treat}_{i,t} + \gamma_2 \mathrm{Treat}_{i,t} \times \mathrm{Lstaff}_{i,t} \\
& + \gamma_3 \mathrm{Treat}_{i,t} \times \mathrm{Year}_{i,t} + \gamma_4 \mathrm{Year}_{i,t} \times \mathrm{Lstaff}_{i,t} \\
& + \gamma_5 \mathrm{Treat}_{i,t} \times \mathrm{Year}_{i,t} \times \mathrm{Lstaff}_{i,t} + \gamma_6 \mathrm{Year}_{i,t} \\
& + \gamma_7 \mathrm{Lstaff}_{i,t} + \mathrm{ConVars} + \theta_{i,t}
\end{aligned} \quad (6.10)
$$

借鉴Cornett等（2007）及Elyasiani等（2010）的研究，我们采用ROA和经行业调整的ROA（IAROA）作为企业绩效的代理变量。同时，我们控制了企业规模（Size）、资产负债率（Lev）、账面市值比（BM）、成长性（Growth）、经营性现金净流量（Cflow）和股权集中度（Share5）等可能影响企业绩效的变量。

表6.12列示了"营改增"引发企业劳动力需求增加对企业绩效的影响的检验结果。结果显示：以八省市为例，Treat×Year与企业绩效（ROA/IAROA）均在1%的置信水平上显著负相关，Treat×Year×Lstaff与企业绩效（ROA/IAROA）均在1%的置信水平上显著正相关。这说明，虽然"营改增"的实施降低了企业绩效，但"营改增"对企业劳动力需求的增加效应有效减弱了"营改增"给企业绩效造成的负面影响。可能的原因如下："营改增"会促进社会分工（陈钊和王旸，2016），企业可能调整定价策略，改变竞争战略，这可能降低企业绩效。但是，"营改增"引发的劳动力需求增加为企业扩大再生产创造了条件，从而削弱了"营改增"对企业绩效的负面效应。

表 6.12　"营改增"、劳动力需求与企业绩效

| 变量 | 八省市 | | 全国 | |
|---|---|---|---|---|
| | （1） | （2） | （3） | （4） |
| | ROA | IAROA | ROA | IAROA |
| Treat×Year×Lstaff | 0.014 3*** （2.966） | 0.013 5*** （2.677） | 0.001 7 （0.489） | 0.000 3* （1.648） |
| Treat×Year | −0.108 4*** （−2.883） | −0.106 8*** （−2.723） | −0.002 2 （−0.075） | −0.004 3* （−1.753） |

续表

| 变量 | 八省市 | | 全国 | |
|---|---|---|---|---|
| | （1） | （2） | （3） | （4） |
| | ROA | IAROA | ROA | IAROA |
| ConVars | 控制 | 控制 | 控制 | 控制 |
| _Cons | −0.560 4*** | −0.559 5*** | −0.339 2*** | −0.334 0*** |
| | （−5.700） | （−5.651） | （−4.165） | （−4.123） |
| Within-$R^2$ | 0.343 6 | 0.278 9 | 0.345 2 | 0.257 4 |
| N | 3 839 | 3 839 | 4 004 | 4 004 |
| F | 39.16 | 22.19 | 51.13 | 24.53 |

*和***分别表示在 10%和 1%的置信水平上显著

# 6.5  稳健性检验

## 6.5.1  替换劳动力需求衡量方式

依前文所述，我们采用单位资产员工数（Staffasset）作为企业劳动力需求的替代变量。就上海市"营改增"而言，表 6.13 和表 6.14 分别列示了以非试点企业和非试点地区试点行业为控制组的 PSM 分析结果。结果显示：在 1∶4 最近邻匹配方法下，匹配后参与者平均处理效应（ATT）为 0.076，且在 1%的置信水平上显著，T 值为 2.78；在 1∶1 最近邻匹配方法下，匹配后参与者平均处理效应（ATT）为 0.076，且在 1%的置信水平上显著，T 值为 2.67。在全样本组中，匹配后 ATT 值为 0.081，且在 1%的置信水平上显著，T 值为 2.74。在交通运输业和现代服务业样本组中，匹配后 ATT 值分别为 0.108 和 0.036，均在 10%的置信水平上显著。上述结果表明，上海市"营改增"显著增加了试点企业的劳动力需求，这进一步支持了前文的结论。

表 6.13  非试点企业劳动力需求 PSM 参与者平均处理效应（ATT）

| 匹配方法 | 样本 | 处理组 | 控制组 | ATT | 标准误 | T 值 |
|---|---|---|---|---|---|---|
| | 匹配前 | 0.141 | 0.083 | 0.058*** | 0.018 | 3.17 |
| 1∶4 最近邻匹配 | 匹配后 | 0.141 | 0.065 | 0.076*** | 0.028 | 2.78 |
| 1∶1 最近邻匹配 | 匹配后 | 0.141 | 0.065 | 0.076*** | 0.029 | 2.67 |

***表示在 1%的置信水平上显著

**表 6.14　非试点地区试点行业劳动力需求 PSM 参与者平均处理效应（ATT）**

| 样本 | | 处理组 | 控制组 | ATT | 标准误 | $T$ 值 |
|---|---|---|---|---|---|---|
| 全样本 | 匹配前 | 0.142 | 0.082 | 0.060*** | 0.019 | 3.11 |
| | 匹配后 | 0.141 | 0.060 | 0.081*** | 0.030 | 2.74 |
| 交通运输业 | 匹配前 | 0.163 | 0.045 | 0.118*** | 0.034 | 3.46 |
| | 匹配后 | 0.163 | 0.055 | 0.108* | 0.058 | 1.86 |
| 现代服务业 | 匹配前 | 0.124 | 0.104 | 0.020 | 0.020 | 1.01 |
| | 匹配后 | 0.124 | 0.088 | 0.036* | 0.020 | 1.88 |

*和***分别表示在 10%和 1%的置信水平上显著

就八省市和全国性"营改增"而言，表6.15列示了替换劳动力需求衡量方式之后的 DID 检验结果。结果表明：无论是八省市还是全国范围内，"营改增"后试点企业的劳动力需求总体上显著增加，其中，交通运输业显著增加，现代服务业无实质性变化。与前文结论保持一致。

**表 6.15　稳健性检验（改变因变量度量方法）**

| 变量 | 八省市 | | | 全国 | | |
|---|---|---|---|---|---|---|
| | （1） | （2） | （3） | （4） | （5） | （6） |
| | 全样本 | 交通运输业 | 现代服务业 | 全样本 | 交通运输业 | 现代服务业 |
| Treat×Year | 0.001 0** （2.305） | 0.003 4** （2.474） | −0.000 6 （−0.441） | 0.004 9* （1.733） | 0.006 4* （1.810） | 0.012 2 （1.223） |
| Treat | −0.001 5*** （−2.671） | — | — | −0.003 8 （−0.493） | — | — |
| Year | 0.000 1 （0.723） | −0.000 7 （−0.603） | 0.000 5 （0.555） | 0.003 6* （1.702） | — | — |
| ConVars | 控制 | 控制 | 控制 | 控制 | 控制 | 控制 |
| _Cons | 0.154 3*** （13.478） | 0.092 7** （2.403） | 0.147 9*** （4.599） | 1.370 1*** （17.591） | 1.084 1* （1.966） | 1.795 7*** （4.734） |
| Within-$R^2$ | 0.447 3 | 0.876 1 | 0.511 9 | 0.463 8 | 0.413 6 | 0.562 7 |
| $N$ | 3 844 | 75 | 168 | 4 010 | 80 | 214 |
| $F$ | 44.45 | 40.09 | 7.24 | 68.05 | 2.50 | 5.90 |

*、**和***分别表示在 10%、5%和 1%的置信水平上显著

### 6.5.2　调整考察年份

鉴于八省市试点启动于 2012 年，当年企业劳动力需求包含部分政策效应，于是将 2012 年和 2013 年设置为 Year=1，将 2011 年设置为 Year=0。此外，为了

考察相对较长时间的政策效应,我们将 2012 年和 2013 年设置为 Year=1,将 2010 年和 2011 年设置为 Year=0。调整考察年份之后重新执行 DID 处理,回归结果列于表 6.16。结果显示:无论如何调整样本区间,"营改增"均使得全样本组和交通运输业企业的劳动力需求显著增加,现代服务业企业略有下降。上述结论与前文保持一致。

表 6.16 稳健性检验(调整八省市考察年份)

| 变量 | (1) | (2) | (3) | (4) | (5) | (6) |
|---|---|---|---|---|---|---|
| | 全样本 | 交通运输业 | 现代服务业 | 全样本 | 交通运输业 | 现代服务业 |
| Treat×Year | 0.069 2** (2.411) | 0.228 8*** (2.759) | -0.086 2 (-1.218) | 0.062 6** (2.068) | 0.103 1* (1.912) | -0.084 2 (-1.173) |
| Treat | -0.134 1** (-2.516) | — | — | -0.114 3** (-2.017) | — | — |
| Year | 0.045 4*** (6.158) | -0.090 2 (-1.619) | 0.124 3** (2.350) | 0.046 7*** (5.699) | 0.010 1 (0.201) | 0.108 1* (1.965) |
| ConVars | 控制 | 控制 | 控制 | 控制 | 控制 | 控制 |
| _Cons | 3.215 2*** (4.693) | 7.273 9*** (4.949) | 4.120 0** (2.149) | 2.072 4*** (3.726) | 6.253 6*** (4.015) | 2.026 5 (1.037) |
| Within-$R^2$ | 0.662 9 | 0.863 7 | 0.689 5 | 0.677 0 | 0.857 2 | 0.716 8 |
| N | 5 830 | 131 | 258 | 7 254 | 147 | 303 |
| F | 46.88 | 54.90 | 39.65 | 20.18 | 48.55 | 34.02 |

*、**和***分别表示在 10%、5%和 1%的置信水平上显著

注:(1)~(3)列为期间 2:2012 年/2013~2011 年,表示将"营改增"后的 2012 年和 2013 年作为一个整体与"营改增"前的 2011 年进行对比分析;(4)~(6)列为期间 3:2012 年/2013~2010 年/2011 年,表示将"营改增"后的 2012 年和 2013 年作为一个整体与"营改增"前的 2010 年和 2011 年作为一个整体进行对比分析

与八省市类似,考虑到 2014 年企业劳动力需求已包含部分全国性"营改增"政策效应,于是将 2014 年和 2015 年设置为 Year=1,将 2011 年设置为 Year=0。同时,为了考察相对较长期间的政策效应,我们将 2014 年和 2015 年设置为 Year=1,将 2010 年和 2011 年设置为 Year=0。调整考察年份之后重新执行 DID 处理,回归结果列于表 6.17 中。结果显示:在调整样本区间之后,全国性"营改增"使得全样本组、交通运输业和现代服务业企业的劳动力需求均显著增加,表明"营改增"对现代服务业企业劳动力需求的拉动效应逐渐显现。

表 6.17 稳健性检验(调整全国考察年份)

| 变量 | (1) | (2) | (3) | (4) | (5) | (6) |
|---|---|---|---|---|---|---|
| | 全样本 | 交通运输业 | 现代服务业 | 全样本 | 交通运输业 | 现代服务业 |
| Treat×Year | 0.058 5* (1.737) | 0.114 3** (2.188) | 0.127 8** (2.037) | 0.050 5* (1.840) | 0.144 7*** (2.787) | 0.087 0* (1.790) |

续表

| 变量 | （1）全样本 | （2）交通运输业 | （3）现代服务业 | （4）全样本 | （5）交通运输业 | （6）现代服务业 |
|---|---|---|---|---|---|---|
| Treat | −0.005 9<br>（−0.099） | — | — | −0.009 9<br>（−0.172） | — | — |
| Year | 0.077 6***<br>（3.837） | — | — | 0.092 4***<br>（4.300） | — | — |
| ConVars | 控制 | 控制 | 控制 | 控制 | 控制 | 控制 |
| _Cons | 2.385 4***<br>（2.894） | 8.084 6***<br>（6.029） | 5.739 1***<br>（3.291） | 1.810 1**<br>（2.481） | 6.281 3***<br>（5.130） | 3.581 9**<br>（2.114） |
| Within-$R^2$ | 0.643 2 | 0.824 2 | 0.682 3 | 0.656 4 | 0.913 5 | 0.706 9 |
| $N$ | 6 162 | 141 | 337 | 7 586 | 160 | 391 |
| $F$ | 44.54 | 71.63 | 25.78 | 97.58 | 84.26 | 31.84 |

*、**和***分别表示在10%、5%和1%的置信水平上显著

注：（1）~（3）列为期间1：2014年/2015~2011年，表示将"营改增"后的2014年和2015年作为一个整体与"营改增"前的2011年进行对比分析，（4）~（6）列为期间2：2014年/2015~2010年/2011年，表示将"营改增"后2014年和2015年作为一个整体与"营改增"前的2010年和2011年作为一个整体进行对比分析

综上可见，经过上述稳健性检验后，结果与前文保持一致，说明我们的研究结论具有较高的可信度。

本章的政策建议如下：①"营改增"提高了试点企业的劳动力需求，上市公司若要规避冗余雇员的负面影响，应合理制定用工政策，提高劳动力资源的配置效率。②缓解内源融资约束水平是"营改增"增加企业劳动力需求的重要途径，税务机关应优化"营改增"纳税服务，同时加大培训力度使得企业尽快适应新税制，从而为降低企业税负、增加企业内部积累、缓解融资约束和增加就业奠定基础。③区分产权性质的回归结果在八省市和全国反向显著，表明政府对国有企业的控制力依然相对强势，国有企业解决就业和控制失业的保障型角色依然占据主导地位。国有企业改革若想在简政放权上取得新突破，需要从根本上减少政府对国有企业微观事务的干预，让市场在资源配置中发挥决定性作用。④区分试点行业的回归结果表明，"营改增"对交通运输业劳动力需求的拉动效应大于现代服务业，但随着改革的深入推进，其对现代服务业劳动力需求的促进效应逐渐显现。政府应密切关注现代服务业企业劳动力需求变化并细分行业具体分析，全力发挥现代服务业对我国就业市场的减负作用。⑤当前我国经济面临下行压力，2019年中央经济工作会议指出，今年将实施更大规模的减税降费。会议还强调，要把稳就业摆在加强保障和改善民生工作任务的突出位置。政府部门需密切关注新一轮减税降费对就业增长的刺激效果，确保政策落地见效。

# 第 7 章 "营改增"对企业绩效的影响研究

本章专门讨论"营改增"对企业绩效的影响。学术界围绕企业绩效的影响因素进行了丰富的实证研究，现有文献主要从内部因素和外部因素两个维度展开：一是内部因素，即企业绩效受到产权性质（Sun et al.，2002；Chen et al.，2009）、机构投资者（刘星和吴先聪，2011；Cornett et al.，2007；Ferreira and Matos，2008；Lin and Fu，2017）、家族治理（Bennedsen et al.，2007；Xu et al.，2015；杨婵等，2018）、董事会特征（Adams and Ferreira，2009；Ahern and Dittmar，2012；Black and Kim，2012；Liu et al.，2014；Liu et al.，2015）、高管特征（陈东，2015；Wiengarten et al.，2017；Park et al.，2018）、管理层薪酬（Gong et al.，2011；Bennett et al.，2017）、董事长与总经理两职分离（Krause and Semadeni，2013；Withers and Fitza，2017）、政治关联（Fan et al.，2007；Goldman et al.，2009；Wu et al.，2012）、社会责任（温素彬和方苑，2008；王文成和王诗卉，2014；Wu and Shen，2013；Lins et al.，2017）、创新投入（Hall and Mairesse，1995；王化成等，2005；尹美群等，2018）和融资约束（Beck et al.，2005；Fowowe，2017）的影响。二是外部因素，即企业绩效还会受到经济环境、制度环境及商业环境等因素的影响。当企业所处地区的金融发展程度更高、法律制度更完善时，绩效表现得更好（Demirgüç-Kunt and Maksimovic，1998；Porta et al.，2002；Demirgüç-Kunt et al.，2006）。环境规制对企业绩效的影响则尚无定论。Porter（1991）认为实施环境规制可以提高企业经营绩效，而 Palmer 等（1995）则认为严格的环境监管会限制企业的获利能力。

近年来，我国实施了多项重大的增值税改革：包括"增值税转型"（财税〔2004〕156 号）、"营改增"（财税〔2011〕110 号）、"简并增值税税率"（财税〔2017〕37 号）及"深化增值税改革"（2018 年 3 月 28 日国务院常务会议、2019 年政府工作报告）。针对上述改革与企业绩效的关系研究，学者尚未得到一致结论。王延明等（2005）研究表明，增值税转型对企业整体获利能力影响较小，但对特定行业影响较为明显。聂辉华等（2009）、申广军等（2016）及 Liu 和 Lu（2015）研究发现，增值税转型通过促进固定资产投资显著提高了企业绩效。宋丽颖等（2017）使用一般均衡模型对"营改增"实施前后的企业税负变化进行模拟测算，研究表明"营改增"通过降低企业增值税税负提高了企业要素效率。赵连伟（2015）利用 2011~2014 年全国税收调查数据，以第三产业非试点企业为控制组，运用 DID 模型研究发现，"营改增"显著提高试点企业营利水平。刘柏和王馨竹（2017）基于对现代服务业上市公司的研究发现，"营改增"显著提升现代服务业企业未来的营利能力。然而，李成和张玉霞（2015）基于2011~2013 年季度数据的研究发现，"营改增"对试点企业的财务绩效无显著影响。我们认为，上述关于"营改增"与企业绩效的研究有待进一步推进，理由如下：一是在研究方法上，现有文献运用DID检验上海市"营改增"对企业绩效的影响，并未特别关注 DID 的适用前提；二是在研究内容上，现有文献仅检验了"营改增"对企业绩效的影响效应，并未具体验证其作用机理；三是在样本对象范围上，现有文献仅讨论了"营改增"对试点企业的影响，并未全面涉及非试点企业和非试点地区试点行业，这减损了研究结论的普适性；四是在样本区间选择上，现有文献并未按照"营改增"逐步推进的时间节点、地区范围分阶段进行考察，这使得研究设计的科学性有所欠缺。

本章的研究内容与方法如下：一是运用 PSM 检验上海市"营改增"对企业绩效的影响。经过调研得知，上海市在地理位置、经济发展、业务种类、公司类型和税收税源等方面具有一定的独特性和优越性，这使得上海市从众多省市中脱颖而出成为"营改增"的首个试点地区。由此可见，上海市"营改增"并非严格意义上的"自然实验"，使用DID法检验上海市"营改增"的政策效应并不满足DID"随机实验或自然实验"的适用前提。加之政策可能引起企业迁移等内生性反应，从而引发"选择性偏差"，而 PSM 法是控制"选择性偏差"的有效方法。我们采用 PSM 法来检验上海市"营改增"对企业绩效的影响，可以改进现有研究在实证方法上的不足。二是依照"营改增"分地区、分行业逐步推进的时间节点考察其对企业绩效的影响。我们依次考察上海市、八省市和全国性"营改增"与企业绩效的关系，分别从产权性质和税收征管强度层面予以细化，并检验"营改增"改善企业绩效的渠道机制，弥补以往研究在研究内容和研究对象上的局限。三是在 PSM 法和 DID 法中选取非试点企业和非试点地区试点行业作为控制组进行实证分析。以往关于"营改增"政策效应的研究重点关注其对试点企业的影响，并未涉及非试点企业和非试点地区试点行业，这减损了研究结论的普适性。我们以"营改增"试点行业企业为处理组，分别以非试点企业和非试点地区试点行业为控制组,强化处理组与控制组的可比性,从而可以使研究结论更科学、更有说服力。

## 7.1 "营改增"影响企业绩效的理论分析

减税效应是"营改增"最首要、最直接的政策效应,但"营改增"的最终目标并不仅仅局限于减税,更重要的是通过减轻企业税负来降低企业成本、提高资源配置效率,从而推动企业技术升级和产业分工细化,最终实现产业转型升级,重构中国经济增长新动力(范子英和彭飞,2017)。具体而言,"营改增"对企业绩效的影响路径主要包括"减税效应"、"投资扩张效应"和"创新激励效应"。

首先,从"营改增"的政策定位来看,减轻企业税负是其首要目标。在以往营业税和增值税并行的税制体系下,产业间增值税抵扣链条被破坏,营业税纳税人同时承担着外购货物、固定资产和服务的进项税额成本及营业税作为价内税产生的税费成本,如此重复计税使得企业税负相对较重。营业税改征增值税,打通了全部产业间的增值税抵扣链条,避免了重复征税,试点企业外购资产和服务的进项税额得以抵扣,这会减少企业的增值税和"税金及附加"。然而,由于不同试点行业和企业的行业特征及商业模式存在差异,其税负可能会上升。不过整体而言,"营改增"的减税效果基本符合政策预期。国家税务总局公布的数据显示:截至 2018 年初,"营改增"累计减税近 2 万亿元。虽然"营改增"主要降低的是企业流转税税负,并未在利润表中直接体现,加之增值税具有价外税性质,看似与企业利润无直接关系,但与增值税紧密相关的"税金及附加"科目是进入利润表的,因此,"营改增"所带来的增值税减少可能增加企业利润。总之,"营改增"的"减税效应"会直接降低企业税费成本,从而提高试点行业企业绩效。

其次,税制改革会改变企业的实际可得价格和可支配收入,进而影响企业的投资及生产行为(刘璟和袁诚,2012)。"营改增"实施后,试点企业购进固定资产、不动产、无形资产和服务的进项税额允许抵扣,这相当于降低了资本的价格,从而有效地降低了企业的生产成本,增加了现金储备,为试点企业增加投资创造了条件。此外,由于增值税仅允许抵扣资本项目的进项税额,雇佣的劳动力成本无法抵扣,这使得试点企业资本相对劳动的价格下降,管理层有采用更多资本要素来替代劳动要素的动机,增加资本投资的意愿会更加强烈。李成和张玉霞(2015)、袁从帅等(2015)及刘柏和王馨竹(2017)的研究表明,"营改增"显著扩大了试点企业投资规模。我们将"营改增"的上述政策效应称为"投资扩张效应"。

为了更直观地解释"投资扩张效应"如何作用于试点行业企业绩效,我们借鉴李成和张玉霞(2015)的研究,从进项税额抵扣效应的角度来分析其中的隐含逻辑。

若某企业在营业税模式下的零售价为 $P_b$,销量为 $Q_b$,在增值税模式下的零售价为 $P_v$,销量为 $Q_v$,其中,$P_b$ 和 $P_v$ 均为含税价,则两种不同计税模式下的企业净利润分别表示为

$$\pi_b = \left( P_b Q_b - P_b Q_b R_b - M - L - F_{old} - F_{new} \right) \left( 1 - R_i \right) \tag{7.1}$$

$$\pi_v = \left( \frac{P_v}{(1+R_v)} Q_v - \frac{M}{(1+R_v)} - L - F_{old} - \frac{F_{new}}{(1+R_v)} \right) \left( 1 - R_i \right) \tag{7.2}$$

其中,$\pi$ 表示净利润;$R_b$、$R_v$、$R_i$ 分别表示营业税税率、增值税税率和企业所得税税率;$M$ 表示可抵扣进项税额;$L$ 表示不可抵扣进项税额;$F_{old}$ 表示前期购入固定资产当期折旧;$F_{new}$ 表示当期购入固定资产当期折旧。

"营改增"实施后,企业净利润核算方式由式(7.1)转变为式(7.2),后者与前者之差则为"营改增"后企业净利润变化量,即

$$\Delta\pi = \left( \frac{P_v}{(1+R_v)} Q_v - P_b Q_b \left( 1 + R_b \right) + \frac{M}{(1+R_v)} + \frac{F_{new}}{(1+R_v)} \right) \left( 1 - R_i \right) \tag{7.3}$$

分别对 $M$ 和 $F_{new}$ 求偏导,得到:

$$\frac{\partial \Delta\pi}{\partial M} = \frac{\partial \Delta\pi}{\partial F_{new}} = \frac{R_v}{(1+R_v)} \left( 1 - R_i \right) \tag{7.4}$$

由上式可知,净利润变化对 $M$ 和 $F_{new}$ 的偏导数大于 0,这说明当企业增加材料采购和固定资产投资时,净利润也会随之增加。

上述推导过程表明,"投资扩张效应"是"营改增"改善企业绩效的渠道之一,而投资增加所带来的营利能力增长也与"营改增"激发企业活力的目标相吻合。

最后,"营改增"还可能通过"创新激励效应"改善企业绩效。一方面,"营改增"试点服务业中的研发和技术业、信息技术业及文化创意业均为研发类行业,对于这类企业而言,无形资产投资较固定资产投资来说更为重要。"营改增"实施后,进项税额抵扣范围扩大至专利技术、非专利技术、商标、著作权等无形资产,同时对企业提供技术转让、开发、咨询等服务免征增值税,这可以降低试点企业研发活动成本,提高企业创新积极性。另一方面,如前所述,"营改增"使得一般纳税人企业降低了购买非生产经营用固定资产、不动产、无形资产和服务的成本,留存了更多现金流,缓解了融资约束,而融资约束会显著抑制企业创新(Brown et al.,2009b;Brown and Petersen,2011),是制约企业创新的

"拦路虎"和"绊脚石"。因此,"营改增"所带来的现金流增加为企业创新提供了必需的资金支持,从而保证创新活动的顺利进行。关于创新投入与企业绩效的关系,大量研究表明,创新投入会显著提高企业生产率和收益率(Griliches,1986),同时帮助企业获取超额回报(Hall and Mairesse,1995)。另有学者发现,创新投入显著促进初创企业的绩效增长(Stam and Wennberg,2009),而梁莱歆等(2010)则认为创新投入对成长期企业绩效的提升作用更明显。从创新产出角度而言,当企业的创新投入顺利转化成新产品或新工艺时,不仅会提高企业生产效率,还会提高企业核心竞争力和市场份额,从而对企业绩效产生积极影响。王化成等(2005)的研究证明了企业创新投入形成的无形资产对企业经营业绩的贡献性。

综上所述,"营改增"可能通过"减税效应"、"投资扩张效应"和"创新激励效应"改善试点行业企业绩效。据此提出假设 7.1。

**假设 7.1**:限定其他条件,"营改增"对试点行业企业绩效具有提升作用。

# 7.2 "营改增"影响企业绩效的研究设计

## 7.2.1 样本选择与数据来源

鉴于"营改增"分批试点和稳健性测试的需要,我们以 2010~2015 年为观察期,以 A 股上市公司为初始研究样本,执行如下筛选程序:①删除金融类企业;②删除 ST、PT 公司;③删除资产负债率大于 1 的公司,因为资不抵债的公司经营困难,可能对实证研究产生影响;④删除缺漏值。最终得到 11 517 个样本观测值。上述筛选步骤与现有关于"营改增"及企业绩效的文献基本一致(李争光等,2014;曹越和李晶,2016)。本章最终控制人信息取自 Wind 数据库,各省(自治区、直辖市)财政收入数据来自 RESSET 数据库,各产业产值、GDP 及各地区税收收入来源于《中国税务年鉴》,其他数据均来自 CSMAR 数据库。我们对所有连续变量在 1%和 99%分位上进行缩尾处理。

## 7.2.2 实证模型

以往研究大多采用 DID 来考察"营改增"的政策效应,然而,上海市"营改增"的实施并非标准的自然实验,采用 DID 难以获得无偏一致的估计结果。因此,我们使用 PSM 法和 DID 法分别考察上海市、八省市和全国性"营改增"对企业绩效的影响，并对标准误进行了公司层面的聚类调整。模型设定如下：

$$SHSD_i = \alpha_0 + \alpha_1 Turnover_i + \alpha_2 Lev_i + \alpha_3 Size_i + \alpha_4 Growth_i + \alpha_5 Ppe_i + \alpha_6 Age_i$$
$$+ \alpha_7 Tobin\ Q_i + \alpha_8 Assetgro_i + \alpha_9 Pop_i + \alpha_{10} Financegro + \varepsilon_i$$

（7.5）

$$ROA_{i,t} / ROE_{i,t} = \beta_0 + \beta_1 Treat_{i,t} + \beta_2 Year_{i,t} + \beta_3 Treat_{i,t} \times Year_{i,t} + \beta_4 ConVars_{i,t} + \varepsilon_{i,t}$$

（7.6）

### 7.2.3  变量定义

1）因变量

模型（7.5）的因变量 SHSD 表示是否属于上海市"营改增"试点企业：若属于则为 1，否则为 0。模型（7.6）的因变量为企业绩效，考虑到"营改增"对企业绩效的影响直接体现在会计利润的变化上，为了准确度量"营改增"对会计利润的及时影响，我们借鉴 Ferreira 和 Matos（2008）、Wu 和 Shen（2013）、Liu 等（2015）及 Wiengarten 等（2017）的做法，使用 ROA 和 ROE 衡量企业绩效。此外，为了控制潜在的行业效应对企业绩效的影响，参照 Cornett 等（2007）、Elyasiani 等（2010）及 Park 等（2018）的做法，使用经行业调整的 ROA（Ind_ROA）和经行业调整的 ROE（Ind_ROE）用于稳健性测试，以 Ind_ROA 为例，计算方式为公司当年 ROA 减去当年行业中值。

2）自变量

自变量 Treat 表示企业是否属于"营改增"试点地区试点行业：若属于则为 1，即处理组；否则为 0，即控制组。Year 表示企业是否属于"营改增"试点后的年份：若属于则为 1，否则为 0。系数 $\beta_3$ 表示度量"营改增"政策影响试点企业劳动力需求的净效应。

3）控制变量

参考有关税制改革和企业绩效影响因素的文献（Sun et al.，2002；Wu et al.，2012；刘慧龙和吴联生，2014；曹越等，2017），我们选择如下可能影响上海市成为"营改增"试点地区的因素作为 PSM 计算倾向值的匹配变量。微观层面的因素包括：①资产负债率（Lev），等于年末负债总额除以年末资产总额；②企业规模（Size），等于期末资产总计的自然对数；③存货周转率（Turnover），等于期末营业成本与存货平均余额的比值；④资本密集度（Ppe），等于期末固定资产净值除以期末资产总计；⑤成长性（Growth），等于营业收入增长率；⑥上市年龄（Age），等于（分析当年−上市年度+1）的自然对数；⑦长期投资机会（Tobin Q），等于（流通股市值+未流通股数×每股净资产+负债总计）/资产总计；⑧短期投资机会（Assetgro），等于总资产增长率。宏观层面的因素包括：①人口规模（Pop），等于各省（自治区、直辖市）当年以万为单位的人口数量的自然对数；②各省（自治区、直辖市）财政收入增长率（Financegro）。

借鉴 Lins 等（2017）、Liu 等（2014）、Xu 等（2015）、刘星和吴先聪（2011）、杨典（2013）及刘行和叶康涛（2018）的研究，针对模型（7.6），我们进一步控制了其他可能影响企业绩效的因素。第一，规模较大的企业可以从规模经济中受益，从而带来更好的绩效表现。因此，我们对企业规模（Size）予以控制，以期末资产总计的自然对数表示。第二，负债率较低的企业往往承担着更低的融资成本（申广军等，2016），这对企业的投融资行为和绩效有重要影响。因此，我们对资产负债率（Lev）予以控制，以期末负债合计与期末资产总计的比值表示。第三，成长性（Growth）往往代表着企业的成长能力（张祥建等，2015），而成长能力通常与营利能力紧密相关，因此我们对营业收入增长率予以控制。第四，处于不同发展阶段的企业在经营实力、行为模式和竞争策略上有所差异，由此带来的绩效表现也不尽相同。因此，我们控制了上市年龄（Age），以（分析当年-上市年度+1）的自然对数表示。第五，我们进一步控制公司治理层面的影响，如第一大股东持股比例（Top1）、独立董事比例（Indep）、高管前三名薪酬总额（Salary）和管理层持股比例（Exhold）。

## 7.3 实证检验结果与分析

### 7.3.1 描述性统计

表 7.1 列出了 DID 分析主要变量的描述性统计。结果显示：ROA 和 ROE 的均值分别为 0.043 和 0.071，这表明上市公司整体绩效尚可；成长性（Growth）的均值为 0.201，反映我国上市公司的成长状况较好；企业规模（Size）的标准差为 1.262，说明不同企业规模差异较大；资产负债率（Lev）的均值为 0.439，说明上市公司的整体负债水平较为合理，基本实现了偿债风险与获利能力之间的均衡。其他变量结果与现有文献基本一致，此处不再赘述。

**表 7.1 DID 分析主要变量的描述性统计**

| 变量 | 均值 | 标准差 | 最小值 | 中位数 | 最大值 | $N$ |
|------|------|--------|--------|--------|--------|------|
| ROA | 0.043 | 0.054 | −0.147 | 0.038 | 0.212 | 11 517 |
| ROE | 0.071 | 0.112 | −0.484 | 0.072 | 0.361 | 11 517 |
| Size | 21.971 | 1.262 | 19.503 | 21.800 | 25.830 | 11 517 |

续表

| 变量 | 均值 | 标准差 | 最小值 | 中位数 | 最大值 | N |
|---|---|---|---|---|---|---|
| Lev | 0.439 | 0.218 | 0.045 | 0.438 | 0.898 | 11 517 |
| Top1 | 0.357 | 0.151 | 0.089 | 0.337 | 0.754 | 11 517 |
| Growth | 0.201 | 0.538 | −0.561 | 0.112 | 3.936 | 11 517 |
| Age | 2.105 | 0.784 | 0.000 | 2.303 | 3.258 | 11 517 |
| Salary | 14.125 | 0.709 | 10.308 | 14.116 | 17.352 | 11 517 |
| Indep | 0.372 | 0.056 | 0.125 | 0.333 | 0.800 | 11 517 |
| Exhold | 0.118 | 0.200 | 0 | 0 | 0.897 | 11 517 |

## 7.3.2 相关性分析

表 7.2 报告了主要变量的 Spearman 和 Pearson 相关系数。结果显示：绝大部分控制变量均与企业绩效（ROA/ROE）在 1% 的置信水平上显著相关（不论是 Spearman 还是 Pearson 相关系数），说明我们选取的控制变量具有较好的代表性，且绝大多数控制变量之间的相关系数均小于 0.5，表明我们的研究模型不存在严重的共线性问题。

表 7.2 DID 分析主要变量的相关系数

| 变量 | ROA | ROE | Size | Lev | Top1 | Growth | Age | Salary | Exhold | Indep |
|---|---|---|---|---|---|---|---|---|---|---|
| ROA | | 0.900*** | −0.041*** | −0.423*** | 0.088*** | 0.353*** | −0.259*** | 0.263*** | 0.243*** | −0.016* |
| ROE | 0.873*** | | 0.170*** | −0.068*** | 0.127*** | 0.381*** | −0.092*** | 0.333*** | 0.111*** | −0.011 |
| Size | −0.006 | 0.139*** | | 0.502*** | 0.224*** | 0.022** | 0.320*** | 0.446*** | −0.240*** | 0.001 |
| Lev | −0.394*** | −0.150*** | 0.502*** | | 0.062*** | −0.002 | 0.415*** | 0.081*** | −0.338*** | −0.013 |
| Top1 | 0.090*** | 0.111*** | 0.259*** | 0.065*** | | 0.011 | −0.080*** | 0.057*** | −0.198*** | 0.041*** |
| Growth | 0.200*** | 0.223*** | 0.021** | 0.043*** | 0.019** | | −0.176*** | 0.064*** | 0.128*** | −0.000 |
| Age | −0.227*** | −0.091*** | 0.304*** | 0.442*** | −0.069*** | −0.017* | | 0.083*** | −0.435*** | −0.035*** |
| Salary | 0.249*** | 0.291*** | 0.455*** | 0.074*** | 0.057*** | 0.000 | 0.070*** | | 0.025*** | 0.011 |
| Exhold | 0.180*** | 0.063*** | −0.313*** | −0.382*** | −0.106*** | 0.031*** | −0.416*** | −0.078*** | | 0.048*** |
| Indep | −0.010 | −0.004 | 0.030*** | −0.008 | 0.056*** | 0.006 | −0.036*** | 0.010 | 0.080*** | |

*、**和***分别表示在 10%、5%和 1%的置信水平上显著

注：表中右上角为 Spearman 相关系数，左下角为 Pearson 相关系数

### 7.3.3 上海市"营改增"影响企业绩效的实证检验

为了检验上海市"营改增"对企业绩效的影响,我们将样本分为两组:①处理组,即 2012 年上海市"营改增"试点行业企业,共 27 家;②控制组,即 2012 年非"营改增"试点企业,共 1 914 家。我们通过综合权衡伪 $R^2$ 和 AUC 值(伪 $R^2$=0.218 9,AUC=0.891 2),对 PSM 配对协变量进行逐步回归,得出 7 个显著的协变量,分别为公司规模(Size)、资产负债率(Lev)、存货周转率(Turnover)、成长性(Growth)、上市年龄(Age)、长期投资机会(Tobin Q)和人口规模(Pop)。考虑到控制组样本量较大,且 1:4 最近邻匹配可最小化均方误差(Abadie et al.,2004),因此,我们采用最近邻匹配方法进行 1:4 和 1:1 匹配,同时采用 1:2 最近邻匹配、1:3 最近邻匹配、1:4 卡尺内匹配、半径匹配和核匹配等方法作为稳健性检验。

表 7.3 和表 7.4 报告了匹配后的数据平衡测试结果。结果显示:除长期投资机会(Tobin Q)外,匹配后所有变量的标准化偏差均大幅缩小。其中,资产负债率(Lev)、存货周转率(Turnover)、成长性(Growth)、上市年龄(Age)、公司规模(Size)匹配后标准化偏差均小于 10%,尽管人口规模(Pop)匹配后标准化偏差大于 10%,但降幅超过 80%;同时,$T$ 检验与卡方检验的结果均拒绝原假设,表明处理组与控制组已经不存在系统性差异,这从整体上说明平衡假设得到满足。图 7.1 为匹配前后处理组和控制组 PS 值的密度函数图。经过 PSM 匹配后,处理组和控制组 PS 曲线的拟合程度得到了明显改善,AUC 等于 0.891 2,ROC 等于 0.635 1,表明我们的模型具有很好的拟合效果,满足共同支撑假设。

表 7.3 PSM 协变量匹配平衡表

| 变量 | 匹配前(U) | 均值 | | 偏差比例 | 降低偏差比例 | $T$ 检验 | | 协变量/方差比 |
| | 匹配后(M) | 处理组 | 控制组 | | | $T$ 值 | $p>|t|$ | |
|---|---|---|---|---|---|---|---|---|
| Turnover | U | 2.485 | 2.219 | 17.1% | 76.8% | 0.78 | 0.439 | 0.69 |
| | M | 2.485 | 2.424 | 4.0% | | 0.17 | 0.862 | 1.39 |
| Lev | U | 0.366 | 0.350 | 7.4% | 66.2% | 0.37 | 0.713 | 1.13 |
| | M | 0.366 | 0.372 | −2.5% | | −0.09 | 0.928 | 1.06 |
| Growth | U | 0.249 | 0.398 | −80.5% | 97.7% | −3.72 | 0.000 | 0.77 |
| | M | 0.249 | 0.253 | −1.9% | | −0.07 | 0.945 | 0.81 |
| Size | U | 22.027 | 21.760 | 18.0% | 53.3% | 0.94 | 0.348 | 1.50 |
| | M | 22.027 | 21.902 | 8.4% | | 0.29 | 0.776 | 1.07 |
| Age | U | 10.852 | 8.190 | 40.1% | 97.9% | 2.12 | 0.035 | 1.58 |
| | M | 10.852 | 10.796 | 0.8% | | 0.03 | 0.977 | 1.23 |

续表

| 变量 | 匹配前（U）匹配后（M） | 均值 | | 偏差比例 | 降低偏差比例 | T 检验 | | 协变量/方差比 |
|---|---|---|---|---|---|---|---|---|
| | | 处理组 | 控制组 | | | T 值 | p>\|t\| | |
| Tobin Q | U | 1.496 | 1.646 | −22.3% | 8.9% | −0.92 | 0.358 | 0.34* |
| | M | 1.496 | 1.633 | −20.3% | | −0.77 | 0.447 | 0.37* |
| Pop | U | 7.775 | 8.432 | −135.6% | 88.7% | −4.97 | 0.000 | 0.00* |
| | M | 7.775 | 7.700 | 15.4% | | 0.81 | 0.419 | 0.00* |

*表示在 10%的置信水平上显著

表 7.4　PSM 总体匹配平衡表

| 样本 | 伪 $R^2$ | LR chi2 | P>chi2 | 均值偏差 | 中位数偏差 | Var |
|---|---|---|---|---|---|---|
| 匹配前（U） | 0.276 | 43.85 | 0.000 | 45.8 | 22.3 | 29% |
| 匹配后（M） | 0.021 | 1.59 | 0.979 | 7.6 | 4.0 | 29% |

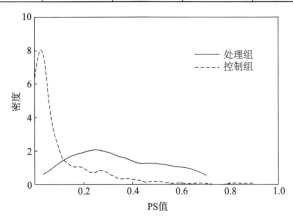

（a）匹配前处理组和控制组 PS 值的密度函数图

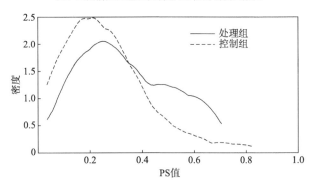

（b）　匹配后处理组和控制组 PS 值的密度函数图

图 7.1　匹配前后处理组和控制组 PS 值的密度函数图

　　表 7.5 和表 7.6 分别报告了上海市"营改增"影响企业绩效（ROA/ROE）的 PSM 分析结果。结果显示：对于 ROA 而言，匹配前参与者平均处理效应 ATT 值为 −0.001，$T$ 值为 −0.07，表明"营改增"试点企业的 ROA 在试点后略微下降；1∶4 最近邻匹配后，ATT 值为 0.013，$T$ 值为 1.08，但不显著；1∶1 最近邻匹配后，ATT 值为 0.024，在 10% 的置信水平上显著，$T$ 值为 1.80；其余匹配方法下 ATT 值均为正，均不显著。这说明，与控制组企业相比，上海市"营改增"使得试点企业的 ROA 略有上升。对于 ROE 而言，匹配前 ATT 值为 0.006，$T$ 值为 0.39，表明"营改增"试点企业的 ROE 在试点后略有上升；1∶4 最近邻匹配和 1∶1 最近邻匹配后，ATT 值分别为 0.035 和 0.060，均在 5% 的置信水平上显著；其余匹配方法下 ATT 值均显著为正。这表明，与控制组企业相比，"营改增"政策对处理组企业 ROE 的净效应显著为正。

表 7.5　企业绩效（ROA）PSM 参与者平均处理效应（ATT）

| 匹配方法 | 样本 | 处理组 | 控制组 | ATT | 标准误 | $T$ 值 |
|---|---|---|---|---|---|---|
|  | 匹配前 | 0.058 | 0.059 | −0.001 | 0.010 | −0.07 |
| 1∶4 最近邻匹配 | 匹配后 | 0.058 | 0.045 | 0.013 | 0.012 | 1.08 |
| 1∶3 最近邻匹配 | 匹配后 | 0.058 | 0.041 | 0.017 | 0.012 | 1.34 |
| 1∶2 最近邻匹配 | 匹配后 | 0.058 | 0.041 | 0.017 | 0.012 | 1.45 |
| 1∶1 最近邻匹配 | 匹配后 | 0.058 | 0.034 | 0.024* | 0.014 | 1.80 |
| 半径匹配 | 匹配后 | 0.058 | 0.045 | 0.013 | 0.012 | 1.14 |
| 1∶4 卡尺内匹配 | 匹配后 | 0.058 | 0.043 | 0.015 | 0.012 | 1.23 |
| 核匹配 | 匹配后 | 0.058 | 0.044 | 0.014 | 0.012 | 1.16 |

*表示在 10% 的置信水平上显著

表 7.6　企业绩效（ROE）PSM 参与者平均处理效应（ATT）

| 匹配方法 | 样本 | 处理组 | 控制组 | ATT | 标准误 | $T$ 值 |
|---|---|---|---|---|---|---|
|  | 匹配前 | 0.094 | 0.088 | 0.006 | 0.014 | 0.39 |
| 1∶4 最近邻匹配 | 匹配后 | 0.094 | 0.059 | 0.035** | 0.017 | 2.02 |
| 1∶3 最近邻匹配 | 匹配后 | 0.094 | 0.054 | 0.040** | 0.018 | 2.16 |
| 1∶2 最近邻匹配 | 匹配后 | 0.094 | 0.054 | 0.040** | 0.019 | 2.13 |
| 1∶1 最近邻匹配 | 匹配后 | 0.094 | 0.034 | 0.060** | 0.025 | 2.45 |
| 半径匹配 | 匹配后 | 0.094 | 0.063 | 0.031* | 0.017 | 1.85 |
| 1∶4 卡尺内匹配 | 匹配后 | 0.094 | 0.058 | 0.036* | 0.018 | 1.92 |
| 核匹配 | 匹配后 | 0.094 | 0.063 | 0.031* | 0.017 | 1.83 |

*和**分别表示在 10% 和 5% 的置信水平上显著

上述结果表明，相比于非试点企业，上海市"营改增"改善了试点的企业绩效，验证了假设7.1。

我们进一步将控制组替换成非试点地区试点行业企业，表7.7和表7.8报告了PSM分析结果。结果显示：无论是ROA还是ROE，匹配前ATT值均为正，且不显著，这说明"营改增"试点企业的ROA和ROE在试点后均略有上升；1∶4最近邻匹配后，ATT值均为负，但不显著；1∶1最近邻匹配后，ATT值均为正，也不显著；其余匹配方法下ATT值均为正，仍不显著。上述结果表明，与非试点地区试点行业相比，"营改增"政策的净效应使得试点行业企业绩效略有改善，支持了假设7.1。值得注意的是，1∶4最近邻匹配后ATT的符号出现反向的情况，可能的原因是替换控制组后样本量偏少，仅有156个观测值，回归结果容易产生偏差。

**表 7.7　试点行业企业绩效（ROA）PSM 参与者平均处理效应（ATT）**

| 匹配方法 | 样本 | 处理组 | 控制组 | ATT | 标准误 | T 值 |
|---|---|---|---|---|---|---|
| | 匹配前 | 0.058 | 0.056 | 0.002 | 0.010 | 0.21 |
| 1∶4 最近邻匹配 | 匹配后 | 0.058 | 0.061 | −0.003 | 0.013 | −0.22 |
| 1∶3 最近邻匹配 | 匹配后 | 0.058 | 0.056 | 0.002 | 0.014 | 0.11 |
| 1∶2 最近邻匹配 | 匹配后 | 0.058 | 0.054 | 0.004 | 0.014 | 0.29 |
| 1∶1 最近邻匹配 | 匹配后 | 0.058 | 0.051 | 0.007 | 0.015 | 0.45 |
| 半径匹配 | 匹配后 | 0.064 | 0.055 | 0.009 | 0.013 | 0.68 |
| 1∶4 卡尺内匹配 | 匹配后 | 0.064 | 0.050 | 0.014 | 0.014 | 0.96 |
| 核匹配 | 匹配后 | 0.058 | 0.051 | 0.007 | 0.013 | 0.54 |

**表 7.8　试点行业企业绩效（ROE）PSM 参与者平均处理效应（ATT）**

| 匹配方法 | 样本 | 处理组 | 控制组 | ATT | 标准误 | T 值 |
|---|---|---|---|---|---|---|
| | 匹配前 | 0.094 | 0.085 | 0.009 | 0.014 | 0.61 |
| 1∶4 最近邻匹配 | 匹配后 | 0.094 | 0.095 | −0.001 | 0.021 | −0.03 |
| 1∶3 最近邻匹配 | 匹配后 | 0.094 | 0.087 | 0.007 | 0.022 | 0.34 |
| 1∶2 最近邻匹配 | 匹配后 | 0.094 | 0.078 | 0.016 | 0.023 | 0.71 |
| 1∶1 最近邻匹配 | 匹配后 | 0.094 | 0.076 | 0.018 | 0.026 | 0.70 |
| 半径匹配 | 匹配后 | 0.106 | 0.079 | 0.027 | 0.018 | 1.46 |
| 1∶4 卡尺内匹配 | 匹配后 | 0.106 | 0.076 | 0.030 | 0.021 | 1.43 |
| 核匹配 | 匹配后 | 0.094 | 0.067 | 0.027 | 0.018 | 1.46 |

综上分析可知，整体而言，上海市"营改增"对试点行业企业绩效具有改善作用。一方面，与非试点企业相比，"营改增"提升了试点行业企业绩效："营

改增"使得试点企业的 ROA 略有增加、ROE 显著提升。另一方面,与非试点地区试点行业相比,"营改增"使得试点企业的绩效略有上升。这一结论验证了假设 7.1。

### 7.3.4 八省市"营改增"影响企业绩效的实证检验

我们采用模型(7.6)将样本分为两组:①处理组,即八省市"营改增"试点行业企业,此时 Treat 取 1;②控制组,即非"营改增"试点行业企业,此时 Treat 取 0。当企业处于2013年时,年度虚拟变量Year取1;当企业处于2011年时,Year 取 0。选取 2013 年作为政策考察年份的原因是八省市"营改增"于 2012 年 9 月启动,但政策可能存在时滞效应。因此,Treat×Year=1 表示 2013 年八省市"营改增"试点企业。使用 DID 法而非 PSM 法的原因如下:①八省市的考察年份为 2013 年,而"营改增"试点于 2013 年 8 月 1 日起在全国逐渐铺开,若将 2013 年非八省市"营改增"试点行业企业设为控制组,由于其包含全国性试点的政策效应,不宜作为匹配变量;②随着"营改增"的试点范围从上海市扩展到八省市再迅速推广到全国,样本"选择性偏差"的可能性很小,逼近于"自然实验"。

表 7.9 第(1)~(4)列报告了八省市"营改增"影响企业绩效的 DID 检验结果。结果显示:当控制组为非试点企业时,对于 ROA 而言,Treat×Year 的系数为 0.005 0 但不显著;对于 ROE 而言,Treat×Year 的系数为 0.022 2,且在 5%的置信水平上显著。这表明,与非试点企业相比,"营改增"改善了试点行业企业绩效。当控制组为非试点地区试点行业时,对于 ROA 和 ROE 而言,Treat×Year 的系数分别为 0.011 1 和 0.022 9,均不显著,表明与非试点地区试点行业相比,改革使得试点行业企业绩效略有上升。上述结果仍然支持了假设 7.1。

#### 表 7.9 "营改增"与企业绩效

| 变量 | (1) | (2) | (3) | (4) | (5) | (6) |
|---|---|---|---|---|---|---|
| | 八省市 | | | | 全国 | |
| | 控制组:非试点企业 | | 控制组:非试点地区试点行业 | | 控制组:非试点企业 | |
| | ROA | ROE | ROA | ROE | ROA | ROE |
| Treat×Year | 0.005 0 (1.024) | 0.022 2** (2.107) | 0.011 1 (1.361) | 0.022 9 (1.549) | 0.008 0* (1.795) | 0.031 4*** (3.453) |
| Treat | 0.004 6 (0.762) | −0.006 1 (−0.505) | −0.004 3 (−0.556) | −0.016 3 (−1.131) | 0.007 7 (0.709) | 0.014 6 (0.595) |
| Year | −0.012 8*** (−10.054) | −0.025 5*** (−8.595) | −0.021 0*** (−3.126) | −0.032 8*** (−3.020) | −0.021 9*** (−13.371) | −0.047 7*** (−12.426) |
| Size | 0.007 1*** (6.997) | 0.018 2*** (7.337) | 0.003 0 (0.869) | 0.006 0 (0.957) | 0.006 6*** (6.480) | 0.015 7*** (6.295) |

续表

| 变量 | （1） | （2） | （3） | （4） | （5） | （6） |
|---|---|---|---|---|---|---|
| | 八省市 | | | | 全国 | |
| | 控制组：非试点企业 | | 控制组：非试点地区试点行业 | | 控制组：非试点企业 | |
| | ROA | ROE | ROA | ROE | ROA | ROE |
| Lev | −0.127 5*** | −0.165 8*** | −0.121 4*** | −0.062 3 | −0.122 8*** | −0.168 7*** |
| | （−21.467） | （−10.509） | （−6.964） | （−1.563） | （−21.670） | （−10.852） |
| Top1 | 0.024 7*** | 0.054 3*** | 0.033 3 | 0.085 9** | 0.029 6*** | 0.047 4*** |
| | （4.117） | （4.296） | （1.425） | （2.230） | （5.076） | （3.756） |
| Growth | 0.020 4*** | 0.046 2*** | 0.021 0** | 0.037 0*** | 0.018 6*** | 0.042 8*** |
| | （9.502） | （10.677） | （2.540） | （2.605） | （10.487） | （10.426） |
| Age | 0.002 1 | 0.007 3*** | 0.005 8 | 0.008 8 | −0.001 2 | 0.001 2 |
| | （1.492） | （2.765） | （1.228） | （1.227） | （−0.879） | （0.450） |
| Salary | 0.018 9*** | 0.040 9*** | 0.020 5*** | 0.032 1*** | 0.018 9*** | 0.041 7*** |
| | （12.792） | （11.994） | （3.403） | （3.254） | （13.828） | （12.993） |
| Exhold | 0.014 3*** | 0.027 2*** | 0.015 6 | 0.016 1 | 0.022 0*** | 0.039 4*** |
| | （2.835） | （3.159） | （0.697） | （0.519） | （4.448） | （4.388） |
| Indep | −0.028 1** | −0.043 9 | 0.060 5 | 0.113 1 | −0.018 7 | −0.027 5 |
| | （−2.058） | （−1.513） | （1.210） | （1.589） | （−1.379） | （−0.920） |
| _Cons | −0.302 6*** | −0.804 7*** | −0.298 9*** | −0.547 5*** | −0.323 0*** | −0.803 2*** |
| | （−12.806） | （−15.479） | （−3.420） | （−3.356） | （−13.454） | （−15.252） |
| 调整 $R^2$ | 0.349 3 | 0.258 0 | 0.296 4 | 0.160 2 | 0.340 3 | 0.241 7 |
| N | 3 827 | 3 827 | 330 | 330 | 3 970 | 3 970 |

*、**和***分别表示在10%、5%和1%的置信水平上显著

注：标准误经公司层面聚类调整；括号内为 $t$ 值

### 7.3.5　全国性"营改增"影响企业绩效的实证检验

与八省市的做法类似，我们使用模型（7.6）将样本分为两组：①处理组，即全国性"营改增"试点行业企业，在"1+6"的基础上增加了广播影视业、铁路运输业、邮政业和电信业，此时 Treat 取 1；②控制组，即非"营改增"试点行业企业，此时 Treat 取 0。全国性"营改增"的启动时间为 2013 年 8 月 1 日，其中，电信业"营改增"的启动时间为 2014 年 6 月 1 日，考虑到政策的时滞效应，2014 年电信业企业绩效仅包含部分"营改增"效应，2012 年上海市和八省市试点行业企业绩效也含有部分"营改增"效应。为使研究环境在最大限度内纯净化，我们将考察年份设定为 2015 年和 2011 年：即当企业处于 2015 年时，Year 取 1；当处于 2011 年时，Year 取 0。表 7.9 第（5）、（6）列报告了全国性"营改增"影响企业绩效的 DID 检验结果。结果显示：对于 ROA 而言，Treat × Year 系数为 0.008 0，且在 10% 的置信水平上显著；对于 ROE 而言，Treat × Year 系数为 0.031 4，且在 1% 的置信水平上显著。这表明与非试点企业相比，全国性"营

改增"显著改善了试点行业企业绩效，验证了假设7.1。

考虑到内外部治理机制差异也可能影响"营改增"与企业绩效之间的关系，我们将进一步探究在不同条件下"营改增"改善企业绩效的差异性。具体而言，本节将从产权性质和税收征管强度两个角度展开分析。

### 7.3.6　"营改增"、产权性质与企业绩效

产权性质通常被认为是企业的一种"软实力"（Sappington and Stiglitz，1987），不同的产权性质往往伴随着不同的治理结构和资源禀赋，这将对企业的财务行为和经营绩效产生较大影响（Demsetz，1967；Sun et al.，2002；Chen et al.，2009）。在以往关于财税政策的微观效应研究中，既有学者发现国有企业对政策的反应程度更大（刘啟仁等，2019），也有学者发现非国有企业的政策敏感度更高（刘行和叶康涛，2018）。对此，我们预期"营改增"对国有企业的绩效提升作用更显著，原因如下。

首先，国有企业参与"营改增"是改革顺利推进的必要条件（曹越和李晶，2016）。政府干预企业的活动是新兴市场的共同特征（王跃堂和倪婷婷，2015），但不同所有权性质的企业在政府干预与政府攫取程度上会有所差别（Che and Qian，1998）。政府干预国有企业的成本低于干预非国有企业的成本，因此更倾向干预国有企业（Sappington and Stiglitz，1987）。具体而言，政府既可能通过给予国有企业税收优惠直接降低其税负，也可能通过干预国有企业促使国有企业购进资产和服务间接降低其税负，以确保"营改增"政策目标的实现。非国有企业受政府干预程度小，它们追求股东财富最大化且更看重长远利益，制定投资决策时更显理性，一般不会为了获得眼下的税收利益而大量购进资产和服务，加之难以享受非法定的税收优惠，因此"营改增"对非国有企业绩效的提升作用在短期内并不明显。

其次，当前中国仍然是一个转型经济体，法制体系尚不健全，执法效能有待提高。在这样的大环境下，国有企业特殊的治理机制具备一定的优越性（Chen et al.，2009），这体现在以下几个方面：第一，国有企业的政治背景使其享有天然的资源优势，包括融资便利、税收优惠、政府补助及行业准入许可等（Wu et al.，2012），这无疑有助于提升企业绩效；第二，由于非国有企业缺少政府监督，大股东更容易实施掏空行为，企业资产被转移的风险更高（Shleifer and Vishny，1998），这可能有损于企业绩效；第三，国有企业高管通常在政府机关担任领导职务，而高管降职概率与国有企业绩效负相关（刘青松和肖星，2015），这种潜在威胁会迫使国有企业高管努力工作以保障国有企业经济目标的

实现。由此可见，国有企业的治理机制从某种程度上来说更适合中国国情，能够为国企绩效的提升保驾护航。

最后，长期以来，中国的股票发行相继实行以政府为主导的审批制和核准制，分配给某个地区的首次公开募股（initial public offering，IPO）配额与该地区上市公司过去的绩效表现有关，绩效表现不佳的地区受到退市、罚款等惩戒的概率更高。因此，各级地方政府倾向选择绩效好的国有企业上市，这在一定程度上解释了上市国有企业绩效优于非国有企业的原因（Pistor and Xu，2005）。

为了更深入地检验改革在不同产权性质企业中的异质性效果，我们根据最终控制人类型将企业划分为国有企业和非国有企业。表7.10和表7.11分别报告了八省市和全国的分组回归结果。结果显示：①在八省市试点范围内，对于 ROA 而言，国有企业的 Treat×Year 系数为 0.005 6，非国有企业的 Treat×Year 系数为 0.001 3，均不显著，但国有企业的 Treat×Year 系数大于非国有企业，这表明八省市"营改增"使得试点国有企业的 ROA 略有提高。对于 ROE 而言，国有企业的 Treat×Year 系数为 0.021 2，且在 10%的置信水平上显著，非国有企业的 Treat×Year 系数为 0.015 0 且不显著，这表明八省市"营改增"对试点企业 ROE 的提升效应仅在国有企业中存在。②"营改增"全国性试点启动后，对于 ROA 而言，国有企业的 Treat×Year 系数为 0.009 5，且在 10%的置信水平上显著，非国有企业的 Treat×Year 系数为 0.006 2 且不显著，这表明全国性"营改增"使得试点国有企业的 ROA 显著提高。对于 ROE 而言，国有企业的 Treat×Year 系数为 0.034 2，非国有企业 Treat×Year 系数为 0.026 5，二者均在 5%的置信水平上显著。组间系数差异检验结果显示，$T$ 值为 1.87，$P$ 值为 0.062，且在 10%的置信水平上显著，这说明全国性"营改增"对试点国有企业 ROE 的提升作用更明显。综上所述，无论是八省市试点地区还是全国性试点地区，与非国有企业相比，"营改增"对国有企业绩效的正向影响更加明显，且随着"营改增"的逐步推进，"营改增"对试点国有企业绩效的提升作用更加显著。

表 7.10　产权性质、"营改增"与企业绩效（八省市）

| 变量 | （1） | （2） | （3） | （4） |
|---|---|---|---|---|
| | 因变量：ROA | | 因变量：ROE | |
| | 国有企业 | 非国有企业 | 国有企业 | 非国有企业 |
| Treat×Year | 0.005 6<br>（0.946） | 0.001 3<br>（0.205） | 0.021 2[*]<br>（1.662） | 0.015 0<br>（1.325） |
| Treat | −0.003 4<br>（−0.413） | 0.010 4<br>（1.237） | −0.013 9<br>（−0.715） | 0.002 2<br>（0.179） |
| Year | −0.013 0[***]<br>（−7.043） | −0.014 3[***]<br>（−7.834） | −0.028 5[***]<br>（−5.825） | −0.026 8[***]<br>（−6.936） |
| ConVars | 控制 | 控制 | 控制 | 控制 |

续表

| 变量 | （1） | （2） | （3） | （4） |
|---|---|---|---|---|
| | 因变量：ROA | | 因变量：ROE | |
| | 国有企业 | 非国有企业 | 国有企业 | 非国有企业 |
| _Cons | −0.325 7*** (−10.066) | −0.341 8*** (−9.842) | −0.954 9*** (−11.450) | −0.808 1*** (−11.549) |
| 调整 $R^2$ | 0.397 9 | 0.324 6 | 0.307 3 | 0.249 7 |
| N | 1 650 | 2 177 | 1 650 | 2 177 |

*和***分别表示在10%和1%的置信水平上显著

表 7.11 产权性质、"营改增"与企业绩效（全国）

| 变量 | （1） | （2） | （3） | （4） |
|---|---|---|---|---|
| | 因变量：ROA | | 因变量：ROE | |
| | 国有企业 | 非国有企业 | 国有企业 | 非国有企业 |
| Treat×Year | 0.009 5* (1.710) | 0.006 2 (1.002) | 0.034 2** (2.545) | 0.026 5** (2.557) |
| Treat | 0.022 8 (0.915) | 0.006 4 (0.535) | 0.082 1 (1.130) | 0.005 1 (0.210) |
| Year | −0.028 2*** (−11.004) | −0.020 1*** (−9.107) | −0.066 6*** (−10.014) | −0.039 5*** (−8.500) |
| ConVars | 控制 | 控制 | 控制 | 控制 |
| _Cons | −0.344 5*** (−10.833) | −0.384 2*** (−11.001) | −0.981 5*** (−11.709) | −0.810 4*** (−12.054) |
| 调整 $R^2$ | 0.409 9 | 0.300 8 | 0.332 5 | 0.206 8 |
| N | 1 628 | 2 342 | 1 628 | 2 342 |
| 邹氏检验 | — | | 1.87* | |

*、**和***分别表示在10%、5%和1%的置信水平上显著

## 7.3.7 "营改增"、税收征管强度与企业绩效

大量研究证实，税收征管是一项有效的外部治理机制，有助于改善公司治理模式。Guedhami 和 Pittman（2008）研究表明，税收征管可以缓解股东与债权人之间的利益冲突，降低债务融资成本。潘越等（2013）也发现，当企业所处地区的税收征管力度越大时，企业获得债务融资的能力越强。还有学者发现，有力的税收征管能制约管理层的机会主义行为，保护投资者利益，从而降低股价崩盘风险（江轩宇，2013），并最终提升企业价值（曾亚敏和张俊生，2009）。由此可见，有力的税收征管是国家对企业的一种重要监督力量，对企业的经营发展具有正面效应。因此，我们预期税收征管会加强"营改增"与试点行业企业绩效之间的正相关关系。借鉴 Mertens（2003）的做法，我们用各地区实际税收收入与预

期税收收入之比①来度量地区税收征管强度，同时设置税收征管强度的虚拟变量（TE）：把税收征管强度高于样本中位数的公司设为 1，即税收征管力度较大组；反之设为 0，即税收征管力度较小组。

八省市和全国的分组回归结果分别列示于表 7.12 和表 7.13 中。结果显示：①在八省市试点范围内，对于 ROA 而言，税收征管强度较大的样本组 Treat×Year 系数略大于税收征管强度较小组，但二者均不显著；对于 ROE 而言，在税收征管强度较大组中，Treat×Year 系数为 0.021 5，且在 5% 的置信水平上显著，在税收征管强度较小组中，Treat×Year 系数为 0.011 2 且不显著，这表明八省市"营改增"对试点行业企业绩效的改善作用在税收征管强度较大组中更明显。②"营改增"全国性试点启动后，无论对于 ROA 还是 ROE 而言，"营改增"对试点行业企业绩效的提升作用仅在税收征管强度较大组中显著，在税收征管强度较小组中并不明显。综上可见，无论是八省市还是全国范围内，在税收征管强度较大的地区，更强的外部监督改善了公司治理模式，有助于提高企业绩效，即有力的税收征管强化了"营改增"与试点行业企业绩效之间的正相关关系，且随着"营改增"的逐步推进，税收征管强度促进"营改增"提升试点行业企业绩效的效应更加显著。

表 7.12　税收征管强度、"营改增"与企业绩效（八省市）

| 变量 | （1） | （2） | （3） | （4） |
|---|---|---|---|---|
| | 因变量：ROA | | 因变量：ROE | |
| | 税收征管强度较大 | 税收征管强度较小 | 税收征管强度较大 | 税收征管强度较小 |
| Treat×Year | 0.004 6<br>（0.816） | 0.001 5<br>（0.188） | 0.021 5$^{**}$<br>（1.992） | 0.011 2<br>（0.616） |
| Treat | 0.008 6<br>（1.241） | −0.001 3<br>（−0.110） | 0.002 2<br>（0.155） | −0.006 7<br>（−0.322） |
| Year | −0.015 1$^{***}$<br>（−8.548） | −0.010 1$^{***}$<br>（−5.134） | −0.033 4$^{***}$<br>（−8.046） | −0.016 3$^{***}$<br>（−3.465） |
| ConVars | 控制 | 控制 | 控制 | 控制 |
| _Cons | −0.296 0$^{***}$<br>（−7.762） | −0.321 6$^{***}$<br>（−8.850） | −0.816 1$^{***}$<br>（−11.192） | −0.866 6$^{***}$<br>（−10.621） |

---

① 我们使用以下模型来估计各地区预期税收收入：

$$\frac{T_{i,t}}{GDP_{i,t}} = \gamma_0 + \gamma_1 \ln GDP_{i,t} + \gamma_2 \ln 1_{i,t} + \gamma_3 \ln 2_{i,t} + \varepsilon \tag{7.7}$$

其中，$T_{i,t}$ 表示 $i$ 地区 $t$ 年的税收收入；$GDP_{i,t}$ 表示 $i$ 地区 $t$ 年的 GDP；$\ln GDP_{i,t}$ 表示 $i$ 地区 $t$ 年人均 GDP 的对数值；$\ln 1_{i,t}$ 和 $\ln 2_{i,t}$ 分别表示 $i$ 地区 $t$ 年第一产业产值和第二产业产值占 GDP 的比重。使用模型（7.7）回归，估计出预期的 $T_{i,t} / GDP_{i,t}$（即 $T_{i,t} / GDP_{i,t\_pre}$），那么税收征管强度 TE=（$T_{i,t} / GDP_{i,t}$）/（$T_{i,t} / GDP_{i,t\_pre}$），即各地区实际税收收入与预期税收收入之比。TE 值越大，代表税收征管强度越大。

续表

| 变量 | （1） | （2） | （3） | （4） |
|---|---|---|---|---|
| | 因变量：ROA | | 因变量：ROE | |
| | 税收征管强度较大 | 税收征管强度较小 | 税收征管强度较大 | 税收征管强度较小 |
| 调整 $R^2$ | 0.370 9 | 0.338 4 | 0.275 3 | 0.252 8 |
| $N$ | 2 111 | 1 716 | 2 111 | 1 716 |

**和***分别表示在 5% 和 1% 的置信水平上显著

表 7.13　税收征管强度、"营改增"与企业绩效（全国）

| 变量 | （1） | （2） | （3） | （4） |
|---|---|---|---|---|
| | 因变量：ROA | | 因变量：ROE | |
| | 税收征管强度较大 | 税收征管强度较小 | 税收征管强度较大 | 税收征管强度较小 |
| Treat×Year | 0.013 2** <br>（2.442） | −0.000 2 <br>（−0.034） | 0.032 0*** <br>（2.775） | 0.003 9 <br>（0.253） |
| Treat | 0.027 0** <br>（2.306） | 0.006 6 <br>（0.486） | 0.052 3* <br>（1.790） | 0.014 6 <br>（0.709） |
| Year | −0.019 9*** <br>（−9.213） | −0.009 8*** <br>（−4.613） | −0.043 1*** <br>（−7.976） | −0.017 2*** <br>（−3.395） |
| ConVars | 控制 | 控制 | 控制 | 控制 |
| _Cons | −0.343 5*** <br>（−10.545） | −0.317 7*** <br>（−10.311） | −0.856 2*** <br>（−9.973） | −0.795 7*** <br>（−10.462） |
| 调整 $R^2$ | 0.381 6 | 0.357 7 | 0.265 1 | 0.243 7 |
| $N$ | 1 539 | 2 431 | 1 539 | 2 431 |

*、**和***分别表示在 10%、5% 和 1% 的置信水平上显著

## 7.3.8　拓展性分析：渠道机制检验

根据前文的逻辑推导，"营改增"打通了增值税的抵扣链条，使得一般纳税人企业降低了购买非生产经营用固定资产、不动产、无形资产和服务的成本，这将刺激企业扩大投资，从而对企业绩效产生正面影响。因此，我们拟检验企业投资行为对"营改增"和企业绩效的中介效应。参考倪婷婷和王跃堂（2016）、饶品贵等（2017）及潘红波和陈世来（2017）的研究，采用固定资产、无形资产和其他长期资产支付的现金与期末总资产的比值来衡量企业投资。借鉴温忠麟等（2004）和 Gu 等（2008）的方法，设定如下递归方程模型以检验企业投资的中介作用：

$$\text{Mediator}_{i,t} = \mu_i + \theta_1 \text{Treat}_{i,t} + \theta_2 \text{Year}_{i,t} + \theta_3 \text{Treat}_{i,t} \times \text{Year}_{i,t} + \tau' \text{Control}_{i,t} + \varepsilon_{i,t}$$

$$（7.8）$$

$$ROA / ROE_{i,t} = \mu_i + \Phi_1 Treat_{i,t} \times Year_{i,t} + \Phi_2 Mediator_{i,t} + \Phi_3 Treat_{i,t} + \Phi_4 Year_{i,t}$$
$$+ \tau' Control_{i,t} + \varepsilon_{i,t}$$

$$(7.9)$$

检验原理如下：首先估计方程（7.6），如果 $\beta_3$ 显著大于 0，说明"营改增"的实施显著改善了试点行业企业绩效。其次估计方程（7.8）和方程（7.9），若 $\theta_3$ 和 $\Phi_2$ 均显著异于 0，说明"营改增"政策通过中介变量提升了企业绩效。另外，若 $\Phi_2$ 显著但 $\Phi_1$ 不显著，说明中介变量具有完全中介作用，但若 $\theta_3$ 和 $\Phi_2$ 中有一个不显著，则须通过 Sobel 检验来判断中介变量的效应。我们参考 Julio 和 Yook（2012）、Duchin 等（2010）及 Gulen 和 Ion（2016）的研究，在方程（7.8）中控制了企业规模（Size）、资产负债率（Lev）、上市年龄（Age）、市值账面比（MB）、经营性净现金流（Cflow）、长期投资机会（Tobin Q）和股权集中度（Share5）等可能影响企业投资的变量。

表7.14 报告了渠道机制检验结果。结果显示：就八省市"营改增"而言，第（1）列中 Treat×Year 的系数为正但不显著；第（2）列中 Invest 的系数在 1% 的置信水平上显著为正，Treat×Year 的系数不显著，Sobel 检验结果仍然不显著；（3）列中 Invest 和 Treat×Year 的系数均显著为正，但 Sobel 检验结果也不显著。这表明在八省市"营改增"试点过程中，企业投资的中介效应并不明显。就全国性"营改增"而言，第（4）列中 Treat×Year 的系数在 10% 的置信水平上显著为正，说明全国性"营改增"显著促进了试点企业投资，这与袁从帅等（2015）的结论一致。同时第（5）列、（6）列中 Invest 和 Treat×Year 的系数均显著为正，说明企业投资具有显著的部分中介效应。八省市和全国的检验结果出现差异的原因可能如下：在"营改增"试点推广至全国后，政策效应逐渐显现，因而对企业投资的拉动作用更加明显。上述结果支持了本章理论分析中的逻辑，即"营改增"的实施刺激了试点企业投资，进而改善了企业绩效。

表 7.14　渠道机制检验

| 变量 | 八省市 | | | 全国 | | |
|---|---|---|---|---|---|---|
| | （1） | （2） | （3） | （4） | （5） | （6） |
| | Invest | ROA | ROE | Invest | ROA | ROE |
| Treat×Year | 0.005 3<br>（0.765） | 0.006 2<br>（1.257） | 0.023 7**<br>（2.168） | 0.009 7*<br>（1.773） | 0.007 4*<br>（1.702） | 0.029 0***<br>（3.439） |
| Invest | | 0.070 9***<br>（4.769） | 0.175 0***<br>（5.404） | | 0.069 4***<br>（4.326） | 0.163 2***<br>（4.971） |
| Treat | −0.000 2<br>（−0.029） | 0.004 1<br>（0.665） | −0.007 2<br>（−0.569） | 0.003 8<br>（0.464） | 0.010 7<br>（0.985） | 0.019 4<br>（0.776） |
| Year | −0.013 4***<br>（−9.293） | −0.011 9***<br>（−9.255） | −0.023 1***<br>（−7.517） | −0.026 0***<br>（−14.843） | −0.020 7***<br>（−12.302） | −0.044 1***<br>（−11.426） |

续表

| 变量 | 八省市 | | | 全国 | | |
|---|---|---|---|---|---|---|
| | （1） | （2） | （3） | （4） | （5） | （6） |
| | Invest | ROA | ROE | Invest | ROA | ROE |
| ConVars | 控制 | 控制 | 控制 | 控制 | 控制 | 控制 |
| _Cons | 0.009 3<br>（0.419） | −0.332 8$^{***}$<br>（−14.652） | −0.870 9$^{***}$<br>（−15.687） | 0.011 4<br>（0.509） | −0.307 0$^{***}$<br>（−11.701） | −0.767 8$^{***}$<br>（−14.142） |
| 调整 $R^2$ | 0.246 8 | 0.356 9 | 0.268 7 | 0.244 1 | 0.351 5 | 0.257 7 |
| N | 3 776 | 3 776 | 3 776 | 3 729 | 3 729 | 3 729 |

*、**和***分别表示在 10%、5%和 1%的置信水平上显著

### 7.3.9 稳健性检验

1）替换企业绩效衡量方式

依前文所述，我们采用经行业调整的 ROA（Ind_ROA）和经行业调整的 ROE（Ind_ROE）作为企业绩效的替代变量。表 7.15 和表 7.16 报告了以非试点企业为控制组的上海市"营改增"PSM 分析结果。结果显示：对于 Ind_ROA 而言，匹配前 ATT 值为 0.003，T 值为 0.34，表明"营改增"试点企业的 Ind_ROA 在试点后略有上升；1∶4 最近邻匹配后 ATT 值为 0.016，T 值为 1.51，且不显著；1∶1、1∶2、1∶3 最近邻匹配及 1∶4 卡尺内匹配后 ATT 值均显著为正。对于 Ind_ROE 而言，匹配前 ATT 值为 0.007，T 值为 0.46，表明"营改增"试点企业的 Ind_ROE 在试点后略有上升；使用全部匹配方法进行匹配后 ATT 值均显著为正。上述结果表明，与控制组企业相比，"营改增"对处理组企业绩效的净效应显著为正。

表 7.15　企业绩效（Ind_ROA）PSM 参与者平均处理效应（ATT）

| 匹配方法 | 样本 | 处理组 | 控制组 | ATT | 标准误 | T 值 |
|---|---|---|---|---|---|---|
| | 匹配前 | 0.003 | −0.000 | 0.003 | 0.010 | 0.34 |
| 1∶4 最近邻匹配 | 匹配后 | 0.003 | −0.013 | 0.016 | 0.011 | 1.51 |
| 1∶3 最近邻匹配 | 匹配后 | 0.003 | −0.017 | 0.020$^*$ | 0.012 | 1.69 |
| 1∶2 最近邻匹配 | 匹配后 | 0.003 | −0.017 | 0.020$^*$ | 0.011 | 1.84 |
| 1∶1 最近邻匹配 | 匹配后 | 0.003 | −0.022 | 0.025$^{**}$ | 0.012 | 2.03 |
| 半径匹配 | 匹配后 | 0.003 | −0.014 | 0.017 | 0.011 | 1.52 |
| 1∶4 卡尺内匹配 | 匹配后 | 0.003 | −0.016 | 0.019$^*$ | 0.011 | 1.68 |
| 核匹配 | 匹配后 | 0.003 | −0.013 | 0.016 | 0.011 | 1.50 |

*和**分别表示在 10%和 5%的置信水平上显著

表 7.16　企业绩效（Ind_ROE）PSM 参与者平均处理效应（ATT）

| 匹配方法 | 样本 | 处理组 | 控制组 | ATT | 标准误 | $T$ 值 |
|---|---|---|---|---|---|---|
| | 匹配前 | −0.000 3 | −0.007 | 0.007 | 0.014 | 0.46 |
| 1∶4 最近邻匹配 | 匹配后 | −0.000 3 | −0.036 | 0.035** | 0.017 | 2.06 |
| 1∶3 最近邻匹配 | 匹配后 | −0.000 3 | −0.041 | 0.040** | 0.018 | 2.19 |
| 1∶2 最近邻匹配 | 匹配后 | −0.000 3 | −0.041 | 0.040** | 0.019 | 2.17 |
| 1∶1 最近邻匹配 | 匹配后 | −0.000 3 | −0.061 | 0.061** | 0.024 | 2.48 |
| 半径匹配 | 匹配后 | −0.000 3 | −0.032 | 0.032* | 0.017 | 1.90 |
| 1∶4 卡尺内匹配 | 匹配后 | −0.000 3 | −0.037 | 0.036** | 0.018 | 1.97 |
| 核匹配 | 匹配后 | −0.000 3 | −0.032 | 0.031* | 0.017 | 1.88 |

*和**分别表示在 10%和 5%的置信水平上显著

与前文类似，我们进一步替换控制组为非试点地区试点行业企业，表 7.17 和表 7.18 报告了 PSM 分析结果。结果显示：无论是 Ind_ROA 还是 Ind_ROE，匹配前 ATT 值均为正，但均不显著，这说明"营改增"试点行业企业绩效在试点后略有上升；使用全部匹配方法进行匹配后 ATT 值均为正，也均不显著。这表明，与非试点地区试点行业相比，"营改增"政策的净效应使得试点行业企业绩效略有改善。

表 7.17　试点行业企业绩效（Ind_ROA）PSM 参与者平均处理效应（ATT）

| 匹配方法 | 样本 | 处理组 | 控制组 | ATT | 标准误 | $T$ 值 |
|---|---|---|---|---|---|---|
| | 匹配前 | 0.003 | −0.003 | 0.006 | 0.009 | 0.61 |
| 1∶4 最近邻匹配 | 匹配后 | 0.003 | 0.003 | 0.000 | 0.013 | 0.03 |
| 1∶3 最近邻匹配 | 匹配后 | 0.003 | −0.001 | 0.004 | 0.013 | 0.29 |
| 1∶2 最近邻匹配 | 匹配后 | 0.003 | −0.003 | 0.006 | 0.014 | 0.47 |
| 1∶1 最近邻匹配 | 匹配后 | 0.003 | −0.003 | 0.006 | 0.014 | 0.45 |
| 半径匹配 | 匹配后 | 0.007 | −0.005 | 0.012 | 0.012 | 1.07 |
| 1∶4 卡尺内匹配 | 匹配后 | 0.007 | −0.010 | 0.017 | 0.013 | 1.30 |
| 核匹配 | 匹配后 | 0.003 | −0.006 | 0.012 | 0.012 | 0.74 |

表 7.18　试点行业企业绩效（Ind_ROE）PSM 参与者平均处理效应（ATT）

| 匹配方法 | 样本 | 处理组 | 控制组 | ATT | 标准误 | $T$ 值 |
|---|---|---|---|---|---|---|
| | 匹配前 | −0.000 3 | −0.009 | 0.009 | 0.014 | 0.63 |
| 1∶4 最近邻匹配 | 匹配后 | −0.000 3 | −0.001 | 0.000 | 0.021 | 0.04 |
| 1∶3 最近邻匹配 | 匹配后 | −0.000 3 | −0.009 | 0.009 | 0.022 | 0.41 |
| 1∶2 最近邻匹配 | 匹配后 | −0.000 3 | −0.018 | 0.018 | 0.023 | 0.77 |

续表

| 匹配方法 | 样本 | 处理组 | 控制组 | ATT | 标准误 | $T$ 值 |
|---|---|---|---|---|---|---|
| | 匹配前 | −0.000 3 | −0.009 | 0.009 | 0.014 | 0.63 |
| 1∶1 最近邻匹配 | 匹配后 | −0.000 3 | −0.020 | 0.019 | 0.026 | 0.74 |
| 半径匹配 | 匹配后 | 0.011 | −0.017 | 0.028 | 0.018 | 1.53 |
| 1∶4 卡尺内匹配 | 匹配后 | 0.011 | −0.020 | 0.031 | 0.021 | 1.51 |
| 核匹配 | 匹配后 | −0.000 3 | −0.029 | 0.029 | 0.019 | 1.55 |

综上所述，上海市"营改增"整体上改善了试点行业企业绩效，进一步支持了前文结论。

表 7.19 报告了替换企业绩效衡量方式之后的八省市和全国性"营改增"DID检验结果。结果显示：八省市"营改增"实施后，无论与非试点企业相比还是与非试点地区试点行业相比，试点企业的 Ind_ROA 和 Ind_ROE 均略有上升；改革推向全国后，试点企业的 Ind_ROA 略有上升，Ind_ROE 显著上升，与前文结论保持一致。

表 7.19 稳健性检验（改变因变量度量方法）

| 变量 | （1） | （2） | （3） | （4） | （5） | （6） |
|---|---|---|---|---|---|---|
| | 八省市 | | | | 全国 | |
| | 控制组：非试点企业 | | 控制组：非试点地区试点行业 | | 控制组：非试点企业 | |
| | Ind_ROA | Ind_ROE | Ind_ROA | Ind_ROE | Ind_ROA | Ind_ROE |
| Treat×Year | 0.000 5 (0.104) | 0.002 6 (0.219) | 0.010 9 (1.374) | 0.019 5 (1.346) | 0.003 1 (0.699) | 0.016 5$^{*}$ (1.833) |
| Treat | 0.004 0 (0.700) | −0.003 3 (−0.288) | −0.005 2 (−0.662) | −0.016 4 (−1.153) | 0.008 3 (0.804) | 0.019 8 (0.840) |
| Year | 0.000 4 (0.307) | −0.002 2 (−0.671) | −0.013 7$^{**}$ (−2.085) | −0.019 2$^{*}$ (−1.771) | −0.006 9$^{***}$ (−4.305) | −0.020 0$^{***}$ (−5.296) |
| ConVars | 控制 | 控制 | 控制 | 控制 | 控制 | 控制 |
| _Cons | −0.375 1$^{***}$ (−16.903) | −0.920 6$^{***}$ (−16.120) | −0.338 2$^{***}$ (−4.010) | −0.619 3$^{***}$ (−3.806) | −0.370 1$^{***}$ (−15.567) | −0.868 9$^{***}$ (−16.699) |
| 调整 $R^2$ | 0.334 4 | 0.225 4 | 0.248 5 | 0.134 3 | 0.305 9 | 0.215 1 |
| $N$ | 3 827 | 3 827 | 330 | 330 | 3 970 | 3 970 |

*、**和***分别表示在 10%、5%和 1%的置信水平上显著

2）调整考察年份

鉴于八省市试点启动于 2012 年，当年企业绩效包含部分政策效应，因此我们将 2012 年和 2013 年设置为 Year=1，将 2011 年设置为 Year=0。此外，为了考察相对较长时间的政策效应，我们将 2012 年和 2013 年设置为 Year=1，将 2010

年和 2011 年设置为 Year=0。调整考察年份之后重新执行 DID 处理，回归结果列于表 7.20。第（1）、（2）列结果显示：将 2012 年纳入考察区间后，"营改增"使得试点企业的 ROA 略有上升、ROE 显著上升；第（3）、（4）列结果显示：将考察区间拉长后，"营改增"使得试点企业的 ROA 和 ROE 均略有上升。结论与前文保持一致。

表 7.20　稳健性检验（调整八省市考察年份）（一）

| 变量 | （1） | （2） | （3） | （4） |
|---|---|---|---|---|
| | 控制组：非试点企业 | | | |
| | 将 2012 年纳入样本区间 | | 拉长样本区间 | |
| | ROA | ROE | ROA | ROE |
| Treat×Year | 0.004 1<br>（1.000） | 0.019 0$^{**}$<br>（2.072） | 0.002 1<br>（0.510） | 0.013 0<br>（1.555） |
| Treat | 0.003 2<br>（0.535） | −0.007 0<br>（−0.592） | 0.004 5<br>（0.783） | −0.000 8<br>（−0.077） |
| Year | −0.010 6$^{***}$<br>（−9.982） | −0.020 4$^{***}$<br>（−7.982） | −0.014 1$^{***}$<br>（−13.873） | −0.029 0$^{***}$<br>（−12.500） |
| ConVars | 控制 | 控制 | 控制 | 控制 |
| _Cons | −0.297 6$^{***}$<br>（−13.838） | −0.741 4$^{***}$<br>（−15.325） | −0.292 8$^{***}$<br>（−14.347） | −0.727 4$^{***}$<br>（−16.062） |
| 调整 $R^2$ | 0.343 5 | 0.236 8 | 0.343 9 | 0.234 4 |
| $N$ | 5 853 | 5 853 | 7 208 | 7 208 |

**和***分别表示在 5%和 1%的置信水平上显著

　　类似地，我们进一步将控制组替换成非试点地区试点行业，表 7.21 报告了 DID 分析结果。结果显示：在使用两种方法调整样本区间之后，与非试点地区试点行业相比，八省市"营改增"使得试点企业的 ROA 和 ROE 均略有上升。结论与前文保持一致。

表 7.21　稳健性检验（调整八省市考察年份）（二）

| 变量 | （1） | （2） | （3） | （4） |
|---|---|---|---|---|
| | 控制组：非试点地区试点行业 | | | |
| | 将 2012 年纳入样本区间 | | 拉长样本区间 | |
| | ROA | ROE | ROA | ROE |
| Treat×Year | 0.009 1<br>（1.320） | 0.019 1<br>（1.501） | 0.006 8<br>（1.035） | 0.011 8<br>（0.995） |
| Treat | −0.002 7<br>（−0.344） | −0.013 7<br>（−0.958） | −0.000 5<br>（−0.077） | −0.005 5<br>（−0.434） |
| Year | −0.017 3$^{***}$<br>（−2.970） | −0.026 8$^{***}$<br>（−2.825） | −0.020 0$^{***}$<br>（−3.654） | −0.031 6$^{***}$<br>（−3.456） |

续表

| 变量 | （1） | （2） | （3） | （4） |
|---|---|---|---|---|
| | 控制组：非试点地区试点行业 | | | |
| | 将 2012 年纳入样本区间 | | 拉长样本区间 | |
| | ROA | ROE | ROA | ROE |
| ConVars | 控制 | 控制 | 控制 | 控制 |
| _Cons | $-0.236\,5^{***}$ | $-0.413\,2^{**}$ | $-0.240\,5^{***}$ | $-0.485\,7^{***}$ |
| | （-2.768） | （-2.551） | （-3.295） | （-3.375） |
| 调整 $R^2$ | 0.269 5 | 0.125 3 | 0.285 7 | 0.147 2 |
| $N$ | 499 | 499 | 606 | 606 |

**和***分别表示在 5%和 1%的置信水平上显著

与八省市类似，考虑到 2014 年企业绩效已包含部分全国性"营改增"政策效应，于是将 2014 年和 2015 年设置为 Year=1，将 2011 年设置为 Year=0。同时，为了考察相对较长期间的政策效应，我们将 2014 年和 2015 年设置为 Year=1，将 2010 年和 2011 年设置为 Year=0。调整考察年份之后重新执行 DID 处理，回归结果列于表 7.22。第（1）、（2）列结果显示：将 2014 年纳入考察区间后，"营改增"使得试点企业的 ROA 和 ROE 均显著上升。第（3）、（4）列结果显示：将考察区间拉长后，"营改增"使得试点企业的 ROA 略有上升、ROE 显著上升。

表 7.22 稳健性检验（调整全国考察年份）

| 变量 | （1） | （2） | （3） | （4） |
|---|---|---|---|---|
| | 将 2014 年纳入样本区间 | | 拉长样本区间 | |
| | ROA | ROE | ROA | ROE |
| Treat×Year | $0.006\,9^{*}$ | $0.024\,4^{***}$ | 0.004 5 | $0.020\,0^{***}$ |
| | （1.765） | （3.016） | （1.170） | （2.644） |
| Treat | 0.008 2 | 0.018 7 | 0.014 6 | 0.027 6 |
| | （0.774） | （0.836） | （1.517） | （1.369） |
| Year | $-0.017\,5^{***}$ | $-0.037\,3^{***}$ | $-0.021\,2^{***}$ | $-0.046\,5^{***}$ |
| | （-12.321） | （-11.265） | （-15.504） | （-14.946） |
| ConVars | 控制 | 控制 | 控制 | 控制 |
| _Cons | $-0.268\,7^{***}$ | $-0.699\,3^{***}$ | $-0.305\,0^{***}$ | $-0.752\,2^{***}$ |
| | （-11.700） | （-14.463） | （-13.996） | （-15.180） |
| 调整 $R^2$ | 0.337 5 | 0.230 2 | 0.339 9 | 0.230 1 |
| $N$ | 6 051 | 6 051 | 7 406 | 7 406 |

*和***分别表示在 10%和 1%的置信水平上显著

综上可见，经过上述稳健性检验后，结果与前文保持一致，说明我们的研究结论具有较高的可信度。

　　本章的政策建议如下：首先，"减税效应"、"投资扩张效应"和"创新激励效应"是"营改增"作用于企业绩效的三种途径，上市公司应加强税务管理，适当增加对固定资产、不动产、无形资产和服务的购买以获得更多进项税额，从而降低增值税税负、增加企业利润；其次，有力的税收征管会强化"营改增"与企业绩效之间的正相关关系，税务机关应优化"营改增"纳税服务，同时提高税收征管效能，有效发挥税收征管的公司治理效用；最后，我国新一轮更大规模的减税降费已经启动，针对未来增值税改革的方向，建议财政部和国家税务总局继续简并税率档次，维护税收中性、公平。

# 第8章 "营改增"对企业全要素生产率的影响研究

　　本章专门讨论"营改增"对企业全要素生产率的影响。"营改增"试点以来，学术界对其政策效应进行了大量研究。其中，不少文献在理论和方法上均有待改进：①在理论上，汪卢俊和苏建（2019）、丁汀和钱晓东（2019）均强调"营改增"的减税效应刺激企业增资扩产和研发投入的行为，并将二者作为"营改增"对企业全要素生产率产生影响的潜在路径，我们认为这值得商榷。首先，大量研究结果显示，"营改增"并不具有普遍意义上的减税效应，"营改增"设定之初也将"总体税负基本不变或略有下降"作为基本原则；其次，增资扩产并不一定能产生规模效应，仅当规模报酬递增时企业才有扩张的动机；最后，企业利润的增加并非研发投入增加的充要条件，且研发投入的增加也不太可能在短窗口期给企业生产技术带来明显的提升。上述结论仅在特定情况下可能成立，但并不具有广泛意义上的正确性。在实验组的识别上，大多数文献仅仅考虑了"营改增"对部分特定行业的影响，鲜有文献将服务业和制造业同时纳入分析框架；在对"营改增"试点服务业企业的筛选界定上，大部分文献都没有做到细致处理。在试点服务业中，交通运输业在"营改增"前虽然名义上缴纳营业税，但其提供的运输服务可以作为进项抵扣；有形动产租赁企业的界定也需要根据租赁业企业的经营范围逐一排查。②在方法上，大部分文献都采用DID法评估"营改增"的政策效应，但都缺乏对DID法前提假设的充分探讨。陈钊和王旸（2016）将制造业企业所在省份实施"营改增"的时间作为其接受"营改增"影响的时点，这相当于假定制造业企业只会寻求与本省份的服务业企业分工协作。但是，现代交通运输业高度发达，企业间的交流合作也愈加方便，跨省份与跨地区的交易往来十分常见，所以这样的处理显然有待进一步推进。

　　本章的研究内容与方法如下：第一，税收对经济的扭曲是学术界关注的热点话题之一，但现有研究大部分都是对特定税制的静止观测，难以避免遗漏变量的问题。本章以税制改革为研究对象,观察税制变化对全要素生产率的动态影响,能够在一定程度上缓解内生性问题的干扰,为今后的税制研究提供新思路。第二,现有针对全要素生产率的文献大多从宏观层面展开。相比之下,从微观层面切入的文献较少。事实上,全要素生产率是一个微观的企业概念,采用宏观数据估计无法体现企业的生产决策过程。因此,本章是对企业全要素生产率微观研究的进一步补充。第三,本章分别考察"营改增"对试点服务业和制造业企业全要素生产率的影响及作用机制,并通过大量稳健性检验测试结果的正确性,在模型构建、实验组甄选和稳健性检验方面具有借鉴意义。

# 8.1 "营改增"影响企业全要素生产率的理论分析

在"营改增"实施之前,已有一些文献分析了营业税与增值税并行的流转税制对经济的扭曲效应(Diamond and Mirrlees, 1971;龚辉文,2010)。对于具有一般增值税纳税人资格的企业,其上游企业如果缴纳营业税,则其购买的中间投入不能作为未来缴纳增值税时的抵扣项目,这就导致缴纳增值税的下游企业承担了不合理税负,进而扭曲中间投入品的价格和企业生产要素的最优组合。"营改增"的出台正是为了打通上下游企业间的增值税抵扣链条、降低企业承受的不合理负担、促进产业之间的分工协作,最终完成由要素投入驱动转向全要素生产率驱动的经济发展模式升级。

从税负的角度来看,"营改增"能够改善传统营业税对中间投入品的价格扭曲,优化资源配置进而提高企业的全要素生产率。在流转税中,营业税和增值税具有截然不同的性质。营业税是价内税,销售方和采购方均需将价内营业税额的部分确认为成本,这意味着企业只能通过提高价格将营业税税负向下游转嫁。由于该部分税款不能抵扣,采购方的交易意愿不强,故营业税商品的需求弹性也较大,这导致税负的转嫁难以实现,企业不得不承担营业税税负带来的经济成本。相比之下,增值税是价外税,价税分离和可抵扣的特点意味着企业无须调整价格就能实现增值税税负的有效转嫁[①]。在完美的增值税抵扣条件下,企业所缴纳的增值税款会由下游客户承担,增值税的实际承担者为最终消费者(刘行和叶康涛,2018),所产生的增值税由各环节企业代缴。因此,增值税税负不

---

① 严格意义上,当销售发生在企业与最终消费者之间时,增值税的抵扣结束,此时增值税并不比营业税具有转嫁优势。但是,根据中国投入产出表,80%以上的总产出被用于企业再生产的中间投入,故总体上增值税对价格扭曲程度较营业税更小。

会引起价格扭曲进而影响企业利润[1]。"营改增"后,营业税逐渐被增值税取代,上下游企业形成了完整的抵扣链条,传统流转税所带来的价格扭曲和效率损失问题得到缓解。我们将"营改增"对企业的这一影响称为"价格优化效应"。

从产业互联的角度来看,"营改增"能够促进服务业与制造业之间的分工合作,提高企业生产运营的专业化程度,优化要素组合效率进而提高全要素生产率。我们以一个简单的产业链为例,分析"营改增"促进上下游企业分工协作的作用机理:假设一个制造业企业需要向另一个服务业企业购买一项服务性产品。在"营改增"实施之前,服务性行业以缴纳营业税为主,故当下游的制造业企业购买服务性产品时不能获得增值税专用发票,价内的营业税部分不能在销售环节扣除,这就导致了对制造业企业的重复征税。Coase(1937)指出,企业的显著特征是就是对价格机制的替代,企业将倾向扩张直至在企业内部组织一笔额外交易的成本,等于通过在公开市场上完成同一笔交易的成本或在另一个企业中组织同样交易的成本为止。对制造企业的重复征税增加了公开市场上的交易成本(税费负担),此时如果企业将购买的服务通过一体化策略纳入内部部门提供,将有助于企业规模的扩大。因此,制造业企业为了避免承担不合理税负往往会采取纵向一体化策略减少服务外包,转而自行生产中间产品,这种自给自足的生产模式阻碍专业化分工的形成。在营业税的扭曲作用下,下游企业被迫从事专业水平相对低的服务性产品生产,这就导致资源的错配。"营改增"实施后,上下游企业的增值税抵扣链条被打通。对于上游企业而言,生产服务性产品的税负成本下降,供给意愿提高;对于下游企业而言,从上游购进服务性产品可以作为进项扣除项目,重复征税问题得到缓解,从而更加积极地寻求专业化分工。上下游产业协作的形成,意味着企业能够集中资源发展生产效率高的核心业务而不必再为中间产品付出额外的学习成本和组织协调成本,这体现了企业对最优生产要素组合的调整。因此,"营改增"有利于促进企业间的分工协作进而直接提升要素投入的产出效率。我们将"营改增"对企业的这一影响称为"专业分工效应"。

由此,我们认为,"营改增"的价格效应和分工效应能共同促进企业全要素生产率的提升,提出假设 8.1:

**假设 8.1**:"营改增"的实施会促进企业全要素生产率的提高。

---

[1] 在理想环境下,增值税税负不会影响企业利润。在实际情况中,增值税税负仍可能部分影响企业利润。原因有三:一是增值税的多档税率特征仍会导致部分抵扣差异;二是由于消费者不能抵扣,故抵扣链条的最终环节仍会受到需求弹性的较大影响;三是一部分业务销项税额并无对应的现金流入匹配(视同销售、坏账损失)及与增值税税负相关的其他税费附加会对利润产生影响。但是,增值税对利润的影响仍较营业税轻微。

## 8.2 "营改增"影响企业全要素生产率的研究设计

### 8.2.1 模型设计

2011 年 11 月 16 日,财政部和国家税务总局联合下发《营业税改征增值税试点方案》,以上海市交通运输业和 6 个现代服务业为起点,在地区和行业两个层面同时展开推广,这为我们采用 DID 法评估"营改增"的政策效应提供了良好的条件。虽然"营改增"的试点过程在地区和行业层面具有一定的非随机性,但这种非时变的遗漏变量问题可以通过 DID 和控制个体固定效应予以克服。

从全要素生产率的特性来看,由于每家企业所面临的约束条件和技术选择都有差异,故全要素生产率并不适合横向比较。相比之下,许多学者认为,研究全要素生产率增长率更有意义。DID 模型通过对时间维度的差分,个体及行业层面影响全要素生产率的固定因素已被剔除,这使得差分后全要素生产率在组间具有可比性。换言之,对全要素生产率的 DID 等价于对全要素生产率增长率的一重差分。因此,DID 法是研究全要素生产率的有效方法。

从政策影响来看,"营改增"的直接改革对象是服务业,故试点行业必然属于本章研究中的实验组。但从流转税的特性来看,增值税产生于销售环节,故"营改增"必然也会对服务业的下游制造业企业产生影响。因此,我们将试点服务业企业和制造业企业均作为实验组,将非试点服务业企业作为控制组。但是,由于"营改增"对试点服务业企业和制造业企业的影响路径不同,故将二者放在同一个模型中混合处理并不合理。具体而言,"营改增"直接规定试点服务业企业的改革时间,故试点服务业企业接受"营改增"影响的时点可以准确识别。然而,"营改增"对制造业企业的效应来自生产性服务业的间接传导,故制造业企业接受"营改增"影响的具体时点与其上游服务业相关,它与"营改增"的时点进程并不一致。由此,我们将试点服务业企业和制造业企业分开处理。考虑到行业和地区上的非随机性可能导致固定差异,我们对回归模型进行双向固定效应的控制,具体如下:

$$\text{TFP}_{i,t} = \alpha + \beta \text{Reform}_{i,t} + \delta \text{ControlVariables}_{i,t} + \text{Year}_t + \text{firm}_i + \varepsilon_{i,t} \quad (8.1)$$

$$\text{TFP}_{i,t} = \alpha + \beta (\text{TREAT}_i \times \text{POST}_t) + \delta \text{ControlVariables}_{i,t} + \text{Year}_t + \text{firm}_i + \varepsilon_{i,t} \quad (8.2)$$

$$\text{TFP}_{i,t} = \alpha + \sum_{t \neq 2011} \beta_j \left( \text{TREAT}_i \times \text{Year}_t \right) + \delta \text{ControlVariables}_{i,t} + \text{Year}_t + \text{firm}_i + \varepsilon_{i,t}$$

$$(8.3)$$

其中，$\text{TFP}_{i,t}$ 为企业 $i$ 在 $t$ 年的全要素生产率；$\text{Year}_t$ 为时间固定效应，可以控制不随个体变化但随时间变化的遗漏变量问题；$\text{firm}_i$ 为公司固定效应，包含行业、地区和组间的固定效应；$\text{ControlVariables}_{i,t}$ 为一系列控制变量。

式（8.1）为评估"营改增"对试点服务业企业的政策效应的模型，实验组为试点服务业，控制组为非试点服务业；$\text{Reform}_{i,t}$ 为服务业企业 $i$ 所处地区在第 $t$ 年是否实施了"营改增"改革，是则为 1，否则为 0。式（8.2）为评估"营改增"对制造业企业的政策效应的模型，实验组为制造业，控制组为非试点服务业；$\text{TREAT}_i$ 为企业 $i$ 是否为制造业企业，是则为 1，否则为 0；$\text{POST}_t$ 为是否处于 2012 年及以后的年份，是则为 1，否则为 0；$\text{TREAT}_i \times \text{POST}_t$ 的系数反映了"营改增"对制造业企业的影响。由于制造业企业接受"营改增"影响的具体时点无法准确识别，而式（8.2）所设定的 2012 年是在最保守状态下的估计，所以我们额外设计模型（8.3）观测实验组与控制组差异的动态变化过程。式（8.3）将 $\text{TREAT}_i \times \text{Year}_t$ 引入回归，允许组间差异的回归系数在不同年份各不相同。通过观察组间差异的变化趋势与"营改增"的推广进程是否一致，我们可以窥探出"营改增"对制造业企业的动态影响。

值得注意的是，并非所有服务业在"营改增"之前都存在重复征税问题。根据《中华人民共和国增值税暂行条例》，购进或者销售货物及在生产经营过程中支付运输费用的，可以按照运输费用结算单据上注明的运输费用金额和 7% 的扣除率计算进项税额。因此，交通运输业虽然属于"营改增"试点行业，但并不会因"营改增"的价格优化效应和专业分工效应而表现出全要素生产率的提升，这一问题被许多文献忽视。在基准模型及机制分析的检验中，我们将交通运输业从实验组中剔除以确保对政策效应的准确估计。在稳健性检验中，我们单独将交通运输业用作安慰剂检验的实验组对象以验证"营改增"政策效应的真实性。

另外，我们对涉及有形动产租赁的企业进行了详细的识别。由于中国证券监督管理委员会（以下简称"中国证监会"）颁布的行业分类标准并未根据租赁物的性质做更细致地划分，故无法根据行业代码将有形动产租赁业剥离出来。因此，我们根据租赁业企业对经营范围的披露来确定其是否属于有形动产租赁业。在本章的样本中，租赁业企业共有四家，分别为渤海租赁股份有限公司、西安宝德自动化股份有限公司、香溢融通控股集团股份有限公司和华铁科技发展有限公司。在这四家企业中，只有香溢融通控股集团股份有限公司以不动产租赁为主。因此，我们在试点服务业实验组中将香溢融通控股集团股份有限公司剔除。

### 8.2.2  变量定义

全要素生产率的本质是生产函数中无法被要素投入解释的"剩余",故传统的估计方法是通过拟合生产函数来测算全要素生产率水平,但参数估计方法无法克服同时性偏差[①]和样本选择性偏差[②]导致的估计偏误(鲁晓东和连玉君,2012),故 Olley 和 Pakes(1996)、Levinsohn 和 Petrin(2003)等设计了半参数估计方法计算全要素生产率。OP 方法利用企业的当期投资作为不可观测生产率冲击的代理变量以克服同时性偏差问题,而 LP 方法则使用中间投入品作为代理变量,改善了 OP 方法无法估计投资额缺失样本的问题。因此,我们分别用参数估计法和 LP 半参数估计法测算企业的全要素生产率水平。

借鉴 Giannetti 等(2015)的做法,对柯布-道格拉斯(Cobb-Douglas,C-D)生产函数取对数得到如下形式:

$$Y_{i,j,t} = \alpha_{j,t} + \beta_{j,t}L_{i,j,t} + \gamma_{j,t}K_{i,j,t} + \delta_{j,t}M_{i,j,t} + \varepsilon_{i,j,t} \tag{8.4}$$

其中,$Y_{i,j,t}$ 为行业 $j$ 的企业 $i$ 在 $t$ 年的主营业务收入的自然对数;$L_{i,j,t}$ 为行业 $j$ 的企业 $i$ 在 $t$ 年的员工数量的自然对数;$K_{i,j,t}$ 为行业 $j$ 的企业 $i$ 在 $t$ 年的资产总额的自然对数;$M_{i,j,t}$ 为行业 $j$ 的企业 $i$ 在 $t$ 年的购买商品和劳务的现金流出的自然对数。通过对式(8.4)进行分年度和行业的回归,将 $\varepsilon_{i,j,t}$ 作为参数估计方法测算企业的全要素生产率 TFP1。

按照 LP 方法的设计,将 $M_{i,j,t}$ 作为中间投入的代理变量,并用 $K_{i,j,t}$ 和 $M_{i,j,t-1}$ 作为工具变量对式(8.4)进行半参数估计得到企业的全要素生产率 TFP2。

为了避免一些可观测的潜在混淆因素(confounder)对估计结果的影响,我们对模型控制了企业规模(Size)、资产负债率(Lev)、资产报酬率(Roa)、固定资产密集度(PPE)、上市年限(Age)、公司所有权性质(Soe)和地区市场化指数(MI)等因素。

### 8.2.3  数据来源与筛选

2012 年 1 月 1 日,"营改增"在上海市首次试点,并于 2016 年 5 月 1 日完成全国性的推广。考虑到 DID 模型对样本数据的要求,我们以 2010~2015 年沪深 A 股服务业与制造业上市企业为样本,并执行如下的数据筛选流程:①删除样本

---

① 生产率并非不可观测,企业会根据当前观测到的生产率信息调整生产要素的投入组合,故这种生产与决策的同时性特征会导致内生性问题,我们称为"同时性偏差"。

② 例如,资本存量越大的公司,其退出市场的概率越低。

期间注册地发生迁移和行业发生变动的企业；②删除 ST、PT 的企业；③删除资产负债率大于 1 的样本；④删除变量缺失的样本；⑤在以试点服务业为实验组的回归中，剔除运输服务业企业及主营业务为不动产租赁的企业。筛选后，试点服务业共 1 160 个观测值，非试点服务业共 1 448 个观测值，制造业共 8 776 个观测值。我们对所有连续变量在 1%和 99%分位上进行缩尾处理。变量定义及数据来源如表 8.1 所示。

**表 8.1　变量定义及数据来源**

| 变量 | 计算方法 | 数据来源 |
|---|---|---|
| $Y$ | 主营业务收入的自然对数 | CSMAR |
| $L$ | 年末员工数量的自然对数 | CSMAR |
| $K$ | 年末资产总额的自然对数 | CSMAR |
| $M$ | 购买商品和劳务的现金流出的自然对数 | CSMAR |
| TFP1 | 采用 OLS 计算的 C-D 生产函数的残差值 | |
| TFP2 | 采用 LP 法计算 | |
| Reform | 企业 $i$ 所处地区在第 $t$ 年是否实施了"营改增"改革，是则为 1，否则为 0 | |
| TREAT | 企业 $i$ 是否为制造业企业，是则为 1，否则为 0 | |
| POST | 企业 $i$ 是否为处于 2012 年及以后，是则为 1，否则为 0 | |
| Size | 企业规模=年末资产总额的自然对数 | CSMAR |
| Lev | 资产负债率=年末负债总额/年末资产总额 | CSMAR |
| Roa | 资产报酬率=净利润/年末总资产 | CSMAR |
| PPE | 固定资产密集度=年末固定资产净额/年末总资产 | CSMAR |
| Age | 上市年龄 | CSMAR |
| Soe | 公司所有权性质，国有企业则为 1，非国有企业则为 0 | CSMAR |
| MI | 地区市场化指数 | 王小鲁等《中国分省份市场化指数报告（2016）》 |
| PR | 利润率=息税前利润/营业收入 | CSMAR |
| Supplier | 采购议价能力=前五大供应商采购额/总采购额 | CCER |
| Customer | 销售议价能力=前五大客户销售额/总销售额 | CCER |
| VA/S | 一体化程度指标，具体见文中计算公式 | CCER |
| $I\_HHI$ | 一体化程度指标，具体见文中计算公式 | CCER |

## 8.3　实证检验结果与分析

### 8.3.1　描述性统计

表 8.2 呈现了全样本的描述性统计结果。采用 OLS 计算的 TFP1 均值为

2.714，大幅小于采用 LP 法计算的 TFP2 的均值 4.828，其余分位值上的 TFP1 也均小于 TFP2。这一结果与鲁晓东和连玉君（2012）较为一致，但与程晨和王萌萌（2016）、Giannetti 等（2015）的结果不同[①]。我们发现，许多文献采用 OLS计算 TFP 的结果有将近一半的样本为负值，这显然不符合常理。根据 C-D 生产函数的性质，TFP 为负说明综合技术水平在（0，1）的范围内，企业生产的要素投入量大于产出量。如果出现近半数为负值的情况，则意味着大量企业在生产方法无效率的情况下仍然选择继续生产，这不符合利润最大化假设。我们推测，当这些文献计算 TFP 时，可能忽略了 C-D 生产函数无截距项这一因素，故而造成 TFP的低估。图 8.1 为 TFP1 与 TFP2 的核密度函数图：偏度 TFP1 的峰度大于 TFP2，这说明以 OLS 估计的全要素生产率更加密集。

表 8.2    全样本描述性统计

| 变量 | 5 分位值 | 25 分位值 | 中位数 | 75 分位值 | 95 分位值 | 均值 | 标准差 |
|---|---|---|---|---|---|---|---|
| TFP1 | 2.260 | 2.512 | 2.677 | 2.876 | 3.339 | 2.714 | 0.366 |
| TFP2 | 3.711 | 4.418 | 4.821 | 5.244 | 5.974 | 4.828 | 0.706 |
| MI | 4.450 | 6.270 | 7.850 | 9.180 | 9.860 | 7.576 | 1.800 |
| Soe | 0 | 0 | 0 | 1.000 | 1.000 | 0.409 | 0.492 |
| Roa | −0.046 | 0.014 | 0.038 | 0.067 | 0.127 | 0.040 | 0.055 |
| Size | 20.104 | 20.945 | 21.713 | 22.611 | 24.335 | 21.873 | 1.288 |
| Lev | 0.089 | 0.252 | 0.431 | 0.612 | 0.813 | 0.438 | 0.226 |
| PPE | 0.013 | 0.094 | 0.190 | 0.325 | 0.564 | 0.226 | 0.169 |
| Age | 1.000 | 4.000 | 9.000 | 16.000 | 20.000 | 9.952 | 6.620 |

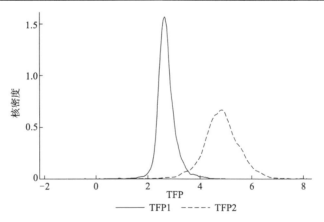

图 8.1    TFP1 与 TFP2 的核密度函数图

---

① 程晨和王萌萌（2016）计算的均值为-0.007，中位数为 0；Giannetti 等（2015）计算的均值为 0，中位数为-0.008。

## 8.3.2 "营改增"影响全要素生产率的实证检验

表 8.3 列示了基准模型的回归结果，Panel A 列示了以试点服务业为实验组和以制造业为实验组的 DID 模型结果：在第（1）列和第（2）列中，Reform 的系数分别为 0.100 0 和 0.106 0，且均在 1%的置信水平上显著。这说明，如果要素投入既定，"营改增"使得服务业企业的总产出平均提升 10.52%~11.18%[①]；在第（3）列和第（4）列中，TREAT×POST 的系数分别为 0.087 6 和 0.104 9，也均在 1%的置信水平上显著，这表示"营改增"使得制造业企业的总产出平均提升 9.15%~ 11.06%。上述结果支持了前文的假设。

**表 8.3 "营改增"与企业全要素生产率**

| 变量 | 以试点服务业为实验组 | | 以制造业为实验组 | |
|---|---|---|---|---|
| | （1） | （2） | （3） | （4） |
| | TFP1 | TFP2 | TFP1 | TFP2 |
| Reform | 0.100 0*** （3.095） | 0.106 0*** （3.237） | | |
| TREAT×POST | | | 0.087 6*** （2.616） | 0.104 9*** （3.077） |
| Roa | 2.394 6*** （6.179） | 2.318 1*** （6.087） | 2.232 3*** （13.409） | 2.228 5*** （13.578） |
| Size | −0.306 7*** （−5.474） | 0.458 8*** （7.851） | −0.181 9*** （−6.308） | 0.605 8*** （20.164） |
| Lev | 0.472 8*** （2.684） | 0.504 0*** （2.958） | 0.303 2*** （4.204） | 0.308 3*** （4.209） |
| PPE | 0.130 5 （0.516） | 0.835 9*** （3.340） | 0.202 0** （2.220） | 0.710 0*** （7.704） |
| Age | −0.023 9 （−0.140） | −0.015 6 （−0.089） | 0.062 0 （0.831） | 0.059 5 （0.775） |
| Soe | 0.130 8 （0.753） | 0.153 7 （0.873） | 0.055 4 （1.017） | 0.066 2 （1.169） |
| MI | −0.048 3 （−1.374） | −0.041 9 （−1.175） | 0.025 2** （2.003） | 0.028 3** （2.249） |
| 常数项 | 7.369 0*** （4.034） | 8.027 8*** （4.272） | 3.677 9*** （4.483） | 4.067 3*** （4.808） |
| 年度固定效应 | 控制 | 控制 | 控制 | 控制 |
| 公司固定效应 | 控制 | 控制 | 控制 | 控制 |
| N | 2 608 | 2 608 | 10 224 | 10 224 |

① C-D 生产函数形式为 $Y = AK^{\alpha}L^{\beta}$，全要素生产率为 $A$ 的对数形式。当 $A$ 变化了 $t$ 倍时，$\ln(1+t)A - \ln A =$ $\ln(1+t) = \Delta \text{TFP}$。因此，如果要素投入既定，"营改增"使得服务业企业的总产出平均提升 $e^{0.100\,0} - 1$ 倍或 $e^{0.106\,0} - 1$ 倍。后文中的计算及经济意义解释同理。

续表

| | Panel A：基准模型回归 | | | |
|---|---|---|---|---|
| 变量 | 以试点服务业为实验组 | | 以制造业为实验组 | |
| | （1） | （2） | （3） | （4） |
| | TFP1 | TFP2 | TFP1 | TFP2 |
| $R^2$ | 0.195 | 0.362 | 0.158 | 0.454 |

Panel B：以实验组为制造业的动态模型结果

| 变量 | （1） | （2） |
|---|---|---|
| | TFP1 | TFP2 |
| TREAT×Year$_{2010}$ | 0.008 0<br>（0.623） | −0.000 5<br>（−0.041） |
| TREAT×Year$_{2011}$ | 0.032 5<br>（1.020） | 0.047 8<br>（1.477） |
| TREAT×Year$_{2013}$ | 0.045 6$^{***}$<br>（3.724） | 0.052 2$^{***}$<br>（4.210） |
| TREAT×Year$_{2014}$ | 0.047 9$^{**}$<br>（2.192） | 0.058 5$^{***}$<br>（2.636） |
| TREAT×Year$_{2015}$ | 0.077 4$^{***}$<br>（3.441） | 0.094 5$^{***}$<br>（4.150） |
| Roa | 2.238 2$^{***}$<br>（13.438） | 2.235 0$^{***}$<br>（13.612） |
| Size | −0.182 6$^{***}$<br>（−6.351） | 0.605 3$^{***}$<br>（20.214） |
| Lev | 0.303 6$^{***}$<br>（4.209） | 0.308 9$^{***}$<br>（4.216） |
| PPE | 0.204 2$^{**}$<br>（2.249） | 0.710 5$^{***}$<br>（7.726） |
| Age | −0.028 8$^{***}$<br>（−2.613） | −0.035 7$^{***}$<br>（−3.204） |
| Soe | 0.058 5<br>（1.074） | 0.069 5<br>（1.226） |
| MI | 0.022 1$^{*}$<br>（1.800） | 0.025 3$^{**}$<br>（2.066） |
| 常数项 | 4.461 8$^{***}$<br>（7.391） | 4.895 3$^{***}$<br>（7.794） |
| 年度固定效应 | 控制 | 控制 |
| 公司固定效应 | 控制 | 控制 |
| N | 10 224 | 10 224 |
| $R^2$ | 0.158 | 0.454 |

*、**和***分别表示在 10%、5%和 1%的置信水平上显著

注：括号中报告的为经过 White 稳健标注误修正的 t 值；标准误已经过公司层面的聚类调整；所有回归均对时间固定效应和个体固定效应进行了控制

　　Panel B 列示了以实验组为制造业的动态模型结果：TREAT×Year$_{2010}$、

TREAT×Year$_{2011}$ 的系数均不能拒绝不为 0 的假设,但 TREAT×Year$_{2013}$、TREAT×Year$_{2014}$ 和 TREAT×Year$_{2015}$ 至少在 5%的置信水平上显著为正,这说明,如果以 2012 年为基期,制造业企业的全要素生产率在 2012 年之前没有显著的变化趋势,但在 2013~2015 年显著提升。图 8.2 中的结果进一步显示,"营改增"对制造业的影响随着试点范围的扩大而逐步加深。

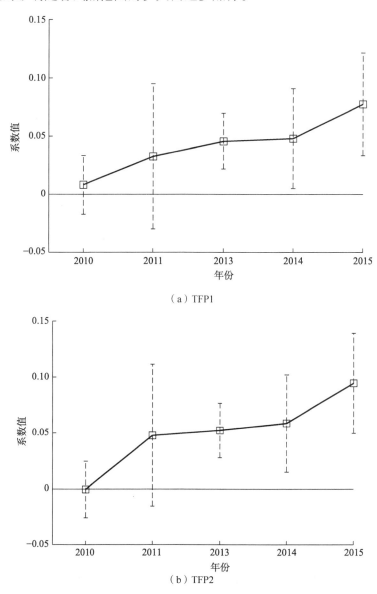

（a）TFP1

（b）TFP2

图 8.2 "营改增"对制造业影响的动态趋势
虚线部分表示置信度为 95%的置信区间

## 8.4　稳健性检验：DID 前提假设的验证与控制

DID 能在一定程度上缓解由"营改增"的不完全随机性而导致的遗漏变量问题，但必须满足以下前提：①平行趋势假设，即控制组与实验组在没有政策冲击的情况下具有相同的变化趋势；②政策冲击具有唯一性，即实验组的处理效应必须是由所研究的政策独立贡献的；③政策效应无外溢，即政策冲击不应对控制组个体产生影响。

对平行趋势假设的判定，大部分研究通过观察组间差异的动态变化予以验证。我们对试点服务业运行以下模型：

$$\text{TFP}_{i,t} = \alpha + \text{before}_i^{-2} + \text{before}_i^{-1} + \text{current}_i + \text{after}_i^1 + \text{after}_i^{2^+}$$
$$+ \delta \text{ControlVariables}_{i,t} + \text{Year}_t + \text{firm}_i + \varepsilon_{i,t} \tag{8.5}$$

其中，$\text{before}_i^{-j}$ 表示试点服务业企业 $i$ 是否处于"营改增"改革前第 $j$ 年的哑变量；$\text{current}_i$ 表示试点服务业企业 $i$ 是否处于"营改增"改革当年的哑变量；$\text{after}_i^1$ 表示试点服务业企业 $i$ 是否处于"营改增"改革后第 1 年的哑变量；$\text{after}_i^{2^+}$ 表示试点服务业企业 $i$ 是否处于"营改增"改革后两年及以后的哑变量。

图 8.2 与图 8.3 分别描绘了"营改增"对制造业和试点服务业影响的动态趋势：在"营改增"产生影响前的两年，控制组与实验组的全要素生产率没有显著差异；在受到"营改增"产生影响后，控制组与实验组的全要素生产率开始出现显著的差异，且差异随时间的推移逐步增大。

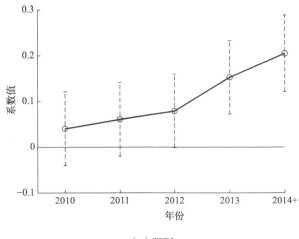

（a）TFP1

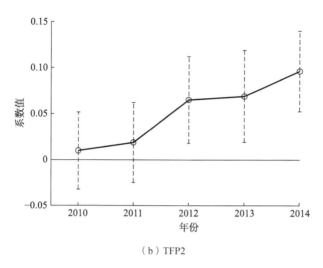

（b）TFP2

图 8.3 "营改增"对试点服务业影响的动态趋势
虚线部分表示置信度为 95%的置信区间

这说明，在控制了双向固定效应和一系列潜在的混淆因素后，实验组和控制组之间具有较好的事前平行趋势。

上述结果仅仅是平行趋势假设成立的必要不充分条件，它无法验证事后的平行趋势是否成立。事实上，由于事后平行趋势无法观测，没有任何一种方法能够充分必要地予以证明。因此，我们只能尽量控制可能引发不平行趋势的因素以缓解对这一问题的担忧。

我们将采用以下三种思路对潜在的不平行趋势予以控制：①通过对实验组添加时间趋势项以控制控制组与实验组的不同时间发展趋势；②允许控制变量的系数随时间变化以吸收未知的外部冲击对"营改增"处理效应的影响；③引入行业年度联合固定效应以控制随时间变化的行业因素对组间平行趋势的影响。表 8.4 列示了控制上述因素后的回归结果：Reform 和 TREAT × POST 的系数、显著水平相对基准模型没有较大变化，这说明我们采用基准模型估计"营改增"对实验组的处理效应是稳健的。

表 8.4 控制不平行趋势后的基准模型回归

| 变量 | Panel A：以实验组为试点服务业企业 | | | | | |
|---|---|---|---|---|---|---|
| | （1） | （2） | （3） | （4） | （5） | （6） |
| | TFP1 | TFP2 | TFP1 | TFP2 | TFP1 | TFP2 |
| Reform | 0.101 2*** (3.029) | 0.100 5*** (2.713) | 0.103 0*** (2.855) | 0.106 7*** (2.978) | 0.907 2** (2.240) | 0.107 2** (2.236) |
| 常数项 | 7.564 8*** (3.149) | 8.251 4*** (3.348) | 7.587 1*** (3.923) | 8.387 8*** (4.217) | 7.594 4*** (4.110) | 8.267 8*** (4.350) |
| ControlVariables | 控制 | 控制 | | | 控制 | 控制 |

续表

| Panel A：以实验组为试点服务业企业 | | | | | | |
|---|---|---|---|---|---|---|
| 变量 | （1） | （2） | （3） | （4） | （5） | （6） |
| | TFP1 | TFP2 | TFP1 | TFP2 | TFP1 | TFP2 |
| TREAT×$t$ | 未控制 | 未控制 | 未控制 | 未控制 | 控制 | 控制 |
| Controls×Year | 未控制 | 未控制 | 控制 | 控制 | 未控制 | 未控制 |
| Industry×Year | 控制 | 控制 | 未控制 | 未控制 | 未控制 | 未控制 |
| 年度固定效应 | | | 控制 | 控制 | 控制 | 控制 |
| 公司固定效应 | 控制 | 控制 | 控制 | 控制 | 控制 | 控制 |
| $N$ | 2 608 | 2 608 | 2 608 | 2 608 | 2 608 | 2 608 |
| $R^2$ | 0.246 | 0.403 | 0.213 | 0.377 | 0.197 | 0.364 |

| Panel B：以实验组为制造业企业 | | | | | | |
|---|---|---|---|---|---|---|
| 变量 | （1） | （2） | （3） | （4） | （5） | （6） |
| | TFP1 | TFP2 | TFP1 | TFP2 | TFP1 | TFP2 |
| TREAT×POST | 0.098 0** （2.220） | 0.099 6** （2.477） | 0.071 1** （1.963） | 0.098 1** （2.408） | 0.082 1** （2.100） | 0.097 2** （1.997） |
| 常数项 | 3.645 6*** （4.226） | 4.040 8*** （4.590） | 3.839 2*** （4.245） | 4.345 2*** （4.635） | 3.680 8*** （4.472） | 4.081 7*** （4.807） |
| Controls | 控制 | 控制 | | | 控制 | 控制 |
| TREAT×$t$ | 未控制 | 未控制 | 未控制 | 未控制 | 控制 | 控制 |
| Controls×Year | 未控制 | 未控制 | 控制 | 控制 | 未控制 | 未控制 |
| Industry×Year | 控制 | 控制 | 未控制 | 未控制 | 未控制 | 未控制 |
| 年度固定效应 | | | 控制 | 控制 | 控制 | 控制 |
| 公司固定效应 | 控制 | 控制 | 控制 | 控制 | 控制 | 控制 |
| $N$ | 10 224 | 10 224 | 10 224 | 10 224 | 10 224 | 10 224 |
| $R^2$ | 0.183 | 0.470 | 0.170 | 0.462 | 0.158 | 0.454 |

**和***分别表示在 5%和 1%的置信水平上显著

注：括号中报告的为经过 White 稳健标注误修正的 $t$ 值；标准误已经过公司层面的聚类调整。TREAT×$t$ 表示实验组哑变量与时间趋势项的交乘项；Controls×Year 表示控制变量与时间哑变量的交乘项之和；Industry×Year 表示行业虚拟变量与时间哑变量的交乘项之和

　　接下来，我们通过安慰剂测试验证"营改增"处理效应的唯一性和无溢出性。首先，交通运输业为我们提供了天然的安慰剂实验组。在"营改增"之前，交通运输业虽然缴纳营业税，但其提供的因运输服务形成的运费发票，可以作为客户采用计算扣除方式实现进项抵扣的依据。这意味着，营业税对交通运输业的价格扭曲相对较小，下游制造业也不存在重复征税问题。因此，交通运输业虽然名义上属于"营改增"的试点范围，但理论上应不会受到"营改增"价格效应和分工效应的影响。其次，我们通过蒙特卡罗模拟构造随机化的安慰剂实验组。对实验组的个体构成和接受政策的时间进行 1 000 次的随机分配并观察 $t$ 值分布。

如果处理效应是唯一的，则实验组接受政策处理效应的时间点应是固定的；如果处理效应是无溢出的，则实验组的构成也应是固定的。因此，我们不应在其他安慰剂实验组中观察到与真正实验组同样水平的处理效应。

表 8.5 与图 8.4 展示了安慰剂测试的结果。在表 8.5 中，第（1）列和第（2）列是以交通运输业为安慰剂实验组的测试结果：Reform 的系数均不显著，这说明"营改增"对交通运输业的全要素生产率没有显著的促进作用；第（3）~（8）列为对试点服务业和制造业随机化的安慰剂测试结果：无论是从时间维度还是从构成维度对实验组随机化，在 1 000 次抽样的 $t$ 值统计分布中，绝大多数 5 分位值、中位数和 95 分位值均不显著，且系数远小于基准模型的结果。图 8.4 描绘的 $t$ 值分布的核密度函数图中，六类随机化测试的 $t$ 值分布均为均值近似为零的对称分布，99%的结果都达不到基准模型的 $t$ 值水平，这说明这 1 000 次安慰剂样本均不具有经济显著和统计显著的处理效应。因此，"营改增"对试点服务业和制造业的处理效应是唯一且无溢出的。

表 8.5 安慰剂检验

| 变量 | 以交通运输业为安慰剂实验组 | | 以试点服务业为实验组 | | | | 以制造业为实验组 | |
|---|---|---|---|---|---|---|---|---|
| | | | 随机化政策时点 | | 随机化实验组构成 | | 随机化实验组构成 | |
| | （1） | （2） | （3） | （4） | （5） | （6） | （7） | （8） |
| | TFP1 | TFP2 | TFP1 | TFP2 | TFP1 | TFP2 | TFP1 | TFP2 |
| Reform | −0.041 4 （−1.277） | 0.077 4 （1.591） | | | | | | |
| 处理效应的 $t$ 值分布： | | | | | | | | |
| 5 分位值 | | | −0.021 9 （−1.642） | −0.028 3 （−1.626） | −0.020 3* （−1.739） | −0.022 6 （−1.630） | −0.009 0 （−1.588） | −0.012 0 （−1.643） |
| 中位数 | | | −0.001 3 （−0.083） | −0.002 6 （−0.125） | −0.002 2 （−0.154） | −0.001 8 （−0.119） | −0.001 1 （−0.165） | −0.000 9 （−0.125） |
| 95 分位值 | | | 0.028 6 （1.614） | 0.034 9* （1.770） | 0.025 8* （1.672） | 0.028 9 （1.633） | 0.010 6 （1.586） | 0.013 6* （1.709） |
| 常数项 | 4.728 5*** （4.083） | 6.708 4*** （3.027） | 1.388 5*** （46.428） | 17.775 1*** （610.445） | 1.542 0*** （10.740） | 18.142 8*** （1 788.041） | 1.556 0*** （170.431） | 18.177 6*** （1 547.416） |
| Control Variables | 控制 | 控制 | 控制 | 控制 | 控制 | 控制 | 控制 | 控制 |
| 年度固定效应 | 控制 | 控制 | 控制 | 控制 | 控制 | 控制 | 控制 | 控制 |
| 公司固定效应 | 控制 | 控制 | 控制 | 控制 | 控制 | 控制 | 控制 | 控制 |
| $N$ | 1 998 | 1.998 | 2 608 | 2 608 | 2 608 | 2 608 | 10 224 | 10 224 |
| $R^2$ | 0.042 | 0.074 | | | | | | |

*和***分别表示在 10%和 1%的置信水平上显著

注：括号中报告的为经过 White 稳健标注误修正的 $t$ 值；标准误已经过公司层面的聚类调整；所有回归均对时间固定效应和个体固定效应进行了控制

A. 以试点服务业为实验组

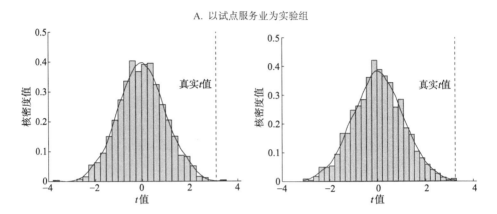

（a）随机化政策时点的安慰剂测试 *t* 值分布（TFP1）　（b）随机化政策时点的安慰剂测试 *t* 值统计分布（TFP2）

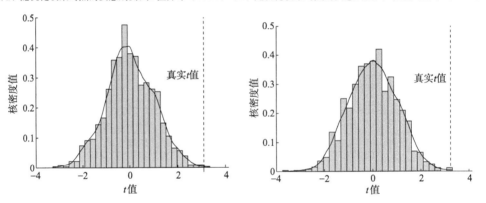

（c）随机化实验组构成的安慰剂测试 *t* 值分布（TFP1）　（d）随机化实验组构成的安慰剂测试 *t* 值分布（TFP2）

B. 以制造业为实验组

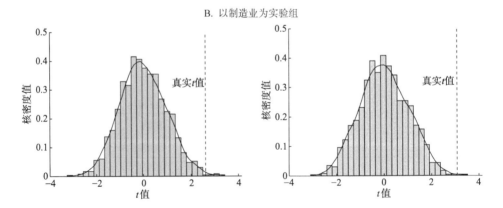

（e）随机化实验组构成的安慰剂测试 *t* 值分布（TFP1）　（f）随机化实验组构成的安慰剂测试 *t* 值分布（TFP2）

图 8.4　随机化安慰剂实验的统计量分布图

虚线为基准模型中对应的真实 *t* 值

# 8.5　机制检验：价格优化效应和专业分工效应

基准模型的回归结果支持了增值税对企业全要素生产率具有促进作用的假设。本节我们将对理论分析部分提出的"价格优化效应"和"专业分工效应"进行检验与讨论。

## 8.5.1　价格优化效应

"价格优化效应"本质上是指营业税和增值税的转嫁能力差异对产品价格扭曲的改善，"营改增"使得企业对流转税税负的规避不再依赖于自身的转嫁能力。因此，如果"价格优化效应"存在，则税负转嫁能力越低的企业受到"营改增"的影响越大。我们用利润率和议价能力作为企业税负转嫁能力的度量指标。其中，利润率（PR）=息税前利润/营业收入；采购议价能力（Supplier）=前五大供应商采购额/年度总采购额；销售议价能力（Customer）=前五大客户销售额/年度总销售额，Customer 和 Supplier 越大，议价能力越弱。理论上，企业的利润率高意味着企业的销售正处于供不应求的阶段，具有更高的市场地位，故利润率越高的企业，其面临的需求价格弹性越低（Jacob et al., 2019；刘行和叶康涛，2018）。议价能力则体现了企业在采购和销售环节对价格的控制能力，议价能力越高的企业，其转嫁营业税税负的能力也越强。我们设置如下调节模型检验这一关系是否成立：

$$\text{TFP}_{i,t} = \alpha + \beta \text{Reform}_{i,t} \times \left\{ \begin{array}{l} \text{PR} \\ \text{Supplier} \\ \text{Customer} \end{array} \right. + \left\{ \begin{array}{l} \text{PR} \\ \text{Supplier} \\ \text{Customer} \end{array} \right.$$
$$+ \delta \text{ControlVariables}_{i,t} + \text{Year}_t + \text{firm}_i + \varepsilon_{i,t} \qquad (8.6)$$

$$\text{TFP}_{i,t} = \alpha + \beta \text{TREAT}_i \times \text{POST}_t \times \left\{ \begin{array}{l} \text{PR} \\ \text{Supplier} \\ \text{Customer} \end{array} \right. + \left\{ \begin{array}{l} \text{PR} \\ \text{Supplier} \\ \text{Customer} \end{array} \right.$$
$$+ \delta \text{ControlVariables}_{i,t} + \text{Year}_t + \text{Firm}_t + \varepsilon_{i,t} \qquad (8.7)$$

表 8.6 列示了价格优化效应的检验结果。Panel A 列示了以试点服务业为实验组的调节模型回归结果：在第（1）、（2）列中，Reform×PR 的系数在 5%的置信水平上显著为负，说明企业的利润率越高，"营改增"对全要素生产率的促进作用越低；在第（3）、（4）列中，Reform×Customer 的系数在 5%的置信水平

上显著为正，说明企业的销售议价能力越强，"营改增"对全要素生产率的促进作用越低；在第（5）、（6）列中，Reform×Supplier 的系数分别为 0.000 3 和 −0.000 2 且均不显著，这说明采购议价能力并不会影响"营改增"对服务业企业全要素生产率的促进作用。Panel B 列示了以制造业为实验组的调节模型回归结果。与 Panel A 的结果不同，TREAT×POST×PR、TREAT×POST×Customer 的系数在经济意义和统计意义上均不太显著[仅在第（2）列中的 TREAT×POST×PR 在 10% 的置信水平上显著]，但 TREAT×POST×Supplier 的系数分别为 0.082 8（t=2.202，在 5% 的置信水平上显著）和 0.190 6（t=1.893，在 10% 的置信水平上显著），这说明采购议价能力会影响"营改增"对制造业企业全要素生产率的提升作用。总体来看，表 8.6 的结果说明，"营改增"主要改善了服务业企业销售环节和制造业企业采购环节的价格扭曲。

表 8.6　价格优化效应检验结果

| 变量 | 利润率 | | 销售议价能力 | | 采购议价能力 | |
|---|---|---|---|---|---|---|
| | （1） | （2） | （3） | （4） | （5） | （6） |
| | TFP1 | TFP2 | TFP1 | TFP2 | TFP1 | TFP2 |
| Reform | 0.065 7* (1.697) | 0.070 0* (1.808) | 0.054 6 (1.240) | 0.063 5 (1.443) | 0.063 3*** (3.055) | 0.076 4*** (3.287) |
| PR | −0.054 8 (−0.554) | −0.077 5 (−0.758) | | | | |
| Reform×PR | −0.217 5** (−2.400) | −0.232 2** (−2.436) | | | | |
| Customer | | | −0.006 0*** (−3.363) | −0.006 4*** (−3.566) | | |
| Reform×Customer | | | 0.001 6** (2.274) | 0.001 4** (2.101) | | |
| Supplier | | | | | −0.000 3 (−0.150) | 0.000 6 (0.298) |
| Reform×Supplier | | | | | 0.000 3 (0.161) | −0.000 2 (−0.124) |
| Roa | 4.341 1*** (6.837) | 4.343 2*** (6.852) | 2.389 4*** (6.228) | 2.322 1*** (6.273) | 2.734 8*** (4.393) | 2.584 6*** (4.427) |
| Size | −0.276 0*** (−5.790) | 0.490 7*** (9.901) | −0.346 1*** (−6.311) | 0.414 6*** (7.454) | −0.312 3*** (−4.573) | 0.448 3*** (6.887) |
| Lev | 0.415 9** (2.561) | 0.444 7*** (2.858) | 0.496 3*** (2.697) | 0.522 5*** (2.981) | 0.398 7 (1.475) | 0.398 8 (1.545) |
| PPE | 0.186 3 (0.764) | 0.895 1*** (3.719) | 0.042 6 (0.140) | 0.762 1** (2.566) | 0.289 9 (0.737) | 0.990 0*** (2.622) |
| Age | 0.011 9 (0.070) | 0.021 9 (0.125) | 0.056 3 (0.285) | 0.048 1 (0.238) | 0.188 0 (1.334) | 0.179 3 (1.229) |

续表

| | Panel A：以试点服务业为实验组企业 | | | | | |
|---|---|---|---|---|---|---|
| 变量 | 利润率 | | 销售议价能力 | | 采购议价能力 | |
| | （1） | （2） | （3） | （4） | （5） | （6） |
| | TFP1 | TFP2 | TFP1 | TFP2 | TFP1 | TFP2 |
| Soe | 0.077 3<br>（0.527） | 0.097 3<br>（0.671） | 0.200 7<br>（0.980） | 0.229 2<br>（1.118） | −0.139 1<br>（−0.893） | −0.114 1<br>（−0.781） |
| MI | −0.046 2<br>（−1.369） | −0.039 9<br>（−1.171） | 0.009 5<br>（0.268） | 0.022 9<br>（0.659） | −0.040 5<br>（−0.850） | −0.032 3<br>（−0.699） |
| 常数项 | 7.671 7***<br>（4.024） | 8.292 3***<br>（4.241） | 7.800 8***<br>（4.030） | 8.636 8***<br>（4.413） | 6.691 3***<br>（3.866） | 7.572 9***<br>（4.468） |
| 年度固定效应 | 控制 | 控制 | 控制 | 控制 | 控制 | 控制 |
| 公司固定效应 | 控制 | 控制 | 控制 | 控制 | 控制 | 控制 |
| N | 2 608 | 2 608 | 2 286 | 2 286 | 1 286 | 1 286 |
| $R^2$ | 0.149 | 0.329 | 0.175 | 0.361 | 0.191 | 0.359 |

| | Panel B：以制造业为实验组企业 | | | | | |
|---|---|---|---|---|---|---|
| 变量 | 利润率 | | 销售议价能力 | | 采购议价能力 | |
| | （1） | （2） | （3） | （4） | （5） | （6） |
| | TFP1 | TFP2 | TFP1 | TFP2 | TFP1 | TFP2 |
| TREAT×POST | 0.088 3***<br>（2.656） | 0.104 2***<br>（3.081） | 0.096 1**<br>（2.446） | 0.109 3***<br>（2.768） | 0.147 6**<br>（2.018） | 0.158 7**<br>（2.197） |
| PR | −0.485 5***<br>（−3.989） | −0.440 1***<br>（−3.819） | | | | |
| TREAT×POST×PR | 0.126 3<br>（1.344） | 0.158 2*<br>（1.653） | | | | |
| Customer | | | −0.002 0**<br>（−2.402） | −0.002 3***<br>（−2.803） | | |
| TREAT×POST×<br>Customer | | | 0.000 8<br>（1.514） | 0.000 8<br>（1.509） | | |
| Supplier | | | | | −0.001 8**<br>（−2.108） | −0.091 1**<br>（−2.415） |
| TREAT×POST×<br>Supplier | | | | | 0.082 8**<br>（2.202） | 0.190 6*<br>（1.893） |
| Roa | 3.252 2***<br>（10.717） | 3.315 1***<br>（10.854） | 2.371 7***<br>（13.509） | 2.362 6***<br>（13.668） | 2.365 3***<br>（12.841） | 2.332 8***<br>（12.752） |
| Size | −0.172 0***<br>（−5.918） | 0.617 4***<br>（20.778） | −0.181 6***<br>（−5.988） | 0.605 3***<br>（19.502） | −0.222 2***<br>（−7.409） | 0.564 4***<br>（18.108） |
| Lev | 0.281 1***<br>（3.912） | 0.277 7***<br>（3.784） | 0.307 4***<br>（4.151） | 0.308 3***<br>（4.168） | 0.416 8***<br>（4.601） | 0.407 3***<br>（4.525） |
| PPE | 0.185 1**<br>（2.092） | 0.715 0***<br>（7.927） | 0.123 5<br>（1.446） | 0.628 3***<br>（7.347） | 0.037 5<br>（0.405） | 0.534 3***<br>（5.891） |
| Age | 0.070 4<br>（0.949） | 0.076 1<br>（1.013） | 0.097 8<br>（1.251） | 0.087 6<br>（1.139） | 0.186 4**<br>（2.146） | 0.173 8**<br>（2.105） |

续表

| | | Panel B：以制造业为实验组企业 | | | | |
|---|---|---|---|---|---|---|
| 变量 | 利润率 | | 销售议价能力 | | 采购议价能力 | |
| | （1） | （2） | （3） | （4） | （5） | （6） |
| | TFP1 | TFP2 | TFP1 | TFP2 | TFP1 | TFP2 |
| Soe | 0.056 1<br>（1.064） | 0.071 9<br>（1.301） | 0.092 3<br>（1.427） | 0.098 0<br>（1.490） | −0.062 0<br>（−0.789） | −0.066 0<br>（−0.818） |
| MI | 0.025 3$^{**}$<br>（2.036） | 0.028 1$^{**}$<br>（2.262） | 0.030 8$^{**}$<br>（2.392） | 0.035 2$^{***}$<br>（2.777） | 0.026 2$^{*}$<br>（1.756） | 0.028 2$^{*}$<br>（1.921） |
| 常数项 | 3.411 4$^{***}$<br>（4.090） | 3.695 1$^{***}$<br>（4.402） | 3.451 3$^{***}$<br>（4.092） | 3.919 6$^{***}$<br>（4.637） | 3.845 7$^{***}$<br>（4.458） | 4.350 4$^{***}$<br>（5.082） |
| 年度固定效应 | 控制 | 控制 | 控制 | 控制 | 控制 | 控制 |
| 公司固定效应 | 控制 | 控制 | 控制 | 控制 | 控制 | 控制 |
| $N$ | 10 224 | 10 224 | 9 084 | 9 084 | 7 330 | 7 330 |
| $R^2$ | 0.172 | 0.461 | 0.169 | 0.483 | 0.196 | 0.485 |

*、**和***分别表示在10%、5%和1%的置信水平上显著

注：括号中报告的为经过 White 稳健标注误差修正的 $t$ 值；标准误已经过公司层面的聚类调整；所有回归均对时间固定效应和个体固定效应进行了控制。由于客户和供应商的部分数据缺失，故第（3）~（6）列的样本量小于第（1）列和（2）列的样本量

上述结果表明，"营改增"对价格扭曲的改善主要体现在服务业对制造业的销售过程中，这与我们的理论预期一致。对于劳动密集型的服务业而言，最大的成本是人工费和房地产租金，然而这两项在"营改增"前后均不能抵扣（房地产业在 2016 年完成"营改增"，但 2016 年不在本章的样本期间内），故试点服务业企业并不能在采购环节受到裨益。对于制造业而言，接受的"营改增"效应主要由上游试点服务业间接传导，而下游客户主要为缴纳增值税的企业或消费者，故"营改增"对制造业企业的影响并不会传导至其销售环节。

此外，上述结果还说明，"营改增"的"价格优化效应"对服务业的影响较制造业更大（Reform×PR 的系数和显著性水平皆优于 TREAT×POST×PR），这是因为制造业企业在采购环节中的选择更多样。一般来说，制造业企业的规模较大，有能力通过后向一体化战略规避采购环节中的重复征税问题，这就使得价格扭曲对制造业企业的影响比服务业企业更轻微。

总体来看，"营改增"的"价格优化效应"使得企业对流转税税负的规避脱离对自身议价能力的依赖，这为促进服务业与制造业的分工合作提供了良好的环境。

## 8.5.2　专业分工效应

"专业分工效应"的本质是指企业在"营改增"影响下对生产边界的调整，

而专业化和一体化正对应了企业生产要素组合的两个极端。如果"专业分工效应"存在，则我们应能观测到"营改增"使得企业的一体化程度降低。现有研究对企业纵向一体化水平的衡量方法主要有两种：一是对主辅分离程度的度量。Gort（1962）认为，主营业务收入的比例提高和其他业务收入的比例下降是专业化分工的体现。因此，一些文献用主营业务收入占总收入的比重作为度量企业一体化程度的指标。这种方法较为粗糙，我们经过统计发现在 98%的样本中，其他业务收入为 0，因此主营业务收入比例并不能很好地度量企业的一体化程度。我们用企业报表附注中披露的按行业分类各业务销售额的 HHI 作为主辅分离度的衡量指标。HHI 越大，企业的一体化程度越低、专业化程度越高。二是价值增值法。该方法以企业不同产业链上的增加值占销售收入的份额来衡量一体化程度（Adelman，1955）。考虑到该方法可能受到企业营利能力的干扰，Buzzell（1983）提出修正的价值增值指标（VA/$S$）。VA/$S$ 越大，企业一体化程度越高，专业化程度越低。借鉴范子英和彭飞（2017）的做法，我们采用如下计算方法：

$$\text{VA}/S = \frac{\text{销售额} - \text{采购额} - \text{税后净利润} + \text{净资产} \times \text{年度行业平均净资产收益率}}{\text{主营业务收入} - \text{税后净利润} + \text{净资产} \times \text{年度行业平均净资产收益率}}$$

（8.8）

$$\begin{aligned}
\text{采购额} = &（\text{购买商品、接受劳务支付的现金} + \text{期初预付款} - \text{期末预付款} \\
&+ \text{期初应付账款} - \text{期末应付账款} + \text{期初应付票据} - \text{期末应付票据}）/ \\
&（1 + \text{采购商品的增值税率}）+ \text{存货增加额}
\end{aligned}$$

（8.9）

企业采购商品的增值税率这一数据并不在年报中报告。为了保证结果的稳健，我们对 VA/$S$ 进行低估处理，统一选取最高税率 17%作为参数，代入公式中计算。

我们沿用经典中介模型检验"营改增"是否通过"专业分工效应"促进企业全要素生产率的提升：

$$\begin{cases} \text{VA}/S \\ \text{HHI} \end{cases} = \alpha + \beta \text{Reform}_{i,t} + \delta \text{ControlVariables}_{i,t} + \text{Year}_t + \text{Firm}_t + \varepsilon_{i,t}$$

（8.10）

$$\text{TFP}_{i,t} = \alpha + \begin{cases} \text{VA}/S \\ \text{HHI} \end{cases} + \beta \text{Reform}_{i,t} + \delta \text{ControlVariables}_{i,t} + \text{Year}_t + \text{Firm}_t + \varepsilon_{i,t}$$

$$\begin{cases} \text{VA}/S \\ \text{HHI} \end{cases} = \alpha + \beta（\text{TREAT}_i \times \text{POST}_t）+ \delta \text{ControlVariables}_{i,t} + \text{Year}_t + \text{Firm}_t + \varepsilon_{i,t}$$

（8.11）

$$\mathrm{TFP}_{i,t}=\alpha+\begin{cases}\mathrm{VA}/S\\\mathrm{HHI}\end{cases}+\beta\left(\mathrm{TREAT}_i\times\mathrm{POST}_t\right)+\delta\mathrm{ControlVariables}_{i,t}+\mathrm{Year}_t+\mathrm{Firm}_t+\varepsilon_{i,t}$$

$$（8.12）$$

表 8.7 列示了专业化分工效应的检验结果。其中，Panel A 列示了以 VA/S 作为一体化程度衡量指标的回归结果，Panel B 列示了以 HHI 作为一体化程度衡量指标的回归结果。不难发现，二者高度相似：在第（1）列中，Reform 皆不显著（在 Panel A 中，Reform 系数=−0.073 2，t=−0.309；在 Panel B 中，Reform 系数=−0.025 3，t=−1.416）；在第（2）、（3）列中，VA/S 与 HHI 的系数在统计意义和经济意义上均不显著，且 Reform 的系数相比基准回归模型并未有实质性变化，这说明试点服务业的一体化程度相比非试点服务业并未有显著变化；在第（4）列中，TREAT×POST 系数均在 5%的置信水平上显著（在 Panel A 中，TREAT×POST 系数=−0.110 9，t=−2.557；在 Panel B 中，TREAT×POST 系数=0.910 1，t=2.15 0）；在第（5）、（6）列中，VA/S 与 HHI 的系数均在统计意义和经济意义上显著，且 TREAT×POST 的系数相比基准模型均在一定程度上有所降低。我们采用 Bootsrap 法检验了直接效应和间接效应的置信区间。除第（5）列外，其余结果均显示，直接效应和间接效应的置信区间不包含 0，这说明专业化分工起到了显著的中介作用。按照经典中介模型对间接效应的计算，专业化分工效应能够解释"营改增"对制造业全要素生产率影响的 36%~45%。

表 8.7　专业化分工效应的检验结果

Panel A：以 VA/S 作为一体化程度的衡量指标

| 变量 | 实验组：试点服务业 | | | 实验组：制造业 | | |
|---|---|---|---|---|---|---|
| | （1） | （2） | （3） | （4） | （5） | （6） |
| | VA/S | TFP1 | TFP2 | VA/S | TFP1 | TFP2 |
| VA/S | | 0.000 0<br>（0.011） | 0.000 6<br>（0.184） | | −0.311 3***<br>（−5.288） | −0.334 7***<br>（−5.359） |
| Reform | −0.073 2<br>（−0.309） | 0.100 2***<br>（3.102） | 0.106 2***<br>（3.246） | | | |
| TREAT×POST | | | | −0.110 9**<br>（−2.557） | 0.058 2***<br>（2.633） | 0.065 5***<br>（3.094） |
| Roa | 2.763 0*<br>（1.877） | 2.602 2***<br>（4.183） | 2.445 2***<br>（4.176） | −3.638 8<br>（−0.873） | 2.370 2***<br>（12.796） | 2.336 1***<br>（12.667） |
| Size | −0.299 5***<br>（−2.882） | −0.297 7***<br>（−4.333） | 0.464 5***<br>（7.102） | 0.205 8<br>（0.610） | −0.222 4***<br>（−7.499） | 0.565 6***<br>（18.188） |
| Lev | −1.584 0***<br>（−3.423） | 0.473 4*<br>（1.672） | 0.472 9*<br>（1.744） | −1.442 2<br>（−1.297） | 0.418 7***<br>（4.569） | 0.409 5***<br>（4.487） |
| PPE | 0.964 5**<br>（2.235） | 0.244 2<br>（0.622） | 0.944 3**<br>（2.527） | 1.833 9<br>（1.580） | 0.034 8<br>（0.371） | 0.534 2***<br>（5.803） |

续表

| | Panel A：以 VA/S 作为一体化程度的衡量指标 | | | | | |
|---|---|---|---|---|---|---|
| | 实验组：试点服务业 | | | 实验组：制造业 | | |
| 变量 | （1） | （2） | （3） | （4） | （5） | （6） |
| | VA/S | TFP1 | TFP2 | VA/S | TFP1 | TFP2 |
| Age | −0.658 7 （−0.925） | 0.219 1* （1.687） | 0.210 0 （1.538） | −0.157 1 （−0.607） | 0.186 4** （2.148） | 0.173 5** （2.103） |
| Soe | −0.199 2 （−0.392） | −0.129 4 （−0.878） | −0.103 3 （−0.749） | −0.032 8 （−0.257） | −0.061 6 （−0.773） | −0.066 4 （−0.809） |
| MI | −0.138 4 （−0.894） | −0.033 6 （−0.744） | −0.024 7 （−0.563） | −0.024 2 （−0.369） | 0.026 2* （1.759） | 0.028 0* （1.912） |
| 常数项 | 12.318 8** （2.313） | 5.553 5*** （3.459） | 6.417 1*** （4.053） | −2.607 5 （−0.413） | 3.844 4*** （4.501） | 4.314 5*** （5.072） |
| 年度固定效应 | 控制 | 控制 | 控制 | 控制 | 控制 | 控制 |
| 公司固定效应 | 控制 | 控制 | 控制 | 控制 | 控制 | 控制 |
| N | 2 878 | 2 878 | 2 878 | 10 224 | 10 224 | 10 224 |
| $R^2$ | 0.058 | 0.289 | 0.434 | 0.013 | 0.196 | 0.485 |
| 直接效应 | | 0.100 2*** （3.272） | 0.106 2*** （3.140） | | 0.058 2*** （2.737） | 0.065 5*** （3.201） |
| 间接效应 | | 0.000 0 （0.385） | 0.000 0 （0.317） | | 0.034 5** （2.302） | 0.037 1** （2.308） |

| | Panel B：以 HHI 作为一体化程度的衡量指标 | | | | | |
|---|---|---|---|---|---|---|
| | 实验组：试点服务业 | | | 实验组：制造业 | | |
| 变量 | （1） | （2） | （3） | （4） | （5） | （6） |
| | HHI | TFP1 | TFP2 | HHI | TFP1 | TFP2 |
| HHI | | −0.024 8 （−0.393） | 0.019 5 （0.285） | | 0.029 8** （2.069） | 0.049 7*** （2.684） |
| Reform | −0.025 3 （−1.416） | 0.101 1*** （3.138） | 0.107 0*** （3.282） | | | |
| TREAT×POST | | | | 0.910 1** （2.150） | 0.067 6*** （2.616） | 0.054 9*** （3.077） |
| Roa | −0.207 3** （−2.058） | 2.403 0*** （6.224） | 2.326 0*** （6.123） | −0.049 2* （−1.867） | 2.231 5*** （13.404） | 2.227 4*** （13.569） |
| Size | −0.023 6** （−2.482） | −0.305 7*** （−5.428） | 0.459 7*** （7.820） | −0.010 4*** （−2.884） | −0.182 0*** （−6.303） | 0.605 6*** （20.119） |
| Lev | 0.021 4 （0.571） | 0.471 9*** （2.680） | 0.503 2*** （2.955） | −0.019 1 （−1.428） | 0.302 9*** （4.200） | 0.307 9*** （4.204） |
| PPE | −0.025 9 （−0.496） | 0.131 6 （0.520） | 0.836 9*** （3.343） | −0.005 3 （−0.340） | 0.201 9** （2.219） | 0.709 9*** （7.703） |
| Age | 0.068 8 （1.202） | −0.026 7 （−0.157） | −0.018 2 （−0.105） | 0.025 0 （0.820） | 0.062 4 （0.836） | 0.060 1 （0.783） |

续表

Panel B：以 HHI 作为一体化程度的衡量指标

| 变量 | 实验组：试点服务业 | | | 实验组：制造业 | | |
|---|---|---|---|---|---|---|
| | （1） | （2） | （3） | （4） | （5） | （6） |
| | HHI | TFP1 | TFP2 | HHI | TFP1 | TFP2 |
| Soe | −0.045 6 (−1.080) | 0.132 7 (0.765) | 0.155 4 (0.884) | −0.027 6** (−2.267) | 0.054 9 (1.007) | 0.065 6 (1.156) |
| MI | 0.010 7 (1.110) | −0.048 7 (−1.386) | −0.042 4 (−1.186) | 0.004 7 (1.197) | 0.025 3** (2.008) | 0.028 4** (2.257) |
| 常数项 | 0.894 7* (1.712) | 2.038 3** (2.240) | 6.709 6*** (3.734) | 1.009 0*** (4.106) | −0.330 9 (−0.758) | 3.452 2*** (4.220) |
| 年度固定效应 | 控制 | 控制 | 控制 | 控制 | 控制 | 控制 |
| 公司固定效应 | 控制 | 控制 | 控制 | 控制 | 控制 | 控制 |
| N | 2 694 | 2 694 | 2 694 | 13 084 | 13 084 | 13 084 |
| $R^2$ | 0.077 | 0.056 | 0.099 | 0.077 | 0.067 | 0.108 |
| 直接效应 | | 0.101 1*** (3.084) | 0.107 0*** (3.202) | | 0.067 6*** (2.703) | 0.054 9*** (2.998) |
| 间接效应 | | 0.000 6 (0.379) | −0.000 5 (0.279) | | 0.027 1 (1.582 3) | 0.045 2* (1.753 8) |

*、**和***分别表示在 10%、5%和 1%的置信水平上显著

注：除直接效应和间接效应外，括号内报告的为经过 White 稳健标注误修正的 $t$ 值；标准误已经过公司层面的聚类调整；所有回归均对时间固定效应和个体固定效应进行了控制；VA/S、HHI 分别为度量纵向一体化程度的指标，VA/S 越小，HHI 越大，企业的纵向一体化程度越高；在直接效应、间接效应的报告中，括号内为采用 Bootstrap 方法检验自举抽样 1 000 次最终估计的 $z$ 值

上述结果说明，"营改增"通过"专业分工效应"提升了制造业企业的全要素生产率，但这一效应对服务业却不明显，该结果与范子英和彭飞（2017）的结论一致。对此，范子英和彭飞（2017）认为，产业互联程度是决定"营改增"分工效应的关键因素。但是，产业互联程度本质上是分工程度的体现，故范子英和彭飞（2017）的结果更符合"专业化分工程度高的服务业企业受到营改增分工效应的影响更大"这一解释。我们认为，造成这一现象的根本原因在于服务业企业的一体化动机与制造业不同。一般而言，服务性行业的利润率较高但竞争更加充分，企业需要通过纵向一体化不断扩大市场份额，巩固行业内竞争力。因此，服务业企业的纵向一体化一般是服务业内的一体化，这与制造业的跨行业一体化不同。"营改增"的分工效应改变的是制造业自给自足的生产模式，而非服务业企业的市场扩张模式。因此，"营改增"并不会引起服务业企业专业化水平的变动。

上述结论对我国后续的税制改革具有重要意义：一是在指导思想上，我国的减税政策应坚持以"降成本、调结构"为核心，减少税收对宏观资源配置和微观

企业运行的扭曲，充分体现税收中性原则。以刺激需求为主的传统减税政策对我国经济已不具有持续性的推动力。只有在供给端通过税制要素优化供给结构，才能从根本上提高经济发展质量。二是在实践上，我国应继续深化增值税改革，向"三档变两档"方向简化税率档次，适时将当前进项不能抵扣的"贷款服务、餐饮服务、居民日常服务和娱乐服务"中与生产经营紧密相关且符合社会社会主义核心价值观的"贷款服务"和"居民日常服务"纳入抵扣范围，从而完善抵扣链条，进一步消除增值税抵扣差异，在兼顾社会公平效益的基础上最大限度地提升效率，以贯彻"提升全要素生产率"的发展目标。

# 第9章 "营改增"的市场反应及趋势：基于改革进程的事件研究

　　本章专门讨论"营改增"的市场反应及影响因素。现有研究"营改增"的文献主要从以下三个角度出发：一是"营改增"后公司税负的变化。学者利用投入产出表和公司财务年报进行税负变化测算发现，小规模纳税人公司减税效应明显，上市公司总体流转税税负短期略有增减变动、长期略有下降，交通运输服务业、建筑业、金融业、电信业等行业税负不降反增（田志伟和胡怡建，2013；王玉兰和李雅坤，2014；潘明星，2013；曹越和李晶，2016；潘文轩，2013；刘子亚，2015；禹奎和陈小芳，2014；罗绪富，2015）。二是"营改增"的经济效应。"营改增"能提高经济总体的全要素生产率（平新乔等，2017），直接影响产业结构调整及分工（孙正，2017；陈钊和王旸，2016；范子英和彭飞，2017），对股价波动（李嘉明等，2015）、公司投资、劳动雇佣、研发行为（袁从帅等，2015）、公司成长（赵连伟，2015）、财务业绩（李成和张玉霞，2015）也均有影响。三是"营改增"对我国财税体制的影响。学者从国家和地方税收分成、中央和地方财政关系、税制结构风险及地方税体系建设等方面阐述了"营改增"将加快财税体制改革、加快地方税系建设（唐明和熊蓓珍，2017；寇明风，2014；马蔡琛和李思沛，2013；朱青，2014；郭月梅，2013）。

　　现有文献为本章奠定了重要基础，但有关"营改增"市场反应的文献很少，且有待进一步推进，理由如下：一是尚未重点关注"营改增"的微观政策效应。现有文献侧重关注"营改增"对公司生产经营活动、投融资决策及税负变化的影响，很少涉及"营改增"的市场反应及其影响因素。二是尚未考察"营改增"逐步推进这一改革全过程的市场反应及其变化趋势。基于数据的可获得性，现有文献集中研究"营改增"全面推开时的证券市场反应（曹越等，2017），并未全面考察自上海市试点起，前五次"营改增"试点的市场反应及"营改增"整个改革进程市场反应的变化趋势，有关"营改增"对资本市场影响的经验证据甚为缺乏。

本章的研究内容与方法如下：一是阅读国内外税制改革市场反应的相关研究，在此基础上评价"营改增"的政策效应。本章利用事件研究法分地区、分行业考察"营改增"政策给 A 股市场及试点行业带来的市场反应，即检验投资者是否看好"营改增"这一政策，资本市场是否认可"营改增"可以提升公司价值，在此基础上，呈现整个"营改增"改革进程的市场反应变化趋势，清晰地展示"营改增"改革进程中的历次市场反应及其趋势。二是从税收敏感度、雇佣规模和固定资产密度三个维度来探寻"营改增"市场反应的影响因素，即发掘拥有哪些特质的公司，其"营改增"的市场反应更强烈。这可以识别出"营改增"对什么类型公司的政策效应更显著，从而为落实"结构性减税"政策、优化纳税服务提供决策参考。

# 9.1 "营改增"市场反应的理论分析

税收政策是国家宏观调控的重要手段，政府可以利用税收政策影响公司投融资决策、商业模式创新和资源分配。税收政策对公司价值的影响程度也体现了政策自身的效果（Hanlon and Heitzman，2010）。针对"营改增"的多次试点政策，公司能否根据自身特质采取变更合同签订方式、在地域或产业上合理布局生产资源和变革业务流程等战略决策来实现价值最大化目标，在很大程度上决定了公司能否长远发展。税收敏感度衡量的是公司在受到税收政策的冲击时，是否具有迅速制定或调整自身发展战略的能力。资本和劳动是市场经济中最重要的生产要素，公司在资本与劳动雇佣上的投入也决定着公司的价值。因此，本章首先考察"营改增"在各时间节点上的市场反应，并呈现整个"营改增"改革进程的市场反应及其变化趋势，进而从税收敏感度、雇佣规模及固定资产密度三个维度探究市场反应的影响因素。

## 9.1.1 "营改增"与市场反应

"营改增"的改革进程如下：2012 年 1 月 1 日起，率先在上海市实施交通运输业和部分现代服务业"营改增"试点；2012 年 9 月 1 日至 2012 年 12 月 1 日，试点由上海市分四批次推广至北京市、安徽省等八省市；2013 年 8 月 1 日起，试点推向全国，同时将广播影视服务纳入试点范围；2014 年 1 月 1 日起，铁路运输业和邮政业在全国范围实施"营改增"试点；2014 年 6 月 1 日起，电信业在全国范围实施"营改增"试点；2016 年 5 月 1 日起，"营改增"全面推开，试点范围扩大到建筑业、房地产业、金融业和生活服务业四大行业。至此，增值税实现全覆盖。

　　"营改增"试点开展九年多以来，结构性减税效果愈发明显在税制完善、税负降低、经济转型、体制优化等方面取得了积极的成效，具体表现如下：一是"营改增"使增值税的抵扣机制得以延伸，行业内部的抵扣链条不仅被贯通，第二和第三产业之间、地区之间的链条也被打通，基本解决重复征税问题，减轻公司税负，优化税制。二是"营改增"增强公司活力，使公司在经营模式、市场营销和生产组织方式等方面做出适应性转变，专业分工进一步细化，促进公司管理升级。同时，公司经营决策可以少受重复征税的困扰，更多考虑市场需求，有利于市场发挥资源配置的决定性作用。三是"营改增"改变中央与地方之间的收入分配标准，由此引发财政体制改革，对中央与地方之间的事权划分、支出责任划分及转移支付都产生辐射效应。从长期来看，这是国家治理结构重塑的触发器和推动力，有利于调整、优化地方政府行为，践行新发展理念，加快我国经济社会整体转型升级，实现效率与公平的融合、发展与环境的统一（中国财政科学研究院，2017）。可见，"营改增"在给公司减负、激发公司活力的同时也带来了经济增长及其质量的提高。这无疑向市场投资者传递出一种信号：①"营改增"的实施贯彻积极稳妥的原则，从一开始采取试点的办法，再由点到面，在不断总结经验的基础上逐步推开，确保改革平稳推进，做到所有行业税负长期内只减不增，同时也给公司和投资者逐步适应新税制预留空间；②公司依据"营改增"政策调整组织形式和控制方式，在产业或地域合理布局生产资源和生产能力及再造经营流程之后，可以实现产业转型和从战略层面推进节税工程的双重利好，这对于公司的可持续发展和价值增值是大有裨益的。因此，整体而言，可以预期投资者会认定"营改增"为利好消息，资本市场将出现显著为正的市场反应。

　　"营改增"试点改革遵循问题导向，从重点行业切入，层层推进，即首先将生产性服务业中与制造业关系密切和创新能力强的行业进行首批试点，如交通运输业、研发和技术服务业、信息技术服务业、文化创意服务业、物流辅助服务业、有形动产租赁服务业、鉴证咨询服务业等，其次又将电信业、邮政业等行业纳入，最后将房地产业、金融业、建筑业及生活服务业纳入试点范围。由于试点行业特点不同，"营改增"对各行业的影响效应也可能不同：①交通运输业。交通运输业是我国社会经济发展的基础性行业，对促进资源流通、降低生产性公司成本有着重要影响（李梦娟，2013）。若纳税人为小规模纳税人，则征收率为3%，与"营改增"前的税率持平；若为一般纳税人，则增值税税率为11%，相比之前高出8个百分点，但可以抵扣进项税额，且其采购的运输设备、有形资产、应税服务随着"营改增"全面推开，均可享受进项税额抵扣。按照原增值税政策和"营改增"政策，交通运输业涉及进项的税率可能有6%、11%、13%和

17%。假设销项税额和进项税额发生在同一年度，那么税率差异（11%减去涉及的可能进项税率）分别为 5%、0%、−2%和−6%。考虑到交通运输业接受除有形动产租赁之外的现代服务业（6%）业务偏少，因此长期来看在税率差方面更有优势（曹越和李晶，2016）。但是公司固定资产更新周期较长，在"营改增"前，一些公司可能已经完成固定资产更新，在短期内没有大规模购置固定资产的需求，因而也就没有大额的进项抵扣，从而短期内交通运输业可能会出现税负加重现象（潘文轩，2012）。同时，油费、公路运输管理费、过路过桥费等大多不能有效抵扣。因此，资本市场的投资者对交通运输业"营改增"效应很可能持观望态度。②现代服务业。现代服务业包括首批试点的研发和技术服务业、信息技术服务业、文化创意服务业、物流辅助服务业、有形动产租赁服务业、鉴证咨询服务业等。"营改增"消除了服务业重复征税、实现了整个社会经济主体的结构性减税、促进了服务业公司做大做强、提高了服务业专业化分工程度（潘文轩，2013）。孙正和陈旭东（2018）还发现"营改增"显著提升了服务业资本配置效率，这种政策效应具有滞后性，随着时间的延续保持稳定。但是，现代服务业适用的增值税税率偏高，税率提高过多带来了较明显的增税效应。根据"营改增"试点政策安排，一般纳税人公司所适用的增值税税率如下：租赁业为17%，物流仓储业、咨询业为 6%。与"营改增"前的营业税税率相比，物流仓储业、咨询业增加了 1%，租赁业增加了 12%。并且，在现代服务业公司成本构成中，外购产品与服务所占比重较低，主要是人工成本占多数，而只有外购产品与服务能得到进项抵扣。因此，内部人工费用占比相对较大的公司，进项抵扣规模就会偏小，税负就可能增加（潘文轩，2012）。研发和技术服务业、信息技术服务业、文化创意服务业、鉴证咨询服务业等是符合这种情况的比较典型的行业。有形动产租赁服务业包括有形动产经营性租赁业和有形动产融资性租赁业。"营改增"后经营性租赁的税率从 5%的营业税率上升到 17%的增值税税率，可能不利于经营性租赁业务的开展，但税率17%的优点是可以保持下一环节抵扣的连续性。对于开展融资租赁业务的公司来说，税负超过 3%的部分将予以即征即退，实际税率低于"营改增"前 5%的营业税率，有利于融资租赁业务的开展。另外，"营改增"使得租赁业务的资金流、实物流和发票流统一起来，有利于保护融资租赁公司对租赁物的法律所有权。站在承租人角度，"营改增"的实施降低了承租人的实际税负。因为若采用融资租赁方式，承租人获得的增值税进项税额不但包括设备原值部分，还将包括融资租赁公司收取的租金、服务费等部分（孙磊，2012）。因此，对于属于一般纳税人的承租人，可抵进项税额增加，实际税负减少，收入和利润也相应增加。上述分析表明，现代服务业税率大幅上升且进项税额抵扣较少容易引起投资者形成利空预期，且不同的现代服务业市场反应也存在差别。③邮政业。"营改增"前，邮政业适用税率为 3%，改革后适用增值税税率为11%，同时对邮政普通服务和邮政特殊服务免征增值税。税率提升导致邮政业税负压力加大，主要源于销项税额总量增大，而进项抵扣额相对较少。我国邮政业人力成本占比较大（如快递服务业的平均人工成本高达40%~50%），属于劳动密集型行业，行业进项抵扣额较少（张学勇和荆琦，2014）。因此，资本市场很可能不看好邮政业的"营改增"减税效应。④电信业。改革前，电信业适用3%的营业税税率；改革后，对基础电信服务和增值电信服务分别征收11%和6%的增值税税率，并免征为境外单位提供电信业服务而产生的增值税。高萍和徐娜（2014）测算发现，折旧及摊销、销售管理费用和人工成本占到通信公司日常经营成本的60%左右，因此大量成本费用无法实现有效的进项抵扣，使得电信业税负加重。电信业公司的上游公司大都为小规模纳税人或个体工商户，增值税专用发票难以获得，更加减少了进项抵扣额。但是随着5G时代的到来，电信行业新一轮大规模投资可能会带来大量的进项抵扣额。因此，在可抵扣税额相对较少的情况下，电信业的"营改增"效应在资本市场上的反应可能不太明晰。⑤建筑业。建筑业的原营业税率为3%，扩围后增值税率为11%。鉴于营业税与增值税税基不同，因此不能仅从税率变化判断"营改增"对建筑业公司的冲击。从建筑业自身特点来看，建筑业是货物劳务型行业，业务繁杂，且整个行业存在着根深蒂固的"潜规则"：管理方面，如未备案的层层转包与分包、承包公司资质参差不齐；发票方面，建筑业的供应商大多为个体工商户和农民等小规模纳税人，除了钢材购进可以取得增值税专用发票之外，建筑类公司获取的发票主要是无法抵扣的增值税普通发票（王甲国，2016），这种销项税额与进项税额不对称的现象增加建筑业税负升高的可能性。当然，"营改增"也可能会对建筑行业带来一系列的冲击，倒逼建筑行业改革，促进公司规范或调整内部管理、业务承包等流程，增加进项抵扣。上述分析表明，管理混乱及税负可能升高容易引起投资者形成利空预期。⑥房地产业。房地产业作为原营业税下税收规模最大的行业，其营业税率为5%，改革后增值税率为11%。若为小规模纳税人或一般纳税人销售自行开发的房地产老项目可以选择适用简易计税方法，征收率为5%，与改革前持平，但不得抵扣进项税额。本次改革允许扣除土地成本、建安费用等占行业总成本比例较高的成本项目，加之房地产业预收款由之前的按5%缴纳营业税转变为按3%预缴增值税，可使公司拥有更多可支配的现金流量。因此，这些改革力度重大的措施对房地产业来说无疑是利好消息。⑦金融业。国内外对金融业如何征税及是否征税众说纷纭。金融业原营业税率为5%，实施"营改增"之后增值税率为6%，对原有免除营业税的优惠项目仍予以保留，同时购买符合规定条件的无形资产与不动产也可以抵扣，但对小型金融公司能够予以抵扣的无形资产与不动产几乎没有，这类公司的流转税税负或许比改革前更高。因而，资本市场的投资者对金融业"营改增"效应很可能持观望态度。⑧生活服务业。生活服务业的税率同样由之前5%的营业税率转变为6%的增值税率，同时小规模纳税人的增值税率为 3%。鉴于生活服务业的人工成本和地租占比很高，而这两项成本一般又不能抵扣进项，加之生活服务业所涉及行业较多且行业特点不同，因此衡量其减税受益效应较为困难。资本市场的投资者对生活服务业"营改增"效应很可能持观望态度。但是，任何对税收政策效应的研判都应该站在产业链整体的高度进行综合分析，"营改增"解决流转税带来的重复征税问题，有利于缩短公司价值链的长度，缩小公司边界，促进专业化分工，从长远看是有利于提高整个社会效益的（刘子亚，2015）。据此，提出假设9.1。

**假设 9.1**：在"营改增"政策颁布期间，资本市场会出现显著正向的市场反应，且各行业市场反应不尽相同。

### 9.1.2　"营改增"与税收敏感度

税制改革会影响公司绩效，但对不同公司的影响程度不同。换言之，对于"营改增"改革，不同公司的敏感度不同。税收敏感度高的公司较容易受税收政策影响，并能够及时针对税收政策改革做出反应，保持或使业绩有所上升；税收敏感度低的公司对税收政策改革不敏感，即"营改增"政策对这类公司影响不明显。根据有效市场理论，资本市场能够识别公司税收敏感度差异，即对公司是否能够利用税收改革来提升公司业绩进而提升公司价值做出判断。据此，提出假设9.2。

**假设 9.2**：在"营改增"政策颁布期间，税收敏感度与 CAR 正相关。

### 9.1.3　"营改增"与雇佣规模

我国经济增速放缓、产业结构升级而导致传统支柱产业公司改革重组加快及部分传统行业持续低迷，造成结构性失业与转型性失业，就业难度加大。较之其他政策，以税收政策为主要工具的财税政策在解决就业问题上的作用更直接和明显。因此，采用税收优惠、减免税收等形式给公司减负，在一定程度上可以缓解当前的就业压力。因此，相较于冗员公司，未冗员公司能够在公司可承受范围内容纳更多的剩余劳动力，政府或市场则对未冗员公司予以更多关注。另外，由于人工成本暂未纳入增值税抵扣范围，故劳动力成本对于增值税并没有税盾效应，反而会增加公司的负担。鉴于此次扩围试点公司的人工成本占总成本比重较大，因此公司雇佣规模越大，CAR 越低。据此，提出假设9.3。

**假设 9.3**：在"营改增"政策颁布期间，公司雇佣规模与 CAR 负相关。

### 9.1.4　税收政策与固定资产密度

"营改增"允许将新增的非专门用于集体福利或个人消费的固定资产及新增的不动产纳入抵扣范围,增加进项抵扣,加大公司减税力度。固定资产密度高的公司对固定资产的依赖程度高,"营改增"有利于公司扩大有效投资。因此,"营改增"对固定资产占比高的公司是利好消息;另外,"营改增"带来的节税效应有利于增加公司内部积累,缓解外部融资约束。公司尽可能多地使用内部融资,这在一定程度上降低了资本成本,因此公司会增加资本投入。值得注意的是,2008 年 11 月 10 日公布的《中华人民共和国增值税暂行条例》规定,2009 年 1 月 1 日起,公司购入的生产经营用固定资产允许纳入抵扣范围。尽管本次扩围将生产经营和集体福利或个人消费混用的固定资产及新购入的不动产纳入抵扣范围可能不会引起资本市场对固定资产投资的关注,但是毕竟公司新购入的生产经营与非生产经营混用的固定资产很少,也不可能将购买不动产视为一项经常性支出。同时,节税效应虽增加了公司内部积累但提升能力有限,固定资产投入成本一般较高且回报期长。因此,短期来看,"营改增"对固定资产密度高的公司的减税效应可能并不明显,公司可能倾向投资劳动雇佣或研发创新等。据此,提出假设 9.4。

**假设 9.4**:在"营改增"政策颁布期间,固定资产密度对 CAR 无显著影响。

## 9.2　"营改增"市场反应的研究设计

### 9.2.1　研究方法

我们采用事件研究法和多元回归法,分别以 2011 年 11 月 16 日(财税〔2011〕111 号)、2012 年 7 月 31 日(财税〔2012〕71 号)、2013 年 5 月 24 日(财税〔2013〕37 号)、2013 年 12 月 12 日(财税〔2013〕106 号)、2014 年 4 月 29 日(财税〔2014〕43 号)及 2016 年 3 月 23 日(财税〔2016〕36 号)财政部、国家税务总局发布有关"营改增"文件为事件日,计算这六个事件日前后一定时间窗口$[-t, t]$内的 CAR,然后着重从税收敏感度、雇佣规模和固定资产密度三个维度建立多元回归模型分析 CAR 的影响因素。

1)事件研究法

事件研究法用于评估某一事件的发生或信息的发布是否会改变投资人的决策,进而影响股票价格或交易量的变化。该方法起源于 20 世纪 60 年代,Ball 和 Brown(1968)、Fama 等(1969)运用该方法分别研究会计盈余报告和股票分割的市场反应。我们通过事件研究法来考察"营改增"分行业、分地区逐步推进各时点的短期市场反应。具体步骤如下：①时间窗口的选择。在国内外文献中对事件日的选择并没有统一的标准。Campbell 等（1996）认为如果事件窗口在（-30，+30）以内，估计窗口可以选择多于 120 天。Kothari 和 Warner（2007）把事件窗口的研究分为检验市场有效性或公司业绩的长事件窗口研究和检验某一事件公告反应的短事件窗口研究，其中，对于短事件窗口研究，事件窗口长度的设定从[-10，+10]前后共 21 天（陈汉文和陈向民，2002）、[-2，+2]前后共 5 天（Brown et al.，2009b），至[-1，+1]前后共 3 天（Aktas et al.，2009）不等。综上所述，我们以"营改增"文件颁布日为事件日，选取[-130，-6]为估计期，[-5，+5]为事件期。②估计正常报酬率。估计正常报酬率有均值模型、市场模型（又称风险调整模型）与 Fama-French 三因子模型。其中，均值模型常用于股价与市场行情相关度较低的情况，但在中国这样一个新兴市场国家，股价波动跟随大盘同涨同跌的现象远高于发达市场国家（Morck et al.，2000），市场因素对股票价值影响较大，于是扣除市场因素的均值模型不适用。经验研究表明，在多数情况下，相对于市场模型而言，采用 Fama-French 三因子模型并不能显著降低超额收益率的方差。因为除了市场组合收益外，新加入的因子对证券收益的解释能力往往非常有限（连玉君和钟经樊，2007）。因此，我们采用市场模型，在稳健性检验中采用市场调整模型。对于市场收益率，文献中通常选择主要综合指数（李广子等，2011），我们采用沪深 300 指数。③计算日平均超额收益率。④计算事件期内的 CAR。

2）多元回归法

基于"营改增"市场效应，我们从税收敏感度、雇佣规模和固定资产密度三个维度建立多元回归模型分析 CAR 的影响因素，模型如下：

$$CAR\_id = \alpha + \beta_i ExplanatoryVariables + \gamma_i ControlVariables + \varepsilon \qquad (9.1)$$

其中，因变量 CAR_id 是事件研究法中时间窗口内计算的上市公司股票的 CAR；解释变量是税收敏感度（TS）、雇佣规模（Rate）和固定资产密度（Capint）；控制变量是公司规模（Size）、资产负债率（Lev）、营利能力（Mpg）、成长性（Growth）、市场风险（Beta）、机构投资者（Ins）和行业（Ind）；$\varepsilon$ 是残差。

### 9.2.2 变量定义与度量

1）CAR

按照上文分析，我们以各"营改增"政策颁布日为事件日，选取[-130，-6]

为估计期，[-5，+5]为事件期。当估计正常报酬率时，采用市场模型，即

$$R_{it} = \alpha_i + \beta_i R_{mt} + \varepsilon \qquad (9.2)$$

其中，$R_{it}$ 为估计期的个股回报率；$R_{mt}$ 为市场回报率，此处为沪深 300 指数，通过回归得到每只股票 $\alpha_i$ 和 $\beta_i$，将事件期的市场回报率代入即可求得股票的期望报酬率。然后计算异常报酬率 $AR_{it}$：

$$AR_{it} = R_{it} - \hat{R}_{it} \qquad (9.3)$$

同时，计算市场整体的日平均异常报酬率（average abnormal return，AAR）：

$$AAR_t = \frac{1}{N} \sum_{i=1}^{N} AR_{it} \qquad (9.4)$$

进一步计算样本在事件期[-5，+5]的 CAR：

$$CAR\_id_t = \sum_{t=-t_0}^{t_0} AR_{it} \qquad (9.5)$$

最后，计算市场整体的 CAR：

$$CAR = \sum_{t=-t_0}^{t_0} AAR_t \qquad (9.6)$$

2）税收敏感度

税收敏感度是指公司对政府可征税收和各项税收优惠政策的反应程度。借鉴周振华（2013）的做法，我们用整体税收敏感度来衡量公司税收敏感度。

$$TS = \Delta NP / \Delta T \qquad (9.7)$$

其中，$\Delta NP$ 为净利润变动率；$\Delta T$ 为实际税负变化率（此处为整体税负变化率）。然后按中位数分组，高于中位数 TS 取 1，反之取 0。

3）雇佣规模

借鉴曾庆生和陈信元（2006）、曹书军等（2009）的研究，选择相对雇员指标衡量公司的雇佣规模。

$$Rate = \ln(Employee\_num / Income) \qquad (9.8)$$

其中，Income 为营业总收入；Employee_num 为公司年末雇员数量。

4）固定资产密度

固定资产密度即年末固定资产净值占总资产的比重。

5）其他控制变量

参考 Ayers 等（2002）、曾亚敏和张俊生（2005）、曹越等（2017）的文献，我们控制了公司规模（Size）、资产负债率（Lev）、营利能力（Mpg）、成长性（Growth）、市场风险（Beta）变量，并引入行业（Ind）、机构投资者（Ins）虚拟变量来对 CAR 影响因素予以控制，变量定义如表 9.1 所示。

表 9.1 变量定义

| 变量类型 | 变量符号 | 变量名称 | 变量定义 |
|---|---|---|---|
| 因变量 | CAR_id | 累计超额收益率 | 通过时间窗口为[-130，+5]的市场模型计算出 |
| 解释变量 | Capint | 固定资产密度 | 年末固定资产净值占总资产的比重 |
| | Rate | 雇佣规模 | $Rate = \ln(Employee\_num / Income)$<br>其中，Income 为营业总收入；Employee_num 为公司年末雇员数量 |
| | TS | 税收敏感度 | $TS = \Delta NP / \Delta T$<br>其中，$\Delta NP$ 为净利润变动率；$\Delta T$ 为实际税负变化率（此处为整体税负变化率）。按中位数分组，高于中位数 TS 取 1，反之取 0 |
| 控制变量 | Mpg | 营利能力 | $Mpg = \dfrac{(Income - Cost + Employee)}{Income}$<br>其中，Income 为营业总收入；Cost 为营业总成本；Employee 为现金流量表中"支付给职工及为职工支付的现金"一栏的数字 |
| | Size | 公司规模 | 期末总资产的自然对数 |
| | Lev | 资产负债率 | 资产负债率=年末负债总额/年末资产总额 |
| | Beta | 市场风险 | 窗口期内当月的日风险系数 |
| | Growth | 成长性 | 总资产增长率，<br>Growth=（期末总资产−期初总资产）/期初总资产 |
| | Ins | 机构投资者 | 公司机构投资者持股比例 |
| | Ind | 行业 | 根据中国证监会 2012 年行业代码进行分类 |

## 9.2.3 样本选择与数据来源

财税〔2011〕111 号（第一次试点）和财税〔2012〕71 号（第二次试点）的研究样本为全部 A 股中隶属于交通运输业、研发与技术服务业、信息技术服务业、文化创意服务业、物流辅助服务业、有形动产租赁服务业及鉴证咨询服务业的上市公司共 186 家，剔除 ST 与*ST 公司及窗口期内数据不完整的样本，两次试点分别得到的有效样本为 111 个和 143 个。财税〔2013〕37 号（第三次试点）的研究样本为全部 A 股中隶属于广播影视服务业的上市公司共 21 家，剔除 ST 与*ST 公司及窗口期内数据不完整的样本，共计得到有效样本 14 个。财税〔2013〕106 号（第四次试点）的研究样本为全部 A 股中隶属于交通运输业、邮政业的上市公司共 77 家，剔除 ST 与*ST 公司及窗口期内数据不完整的样本，共计得到有效样本 69 个。财税〔2014〕43 号（第五次试点）的研究样本为全部 A 股中隶属于电信业的上市公司共 32 家，剔除 ST 与*ST 公司及窗口期内数据不完整的样本，共计得到有效样本 23 个。财税〔2016〕36 号的研究样本为 A 股中隶属于建筑业、金融业、房地产业、生活服务业的上市公司共 434 家，剔除 ST 与 *ST 公司及窗口期内数据不完整的样本，共计得到有效样本 276 个。本章涉及的相关财务数据为 2008~2016 年年报数据，个股回报率与年度财务数据来源于 CSMAR 数据库；Beta 值来源于 Wind 数据库。同时为了控制异常值的影响，各连续型变量均按 1%分位数和 99%分位数进行缩尾处理。

# 9.3  实证检验结果与分析

## 9.3.1  "营改增"政策的市场反应

1. 第一次"营改增"试点政策（财税〔2011〕111 号）颁布期间累计超额收益分析

下文我们将分析财税〔2011〕111 号政策发布期间市场的整体走势，以及按行业分类子样本在政策颁布期间[-5，+5]的 CAR 及其走势。

1）全样本分析

结合表 9.2 和图 9.1 来看，财税〔2011〕111 号政策颁布前，CAR 在 DATE=-5 日、DATE=-4 日和 DATE=-3 日小幅上升，后在 DATE=-2 日略有下降，随后迅速回升（DATE=-1 日的 AAR 显著为正，为 0.38%；CAR 显著为正，为 1.01%），说明财税〔2011〕111 号政策颁布的消息可能已经泄露，部分投资者提前获悉。事件日，CAR 达到窗口期[-2，+2]最高点，CAR 为 1.25%，是 DATE=-1 日的 123.76%，是 DATE=-2 日的 198.41%。这说明资本市场看好财税〔2011〕111 号政策的颁布，认可"营改增"可能带来正面的经济效应。事件日后连续两个交易日的 AAR 显著为负，说明投资者对"营改增"的过度反应得到了调整。之后三个交易日内，CAR 在 1.20%～1.28%波动，但总体是向上发展的，说明"营改增"这一消息逐步被市场消化并高度看好。通过图 9.1CAR 呈波折上升趋势的曲线可以看出，投资者将财税〔2011〕111 号颁布的"营改增"措施视为对全行业股价的利好消息。上述结果支持了假设 9.1，即在"营改增"政策颁布期间，资本市场出现了显著正向的市场反应。

表 9.2  财税〔2011〕111 号全样本窗口期 AAR 与 CAR 变化趋势

| DATE | AAR | CAR | $T$ 值 |
| --- | --- | --- | --- |
| -5 | 0.22% | 0.22% | 5.42*** |

续表

| DATE | AAR | CAR | T 值 |
|---|---|---|---|
| −4 | 0.34% | 0.56% | 8.46*** |
| −3 | 0.12% | 0.68% | 8.65*** |
| −2 | −0.05% | 0.63% | 7.61*** |
| −1 | 0.38% | 1.01% | 11.18*** |
| 0 | 0.24% | 1.25% | 12.23*** |
| 1 | −0.01% | 1.24% | 11.19*** |
| 2 | −0.21% | 1.03% | 8.84*** |
| 3 | 0.2% | 1.23% | 10.32*** |
| 4 | −0.03% | 1.20% | 9.51*** |
| 5 | 0.08% | 1.28% | 9.67*** |

***表示在 1%的置信水平上显著（双尾）

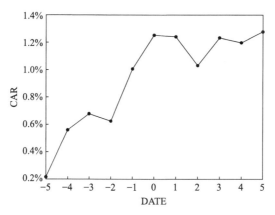

图 9.1　财税〔2011〕111 号全样本[−5，+5]的 CAR 变化趋势

2）行业分样本

图 9.2 报告了财税〔2011〕111 号试点行业子样本[−5，+5]的 CAR 变化趋势。可以直观发现，除交通运输业和物流辅助服务业外，其余的现代服务业的 CAR 均大于 0，尤其是有形动产租赁服务业的 CAR 显著高于其他行业。根据表 9.3、表 9.4 可知，交通运输业事件日前五个交易日到事件日后两个交易日这段时间的 CAR 低于 0，其 AAR 在事件日后第一天出现负值后，便持续保持正向的市场反应，只有 DATE=−2、−3、−4 日的 CAR 的 T 值显著，这说明了投资者对交通运输业"营改增"持观望态度。在事件日前，物流辅助服务业的 CAR 均大于 0，事件日后 CAR 持续下跌，从 DATE=3 日开始，CAR 均小于 0。可能的原因是物流辅助服务业人工成本比重大，且公路运输管理费、过路过桥费、油费和装卸费等均未纳入试点范围，进项税额抵扣减少，税率由 3%上升到 6%，销项税

额扩大，从而增加了公司的税负压力。因此，市场将物流辅助服务业"营改增"视为利空消息。研发和技术服务业、信息技术服务业、文化创意服务业与鉴证咨询服务业总体趋势相同：都有积极的市场反应且 CAR 均在 DATE=−1 日之后大于 0。具体来说，研发和技术服务业及信息技术服务业的 CAR 在DATE=−4 日显著上升后呈现一种平稳波动趋势，一直处于相对较高的状态，说明"营改增"进一步引导和激励公司开展研发活动，提高创新能力，推动我国经济走上创新驱动发展的道路。文化创意服务业和鉴证咨询服务业的CAR虽略有下降但整体走势平缓。文化创意服务业的 CAR 在 1.36%上下波动，鉴证咨询服务业在 0.52%上下波动，都表现出较积极的市场反应。有形动产租赁服务业在"营改增"政策颁布前，CAR 在急剧上升后到达最高点（DATE=−3 日的CAR 为 9.91%），随后再缓慢回落趋于平缓。根据有效市场理论及现实中存在信息泄露的倾向分析，市场及投资者可能提前获知"营改增"政策信息，并视之为利好消息，但随着时间推移，该消息逐步被市场消化并趋于平缓。综上所述，上述结果直接验证了假设 9.1，即各行业的市场反应不尽相同。概括来说，投资者视研发和技术服务业、信息技术服务业、文化创意服务业、鉴证咨询服务业和有形动产租赁服务业的"营改增"为利好消息，视物流辅助服务业的"营改增"为利空消息，对交通运输业"营改增"持观望态度。

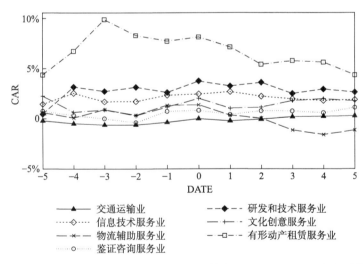

图 9.2　财税〔2011〕111 号试点行业子样本[-5，+5]的 CAR 变化趋势

表 9.3　财税〔2011〕111 号分行业窗口期 AAR 与 CAR 变化趋势（一）

| DATE | 交通运输业 | | | 信息技术服务业 | | | 有形动产租赁服务业 | | |
|---|---|---|---|---|---|---|---|---|---|
| | AAR | CAR | T 值 | AAR | CAR | T 值 | AAR | CAR | T 值 |
| −5 | −0.21% | −0.21% | −1.60 | 1.45% | 1.45% | 6.08*** | 4.38% | 4.38% | 1.12 |

续表

| DATE | 交通运输业 | | | 信息技术服务业 | | | 有形动产租赁服务业 | | |
|---|---|---|---|---|---|---|---|---|---|
| | AAR | CAR | T值 | AAR | CAR | T值 | AAR | CAR | T值 |
| −4 | −0.29% | −0.50% | −2.87*** | 1.10% | 2.55% | 6.68*** | 2.37% | 6.75% | 1.02 |
| −3 | −0.13% | −0.63% | −2.77*** | −0.85% | 1.70% | 4.47*** | 3.16% | 9.91% | 1.69* |
| −2 | 0.00% | −0.63% | −2.28** | 0.03% | 1.73% | 4.73*** | −1.59% | 8.32% | 1.72* |
| −1 | 0.26% | −0.37% | −1.31 | 0.62% | 2.35% | 6.08*** | −0.58% | 7.74% | 1.67* |
| 0 | 0.36% | −0.01% | −0.02 | 0.11% | 2.46% | 4.54*** | 0.40% | 8.14% | 1.60 |
| 1 | −0.22% | −0.23% | −0.57 | 0.23% | 2.69% | 4.54*** | −0.98% | 7.16% | 1.88* |
| 2 | 0.16% | −0.06% | −0.16 | −0.45% | 2.24% | 3.42*** | −1.75% | 5.41% | 4.60** |
| 3 | 0.24% | 0.18% | 0.37 | −0.27% | 1.97% | 3.04*** | 0.37% | 5.78% | 5.18** |
| 4 | 0.04% | 0.22% | 0.44 | −0.16% | 1.81% | 2.60*** | −0.15% | 5.63% | 7.90** |
| 5 | 0.05% | 0.27% | 0.48 | 0.09% | 1.90% | 2.64*** | −1.27% | 4.36% | 9.19** |

*、**和***分别表示在 10%、5%和 1%的置信水平上显著

**表 9.4 财税〔2011〕111 号分行业窗口期 AAR 与 CAR 变化趋势（二）**

| DATE | 研发和技术服务业 | | | 文化创意服务业 | | | 物流辅助服务业 | | | 鉴证咨询服务业 | | |
|---|---|---|---|---|---|---|---|---|---|---|---|---|
| | AAR | CAR | T值 | AAR | CAR | T值 | AAR | CAR | T值 | AAR | CAR | T值 |
| −5 | 0.45% | 0.45% | 1.83* | 2.26% | 2.26% | 2.65*** | 0.59% | 0.59% | 0.64 | 0.74% | 0.74% | 2.44** |
| −4 | 2.73% | 3.18% | 2.38** | −1.63% | 0.63% | 0.93 | −0.51% | 0.08% | 0.07 | −0.43% | 0.30% | 0.71 |
| −3 | −0.44% | 2.74% | 2.03** | 0.24% | 0.87% | 1.03 | 0.81% | 0.89% | 0.74 | −0.32% | −0.02% | −0.03 |
| −2 | 0.41% | 3.15% | 1.83* | −0.58% | 0.29% | 0.33 | −0.57% | 0.32% | 0.30 | −0.38% | −0.40% | −0.64 |
| −1 | −0.53% | 2.62% | 1.4 | 0.85% | 1.14% | 1.22 | 1.01% | 1.33% | 0.75 | 1.11% | 0.71% | 1.03 |
| 0 | 1.13% | 3.75% | 1.70* | 0.89% | 2.03% | 1.67* | 0.03% | 1.36% | 1.19 | 0.09% | 0.80% | 0.94 |
| 1 | −0.49% | 3.26% | 1.44 | −1.01% | 1.02% | 0.89 | −1.04% | 0.32% | 0.23 | −0.43% | 0.37% | 0.47 |
| 2 | 0.36% | 3.62% | 1.49 | 0.10% | 1.12% | 0.96 | −0.29% | 0.03% | 0.02 | 0.40% | 0.77% | 0.76 |
| 3 | −1.10% | 2.52% | 1.11 | 0.68% | 1.80% | 1.39 | −1.18% | −1.15% | −1.10 | −0.03% | 0.74% | 0.58 |
| 4 | 0.43% | 2.95% | 1.20 | 0.18% | 1.98% | 1.51 | −0.45% | −1.60% | −1.81* | −0.18% | 0.56% | 0.49 |
| 5 | −0.30% | 2.65% | 1.04 | −0.20% | 1.78% | 1.70* | 0.44% | −1.16% | −2.10** | 0.54% | 1.10% | 0.88 |

*、**和***分别表示在 10%、5%和 1%的置信水平上显著（双尾）

2. 第二次"营改增"试点政策（财税〔2012〕71 号）颁布期间累计超额收益分析

下文我们将分析财税〔2012〕71 号政策发布期间市场的整体走势，以及按行业、地区分类子样本在政策颁布期间[−5，+5]的 CAR 及其走势。

1）全样本分析

结合表 9.5 和图 9.3 来看，财税〔2012〕71 号"营改增"政策颁布前，CAR仅在 DATE=−5、−4 两日为正，之后急剧下降到最低点（DATE=0 日的 CAR 为−3.86%），再迅速回升并持续走高。同时，从表 9.5 中可以看到，事件日后连续

五个交易日的 CAR 都显著小于 0，AAR 都大于 0，其中，前三个交易日的 AAR 是递增的，交易日 DATE=3 日的 AAR 为 1.13%（$P<0.01$），是 DATE=1 日的 313.89%，是 DATE=2 日的 245.65%，之后便略有下降，但整体呈上升趋势。这说明，市场对财税〔2012〕71 号政策的认可度高，即使在当年股市持续下跌的情况下[①]，也不妨碍投资者对"营改增"政策的看好。上述结果支持了假设 9.1，即在"营改增"政策颁布期间资本市场出现了显著正向的市场反应。

**表9.5　财税〔2012〕71 号全样本窗口期 AAR 与 CAR 变化趋势**

| DATE | AAR | CAR | $T$ 值 |
|---|---|---|---|
| −5 | 0.28% | 0.28% | 7.49*** |
| −4 | 0.02% | 0.30% | 5.51*** |
| −3 | −0.33% | −0.03% | −0.47 |
| −2 | −0.56% | −0.59% | −6.91*** |
| −1 | −1.59% | −2.18% | −20.89*** |
| 0 | −1.68% | −3.86% | −34.27*** |
| 1 | 0.36% | −3.50% | −29.98*** |
| 2 | 0.46% | −3.04% | −24.09*** |
| 3 | 1.13% | −1.91% | −14.96*** |
| 4 | 0.78% | −1.13% | −8.68*** |
| 5 | 0.87% | −0.26% | −1.97** |

**和***分别表示在 5%和 1%的置信水平上显著（双尾）

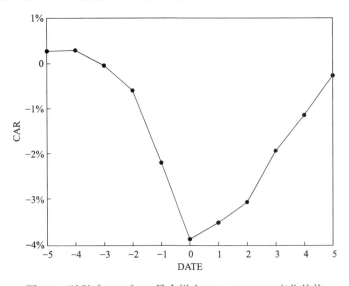

图 9.3　财税〔2012〕71 号全样本[−5, +5]CAR 变化趋势

① 2012 年 5 月是全年股市行情的重要"分水岭"，在此后长达 7 个月的时间内，A 股一路阴跌不止。5 月、6 月、7 月、8 月，沪指连续 4 个月收阴，跌幅均在 1%以上，6 月、7 月更分别达到 6.19%、5.47%。

2）行业分样本

图 9.4 报告了财税〔2012〕71 号政策颁布期间试点行业子样本的 CAR 走势。可以直观发现，试点行业的 CAR 曲线与图 9.3 的全样本曲线相似，事件日前 CAR 大幅下跌，在事件日后迅速回升。结合表 9.6、表 9.7 来看，除了交通运输业和物流辅助服务业外，其余试点行业在事件日后两日的 AAR 均为正。其中，研发和技术服务业、信息技术服务业、文化创意服务业和鉴证咨询服务业总体趋势相似，CAR 在交易日 DATE=5 日逐渐回升至正值或接近正值；有形动产租赁服务业与物流辅助服务业从 DATE=2 日开始，CAR 走势曲线几近相同，但上升趋势较为缓慢；交通运输业在事件日前后两天内的 AAR 都小于 0，但事件日及后三个交易日的 T 值显著，且 CAR 曲线起伏不大。上述结果直接验证了假设 9.1，不同行业对财税〔2012〕71 号"营改增"政策的市场反应不尽相同。概括来说，投资者对交通运输业保持观望态度，视研发和技术服务业、信息技术服务业、文化创意服务业、鉴证咨询服务业、有形动产租赁服务业和物流辅助服务业的"营改增"为利好消息，但有形动产租赁服务业和物流辅助服务业的市场反应较弱，原因可能是有形动产租赁服务业"营改增"后的适用税率过高，物流辅助服务业的可抵扣进项税额较少，都不利于业务的开展。

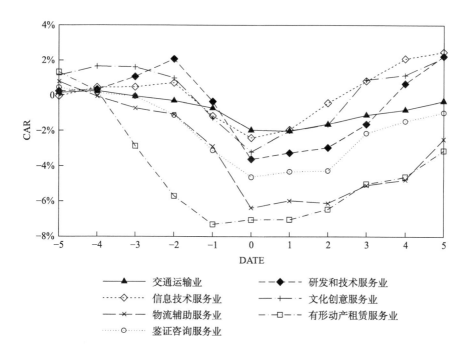

图 9.4    财税〔2012〕71 号试点行业子样本[-5，+5]CAR 变化趋势

表 9.6　财税〔2012〕71 号试点行业窗口期 AAR 与 CAR 变化趋势（一）

| DATE | 交通运输业 | | | 研发和技术服务业 | | | 信息技术服务业 | | | 文化创意服务业 | | |
|---|---|---|---|---|---|---|---|---|---|---|---|---|
| | AAR | CAR | T 值 | AAR | CAR | T 值 | AAR | CAR | T 值 | AAR | CAR | T 值 |
| −5 | 0.17% | 0.17% | 1.05 | 0.26% | 0.26% | 1.39 | −0.03% | −0.03% | −0.18 | 1.16% | 1.16% | 2.51** |
| −4 | 0.10% | 0.27% | 1.24 | 0.09% | 0.35% | 0.55 | 0.50% | 0.47% | 1.62 | 0.51% | 1.67% | 2.95*** |
| −3 | −0.31% | −0.04% | −0.14 | 0.73% | 1.08% | 1.52 | 0.02% | 0.50% | 1.4 | −0.04% | 1.63% | 2.52** |
| −2 | −0.25% | −0.28% | −0.88 | 1.00% | 2.08% | 1.79* | 0.24% | 0.74% | 1.44 | −0.62% | 1.01% | 1.51 |
| −1 | −0.41% | −0.69% | −1.50 | −2.41% | −0.326% | −0.18 | −1.87% | −1.13% | −2.03** | −2.27% | −1.26% | −1.48 |
| 0 | −1.27% | −1.96% | −4.60*** | −3.28% | −3.61% | −2.16** | −1.27% | −2.40% | −3.60*** | −1.93% | −3.19% | −3.78*** |
| 1 | −0.05% | −2.01% | −4.43*** | 0.36% | −3.25% | −1.89* | 0.46% | −1.94% | −2.81*** | 1.19% | −2.00% | −2.05** |
| 2 | 0.38% | −1.63% | −3.67*** | 0.30% | −2.95% | −1.49 | 1.52% | −0.42% | −0.57 | 0.35% | −1.65% | −1.61 |
| 3 | 0.54% | −1.09% | −2.32** | 1.33% | −1.62% | −0.81 | 1.26% | 0.84% | 1.14 | 2.55% | 0.90% | 0.87 |
| 4 | 0.30% | −0.80% | −1.38 | 2.31% | 0.69% | 0.30 | 1.26% | 2.10% | 2.61*** | 0.27% | 1.17% | 1.12 |
| 5 | 0.50% | −0.30% | −0.50 | 1.55% | 2.24% | 0.91 | 0.39% | 2.49% | 3.23*** | 0.99% | 2.16% | 2.12** |

*、**和***分别表示在 10%、5%和 1%的置信水平上显著（双尾）

表 9.7　财税〔2012〕71 号试点行业窗口期 AAR 与 CAR 变化趋势（二）

| DATE | 物流辅助服务业 | | | 有形动产租赁服务业 | | | 鉴证咨询服务业 | | |
|---|---|---|---|---|---|---|---|---|---|
| | AAR | CAR | T 值 | AAR | CAR | T 值 | AAR | CAR | T 值 |
| −5 | 0.81% | 0.81% | 0.93 | 1.35% | 1.35% | 2.17** | 0.46% | 0.46% | 1.12 |
| −4 | −0.85% | −0.04% | −0.06 | −1.08% | 0.27% | 0.23 | −0.30% | 0.15% | 0.37 |
| −3 | −0.66% | −0.70% | −1.23 | −3.13% | −2.86% | −2.52** | −0.18% | −0.03% | −0.05 |
| −2 | −0.35% | −1.05% | −2.98*** | −2.84% | −5.70% | −2.18** | −1.06% | −1.09% | −1.36 |
| −1 | −1.84% | −2.89% | −5.51*** | −1.61% | −7.31% | −2.84*** | −2.02% | −3.11% | −4.45*** |
| 0 | −3.49% | −6.38% | −7.05*** | 0.26% | −7.05% | −2.85*** | −1.50% | −4.61% | −7.15*** |
| 1 | 0.41% | −5.97% | −6.97*** | 0.01% | −7.04% | −3.40*** | 0.29% | −4.32% | −6.34*** |
| 2 | −0.14% | −6.11% | −4.42*** | 0.57% | −6.47% | −3.70*** | 0.04% | −4.28% | −6.41*** |
| 3 | 1.02% | −5.09% | −3.63*** | 1.47% | −5.00% | −2.24** | 2.14% | −2.14% | −2.42** |
| 4 | 0.32% | −4.77% | −3.45*** | 0.39% | −4.61% | −1.52 | 0.70% | −1.44% | −1.49 |
| 5 | 2.30% | −2.47% | −1.96** | 1.50% | −3.11% | −0.82 | 0.49% | −0.95% | −0.96 |

**和***分别表示在 5%和 1%的置信水平上显著（双尾）

3）地区分样本

图 9.5 报告了财税〔2012〕71 号政策（将交通运输业和部分现代服务业营业税改征增值税试点范围，由上海市分批扩大至北京市等八省市）在颁布期间各试

点地区与非试点地区的 CAR 走势。可以直观发现，各地区的 CAR 走势与全样本曲线基本相同。其中，北京市的市场反应最积极，天津市的市场反应最弱，其余试点地区和非试点地区的市场反应几乎相同。根据表 9.8~表 9.10 可知，财税〔2012〕71 号"营改增"政策在试点地区和非试点地区均存在积极的市场反应（事件日后的 AAR 均为正），说明非试点地区投资者认为"营改增"迟早会在全国推行，因此他们都看好财税〔2012〕71 号政策的实施。其中，北京市、江苏省、福建省和安徽省最终的 CAR 均大于 0，说明这几个省（直辖市）的市场反应效果更好。上述结果进一步支持了假设 9.1，即在"营改增"政策颁布期间资本市场出现了显著正向的市场反应。

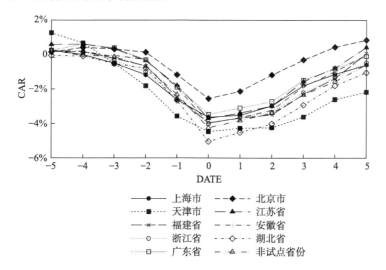

图 9.5　财税〔2012〕71 号试点地区子样本[-5，+5]CAR 变化趋势

**表 9.8　财税〔2012〕71 号试点地区窗口期 AAR 与 CAR 变化趋势（一）**

| DATE | 上海市 | | | 北京市 | | | 天津市 | | |
|---|---|---|---|---|---|---|---|---|---|
| | AAR | CAR | $T$ 值 | AAR | CAR | $T$ 值 | AAR | CAR | $T$ 值 |
| −5 | 0.26% | 0.26% | 1.91* | 0.15% | 0.15% | 1.57 | 1.27% | 1.27% | 2.87*** |
| −4 | −0.25% | 0.01% | 0.07 | 0.28% | 0.43% | 2.63*** | −0.59% | 0.69% | 1.64* |
| −3 | −0.51% | −0.50% | −2.01** | −0.09% | 0.34% | 1.50 | −1.19% | −0.50% | −0.86 |
| −2 | −0.68% | −1.18% | −4.26*** | −0.19% | 0.15% | 0.50 | −1.31% | −1.81% | −2.25** |
| −1 | −1.44% | −2.62% | −7.72*** | −1.32% | −1.17% | −3.27*** | −1.75% | −3.56% | −3.91*** |
| 0 | −1.01% | −3.63% | −10.24*** | −1.38% | −2.55% | −6.21*** | −0.91% | −4.47% | −4.96*** |
| 1 | 0.12% | −3.51% | −9.37*** | 0.43% | −2.12% | −5.09*** | 0.21% | −4.26% | −4.91*** |

| DATE | 上海市 | | | 北京市 | | | 天津市 | | |
|---|---|---|---|---|---|---|---|---|---|
| | AAR | CAR | T 值 | AAR | CAR | T 值 | AAR | CAR | T 值 |
| 2 | 0.54% | −2.97% | −6.97*** | 0.95% | −1.17% | −2.57** | 0.03% | −4.23% | −4.53*** |
| 3 | 1.18% | −1.79% | −4.10*** | 0.87% | −0.30% | −0.62 | 0.63% | −3.60% | −3.86*** |
| 4 | 0.66% | −1.13% | −2.50** | 0.76% | 0.46% | 0.92 | 1.00% | −2.60% | −2.59** |
| 5 | 0.55% | −0.58% | −1.27 | 0.40% | 0.86% | 1.77* | 0.43% | −2.17% | −1.99** |

*、**和***分别表示在 10%、5%和 1%的置信水平上显著（双尾）

**表 9.9　财税〔2012〕71 号试点地区窗口期 AAR 与 CAR 变化趋势（二）**

| DATE | 江苏省 | | | 福建省 | | | 安徽省 | | |
|---|---|---|---|---|---|---|---|---|---|
| | AAR | CAR | T 值 | AAR | CAR | T 值 | AAR | CAR | T 值 |
| −5 | 0.59% | 0.59% | 5.29*** | 0.18% | 0.18% | 0.89 | 0.28% | 0.28% | 1.75* |
| −4 | 0.04% | 0.63% | 3.71*** | 0.02% | 0.20% | 0.76 | −0.33% | −0.06% | −0.22 |
| −3 | −0.29% | 0.34% | 1.73* | −0.41% | −0.21% | −0.66 | 0.01% | −0.05% | −0.12 |
| −2 | −0.67% | −0.33% | −1.32 | −0.43% | −0.64% | −1.56 | −0.23% | −0.27% | −0.54 |
| −1 | −1.47% | −1.80% | −5.64*** | −1.84% | −2.48% | −4.96*** | −1.64% | −1.91% | −3.30*** |
| 0 | −1.89% | −3.69% | −11.45*** | −1.47% | −3.95% | −7.09*** | −2.06% | −3.97% | −5.61*** |
| 1 | 0.31% | −3.38% | −10.01*** | 0.27% | −3.68% | −5.97*** | 0.32% | −3.65% | −5.13*** |
| 2 | 0.42% | −2.96% | −7.99*** | 0.21% | −3.47% | −5.08*** | 0.44% | −3.21% | −4.28*** |
| 3 | 1.40% | −1.56% | −4.21*** | 1.17% | −2.30% | −3.43*** | 1.35% | −1.86% | −2.52** |
| 4 | 0.79% | −0.77% | −2.09** | 0.93% | −1.37% | −2.16** | 0.89% | −0.97% | −1.23 |
| 5 | 1.21% | 0.44% | 1.17 | 1.45% | 0.08% | 0.14 | 0.97% | 0.00% | 0.00 |

*、**和***分别表示在 10%、5%和 1%的置信水平上显著（双尾）

**表 9.10　财税〔2012〕71 号试点地区窗口期 AAR 与 CAR 变化趋势（三）**

| DATE | 浙江省 | | | 湖北省 | | | 广东省 | | | 非试点省份 | | |
|---|---|---|---|---|---|---|---|---|---|---|---|---|
| | AAR | CAR | T 值 | AAR | CAR | T 值 | AAR | CAR | T 值 | AAR | CAR | T 值 |
| −5 | 0.25% | 0.25% | 1.83* | −0.04% | −0.04% | −0.19 | 0.26% | 0.26% | 3.29*** | 0.24% | 0.24% | 3.79*** |
| −4 | −0.07% | 0.18% | 0.94 | −0.04% | −0.08% | −0.25 | 0.37% | 0.63% | 4.15*** | −0.04% | 0.21% | 2.31** |
| −3 | −0.50% | −0.33% | −1.35 | −0.43% | −0.51% | −1.54 | −0.24% | 0.39% | 2.07** | −0.33% | −0.12% | −1.05 |
| −2 | −0.65% | −0.98% | −3.60*** | −0.28% | −0.78% | −1.97** | −0.68% | −0.29% | −1.32 | −0.56% | −0.68% | −4.63*** |
| −1 | −1.61% | −2.59% | −8.30*** | −1.87% | −2.65% | −5.17*** | −1.60% | −1.89% | −7.11*** | −1.63% | −2.31% | −12.81*** |
| 0 | −1.41% | −4.00% | −11.71*** | −2.39% | −5.04% | −8.27*** | −1.57% | −3.46% | −12.08*** | −1.93% | −4.24% | −22.07*** |

| DATE | 浙江省 | | | 湖北省 | | | 广东省 | | | 非试点省份 | | |
|---|---|---|---|---|---|---|---|---|---|---|---|---|
| | AAR | CAR | T值 | AAR | CAR | T值 | AAR | CAR | T值 | AAR | CAR | T值 |
| 1 | 0.36% | -3.64% | -10.70*** | 0.53% | -4.51% | -7.12*** | 0.37% | -3.09% | -10.58*** | 0.42% | -3.82% | -18.96*** |
| 2 | 0.32% | -3.32% | -9.31*** | 0.50% | -4.01% | -5.89*** | 0.38% | -2.71% | -8.41*** | 0.44% | -3.38% | -15.75*** |
| 3 | 1.13% | -2.19% | -6.01*** | 1.10% | -2.91% | -4.30** | 1.24% | -1.47% | -4.44*** | 1.06% | -2.32% | -10.80*** |
| 4 | 0.89% | -1.30% | -3.42*** | 1.12% | -1.79% | -2.59*** | 0.67% | -0.80% | -2.42** | 0.77% | -1.55% | -7.07*** |
| 5 | 0.85% | -0.45% | -1.11 | 0.76% | -1.03% | -1.47 | 0.72% | -0.08% | -0.24 | 0.97% | -0.58% | -2.56** |

*、**和***分别表示在10%、5%和1%的置信水平上显著（双尾）

3. 第三次"营改增"试点政策（财税〔2013〕37号）颁布期间累计超额收益分析

下文我们将分析财税〔2013〕37号政策发布期间市场的整体走势，以及按行业分类子样本在政策颁布期间[-5，+5]的CAR及其走势。

1）全样本分析

结合表9.11和图9.6来看，财税〔2013〕37号"营改增"政策在颁布前后五天内，CAR呈曲折上升状态。其中，前五个交易日中有四日的AAR为正，在DATE=-5日至DATE=-3日，CAR从0.08%大幅上升至2.29%，说明财税〔2013〕37号"营改增"政策颁布的消息可能已经泄露，部分投资者提前获悉。事件日的CAR为2.87%，上升到3.66%的最高点之后回落至1.88%再持续走高。这说明投资者将财税〔2013〕37号"营改增"政策视为对股价的利好消息，且"营改增"政策这一消息逐步被市场消化。DATE=-2日和DATE=2日的AAR为负，说明投资者对先前的过高预期在一定程度上做了反向修正。上述结果支持了假设9.1，即在"营改增"政策颁布期间资本市场出现了显著正向的市场反应。

表9.11  财税〔2013〕37号全样本窗口期AAR与CAR变化趋势

| DATE | AAR | CAR | T值 |
|---|---|---|---|
| -5 | 0.08% | 0.08% | 1.72* |
| -4 | 1.04% | 1.12% | 16.12*** |
| -3 | 1.17% | 2.29% | 26.20*** |
| -2 | -1.12% | 1.17% | 12.95*** |
| -1 | 0.59% | 1.76% | 16.73*** |
| 0 | 1.11% | 2.87% | 24.31*** |
| 1 | 0.79% | 3.66% | 28.83*** |
| 2 | -1.78% | 1.88% | 15.13*** |
| 3 | 0.74% | 2.62% | 19.74*** |
| 4 | 0.49% | 3.11% | 21.81*** |

| DATE | AAR | CAR | T 值 |
|------|-----|-----|------|
| 5 | 0.42% | 3.53% | 24.03*** |

*和***分别表示在 10%和 1%的置信水平上显著（双尾）

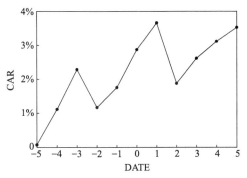

图 9.6　财税〔2013〕37 号全样本[-5，+5]CAR 变化趋势

2）行业分样本

图 9.7 报告了财税〔2013〕37 号"营改增"政策颁布期间，新扩围的广播影视服务业与已改征增值税的行业子样本的 CAR 走势。可以直观发现，在前两次试点中改征增值税的部分现代服务业的 CAR 曲线与全样本曲线相似；交通运输业的 CAR 走势呈缓慢上升趋势；广播影视服务业在 DATE=-5 日至 DATE=-2 日的曲线走势与部分现代服务业几近相同，之后以 DATE=-2 日为转折点，广播影视服务业的 CAR 开始明显低于部分现代服务业，甚至出现了 CAR 小于零的情况。根据表 9.12 可知，部分现代服务业的 CAR 均大于零，且 DATE=-2 日与 DATE=2 日的 AAR 显著为负，说明投资者在一定程度上对先前过高的预期做了反向修正。交通运输业的 CAR 从-0.01%缓慢上升到 2.07%，相比部分现代服务业，其上升趋势不明显。可能的原因如下：交通运输业"营改增"是一个渐进的过程，在改革过程中会受到转换阻力，从而增加公司税负压力（樊轶侠，2017）。因此，经过几年的磨合与调整，投资者对交通运输业"营改增"不再持观望态度，偏向视其为保守的利好消息。广播影视服务业在事件日前五个交易日中，有三日的 AAR 为负，说明财税〔2013〕37 号颁布的消息可能已经泄露，部分投资者已提前获知。在事件日后第二日，CAR 下降至最低点，为-2.17%，之后略有回升，但 T 值均不显著。这说明投资者最开始看好广播影视服务业"营改增"，之后随着时间的推移，"营改增"政策逐渐被代表行业消化，市场在一定程度上对先前过高的预期做了反向修正，甚至部分投资者视其为利空消息。可能的原因如下：一是广播影视服务业营业税改征增值税后税率由3%上升到6%，短期内税负可能有所增加；二是广播影视公司若在"营改增"前已购置较多的固定资产，则在"营改增"后无法得到抵扣，加之人工成本未纳入抵扣范围，公司进

项税额抵扣不足, 从而增加税负。上述结果直接验证了假设 9.1, 不同行业对财税〔2013〕37 号"营改增"政策的市场反应不尽相同。

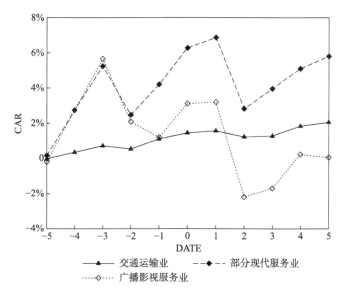

图 9.7 财税〔2013〕37 号试点行业子样本[-5, +5]CAR 变化趋势

**表 9.12 财税〔2013〕37 号试点行业窗口期 AAR 与 CAR 变化趋势**

| DATE | 交通运输业 | | | 部分现代服务业 | | | 广播影视服务业 | | |
|------|-------|------|------|---------|------|------|---------|------|------|
| | AAR | CAR | T 值 | AAR | CAR | T 值 | AAR | CAR | T 值 |
| −5 | −0.01% | −0.01% | −0.08 | 0.17% | 0.17% | 0.78 | −0.19% | −0.19% | −0.42 |
| −4 | 0.37% | 0.36% | 2.31** | 2.58% | 2.75% | 7.81*** | 2.94% | 2.75% | 2.51** |
| −3 | 0.37% | 0.73% | 2.76*** | 2.50% | 5.25% | 12.67*** | 2.91% | 5.66% | 3.54*** |
| −2 | −0.18% | 0.55% | 1.84* | −2.77% | 2.48% | 5.97*** | −3.56% | 2.10% | 1.45 |
| −1 | 0.57% | 1.12% | 3.45*** | 1.73% | 4.21% | 7.93*** | −0.89% | 1.21% | 1.03 |
| 0 | 0.34% | 1.46% | 3.93*** | 2.06% | 6.27% | 11.09*** | 1.91% | 3.12% | 2.38*** |
| 1 | 0.11% | 1.57% | 3.61*** | 0.59% | 6.86% | 12.62*** | 0.08% | 3.20% | 3.70*** |
| 2 | −0.33% | 1.24% | 3.32*** | −4.03% | 2.83% | 5.37*** | −5.37% | −2.17% | −1.84* |
| 3 | 0.05% | 1.29% | 3.44*** | 1.14% | 3.97% | 6.71*** | 0.49% | −1.68% | −1.39 |
| 4 | 0.55% | 1.84% | 3.92*** | 1.14% | 5.11% | 7.90*** | 1.92% | 0.24% | 0.21 |
| 5 | 0.23% | 2.07% | 4.33*** | 0.70% | 5.81% | 8.45*** | −0.18% | 0.06% | 0.04 |

*、**和***分别表示在 10%、5%和 1%的置信水平上显著（双尾）

4. 第四次"营改增"试点政策（财税〔2013〕106 号）颁布期间累计超额收益分析

下文我们将分析财税〔2013〕106 号政策颁布期间市场的整体走势, 以及按行业分类子样本在政策颁布期间[-5, +5]的 CAR 及其走势。

1）全样本分析

结合表 9.13 和图 9.8 来看，财税〔2013〕106 号"营改增"政策在颁布前五个交易日中有四日的 AAR 为正。在 DATE=-5 日至 DATE=-3 日，CAR 从 0.08%大幅上升至 1.41%，后在 DATE=-2 日又回落至 1.29%，之后 CAR 整体呈上升趋势。这说明，财税〔2013〕106 号"营改增"政策颁布的消息可能已经泄露，部分投资者提前获悉，且看好这一政策。事件日的 CAR 为 2.22%，上升到 2.68%的最高点后回落至 2.01%，说明投资者将财税〔2013〕106 号"营改增"政策视为对股价的利好消息，且"营改增"政策这一消息逐步被市场消化。DATE=-2 日的 AAR 为负，说明投资者在一定程度上对先前的过高预期做了反向修正。上述结果支持了假设 9.1，即在"营改增"政策颁布期间，资本市场出现了显著正向的市场反应。

表 9.13　财税〔2013〕106 号全样本窗口期 AAR 与 CAR 变化趋势

| DATE | AAR | CAR | $T$ 值 |
| --- | --- | --- | --- |
| -5 | 0.08% | 0.08% | 1.48 |
| -4 | 0.26% | 0.34% | 5.02*** |
| -3 | 1.07% | 1.41% | 17.67*** |
| -2 | -0.12% | 1.29% | 13.64*** |
| -1 | 0.30% | 1.59% | 14.91*** |
| 0 | 0.63% | 2.22% | 19.44*** |
| 1 | 0.46% | 2.68% | 22.22*** |
| 2 | -0.21% | 2.47% | 18.73*** |
| 3 | -0.24% | 2.23% | 16.48*** |
| 4 | -0.19% | 2.04% | 14.26*** |
| 5 | -0.03% | 2.01% | 13.74*** |

***表示在 1%的置信水平上显著（双尾）

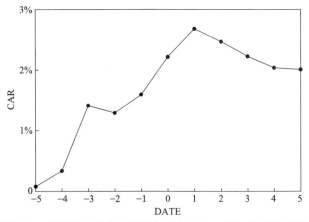

图 9.8　财税〔2013〕106 号全样本[-5，+5]CAR 变化趋势

2）行业分样本

图 9.9 报告了财税〔2013〕106 号"营改增"政策颁布期间，新扩围的铁路运输业、邮政业与已改征增值税的行业子样本的 CAR 走势。可以直观发现，在前三次试点中已改征增值税行业的 CAR 曲线与全样本曲线相似；邮政业的 CAR 从 DATE=-5 日开始至 DATE=-1 日一直持续大幅上升，CAR 明显大于其他行业；铁路运输业的 CAR 曲线在-1%上下波动，在 DATE=2 日，其 CAR 达到最低点，随后迅速回升保持原有趋势发展。根据表9.14可知，已试点行业在政策颁布日前一天至颁布日后一天的 AAR 均大于零，且 CAR 在[-1，3]都为正，再一次印证了市场对已实施的"营改增"政策的认可。邮政业在事件日前一直保持高速增长模式，CAR 从-0.43%上升至最高点 6.68%，随后下降到 3.99%。这说明，财税〔2013〕106 号颁布的消息可能已经泄露，部分投资者已提前获知，且十分看好邮政业"营改增"，在事件期后期在一定程度上对先前过高的预期做了反向修正。铁路运输业在"营改增"政策颁布前第三日，其 AAR 为 0.62%，前第二日为 0.95%，前一日则为-1.07%，在统计上均不显著，也表明政策颁布前并无其他重要事项；在事件日，其 AAR 为-0.53%，有较小的负面反应，但统计上仍然不显著；在政策颁布之后，连续两天的 AAR 均为负值，且在统计上均不显著。换言之，股票市场对铁道运输业"营改增"基本上没有任何反应。可能的原因如下：铁路运输业试点公司大多属于国有公司，且处于国有资本布局中的关键领域，是政府管制和扶持的对象，若"营改增"对铁路运输业试点公司有利，则政府会减少补贴，反之，政府会增加补贴，以确保铁路运输公司正常运营所需要的利润水平。即"营改增"实质上对铁路运输业试点公司的经营业绩无显著影响。上述结果直接验证了假设9.1，不同行业对财税〔2013〕106 号"营改增"政策的市场反应不尽相同。

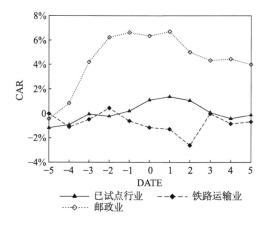

图 9.9 财税〔2013〕106 号试点行业子样本[-5，+5]CAR 变化趋势

表 9.14　财税〔2013〕106 号试点行业窗口期 AAR 与 CAR 变化趋势

| DATE | 已试点行业 | | | 铁路运输业 | | | 邮政业 | | |
|---|---|---|---|---|---|---|---|---|---|
| | AAR | CAR | T 值 | AAR | CAR | T 值 | AAR | CAR | T 值 |
| −5 | −1.18% | −1.18% | −6.80*** | 0 | 0 | 0 | −0.43% | −0.43% | −0.3 |
| −4 | 0.26% | −0.92% | −4.27*** | −1.11% | −1.11% | −0.94 | 1.28% | 0.85% | 0.54 |
| −3 | 0.89% | −0.04% | −0.15 | 0.62% | −0.49% | −0.39 | 3.34% | 4.19% | 1.45 |
| −2 | −0.18% | −0.22% | −0.74 | 0.95% | 0.45% | 0.92 | 2.03% | 6.22% | 1.12 |
| −1 | 0.44% | 0.22% | 0.68 | −1.07% | −0.62% | −0.60 | 0.39% | 6.61% | 1.35 |
| 0 | 0.88% | 1.10% | 3.37*** | −0.53% | −1.14% | −0.75 | −0.27% | 6.34% | 1.55 |
| 1 | 0.27% | 1.37% | 4.12*** | −0.14% | −1.28% | −0.63 | 0.34% | 6.68% | 1.94* |
| 2 | −0.31% | 1.06% | 2.94*** | −1.32% | −2.6% | −1.29 | −1.69% | 4.99% | 1.43 |
| 3 | −0.97% | 0.09% | 0.25 | 2.58% | −0.02% | −0.01 | −0.67% | 4.32% | 1.01 |
| 4 | −0.51% | −0.42% | −1.05 | −0.82% | −0.84% | −0.32 | 0.11% | 4.43% | 1.03 |
| 5 | 0.30% | −0.12% | −0.28 | 0.16% | −0.68% | −0.26 | −0.44% | 3.99% | 1.01 |

*和***分别表示在 10%和 1%的置信水平上显著（双尾）

5. 第五次"营改增"试点政策（财税〔2014〕43 号）颁布期间累计超额收益分析

下文我们将分析财税〔2014〕43 号政策颁布期间市场的整体走势，以及按行业分类子样本在政策颁布期间[−5，+5]的 CAR 及其走势。

1）全样本分析

结合表 9.15 和图 9.10 来看，财税〔2014〕43 号"营改增"政策颁布前，CAR 从−1.21%急剧下降到最低点−5.59%。在"营改增"政策颁布前一日，CAR 开始回升，DATE=0 日至 DATE=3 日的 AAR 为正，说明股票市场对财税〔2014〕43 号政策的颁布有明显正向的反应。同时，从表 9.15 中可以看出，DATE=3 日的 AAR 显著为正，但是后一日的 AAR 显著为负，说明投资者在一定程度上对先前过高的预期做了反向修正，通过图 9.10 也可以验证这一点。以上结果说明市场对财税〔2014〕43 号政策的认可度高，即使在 2014 年年初上证指数持续下跌的情况下，也不妨碍投资者对"营改增"政策的看好。上述结果支持了假设 9.1，即在"营改增"政策颁布期间，资本市场出现了显著正向的市场反应。

表 9.15　财税〔2014〕43 号全样本窗口期 AAR 与 CAR 变化趋势

| DATE | AAR | CAR | T 值 |
|---|---|---|---|
| −5 | −1.21% | −1.21% | −22.82*** |
| −4 | −0.26% | −1.47% | −20.46*** |

续表

| DATE | AAR | CAR | $T$ 值 |
| --- | --- | --- | --- |
| −3 | −0.81% | −2.28% | −26.83*** |
| −2 | −1.29% | −3.57% | −34.35*** |
| −1 | −2.02% | −5.59% | −43.50*** |
| 0 | 0.28% | −5.31% | −40.65*** |
| 1 | 0.80% | −4.51% | −33.62*** |
| 2 | 1.00% | −3.51% | −25.38*** |
| 3 | 0.52% | −2.99% | −21.42*** |
| 4 | −0.93% | −3.92% | −24.52*** |
| 5 | 0.24% | −3.68% | −22.13*** |

***表示在 1%的置信水平上显著（双尾）

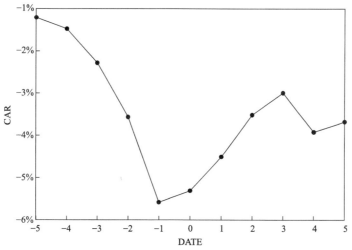

图 9.10　财税〔2014〕43 号全样本[−5，+5]CAR 变化趋势

2）行业分样本

图 9.11 报告了财税〔2014〕43 号政策颁布期间，已试点行业和新扩围行业子样本的 CAR 走势。可以直观发现，两者的 CAR 曲线与图9.10 的全样本曲线相似，事件日前 CAR 大幅下跌，事件日后迅速回升。同时，电信业的 CAR 曲线明显高于已试点行业的 CAR 曲线。结合表 9.16 来看，已试点行业在事件日后三日的 AAR 均显著为正，说明已实行的"营改增"政策深入人心，得到了投资者的认可。电信业在 DATE=−3 日的 AAR 大于 0，为 0.03%，但不显著。可能的原因如下：根据有效市场理论及现实中存在信息"泄露"的可能性，市场及投资者可能提前获知电信业营业税改征增值税的信息，且视其为利好消息，在图9.11 中可以验证这一点。上述结果直接验证了假设 9.1，不同行业对财税〔2014〕43 号

"营改增"政策的市场反应不尽相同。概括来说，营业税已改征增值税的行业及新扩围的电信业都得到了积极的市场反应。

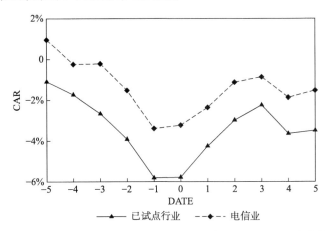

图 9.11 财税〔2014〕43 号试点行业子样本[-5，+5]CAR 变化趋势

**表 9.16 财税〔2014〕43 号试点行业窗口期 AAR 与 CAR 变化趋势**

| DATE | 已试点行业 | | | 电信业 | | |
|---|---|---|---|---|---|---|
| | AAR | CAR | $T$ 值 | AAR | CAR | $T$ 值 |
| −5 | −1.10% | −1.10% | −5.91*** | 0.96% | 0.96% | 1.24 |
| −4 | −0.64% | −1.74% | −7.09*** | −1.20% | −0.23% | −0.18 |
| −3 | −0.93% | −2.67% | −9.57*** | 0.03% | −0.21% | −0.18 |
| −2 | −1.25% | −3.92% | −11.52*** | −1.32% | −1.53% | −1.32 |
| −1 | −1.90% | −5.82% | −13.00*** | −1.87% | −3.40% | −2.05** |
| 0 | 0.03% | −5.79% | −13.16*** | 0.16% | −3.24% | −2.39** |
| 1 | 1.53% | −4.26% | −8.82*** | 0.88% | −2.36% | −1.46 |
| 2 | 1.28% | −2.98% | −5.66*** | 1.23% | −1.13% | −0.55 |
| 3 | 0.74% | −2.24% | −4.24*** | 0.27% | −0.86% | −0.42 |
| 4 | −1.41% | −3.65% | −6.49*** | −1.02% | −1.88% | −0.84 |
| 5 | 0.16% | −3.49% | −5.99*** | 0.35% | −1.53% | −0.73 |

**和***分别表示在 5%和 1%的置信水平上显著（双尾）

6. 第六次"营改增"试点政策（财税〔2016〕36 号）颁布期间累计超额收益分析

下文我们将分析财税〔2016〕36 号政策颁布期间市场的整体走势，以及按行业分类子样本在政策颁布期间[-5，+5]的 CAR 及其走势。

1）全样本分析

结合表 9.17 和图 9.12 来看，财税〔2016〕36 号"营改增"政策颁布前五个交易日中有四日的 AAR 显著为正，且 CAR 趋于平缓，说明"营改增"颁布的消息可能已经泄露，部分投资者提前获悉。DATE=-4 日与 DATE=2 日的 AAR 显著为正，但是随后出现的一个交易日的 AAR 显著为负，说明投资者在一定程度上对先前过高的预期做了反向修正。图 9.12 可以验证这一点，修正的 CAR 曲线呈平滑上升趋势，表明投资者将财税〔2016〕36 号"营改增"政策视为对扩围行业股价的利好消息。事件日的 CAR 为 1.90%，上升到最高点 2.56%后又回落至2.24%，说明"营改增"扩围这一消息逐步被市场消化。上述结果支持了假设 9.1，即在"营改增"政策颁布期间，资本市场出现了显著正向的市场反应。

表 9.17　财税〔2016〕36 号全样本窗口期 AAR 与 CAR 变化趋势

| DATE | AAR | CAR | T 值 |
| --- | --- | --- | --- |
| −5 | 1.02% | 1.02% | 8.53*** |
| −4 | 0.93% | 1.95% | 8.75*** |
| −3 | −0.33% | 1.62% | 5.43*** |
| −2 | 0.06% | 1.68% | 5.21*** |
| −1 | 0.24% | 1.92% | 5.17*** |
| 0 | −0.02% | 1.90% | 4.91*** |
| 1 | 0.11% | 2.00% | 4.95*** |
| 2 | 0.56% | 2.56% | 5.94*** |
| 3 | −0.51% | 2.05% | 4.69*** |
| 4 | −0.01% | 2.04% | 4.46*** |
| 5 | 0.20% | 2.24% | 4.61*** |

***表示在 1%的置信水平上显著（双尾）

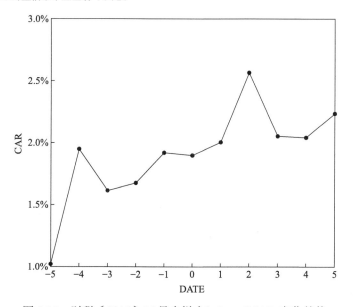

图 9.12　财税〔2016〕36 号全样本[-5，+5]CAR 变化趋势

2）行业分样本

图 9.13 报告了财税〔2016〕36 号"营改增"政策颁布期间不同行业子样本的 CAR 走势。可以直观发现，除建筑业外，其他三大行业的 CAR 均大于 0。根据表 9.18 和表 9.19 可知，建筑业事件日前第三个交易日到事件日后第五个交易日这段时间的 CAR 显著低于 0，且日平均超额收益率在事件日后虽连续三天有积极的市场反应，但是到第四天、第五天仍处于下降趋势。房地产业与金融业总体趋势相同：都有积极的市场反应且 CAR 均显著大于 0。具体来说，房地产业的 CAR 呈现一种先慢后快的上升趋势，且在事件日前一天发生转折。根据有效市场理论及现实中存在信息"泄露"的倾向分析，市场及投资者前期并未预知到房地产业会在此次扩围行业范围内。相反，金融业呈现一种先快后慢的上升趋势，转折点在事件日前的第三个交易日，这说明投资者已预期到金融业即将进行"营改增"，并视之为利好消息。随着时间推移，该消息逐步被市场消化并趋于平缓。对于生活服务业，CAR 虽略有下降但整体走势平缓，通过表 9.19 可知，其 CAR 的 $T$ 值在事件日之后并不显著。综上可知，上述结果直接验证了假设 9.1，即各行业的市场反应不尽相同。概括来说，投资者视房地产业与金融业的"营改增"为利好消息，视建筑业的"营改增"为利空消息，对生活服务业的"营改增"持观望态度。

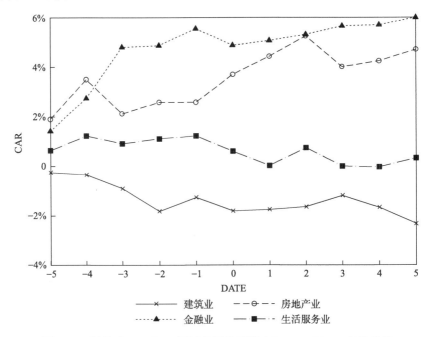

图 9.13  财税〔2016〕36 号试点行业子样本[-5，+5]CAR 变化趋势

表 9.18  分行业窗口期 AAR 与 CAR 变化趋势（一）

| DATE | 建筑业 | | | 房地产业 | | |
|---|---|---|---|---|---|---|
| | AAR | CAR | T值 | AAR | CAR | T值 |
| −5 | −0.25% | −0.25% | −1.17 | 1.89% | 1.89% | 10.59*** |
| −4 | −0.10% | −0.35% | −0.89 | 1.61% | 3.50% | 9.90*** |
| −3 | −0.55% | −0.90% | −2.22** | −1.39% | 2.11% | 4.23*** |
| −2 | −0.92% | −1.82% | −4.76*** | 0.47% | 2.58% | 4.73*** |
| −1 | 0.56% | −1.26% | −2.63*** | −0.02% | 2.56% | 3.92*** |
| 0 | −0.55% | −1.81% | −3.44*** | 1.14% | 3.70% | 5.46*** |
| 1 | 0.05% | −1.75% | −3.15*** | 0.73% | 4.43% | 5.85*** |
| 2 | 0.11% | −1.64% | −2.35** | 0.82% | 5.25% | 6.17*** |
| 3 | 0.45% | −1.19% | −1.50 | −1.24% | 4.01% | 4.52*** |
| 4 | −0.48% | −1.67% | −2.00** | 0.24% | 4.25% | 4.65*** |
| 5 | −0.66% | −2.33% | −2.92*** | 0.46% | 4.71% | 4.92*** |

**和***分别表示在 5%和 1%的置信水平上显著（双尾）

表 9.19  分行业窗口期 AAR 与 CAR 变化趋势（二）

| DATE | 金融业 | | | 生活服务业 | | |
|---|---|---|---|---|---|---|
| | AAR | CAR | T值 | AAR | CAR | T值 |
| −5 | 1.41% | 1.41% | 4.28*** | 0.63% | 0.63% | 3.12** |
| −4 | 1.33% | 2.74% | 4.11*** | 0.59% | 1.22% | 3.60*** |
| −3 | 2.07% | 4.81% | 4.77*** | −0.31% | 0.91% | 2.18** |
| −2 | 0.06% | 4.87% | 4.75*** | 0.20% | 1.11% | 2.35** |
| −1 | 0.68% | 5.55% | 4.56*** | 0.11% | 1.22% | 2.30** |
| 0 | −0.67% | 4.88% | 4.46*** | −0.62% | 0.60% | 0.98 |
| 1 | 0.19% | 5.07% | 4.80*** | −0.58% | 0.02% | 0.04 |
| 2 | 0.25% | 5.32% | 5.11*** | 0.72% | 0.74% | 1.31 |
| 3 | 0.34% | 5.66% | 5.30*** | −0.74% | 0 | 0 |
| 4 | 0.05% | 5.71% | 5.25*** | −0.03% | −0.03% | −0.06 |
| 5 | 0.29% | 6.00% | 5.24*** | 0.36% | 0.33% | 0.50 |

**和***分别表示在 5%和 1%的置信水平上显著（双尾）

7. 六次"营改增"试点累计超额收益综合分析

下面我们将分析六次"营改增"政策发布期间市场的整体走势（图 9.14）。

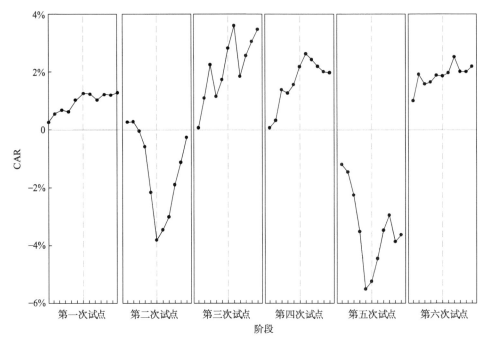

图 9.14　　"营改增"六次试点全样本[-5，+5]CAR 变化趋势

　　图 9.14 报告了从 2011 年 11 月 16 日"营改增"第一次在上海市试点到 2016 年 3 月 23 日"营改增"全面推开施行过程中六次试点的 CAR 走势。横坐标分为六个阶段，按时间顺序分别为 2011 年 11 月 16 日财税〔2011〕111 号政策颁布事件期（第一次试点）、2012 年 7 月 31 日财税〔2012〕71 号政策颁布事件期（第二次试点）、2013 年 5 月 24 日财税〔2013〕37 号政策颁布事件期（第三次试点）、2013 年 12 月 12 日财税〔2013〕106 号政策颁布事件期（第四次试点）、2014 年 4 月 29 日财税〔2014〕43 号政策颁布事件期（第五次试点）和 2016 年 3 月 23 日财税〔2016〕36 号政策颁布事件期（第六次试点），其中，每一阶段都包含十一个交易日，分别为事件日（已用垂直虚线标出）前五天至事件日后五天。如图9.14所示，受不同因素的影响，六次试点的市场反应各有差异，CAR 有正有负。总体而言，第一、三、四、六次试点 CAR 大于 0，第二、五次试点 CAR 小于 0。受股市波动影响，CAR 小于 0 并不代表投资者不看好"营改增"政策的颁布，因为从图9.14中可以很明显地看出，在"营改增"政策颁布日（事件日）后的 CAR 曲线都呈现明显的上升趋势，说明市场对这六次"营改增"政策的颁布都有积极的反应。这也进一步支持了假设 9.1，即在"营改增"政策颁布期间，资本市场出现了显著正向的市场反应。

## 9.3.2　"营改增"市场反应的影响因素

为了获得更深入的经验证据，本节进一步从税收敏感度、雇佣规模及固定资产密度三个维度对 CAR 进行多元回归分析。

1. 主要变量描述性统计及相关系数分析

1）第一次"营改增"试点（财税〔2011〕111 号）

表 9.20 列示了基于财税〔2011〕111 号"营改增"政策市场反应，根据行业特点当从税收敏感度（TS）、雇佣规模（Rate）和固定资产密度（Capint）三个维度进行多元回归分析时主要变量描述性统计。结果显示，CAR_id 的均值为 0.014，中位数为 0.011。据此可进一步支撑假设 9.1：在财税〔2011〕111 号"营改增"发布期间，资本市场出现了显著正向的市场反应。固定资产密度（Capint）的最大值为 0.605，是最小值 0.025 的 24.2 倍，说明各公司之间固定资产密度差异较大。税收敏感度（TS）的均值为 0.559，说明样本公司对税收政策的反应程度中等偏上。从标准差来看，样本公司之间的公司规模（Size）有较大差异。

表 9.20　DID 分析主要变量的描述性统计（一）

| 变量 | $N$ | 均值 | 标准差 | 最小值 | 中位数 | 最大值 |
|---|---|---|---|---|---|---|
| CAR_id | 111 | 0.014 | 0.041 | −0.046 | 0.011 | 0.088 |
| Rate | 111 | −13.560 | 0.705 | −14.660 | −13.600 | −12.400 |
| Capint | 111 | 0.243 | 0.195 | 0.025 | 0.180 | 0.605 |
| TS | 111 | 0.559 | 0.499 | 0 | 1.000 | 1.000 |
| Size | 111 | 21.690 | 1.082 | 20.020 | 21.590 | 23.470 |
| Mpg | 111 | 0.274 | 0.160 | 0.088 | 0.233 | 0.584 |
| Lev | 111 | 0.396 | 0.164 | 0.069 | 0.414 | 0.623 |
| Beta | 111 | 1.142 | 0.184 | 0.835 | 1.152 | 1.400 |
| Growth | 111 | 0.230 | 0.226 | −0.001 | 0.157 | 0.708 |
| BM | 111 | 0.320 | 0.181 | 0.132 | 0.261 | 0.632 |
| Ins | 111 | 0.420 | 0.225 | 0.068 | 0.474 | 0.726 |

表 9.21 列示了 DID 分析主要变量的相关系数。可以发现，各公司 CAR_id 与雇佣规模（Rate）和固定资产密度（Capint）负相关，但均不显著。此外，上市公司规模（Size）、账面市值比（BM）、固定资产密度（Capint）三者存在较强的共线性问题，而采用中心化处理可以有效地控制多重共线性且不失变量解释的一般性，是一种良好的模型优化方法（Cohen et al., 2014；陈晓萍等, 2008；唐

跃军，2009）。因此，下面回归分析中将对公司规模（Size）、账面市值比（BM）和固定资产密度（Capint）采用中心化处理予以控制。

表 9.21　DID 分析主要变量的相关系数（一）

| 变量 | CAR_id | Rate | Capint | Size | Mpg | Lev | Beta | Growth | BM | Ins |
|---|---|---|---|---|---|---|---|---|---|---|
| CAR_id | 1.000 | | | | | | | | | |
| Rate | −0.032 | 1.000 | | | | | | | | |
| Capint | −0.050 | −0.046 | 1.000 | | | | | | | |
| Size | −0.056 | −0.329*** | 0.414*** | 1.000 | | | | | | |
| Mpg | −0.158* | 0.334*** | 0.233** | 0.170* | 1.000 | | | | | |
| Lev | 0.058 | −0.241** | 0.221** | 0.346*** | −0.384*** | 1.000 | | | | |
| Beta | −0.088 | 0.063 | −0.381*** | −0.470*** | −0.388*** | −0.144 | 1.000 | | | |
| Growth | −0.241** | −0.072 | −0.098 | 0.133 | −0.081 | 0.238** | −0.006 | 1.000 | | |
| BM | −0.027 | −0.276*** | 0.536*** | 0.738*** | 0.181* | 0.175* | −0.371*** | −0.099 | 1.000 | |
| Ins | 0.015 | −0.083 | 0.011 | 0.245*** | 0.103 | 0.114 | −0.221** | 0.166* | 0.040 | 1.000 |

*、**和***分别表示在 10%、5%和 1%的置信水平上显著

注：表中为 pearson 相关系数

2）第二次"营改增"试点（财税〔2012〕71 号）

表 9.22 列示了基于财税〔2012〕71 号"营改增"政策市场反应，根据行业特点当从税收敏感度（TS）、雇佣规模（Rate）和固定资产密度（Capint）三个维度进行多元回归分析时主要变量描述性统计。结果显示，累计超额收益率（CAR_id）的均值为 0.006，中位数为 0.003。据此可进一步支撑假设 9.1：在财税〔2012〕71 号"营改增"发布期间，资本市场出现了显著正向的市场反应。固定资产密度（Capint）的最大值为 0.790，是最小值 0.005 的 158 倍，说明各公司之间固定资产密度差异较大。税收敏感度（TS）的均值为 0.601，说明在经过一年"营改增"试点后，试点行业样本公司对税收政策的反应程度有所上升。从标准差来看，样本公司之间的雇佣规模（Rate）、公司规模（Size）和成长性（Growth）有较大差异。

表 9.22　DID 分析主要变量的描述性统计（二）

| 变量 | N | 均值 | 标准差 | 最小值 | 中位数 | 最大值 |
|---|---|---|---|---|---|---|
| CAR_id | 143 | 0.006 | 0.058 | −0.112 | 0.003 | 0.212 |
| Rate | 143 | −13.740 | 1.000 | −17.080 | −13.720 | −11.640 |
| Capint | 143 | 0.243 | 0.220 | 0.005 | 0.155 | 0.790 |
| TS | 143 | 0.601 | 0.491 | 0 | 1.000 | 1.000 |
| Size | 143 | 22.010 | 1.343 | 19.600 | 21.800 | 25.590 |
| Mpg | 143 | 0.279 | 0.184 | −0.026 | 0.240 | 0.741 |

续表

| 变量 | N | 均值 | 标准差 | 最小值 | 中位数 | 最大值 |
|------|------|-------|-------|--------|-------|--------|
| Lev | 143 | 0.409 | 0.208 | 0.021 | 0.402 | 0.895 |
| Beta | 143 | 1.171 | 0.271 | 0.497 | 1.189 | 1.686 |
| Growth | 143 | 0.292 | 1.154 | −0.125 | 0.123 | 13.520 |
| BM | 143 | 0.566 | 0.370 | 0.101 | 0.429 | 1.611 |
| Ins | 143 | 0.454 | 0.229 | 0.001 | 0.493 | 0.872 |

表 9.23 列示了 DID 分析主要变量的相关系数。可以发现，各公司累计超额收益率（CAR_id）与雇佣规模（Rate）正相关但不显著，和固定资产密度（Capint）负相关且在 5% 的置信水平上显著。此外，上市公司规模（Size）和账面市值比（BM）存在较强的共线性问题，而采用中心化处理可以有效地控制多重共线性问题。因此，下面回归分析中将对上市公司规模（Size）和账面市值比（BM）采用中心化处理予以控制。

表 9.23　DID 分析主要变量的相关系数（二）

| 变量 | CAR_id | Rate | Capint | Size | Mpg | Lev | Beta | Growth | BM | Ins |
|------|--------|------|--------|------|-----|-----|------|--------|----|-----|
| CAR_id | 1.000 | | | | | | | | | |
| Rate | 0.130 | 1.000 | | | | | | | | |
| Capint | −0.170** | −0.047 | 1.000 | | | | | | | |
| Size | −0.125 | −0.259*** | 0.422*** | 1.000 | | | | | | |
| Mpg | 0.129 | 0.334*** | 0.043 | 0.015 | 1.000 | | | | | |
| Lev | −0.072 | −0.315*** | 0.184** | 0.459*** | −0.433*** | 1.000 | | | | |
| Beta | 0.036 | 0.028 | −0.357*** | −0.427*** | −0.366*** | −0.042 | 1.000 | | | |
| Growth | 0.098 | −0.249*** | −0.115 | 0.113 | 0.088 | 0.057 | 0.104 | 1.000 | | |
| BM | −0.045 | −0.148* | 0.480*** | 0.708*** | 0.105 | 0.192** | −0.428*** | 0.085 | 1.000 | |
| Ins | −0.060 | −0.115 | 0.142* | 0.346*** | 0.120 | 0.126 | −0.324*** | −0.124 | 0.207** | 1.000 |

*、**和***分别表示在 10%、5%和1%的置信水平上显著

注：表中为 pearson 相关系数

3）第三次"营改增"试点（财税〔2013〕37 号）

表 9.24 列示了基于财税〔2013〕37 号"营改增"政策市场反应，根据行业特点当从税收敏感度（TS）、雇佣规模（Rate）和固定资产密度（Capint）三个维度进行多元回归分析时主要变量描述性统计。结果显示，累计超额收益率（CAR_id）的均值为 0.057，中位数为 0.050。据此可进一步支撑假设 9.1：在财税〔2013〕37 号"营改增"发布期间，资本市场出现了显著正向的市场反应。固定资产密度（Capint）的最大值为 0.271，最小值为 0.057，标准差仅为 0.067，说明广播影视业各公司之间固定资产密度差异较小。税收敏感度（TS）的均值

为 0.357，说明大部分广播影视业上市公司对税收政策的敏感度不高。

#### 表 9.24　DID 分析主要变量的描述性统计（三）

| 变量 | N | 均值 | 标准差 | 最小值 | 中位数 | 最大值 |
|---|---|---|---|---|---|---|
| CAR_id | 14 | 0.057 | 0.080 | −0.042 | 0.050 | 0.313 |
| Rate | 14 | −13.480 | 0.712 | −14.500 | −13.560 | −11.860 |
| Capint | 14 | 0.144 | 0.067 | 0.057 | 0.124 | 0.271 |
| TS | 14 | 0.357 | 0.497 | 0 | 0 | 1.000 |
| Size | 14 | 21.980 | 0.848 | 20.660 | 22.050 | 23.310 |
| Mpg | 14 | 0.222 | 0.117 | 0.096 | 0.189 | 0.487 |
| Lev | 14 | 0.330 | 0.191 | 0.059 | 0.296 | 0.726 |
| Beta | 14 | 1.228 | 0.204 | 0.814 | 1.268 | 1.519 |
| Growth | 14 | 0.104 | 0.046 | 0.007 | 0.111 | 0.178 |
| BM | 14 | 0.528 | 0.141 | 0.253 | 0.500 | 0.853 |
| Ins | 14 | 0.356 | 0.183 | 0.093 | 0.336 | 0.714 |

表 9.25 列示了 DID 分析主要变量的相关系数。可以发现，各公司累计超额收益率（CAR_id）与雇佣规模（Rate）和固定资产密度（Capint）正相关但均不显著。此外，公司营利能力（Mpg）、资产负债率（Lev）和雇佣规模（Rate）存在较强的共线性问题。因此，下面回归分析中将对公司营利能力（Mpg）、资产负债率（Lev）和雇佣规模（Rate）采用中心化处理予以控制。

#### 表 9.25　DID 分析主要变量的相关系数（三）

| 变量 | CAR_id | Rate | Capint | Size | Mpg | Lev | Beta | Growth | BM | Ins |
|---|---|---|---|---|---|---|---|---|---|---|
| CAR_id | 1.000 | | | | | | | | | |
| Rate | 0.263 | 1.000 | | | | | | | | |
| Capint | 0.182 | 0.461* | 1.000 | | | | | | | |
| Size | −0.019 | −0.423 | −0.336 | 1.000 | | | | | | |
| Mpg | 0.477* | 0.871*** | 0.425 | −0.235 | 1.000 | | | | | |
| Lev | −0.235 | −0.734*** | −0.188 | 0.255 | −0.614** | 1.000 | | | | |
| Beta | 0.378 | 0.275 | −0.297 | 0.384 | 0.266 | −0.468* | 1.000 | | | |
| Growth | 0.347 | −0.444 | 0.063 | 0.169 | −0.398 | 0.443 | −0.091 | 1.000 | | |
| BM | −0.152 | 0.252 | 0.024 | −0.169 | 0.023 | −0.613** | 0.264 | −0.189 | 1.000 | |
| Ins | −0.380 | −0.102 | −0.442 | 0.236 | −0.274 | 0.089 | 0.436 | −0.369 | 0.015 | 1.000 |

*、**和***分别表示在 10%、5% 和 1% 的置信水平上显著

注：表中为 pearson 相关系数

4）第四次"营改增"试点（财税〔2013〕106 号）

表 9.26 列示了基于财税〔2013〕106 号"营改增"政策市场反应，当对交通运输业、邮政业上市公司从税收敏感度（TS）、雇佣规模（Rate）和固定资产密度（Capint）三个维度进行多元回归分析时主要变量描述性统计。结果显示，累计超额收益率（CAR_id）的均值为-0.014，中位数为-0.009，最大值为 0.123，说明市场对交通运输业和邮政业上市公司"营改增"出现了不同的反应。固定资产密度（Capint）的最大值（0.910）是最小值（0.029）的 31 倍，说明交通运输业和邮政业各公司之间固定资产密度差异较大。从标准差来看，样本公司之间的公司规模（Size）也存在较大差异。

表 9.26　DID 分析主要变量的描述性统计（四）

| 变量 | $N$ | 均值 | 标准差 | 最小值 | 中位数 | 最大值 |
|---|---|---|---|---|---|---|
| CAR_id | 64 | −0.014 | 0.053 | −0.224 | −0.009 | 0.123 |
| Rate | 64 | −13.720 | 0.997 | −17.500 | −13.830 | −11.650 |
| Capint | 64 | 0.411 | 0.228 | 0.029 | 0.395 | 0.910 |
| TS | 64 | 0.438 | 0.500 | 0 | 0 | 1.000 |
| Size | 64 | 22.900 | 1.369 | 20.580 | 23.020 | 25.950 |
| Mpg | 64 | 0.318 | 0.185 | −0.043 | 0.315 | 0.649 |
| Lev | 64 | 0.433 | 0.182 | 0.035 | 0.424 | 0.793 |
| Beta | 64 | 0.984 | 0.208 | 0.435 | 0.953 | 1.434 |
| Growth | 64 | 0.115 | 0.139 | −0.218 | 0.087 | 0.599 |
| BM | 64 | 0.954 | 0.448 | 0.243 | 0.897 | 2.493 |
| Ins | 64 | 0.525 | 0.246 | 0.010 | 0.572 | 0.911 |

表 9.27 列示了 DID 分析主要变量的相关系数。可以发现，各公司累计超额收益率（CAR_id）与雇佣规模（Rate）和固定资产密度（Capint）正相关但均不显著。此外，公司营利能力（Mpg）、公司规模（Size）、资产负债率（Lev）和账面市值比（BM）存在较强的共线性问题。因此，下面回归分析中将对上市公司营利能力（Mpg）、公司规模（Size）、资产负债率（Lev）和账面市值比（BM）采用中心化处理予以控制。

表 9.27　DID 分析主要变量的相关系数（四）

| 变量 | CAR_id | Rate | Capint | Size | Mpg | Lev | Beta | Growth | BM | Ins |
|---|---|---|---|---|---|---|---|---|---|---|
| CAR_id | 1.000 | | | | | | | | | |
| Rate | 0.042 | 1.000 | | | | | | | | |
| Capint | 0.062 | −0.292** | 1.000 | | | | | | | |
| Size | −0.139 | −0.302** | 0.378*** | 1.000 | | | | | | |

续表

| 变量 | CAR_id | Rate | Capint | Size | Mpg | Lev | Beta | Growth | BM | Ins |
|---|---|---|---|---|---|---|---|---|---|---|
| Mpg | 0.046 | 0.371*** | −0.132 | −0.043 | 1.000 | | | | | |
| Lev | 0.140 | −0.301** | 0.166 | 0.332*** | −0.581*** | 1.000 | | | | |
| Beta | 0.110 | −0.156 | −0.038 | −0.265** | −0.422*** | 0.020 | 1.000 | | | |
| Growth | 0.060 | −0.086 | 0.048 | −0.035 | 0.098 | 0.160 | −0.113 | 1.000 | | |
| BM | −0.164 | −0.073 | 0.214* | 0.639*** | −0.035 | 0.257** | −0.229* | −0.030 | 1.000 | |
| Ins | −0.316** | −0.297** | 0.087 | 0.513*** | 0.132 | −0.021 | −0.142 | 0.100 | 0.298** | 1.000 |

*、**和***分别表示在 10%、5%和 1%的置信水平上显著

注：表中为 pearson 相关系数

5）第五次"营改增"试点（财税〔2014〕43 号）

表 9.28 列示了基于财税〔2014〕43 号"营改增"政策市场反应，当对电信业上市公司从税收敏感度（TS）、雇佣规模（Rate）和固定资产密度（Capint）三个维度进行多元回归分析时主要变量描述性统计。结果显示，累计超额收益率（CAR_id）的均值为−0.039 5，中位数为−0.042 6，最大值为 0.071 1，说明市场对电信业上市公司"营改增"出现了不同的反应。固定资产密度（Capint）的最大值为 0.709 0，约是最小值 0.011 9 的 59 倍，说明电信业各公司之间固定资产密度差异较大。从标准差看，样本公司之间的公司规模（Size）也存在较大差异。

表 9.28　DID 分析主要变量的描述性统计（五）

| 变量 | N | 均值 | 标准差 | 最小值 | 中位数 | 最大值 |
|---|---|---|---|---|---|---|
| CAR_id | 23 | −0.039 5 | 0.066 6 | −0.159 0 | −0.042 6 | 0.071 1 |
| Rate | 23 | −13.130 0 | 0.693 0 | −14.370 0 | −12.980 0 | −12.130 0 |
| Capint | 23 | 0.292 0 | 0.229 0 | 0.011 9 | 0.247 0 | 0.709 0 |
| TS | 23 | 0.478 0 | 0.511 0 | 0.000 0 | 0.000 0 | 1.000 0 |
| Size | 23 | 21.870 0 | 1.509 0 | 20.120 0 | 21.460 0 | 27.000 0 |
| Mpg | 23 | 0.282 0 | 0.220 0 | −0.160 0 | 0.312 0 | 0.669 0 |
| Lev | 23 | 0.354 0 | 0.228 0 | 0.102 0 | 0.272 0 | 0.864 0 |
| Beta | 23 | 1.045 0 | 0.213 0 | 0.619 0 | 1.108 0 | 1.413 0 |
| Growth | 23 | 0.112 0 | 0.152 0 | −0.156 0 | 0.059 6 | 0.477 0 |
| BM | 23 | 0.452 0 | 0.631 0 | 0.067 7 | 0.347 0 | 3.257 0 |
| Ins | 23 | 0.419 0 | 0.222 0 | 0.000 1 | 0.398 0 | 0.730 0 |

表 9.29 列示了 DID 分析主要变量的相关系数。可以发现，各公司累计超额收益率（CAR_id）与雇佣规模（Rate）在 5%的置信水平上显著负相关，与固定资产密度（Capint）在 5%的置信水平上显著正相关。此外，公司营利能力（Mpg）、公司规模（Size）、资产负债率（Lev）和账面市值比（BM）存在

较强的共线性问题。因此，下面回归分析中将对上市公司营利能力（Mpg）、公司规模（Size）、资产负债率（Lev）和账面市值比（BM）采用中心化处理予以控制。

表 9.29　DID 分析主要变量的相关系数（五）

| 变量 | CAR_id | Rate | Capint | Size | Mpg | Lev | Beta | Growth | BM | Ins |
|---|---|---|---|---|---|---|---|---|---|---|
| CAR_id | 1.000 | | | | | | | | | |
| Rate | −0.476** | 1.000 | | | | | | | | |
| Capint | 0.442** | 0.034 | 1.000 | | | | | | | |
| Size | 0.374* | −0.180 | 0.472** | 1.000 | | | | | | |
| Mpg | −0.399* | 0.426** | −0.333 | −0.080 | 1.000 | | | | | |
| Lev | 0.404* | −0.244 | 0.433** | 0.498** | −0.637*** | 1.000 | | | | |
| Beta | −0.097 | −0.172 | −0.171 | −0.045 | 0.110 | −0.004 | 1.000 | | | |
| Growth | −0.039 | 0.051 | −0.039 | 0.219 | 0.070 | 0.288 | −0.002 | 1.000 | | |
| BM | 0.390* | −0.314 | 0.462** | 0.780*** | −0.204 | 0.283 | 0.082 | −0.121 | 1.000 | |
| Ins | 0.054 | −0.053 | 0.062 | 0.185 | −0.029 | 0.054 | −0.354* | 0.021 | 0.252 | 1.000 |

*、**和***分别表示在 10%、5%和 1%的置信水平上显著

注：表中为 pearson 相关系数

6）第六次"营改增"试点（财税〔2016〕36 号）

表 9.30 列示了基于财税〔2016〕36 号"营改增"政策市场反应，对建筑业、金融业、房地产业和生活服务业上市公司当从税收敏感度（TS）、雇佣规模（Rate）和固定资产密度（Capint）三个维度进行多元回归分析时主要变量描述性统计。结果显示，累计超额收益率（CAR_id）的均值为 0.021 8，中位数为 0.011 2。据此可进一步支撑假设 9.1：在财税〔2016〕36 号"营改增"发布期间，资本市场出现了显著正向的市场反应。固定资产密度（Capint）的最小值为 0.000 2，最大值为 0.548 3，标准差为 0.119 2，说明在扩围行业中，各公司之间固定资产密度差异较大。从标准差来看，样本公司之间的公司规模（Size）、雇佣规模（Rate）有较大差异。

表 9.30　DID 分析主要变量的描述性统计（六）

| 变量 | N | 均值 | 标准差 | 最小值 | 中位数 | 最大值 |
|---|---|---|---|---|---|---|
| CAR_id | 276 | 0.021 8 | 0.076 9 | −0.145 3 | 0.011 2 | 0.259 7 |
| Rate | 276 | −14.197 5 | 1.209 4 | −16.653 3 | −14.296 0 | −9.007 1 |
| Capint | 276 | 0.076 7 | 0.119 2 | 0.000 2 | 0.024 7 | 0.548 3 |
| TS | 276 | 0.525 4 | 0.500 3 | 0 | 1.000 0 | 1.000 0 |
| Size | 276 | 23.443 0 | 2.239 2 | 18.468 4 | 22.960 8 | 30.731 6 |
| Mpg | 276 | −0.002 2 | 0.759 6 | −6.738 3 | 0.083 4 | 0.504 6 |
| Lev | 276 | 0.598 0 | 0.228 2 | 0.046 3 | 0.641 6 | 0.965 2 |

续表

| 变量 | N | 均值 | 标准差 | 最小值 | 中位数 | 最大值 |
|------|-----|--------|--------|---------|--------|--------|
| Beta | 276 | 1.486 8 | 0.427 2 | 0.469 1 | 1.512 0 | 2.616 6 |
| Growth | 276 | 0.275 0 | 0.375 1 | −0.258 8 | 0.162 3 | 2.282 8 |
| BM | 276 | 0.541 9 | 0.284 1 | 0.040 5 | 0.534 8 | 1.010 6 |
| Ins | 276 | 0.500 0 | 0.500 9 | 0 | 0.500 0 | 1.000 0 |

表 9.31 列示了 DID 分析主要变量的相关系数。可以发现，各公司累计超额收益率（CAR_id）与固定资产密集度（Capint）、公司雇佣规模（Rate）的相关系数在 1%的置信水平上显著。这在一定程度上说明了本章选取的变量具有较好的代表性。此外，上市公司规模（Size）、资产负债率（Lev）、账面市值比（BM）三者存在较强的共线性。因此，下面回归分析中将对上市公司规模（Size）、资产负债率（Lev）、账面市值比（BM）采用中心化处理予以控制。

表 9.31　DID 分析主要变量的相关系数（六）

| 变量 | CAR_id | Rate | Capint | Size | Mpg | Lev | Beta | Growth | BM | Ins |
|------|--------|------|--------|------|-----|-----|------|--------|-----|-----|
| CAR_id | 1.000 | | | | | | | | | |
| Rate | −0.188*** | 1.000 | | | | | | | | |
| Capint | −0.179*** | 0.401*** | 1.000 | | | | | | | |
| Size | 0.007 | −0.308*** | −0.383*** | 1.000 | | | | | | |
| Mpg | −0.026 | −0.053 | 0.011 | 0.230*** | 1.000 | | | | | |
| Lev | 0.054 | −0.311*** | −0.427*** | 0.705*** | 0.025 | 1.000 | | | | |
| Beta | 0.147** | −0.154** | −0.229*** | −0.086 | 0.019 | 0.129** | 1.000 | | | |
| Growth | 0.095 | −0.077 | −0.165*** | 0.034 | 0.221*** | −0.006 | 0.205** | 1.000 | | |
| BM | −0.014 | −0.378*** | −0.397*** | 0.830*** | 0.060*** | 0.783*** | 0.070 | −0.104* | 1.000 | |
| Ins | −0.154 | −0.077 | 0.061 | 0.245* | 0.148 | 0.007 | −0.250* | 0.189 | −0.041 | 1.000 |

*、**和***分别表示在10%、5%和1%的置信水平上显著

注：表中为 pearson 相关系数

2. 多元回归分析

为了获得更深入的经验证据，我们进一步从税收敏感度、雇佣规模及固定资产密度三个维度对 CAR 进行多元回归分析。

多元回归结果如表 9.32 所示，从第 2 栏至第 7 栏依次是第一次试点至第六次试点。表 9.32 中的结果显示：税收敏感度与 CAR 正相关，但在前四次试点中均不显著，仅在第五、第六次试点中，在 10%的置信水平上显著。整体而言，税收敏感度的回归系数随改革推进而逐步增长且更加显著，说明"营改增"逐步推开，打通了抵扣链条，让税收敏感度高的试点公司享受的减税效果更加明显。雇佣规模与 CAR 负相关，在前四次试点中均不显著；在第五次试点和第六次试点

中，公司雇佣规模与 CAR 的系数分别为-0.054 8 和-0.013 0，且均在 5%的置信水平上显著，说明"营改增"试点前期，部分地区、部分行业因未参与试点，增值税抵扣链条不规范，人工成本、地租等均不得抵扣，投资者并未将雇佣规模视为影响试点公司经营业绩的重要因素，即雇佣规模的回归系数为负且不显著。但是随着"营改增"试点范围逐步推广以至全面推开，增值税抵扣链条趋于完整，房地产购销与租赁等均纳入抵扣范围，但是人工成本仍不得抵扣，此时雇佣规模成为影响试点公司业绩的重要因素，即雇佣规模的回归系数显著为负。固定资产密度对 CAR 的影响有正有负，除了在第五次试点中，固定资产密度和 CAR 正相关且在 10%的置信水平上显著外，其余系数均不显著。综上可见，对于固定资产密度高的公司而言，市场投资者预期试点公司短期内通过大规模增加固定资产而减少税负的可能性很小，毕竟固定资产属于重资产，盲目增加固定资产（尤其是非生产性固定资产）将对公司未来经营业绩产生重大不利影响，即整体而言，固定资产密度的回归系数不显著。上述结果支持了假设 9.2、假设 9.3 与假设 9.4，即在"营改增"政策颁布期间，税收敏感度与 CAR 正相关；雇佣规模与 CAR 负相关；固定资产密度对 CAR 无显著影响。

表 9.32　"营改增"六次试点市场反应多元回归结果（市场模型）

| 变量 | （1） | （2） | （3） | （4） | （5） | （6） |
| --- | --- | --- | --- | --- | --- | --- |
| | 第一次试点 | 第二次试点 | 第三次试点 | 第四次试点 | 第五次试点 | 第六次试点 |
| TS | 0.000 4<br>（0.050） | 0.011 7<br>（1.081） | 0.033 6<br>（0.708） | 0.002 8<br>（0.209） | 0.072 4*<br>（1.738） | 0.014 7*<br>（1.773） |
| Rate | −0.001 7<br>（−0.256） | −0.002 8<br>（−0.443） | −0.114 1<br>（−1.862） | −0.006 3<br>（−0.780） | −0.054 8**<br>（−2.293） | −0.013 0**<br>（−2.544） |
| Capint | −0.007 4<br>（−0.247） | −0.022 5<br>（−0.707） | −0.270 0<br>（−0.760） | 0.029 8<br>（0.919） | 0.191 6*<br>（2.130） | −0.018 1<br>（−0.457） |
| Size | −0.004 2<br>（−0.609） | −0.004 3<br>（−0.614） | −0.157 8*<br>（−3.097） | −0.000 2<br>（−0.026） | 0.013 6<br>（0.491） | −0.013 9***<br>（−3.254） |
| Mpg | −0.041 2<br>（−1.102） | 0.059 0<br>（1.525） | 0.754 9*<br>（2.014） | 0.153 6**<br>（2.627） | 0.033 1<br>（0.294） | −0.030 5<br>（−1.493） |
| Lev | 0.031 7<br>（0.957） | 0.035 7<br>（1.068） | 0.217 3<br>（1.121） | 0.143 6**<br>（2.467） | 0.022 7<br>（0.185） | 0.025 5<br>（0.839） |
| Beta | −0.069 0**<br>（−2.550） | −0.008 9<br>（−0.365） | 0.294 6<br>（1.798） | 0.056 5<br>（1.510） | −0.018 2<br>（−0.236） | −0.003 2<br>（−0.265） |
| Growth | −0.055 3***<br>（−2.981） | 0.006 9<br>（1.165） | −0.715 2<br>（−0.867） | 0.021 7<br>（0.431） | −0.003 6<br>（−0.034） | −0.003 8<br>（−0.238） |
| BM | 0.013 7<br>（0.355） | 0.027 9<br>（1.194） | 0.404 7<br>（1.609） | −0.009 9<br>（−0.482） | −0.037 6<br>（−0.670） | −0.003 2<br>（−0.265） |
| Ins | 0.005 3<br>（0.280） | −0.008 9<br>（−0.375） | −0.554 0*<br>（−2.297） | −0.057 3*<br>（−1.702） | 0.041 1<br>（0.546） | 0.029 3*<br>（1.94） |
| _Cons | 0.100 3<br>（0.876） | 0.052 0<br>（0.436） | 3.021 4*<br>（2.918） | −0.072 4<br>（−0.685） | −0.801 6**<br>（−2.418） | −0.213 3***<br>（−2.806） |
| Ind | 控制 | 控制 | 控制 | 控制 | 控制 | 控制 |

续表

| 变量 | （1）<br>第一次试点 | （2）<br>第二次试点 | （3）<br>第三次试点 | （4）<br>第四次试点 | （5）<br>第五次试点 | （6）<br>第六次试点 |
|---|---|---|---|---|---|---|
| $R^2$ | 0.247 4 | 0.188 8 | 0.955 3 | 0.332 0 | 0.604 8 | 0.274 8 |
| 调整 $R^2$ | 0.080 2 | 0.048 1 | 0.709 4 | 0.141 2 | 0.209 5 | 0.238 8 |
| $N$ | 111 | 143 | 14 | 64 | 23 | 276 |
| $F$ | 1.479 2 | 1.341 5 | 3.884 9 | 1.739 9 | 1.530 2 | 8.566 8 |

*、**和***分别表示在 10%、5%和 1%的置信水平上显著

## 9.4　稳健性分析

我们采用市场调整模型对 CAR 的影响因素进行稳健性检验，仍采用[-5，+5]的 11 天窗口期，当衡量市场收益率时仍采用沪深 300 指数。

表 9.33 列示了稳健性检验下的回归结果：在全样本回归中，税收敏感度与 CAR 正相关，仅在第六次试点中在 10%的置信水平上显著；雇佣规模与 CAR 负相关，在第五次和第六次试点中在 5%的置信水平上显著；固定资产密度与 CAR 在第五次试点中正相关且在 5%的置信水平上显著，其余试点期系数符号存在差异，说明固定资产密度对 CAR 无显著影响。上述结果与前文保持一致，表明我们的结果具有较好的稳健性。

表 9.33　稳健性检验结果（市场调整模型）

| 变量 | （1）<br>第一次试点 | （2）<br>第二次试点 | （3）<br>第三次试点 | （4）<br>第四次试点 | （5）<br>第五次试点 | （6）<br>第六次试点 |
|---|---|---|---|---|---|---|
| TS | 0.000 7<br>（0.098） | 0.006 6<br>（0.609） | 0.029 4<br>（0.714） | 0.000 9<br>（0.831） | 0.049 3<br>（1.246） | 0.012 0*<br>（1.710） |
| Rate | −0.000 5<br>（−0.079） | −0.005 0<br>（−0.810） | −0.119 1<br>（−2.241） | −0.002 1<br>（−0.325） | −0.050 0**<br>（−2.202） | −0.008 1**<br>（−2.153） |
| Capint | −0.024 2<br>（−0.882） | −0.032 5<br>（−1.036） | −0.194 0<br>（−0.629） | 0.019 9<br>（0.770） | 0.197 5**<br>（2.312） | −0.033 5<br>（−1.104） |
| Size | −0.005 9<br>（−0.926） | −0.002 2<br>（−0.297） | −0.158 2*<br>（−3.583） | 0.000 2<br>（0.031） | 0.013 4<br>（0.511） | −0.015 9***<br>（−4.353） |
| Mpg | −0.041 1<br>（−1.192） | 0.048 3<br>（1.274） | 0.802 8<br>（2.471） | 0.080 2*<br>（1.744） | 0.015 9<br>（0.149） | 0.002 2<br>（0.682） |
| Lev | 0.032 0<br>（1.048） | 0.033 6<br>（1.002） | 0.255 5<br>（1.520） | 0.071 5<br>（1.542） | 0.014 3<br>（0.123） | 0.033 6<br>（1.230） |
| Beta | −0.091 2***<br>（−3.664） | −0.005 2<br>（−0.216） | 0.332 2<br>（2.339） | 0.007 7<br>（0.258） | −0.019 5<br>（−0.266） | 0.008 1<br>（0.824） |

续表

| 变量 | （1）第一次试点 | （2）第二次试点 | （3）第三次试点 | （4）第四次试点 | （5）第五次试点 | （6）第六次试点 |
|---|---|---|---|---|---|---|
| Growth | −0.045 6*** (−2.673) | 0.004 2 (0.755) | −0.857 3 (−1.199) | 0.016 7 (0.419) | −0.030 5 (−0.309) | 0.005 4 (0.476) |
| BM | 0.018 0 (0.508) | 0.020 8 (0.874) | 0.443 8 (2.036) | −0.015 4 (−0.951) | −0.033 2 (−0.622) | −0.057 0* (−1.839) |
| Ins | 0.004 2 (0.244) | −0.001 2 (−0.051) | −0.567 8 (−2.715) | −0.053 6** (−2.046) | 0.039 2 (0.548) | 0.013 0 (1.37) |
| _Cons | 0.131 0 (1.243) | 0.019 6 (0.169) | 1.546 3 (1.651) | 0.035 5 (0.427) | −0.998 9 (−1.449) | −0.114 7** (−2.051) |
| Ind | 控制 | 控制 | 控制 | 控制 | 控制 | 控制 |
| $R^2$ | 0.270 4 | 0.110 2 | 0.968 0 | 0.332 1 | 0.607 0 | 0.229 4 |
| 调整 $R^2$ | 0.033 7 | −0.061 3 | 0.791 7 | 0.141 3 | 0.213 9 | 0.199 0 |
| N | 201 | 131 | 14 | 64 | 23 | 344 |
| F | 1.142 4 | 0.642 6 | 5.491 5 | 0.332 1 | 1.544 2 | 10.252 8 |

*、**和***分别表示在10%、5%和1%的置信水平上显著

# 研 究 结 论

　　本书以"营改增"的政策目标为立足点，采用规范分析和实证检验相结合的方法，从企业层面系统评估了"营改增"的财务效应，创建了"营改增"财务效应分析的框架体系。该框架体系根据"企业税负变化必然影响企业财务行为、绩效和投资者决策"的传导逻辑来安排研究内容，涉及："营改增"影响企业流转税税负和企业所得税税负的理论逻辑、作用机制及经验证据，"营改增"影响企业债务融资成本、研发投资行为及劳动力需求的作用机理与经验证据，"营改增"对企业绩效（营利能力和全要素生产率）产生影响的作用机理与经验证据，"营改增"的市场反应、趋势及影响因素。该框架体系的内容突出了"营改增"财务效应的系统检验，其分离出"营改增"本身财务效应的方法体系为从微观层面识别宏观财税政策的因果效应提供了重要参考，初步形成了财税政策微观效应评估的方法体系。

　　本书的主要结论如下：

　　（1）与非试点地区试点行业相比，"营改增"对先行试点地区试点企业流转税税负无显著影响：①试点企业流转税税负在上海市略有下降、在八省市略有上升；②交通运输业试点企业流转税税负在上海市试点地区略有上升，但在八省市试点地区略有下降，说明随着试点范围逐步扩大，抵扣链条更加完整，交通运输业逐步增加了运输设备、安全设备和应税的投资，取得了更多的进项，降低了企业流转税税负；③现代服务业试点企业流转税税负在上海市试点地区略有下降，但在八省市试点地区略有上升，表明当现代服务业企业在上海市试点时通过增加对有形动产和应税服务的购买增加了进项税额，降低了流转税税负，随着试点范围逐步扩大，现代服务业试点企业更加理智，注重长远利益，并未为了暂时降低流转税税负而大幅增加投资。与非试点企业相比，"营改增"对试点企业流转税税负仍无显著影响：①"营改增"使得试点企业的流转税税负短期略有上升，但长期略有下降；②在全国性试点后，"营改增"使得非试点企业的流转税税负略有下降。与试点前相比，试点后交通运输业流转税税负略有下降、现代服务业流转税略有上升；③"营改增"使得国有企业和中央国企的流转税税负略有下降，非国有企业和地方国企的流转税税负在先行试点地区试点后略有上升，但在全国性试点后短期略有上升、长期略有下降；④"营改增"对不同所有权性质企业流转税税负影响的差异为，国有企业比非国有企业略低，地方国有企业比中央国有企业略高，地方国企与非国有企业之间无显著差异，中央国企比非国有企业略有下降。

（2）"营改增"对试点企业所得税税负无显著影响：与非试点企业相比，"营改增"使得上海市和八省市试点企业所得税税负略有上升，而全国性试点企业所得税税负略有下降；与非试点地区试点行业相比，"营改增"使得上海市交通运输业和现代服务业试点企业的所得税税负略有上升，而八省市交通运输业和现代服务业企业所得税税负略有下降（降幅分别为 1.2%和 2.2%）。区分企业产权性质的检验结果表明：不管是八省市试点地区还是全国性试点地区，"营改增"均使得国有企业、中央国企、地方国企和省级国企的所得税税负略有下降，"营改增"对非国有企业和市级国企所得税税负的影响具有不确定性，但均无显著影响；"营改增"对不同产权类型之间所得税税负的影响并不存在显著差异。在控制是否处于优惠区后，"营改增"使得试点企业的所得税税负降低 0.4%，但并不显著。"营改增"使得优惠区试点企业的所得税税负略有下降（降幅为 2.2%），非优惠区试点企业的所得税税负略有上升（升幅为 0.2%），且优惠区试点企业的所得税税负显著低于非优惠区试点企业。在考虑金字塔层级的影响后发现，"营改增"使得试点国有企业的所得税税负显著降低，试点地方国企的所得税税负在10%的置信水平上显著降低；"营改增"对金字塔层级长组和短组试点国有企业及地方国企所得税税负的影响无显著差异。控制关系型交易之后，"营改增"对试点企业所得税税负无显著影响。区分关系型交易占比高和低的分组检验发现："营改增"对八省市试点地区关系型交易占比高和占比低的组仍无显著影响；但"营改增"使得全国性试点地区供应商关系型交易占比低和客户关系型交易占比高的试点企业所得税税负显著下降，且客户关系型交易占比高与占比低的试点企业相比，其所得税税负显著偏低。

（3）与非试点地区试点行业相比，"营改增"对先行试点地区（上海市和八省市）试点企业债务融资成本具有降低效应：①试点企业债务融资成本在上海市略有降低，在八省市显著下降；②交通运输业企业债务融资成本在上海市和八省市显著降低；③现代服务业企业债务融资成本在上海市试点地区和八省市试点地区略有下降。与非试点企业相比，"营改增"同样降低了试点企业债务融资成本：①"营改增"使得上海市试点企业债务融资成本略有下降，而八省市和全国性试点企业债务融资成本显著下降；②在全国性试点后，交通运输业债务融资成本和现代服务业债务融资成本显著降低；③"营改增"对试点企业债务融资成本的减小效应仅在非国有企业中更明显；④"营改增"使得高市场化程度地区企业的债务融资成本显著降低。

（4）与非试点企业相比，"营改增"使得上海市和八省市试点企业研发支出略有增加，全国性试点企业研发支出显著增加；区分企业规模的检验结果表明，对于全国性试点地区，"营改增"使得大规模企业的研发支出在 1%的置信水平上显著增加；区分企业生命周期的检验结果表明，对于全国性试点地区，"营改增"使得成长期企业的研发支出在 1%的置信水平上显著增加；区分融资约束的检验结果表明，对于全国性试点地区，"营改增"使得融资约束较低的企业的研发支出在 5%的置信水平上显著增加；区分机构投资者持股的检验结果表明，对于全国性试点地区，"营改增"使得机构投资者持股较高的企业的研发支出在 5%的置信水平上显著增加；区分产品市场竞争程度的检验结果表明，对于全国性试点地区，"营改增"使得产品市场竞争激烈的企业的研发支出在 1%的置信水平上显著增加。

（5）"营改增"政策能够显著增加试点企业的劳动力需求，说明此次改革的收入效应大于替代效应；"营改增"对八省市试点企业劳动力需求的增加效应仅在非国有企业和地方国有企业中存在；在全国性试点后，"营改增"对试点企业劳动力需求的增加效应仅在国有企业和地方国有企业中存在；"营改增"可以通过降低内源融资约束水平来增加企业劳动力投入，即内源融资约束水平是"营改增"影响企业劳动力需求的重要渠道机制；"营改增"引发的企业劳动力需求增加具有显著的绩效提升作用。

（6）整体而言，"营改增"改善了试点行业企业绩效：与非试点企业相比，"营改增"使得先行试点地区（上海市和八省市）试点企业的 ROA 略有增加、ROE 显著提升，同时使得全国性试点地区试点企业的绩效显著增加；与非试点地区试点行业相比，"营改增"使得先行试点地区（上海市和八省市）试点行业企业绩效略有上升。区分产权性质和税收征管强度的进一步分析表明：无论是八省市试点地区还是全国性试点地区，与非国有企业相比，"营改增"对国有企业绩效的正向影响更加明显，且随着"营改增"的逐步推进，"营改增"对试点国有企业绩效的提升作用更加显著；在税收征管强度较大的地区，有力的税收征管强化了"营改增"与试点行业企业绩效之间的正相关关系，且随着"营改增"的逐步推进，税收征管强度促进"营改增"提升试点行业企业绩效的效应更加显著。"营改增"可以通过刺激企业投资从而提升企业绩效，且在试点范围推广至全国后，具有显著的中介效应，即扩大投资是"营改增"影响企业绩效的重要渠道机制。

（7）"营改增"能够显著促进企业全要素生产率的提升。进一步的机制分析结果显示，"营改增"对企业全要素生产率的促进作用源于价格优化效应（即在"营改增"后，上下游企业形成完整的抵扣链条，缓解了营业税重复征税带来的价格扭曲和效率损失）和专业分工效应（即"营改增"打通了上下游企业的抵扣链条，流转税税负下降，供给意愿和购买意愿增强，形成专业化分工激励）。然而，这两种机制在对试点服务业和制造业的影响上各有侧重：对试点服务业而言，"营改增"的价格优化效应是驱动其全要素生产率提高的主要力量，这说明营业税对服务业企业效率的损害主要来源于其对价格的扭曲；对制造业而言，"营改增"的专业分工效应是提升其全要素生产率的主要力量，这意味着营业税时代制造业企业效率的损害主要来源于其对分工的阻碍。

（8）市场认同"营改增"能够提升企业价值，在六次"营改增"试点中，投资者均将扩围行业施行"营改增"视为利好消息，尽管 CAR 存在小于 0 的情况，但在"营改增"政策颁布后，六次试点都产生了显著为正的 AAR，即出现了积极的市场反应。鉴于扩围试点企业的行业特征差异，不同行业表现出不同的市场反应消息，且随着时间推移，反应也会产生变化：投资者对交通运输业试点从一开始保持观望到视为"利好"；投资者视现代服务业、邮政业、电信业、房地产业与金融业为利好消息，视建筑业为利空消息，对生活服务业持观望态度。税收敏感度不同的企业，对"营改增"的市场反应也有差异：税收敏感度越高的企业能够及时对税改政策做出反应，其市场反应也越高。同时，随着"营改增"试点的逐步推开，增值税抵扣链条被逐渐打通，税收敏感度高的企业享受的减税效果也将更加明显。考虑到低雇佣规模企业在其可承受范围内能够容纳更多就业岗位且人工成本暂未纳入增值税抵扣范围，劳动力成本对增值税没有税盾效应，所以，雇佣规模越低的企业，其 CAR 越高。在前四次"营改增"试点中，因部分地区、部分行业未参与试点，增值税抵扣链条未完全被打通，人工成本、地租等均不得抵扣，投资者并未将雇佣规模视为影响试点企业经营业绩的重要因素，在第五、第六次试点中，"营改增"试点范围逐步推广以至全面推开，增值税抵扣链条趋于完善，但人工成本仍不可抵扣，此时雇佣规模成为影响试点企业绩效的重要因素，即雇佣规模与 CAR 显著负相关；试点企业短期内通过增加固定资产减少税负的可能性不大，且盲目增加固定资产（尤其是非生产性固定资产）对企业未来经营业绩会产生重大不利影响，因此，固定资产密度与 CAR 无显著相关性。

本书的主要政策建议如下：

（1）从政策制定角度而言，我国的减税政策应坚持以"降成本、调结构"为核心，减少税收对宏观资源配置和微观企业运行的扭曲，政策制定部门应继续深化增值税改革，向"三档变两档"方向继续简并税率档次，维护税收中性、公平。同时，通过制定政策引导银行等债权人的信贷行为，改善非国有企业的信贷待遇，营造公平公正的市场环境。

（2）从税收征管角度而言，税收征管机关应优化"营改增"纳税服务，加大培训力度，使得企业尽快适应新税制，同时提高税收征管效能，做到应收尽收，禁收"过头税"，从而为"营改增"政策的实施奠定公平环境。

（3）从地方政府角度而言，政府对国有企业的控制依然存在，国有企业的社会保障角色依然占据主导地位。国有企业改革若想在简政放权上取得新突破，政府需要从根本上减少对国有企业微观事务的干预，防止"政企合谋"扭曲"营改增"政策红利。

（4）从企业角度而言，企业应加强税务管理，根据"营改增"政策调整业务流程（如通过更换供应商尽量取得进项税额和外包业务来降低税负）与竞争战略。

# 参 考 文 献

安同良，周绍东，皮建才. 2009. R&D 补贴对中国企业自主创新的激励效应. 经济研究，44（10）：87-98，120.

蔡昉. 2013. 中国经济增长如何转向全要素生产率驱动型. 中国社会科学，（1）：56-71，206.

曹平，王桂军. 2018. "营改增"提高还是降低了服务业企业的技术创新意愿？——来自中国上市公司的实证. 南方经济，37（6）：1-24.

曹书军，刘星，傅蕴英. 2009. 劳动雇佣与公司税负：就业鼓励抑或预算软约束. 中国工业经济，（5）：139-149.

曹越，姜丽平，张肖飞，等. 2015. 地方政府政绩诉求、政府控制与国有企业税负. 审计与经济研究，（5）：103-112.

曹越，李晶. 2016. "营改增"是否降低了流转税税负——来自中国上市公司的证据. 财贸经济，37（11）：62-76.

曹越，易冰心，胡新玉，等. 2017. "营改增"是否降低了所得税税负——来自中国上市公司的证据. 审计与经济研究，32（1）：90-103.

柴俊武，万迪昉. 2003. 企业规模与 R&D 投入强度关系的实证分析. 科学学研究，21（1）：58-62.

陈德萍，陈永圣. 2011. 股权集中度、股权制衡度与公司绩效关系研究——2007～2009 年中小企业板块的实证检验. 会计研究，（1）：38-43.

陈东. 2015. 私营企业出资人背景、投机性投资与企业绩效. 管理世界，（8）：97-119，187，188.

陈汉文，陈向民. 2002. 证券价格的事件性反应——方法、背景和基于中国证券市场的应用. 经济研究，（1）：40-47，95.

陈汉文，周中胜. 2014. 内部控制质量与企业债务融资成本. 南开管理评论，17（3）：103-111.

陈林，朱卫平. 2008. 出口退税和创新补贴政策效应研究. 经济研究，43（11）：74-87.

陈晓光. 2013. 增值税有效税率差异与效率损失——兼议对"营改增"的启示. 中国社会科

学，（8）：67-84，205，206.

陈晓萍，徐淑英，樊景立. 2008. 组织与管理研究的实证方法. 北京：北京大学出版社.

陈烨，张欣，寇恩惠，等. 2010. 增值税转型对就业负面影响的 CGE 模拟分析. 经济研究，
　　45（9）：29-42.

陈钊，王旸. 2016. "营改增"是否促进了分工：来自中国上市公司的证据. 管理世界，
　　（3）：36-45，59.

程晨，王萌萌. 2016. 企业劳动力成本与全要素生产率——"倒逼"机制的考察. 南开经济研
　　究，（3）：118-132.

程子建. 2011. 增值税扩围改革的价格影响与福利效应. 财经研究，37（10）：4-14.

戴小勇，成力为. 2013. 研发投入强度对企业绩效影响的门槛效应研究. 科学学研究，31（11）：
　　1708-1716，1735.

丁汀，钱晓东. 2019. "营改增"政策对制造业企业全要素生产率存在溢出效应吗. 现代经济
　　探讨，（1）：77-85.

董根泰. 2016. "营改增"降低了大中型企业税收负担吗？——基于浙江省上市公司数据的分
　　析. 经济社会体制比较，（3）：94-104.

樊纲，王小鲁，马光荣. 2011. 中国市场化进程对经济增长的贡献. 经济研究，46（9）：4-16.

樊轶侠. 2017. 交通运输业"营改增"前后实际税负比较研究. 经济纵横，（6）：117-122.

范海峰，胡玉明. 2012. 机构投资者持股与公司研发支出——基于中国证券市场的理论与实证
　　研究. 南方经济，（9）：60-69.

范小云，方才，何青. 2017. 谁在推高企业债务融资成本——兼对政府融资的"资产组合效
　　应"的检验. 财贸经济，38（1）：51-65.

范子英，彭飞. 2017. "营改增"的减税效应和分工效应：基于产业互联的视角. 经济研究，
　　52（2）：82-95.

方红星，张勇. 2016. 供应商/客户关系型交易、盈余管理与审计师决策. 会计研究，（1）：
　　79-86，96.

盖庆恩，朱喜，程名望，等. 2015. 要素市场扭曲、垄断势力与全要素生产率. 经济研究，
　　50（5）：61-75.

高培勇，汪德华. 2016. 本轮财税体制改革进程评估：2013.11—2016.10（上）. 财贸经济，
　　（11）：5-17.

高萍，徐娜. 2014. "营改增"对电信行业的影响分析及应对策略. 中央财经大学学报，
　　（7）：18-22.

葛玉御，因志伟，胡怡建. 2015. "营改增"的收入分配效应研究——基于收入和消费的双重
　　视角. 当代财经，（4）：23-33.

龚辉文. 2010. 关于增值税、营业税合并问题的思考. 税务研究，（5）：41-43.

龚强，王璐颖，蔡东玲. 2016. "营改增"对企业创新的影响研究. 浙江社会科学，（8）：

41-47，59，157.

郭剑花，杜兴强. 2011. 政治联系、预算软约束与政府补助的配置效率——基于中国民营上市公司的经验研究. 金融研究，（2）：114-128.

郭均英，刘慕岚. 2015. "营改增"对企业经济后果影响研究——以上海市首批实行"营改增"上市公司为例. 财政研究，（4）：92-95.

郭月梅. 2013. "营改增"背景下完善地方税体系的探讨. 财政研究，（6）：35-37.

郝颖，林朝南，刘星. 2010. 股权控制、投资规模与利益获取. 管理科学学报，13（7）：68-87.

何德旭，周中胜. 2011. 民营企业的政治联系、劳动雇佣与公司价值. 数量经济技术经济研究，（9）：47-60.

胡怡建，李天祥. 2011. 增值税扩围改革的财政收入影响分析——基于投入产出表的模拟估算. 财政研究，（9）：18-22.

胡怡建，田志伟. 2016. 营改增宏观经济效应的实证研究. 税务研究，（11）：7-12.

黄英伟，陈永伟. 2015. 金融发展与就业促进：理论和实证. 劳动经济研究，3（1）：96-118.

江轩宇. 2013. 税收征管、税收激进与股价崩盘风险. 南开管理评论，16（5）：152-160.

姜付秀，黄继承. 2011. 经理激励、负债与企业价值. 经济研究，46（5）：46-60.

姜付秀，王运通，田园，等. 2017. 多个大股东与企业融资约束——基于文本分析的经验证据. 管理世界，（12）：61-74.

姜明耀. 2011. 增值税"扩围"改革对行业税负的影响——基于投入产出表的分析. 中央财经大学学报，（2）：11-16.

姜竹，马文强. 2013. "营改增"对地方财政稳定性的影响研究. 中央财经大学学报，（9）：1-7.

蒋云赟. 2012. 我国增值税扩围对财政体系代际平衡状况的影响. 财贸经济，（3）：21-30.

金玲娣，陈国宏. 2001. 企业规模与R&D关系实证研究. 科研管理，22（1）：51-57.

金宇超，靳庆鲁，宣扬. 2016. "不作为"或"急于表现"：企业投资中的政治动机. 经济研究，51（10）：126-139.

康志勇. 2013. 融资约束、政府支持与中国本土企业研发投入. 南开管理评论，16（5）：61-70.

寇明风. 2014. "营改增"对地方财政经济发展影响分析. 地方财政研究，（7）：48-52，59.

黎文靖，李耀淘. 2014. 产业政策激励了公司投资吗. 中国工业经济，（5）：122-134.

李彩霞，韩贤. 2017. "营改增"政策会降低企业会计信息质量吗？——来自交通运输业上市公司的经验证据. 税务与经济，（1）：94-102.

李成，张玉霞. 2015. 中国"营改增"改革的政策效应：基于双重差分模型的检验. 财政研究，（2）：44-49.

李春瑜. 2016. "营改增"对企业行为影响的实证分析. 地方财政研究，（1）：66-71.

李广子, 刘力. 2009. 债务融资成本与民营信贷歧视. 金融研究, (12): 137-150.

李广子, 唐国正, 刘力. 2011. 股票名称与股票价格非理性联动——中国 A 股市场的研究. 管理世界, (1): 40-51, 187, 188.

李汇东, 唐跃军, 左晶晶. 2017. 政府干预、终极控制权与企业雇佣行为——基于中国民营上市公司的研究. 财经研究, 43 (7): 20-31.

李嘉明, 彭瑾, 刘溢, 等. 2015. 中国营业税改征增值税试点政策实施效果研究. 重庆大学学报 (社会科学版), 21 (2): 24-31.

李晶. 2012. 增值税征税范围改革的总体安排与制度设计: 以航空运输业为例. 宏观经济研究, (4): 33-47.

李科, 徐龙炳. 2011. 融资约束、债务能力与公司业绩. 经济研究, 46 (5): 61-73.

李梦娟. 2013. "营改增"试点行业税负变动的制约因素探析. 税务研究, (1): 47-50.

李茜, 张建君. 2010. 制度前因与高管特点: 一个实证研究. 管理世界, (10): 110-121.

李争光, 赵西卜, 曹丰, 等. 2014. 机构投资者异质性与企业绩效——来自中国上市公司的经验证据. 审计与经济研究, 29 (5): 77-87.

李志军, 王善平. 2011. 货币政策、信息披露质量与公司债务融资. 会计研究, (10): 56-62, 97.

连玉君, 钟经樊. 2007. 中国上市公司资本结构动态调整机制研究. 南方经济, (1): 23-38.

梁莱歆, 冯延超. 2010. 民营企业政治关联、雇员规模与薪酬成本. 中国工业经济, (10): 127-137.

梁莱歆, 金杨, 赵娜. 2010. 基于企业生命周期的 R&D 投入与企业绩效关系研究——来自上市公司经验数据. 科学学与科学技术管理, 31 (12): 11-17, 35.

林钟高, 丁茂桓. 2017. 内部控制缺陷及其修复对企业债务融资成本的影响——基于内部控制监管制度变迁视角的实证研究. 会计研究, (4): 73-80, 96.

林钟高, 郑军, 汤谢莹. 2014. 关系专用性投资与高管薪酬业绩敏感性. 财经研究, 40 (9): 133-144.

刘柏, 王馨竹. 2017. "营改增"对现代服务业企业的财务效应——基于双重差分模型的检验. 会计研究, (10): 11-17, 96.

刘柏惠. 2015. 增值税改革物价效应的度量和预测——基于投入产出表的分析. 财贸经济, (10): 59-72.

刘柏惠, 寇恩惠, 杨龙见. 2019. 增值税多档税率、资源误置与全要素生产率损失. 经济研究, 54 (5): 113-128.

刘慧, 张俊瑞, 周键. 2016. 诉讼风险、法律环境与企业债务融资成本. 南开管理评论, 19 (5): 16-27.

刘慧龙, 吴联生. 2014. 制度环境、所有权性质与企业实际税率. 管理世界, (4): 42-52.

刘慧龙, 张敏, 王亚平, 等. 2010. 政治关联、薪酬激励与员工配置效率. 经济研究, 45 (9):

109-121，136.

刘建民，唐红李，吴金光. 2017. 营改增全面实施对企业盈利能力、投资与专业化分工的影响
效应——基于湖南省上市公司 PSM-DID 模型的分析. 财政研究，（12）：75-88.

刘璟，袁诚. 2012. 增值税转型改变了企业的雇佣行为吗？——对东北增值税转型试点的经验
分析. 经济科学，（1）：103-114.

刘骏，刘峰. 2014. 财政集权、政府控制与企业税负——来自中国的证据. 会计研究，（1）：
21-27，94.

刘啟仁，赵灿，黄建忠. 2019. 税收优惠、供给侧改革与企业投资. 管理世界，35（1）：
78-96，114.

刘青松，肖星. 2015. 败也业绩，成也业绩？——国企高管变更的实证研究. 管理世界，
（3）：151-163.

刘庆玉. 2016.《劳动合同法》对企业雇佣水平的影响——基于无固定期限劳动合同条款的研
究. 中国经济问题，（5）：73-85.

刘星，吴先聪. 2011. 机构投资者异质性、企业产权与公司绩效——基于股权分置改革前后的
比较分析. 中国管理科学，19（5）：182-192.

刘行，李小荣. 2012. 金字塔结构、税收负担与企业价值：基于地方国有企业的证据. 管理世
界，（8）：91-105.

刘行，叶康涛. 2018. 增值税税率对企业价值的影响：来自股票市场反应的证据. 管理世界，
34（11）：12-24，35，195.

刘运国，刘雯. 2007. 我国上市公司的高管任期与 R&D 支出. 管理世界，（1）：128-136.

刘子亚. 2015. 由资本市场反应看电信业"营改增"对三大运营商税负的影响. 税务与经济，
（4）：97-102.

龙月娥，黄娉婷. 2016. "营改增"税制改革与证券市场反应研究——基于机构投资者与证券
估值双重视角. 证券市场导报，（7）：20-25，67.

卢洪友，王云霄，祁毓. 2016. "营改增"的财政体制影响效应研究. 经济社会体制比较，
（3）：71-83.

鲁晓东，连玉君. 2012. 中国工业企业全要素生产率估计：1999—2007. 经济学（季刊），
11（2）：541-558.

陆瑶，朱玉杰，胡晓元. 2012. 机构投资者持股与上市公司违规行为的实证研究. 南开管理评
论，15（1）：13-23.

吕伟. 2006. 政府分权、市场化进程及国企雇佣行为. 改革，（9）：95-100.

罗宏，陈丽霖. 2012. 增值税转型对企业融资约束的影响研究. 会计研究，（12）：43-49，94.

罗绪富. 2015. 金融业"营改增"征收模式及税率选择. 税务研究，（5）：114，115.

马蔡琛，李思沛. 2013. "营改增"背景下的分税制财政体制变革. 税务研究，（7）：16-21.

马永强，路媛媛. 2019. 企业异质性、内部控制与技术创新绩效. 科研管理，40（5）：

134-144.

明亚欣, 刘念. 2018. 机构持股与企业研发投入——基于外部治理的视角. 技术经济, 37 (8):
　　20-27.

倪红福, 龚六堂, 王茜萌. 2016. "营改增"的价格效应和收入分配效应. 中国工业经济,
　　(12): 23-39.

倪婷婷, 王跃堂. 2016. 增值税转型、集团控制与企业投资. 金融研究, (1): 160-175.

聂辉华, 方明月, 李涛. 2009. 增值税转型对企业行为和绩效的影响——以东北地区为例. 管
　　理世界, (5): 17-24, 35.

潘红波, 陈世来. 2017. 《劳动合同法》、企业投资与经济增长. 经济研究, 52 (4): 92-105.

潘明星. 2013. 营业税改征增值税: 效应分析与改革建议. 财政研究, (12): 64-67.

潘文轩. 2012. 税制"营改增"改革试点的进展、问题及前瞻. 现代经济探讨, (12): 32-35.

潘文轩. 2013. "营改增"中部分试点企业税负上升的成因分析. 中国财政, (15): 27, 28.

潘越, 王宇光, 戴亦一. 2013. 税收征管、政企关系与上市公司债务融资. 中国工业经济,
　　(8): 109-121.

平新乔, 黄昕, 安然. 2017. "营改增"前中国服务业与制造业之间全要素生产率的异质性和
　　税负差异. 经济社会体制比较, (2): 77-84.

平新乔, 梁爽, 郝朝艳, 等. 2009. 增值税与营业税的福利效应研究. 经济研究, 44 (9):
　　66-80.

平新乔, 张海洋, 梁爽, 等. 2010. 增值税与营业税的税负. 经济社会体制比较, (3): 6-12.

钱晓东. 2018. 基于企业价值视角的"营改增"政策效应研究——兼析治理环境的调节作用和
　　控制权性质的影响. 西部论坛, 28 (6): 111-121.

乔睿蕾, 陈良华. 2016. 营改增、现金—现金流敏感性与现金—负债替代性. 经济问题,
　　(10): 98-104.

饶品贵, 岳衡, 姜国华. 2017. 经济政策不确定性与企业投资行为研究. 世界经济, 40 (2):
　　27-51.

任莉莉, 张瑞君. 2019. 供应商集中度、财务柔性与企业研发投入. 研究与发展管理, 31 (2):
　　67-77.

任曙明, 吕镯. 2014. 融资约束、政府补贴与全要素生产率——来自中国装备制造企业的实证
　　研究. 管理世界, (11): 10-23.

申广军, 陈斌开, 杨汝岱. 2016. 减税能否提振中国经济?——基于中国增值税改革的实证研
　　究. 经济研究, 51 (11): 70-82.

盛丹, 王永进. 2013. 产业集聚、信贷资源配置效率与企业的融资成本——来自世界银行调查
　　数据和中国工业企业数据的证据. 管理世界, (6): 85-98.

石中和, 娄峰. 2015. "营改增"及其扩围的社会经济动态效应研究. 数量经济技术经济研究,
　　32 (11): 105-118.

宋丽颖，杨潭，钟飞. 2017. 营改增后企业税负变化对企业经济行为和绩效的影响. 税务研究，（12）：84-88.

孙吉乐. 2017. "营改增"、企业利润率与企业创新. 管理世界，（11）：180，181.

孙磊. 2012. 上海市融资租赁行业试点营业税改征增值税的利弊分析. 上海金融，（7）：97-99，119.

孙正. 2016. "营改增"视角下流转税改革优化了产业结构吗? 中国软科学，（12）：37-50.

孙正. 2017. 流转税改革促进了产业结构演进升级吗?——基于"营改增"视角的 PVAR 模型分析. 财经研究，43（2）：70-84.

孙正，陈旭东. 2018. "营改增"是否提升了服务业资本配置效率? 中国软科学，（11）：17-30.

孙正，张志超. 2015a. 基于"营改增"视角流转税改革的动态效率分析. 中南财经政法大学学报，（2）：40-47.

孙正，张志超. 2015b. 流转税改革是否优化了国民收入分配格局?——基于"营改增"视角的 PVAR 模型分析. 数量经济技术经济研究，32（7）：74-89.

谭立. 2014. 基于收支流量法的我国金融服务业增值税改革. 财贸经济，（11）：31-41.

谭艳艳，刘金伟，杨汉明. 2013. 融资约束、超额现金持有与企业价值. 山西财经大学学报，35（1）：95-105.

唐明，熊蓓珍. 2017. 全面"营改增"后增值税收入划分的政策效应及优化策略. 财贸研究，28（10）：63-74.

唐跃军. 2009. 供应商、经销商议价能力与公司业绩——来自 2005—2007 年中国制造业上市公司的经验证据. 中国工业经济，（10）：67-76.

田志伟，胡怡建. 2013. "营改增"对各行业税负影响的动态分析——基于 CGE 模型的分析. 财经论丛，（4）：29-34.

童锦治，苏国灿，魏志华. 2015. "营改增"、企业议价能力与企业实际流转税税负. 财贸经济，（11）：14-26

万华林，朱凯，陈信元. 2012. 税制改革与公司投资价值相关性. 经济研究，47（3）：65-75.

万建香，钟以婷. 2018. 社会资本对企业绩效的影响——基于中国经济转型阶段的研究. 管理评论，30（1）：60-66.

汪昊. 2016. "营改增"减税的收入分配效应. 财政研究，（10）：85-100.

汪卢俊，苏建. 2019. 增值税改革促进了中国全要素生产率提高吗?——基于增值税转型和"营改增"改革的研究. 当代经济研究，（4）：95-102.

王朝才，许军，汪昊. 2012. 从对经济效率影响的视角谈我国增值税扩围方案的选择. 财政研究，（7）：28-33.

王德祥，薛桂芝. 2016. 全要素生产率框架下的城市资本要素生产率分析. 中国人口·资源与环境，26（11）：53-61.

王化成, 卢闯, 李春玲. 2005. 企业无形资产与未来业绩相关性研究——基于中国资本市场的经验证据. 中国软科学, （10）：120-124.

王甲国. 2016. 建筑业应对"营改增"之策略. 税务研究, （1）：99-102.

王佩, 董聪, 徐潇鹤, 等. 2014. "营改增"对交通运输业上市公司税负及业绩的影响. 税务研究, （5）：8-12.

王任飞. 2005. 企业 R&D 支出的内部影响因素研究——基于中国电子信息百强企业之实证. 科学学研究, 23（2）：225-231.

王文成, 王诗卉. 2014. 中国国有企业社会责任与企业绩效相关性研究. 中国软科学, （8）：131-137.

王小鲁, 樊纲, 余静文. 2017. 中国分省份市场化指数报告（2016）. 北京：社会科学文献出版社.

王延明, 王怿, 鹿美瑶. 2005. 增值税转型对公司业绩影响程度的分析——来自上市公司的经验证据. 经济管理, （12）：36-44.

王艺霖, 王爱群. 2014. 内控缺陷披露、内控审计与债务资本成本——来自沪市 A 股上市公司的经验证据. 中国软科学, （2）：150-160.

王营, 曹廷求. 2014. 董事网络增进企业债务融资的作用机理研究. 金融研究, （7）：189-206.

王玉兰, 李雅坤. 2014. "营改增"对交通运输业税负及盈利水平影响研究——以沪市上市公司为例. 财政研究, （5）：41-45.

王跃堂, 倪婷婷. 2015. 增值税转型、产权特征与企业劳动力需求. 管理科学学报, 18（4）：18-37, 48.

王跃堂, 王国俊, 彭洋. 2012. 控制权性质影响税收敏感性吗？——基于企业劳动力需求的检验. 经济研究, 47（4）：52-63.

王运通, 姜付秀. 2017. 多个大股东能否降低公司债务融资成本. 世界经济, 40（10）：119-143.

魏志华, 王贞洁, 吴育辉, 等. 2012. 金融生态环境、审计意见与债务融资成本. 审计研究, （3）：98-105.

魏志华, 夏永哲. 2015. 金融业"营改增"的税负影响及政策选择——基于两种征税模式的对比研究. 经济学动态, （8）：71-83.

温素彬, 方苑. 2008. 企业社会责任与财务绩效关系的实证研究——利益相关者视角的面板数据分析. 中国工业经济, （10）：150-160.

温忠麟, 张雷, 侯杰泰, 等. 2004. 中介效应检验程序及其应用. 心理学报, 36（5）：614-620.

吴金光, 欧阳玲, 段中元. 2014. "营改增"的影响效应研究——以上海市的改革试点为例. 财经问题研究, （2）：81-86.

吴联生. 2009. 国有股权、税收优惠与公司税负. 经济研究, 44（10）: 109-120.

吴祖光, 万迪昉, 康华. 2017. 客户集中度、企业规模与研发投入强度——来自创业板上市公司的经验证据. 研究与发展管理, 29（5）: 43-53.

夏杰长, 管永昊. 2013. "营改增"之际的困境摆脱及其下一步. 改革,（6）: 65-72.

夏立军, 陈信元. 2007. 市场化进程、国企改革策略与公司治理结构的内生决定. 经济研究,（7）: 82-95, 136.

夏立军, 方轶强. 2005. 政府控制、治理环境与公司价值——来自中国证券市场的经验证据. 经济研究, 40（5）: 40-51.

肖鹏, 刁晓红. 2016. 营业税改增值税对 CPI 影响的实证分析——基于上海市"营改增"的样本分析. 财政研究,（4）: 82-92.

谢德仁, 陈运森. 2009. 金融生态环境、产权性质与负债的治理效应. 经济研究, 44（5）: 118-129.

谢获宝, 李从文. 2016. "营改增"对企业税负水平与公司价值的影响研究. 证券市场导报,（10）: 35-41.

熊琪, 张永艳, 何晓斌. 2015. 民营企业家的社会身份与企业雇佣行为. 经济管理, 37（2）: 75-83.

许梦博, 王明赫, 翁钰栋. 2018. 生产性服务业集聚有利于高技术产业的研发效率吗? 经济问题探索,（2）: 135-141.

薛云奎, 白云霞. 2008. 国家所有权、冗余雇员与公司业绩. 管理世界,（10）: 96-105.

阳佳余. 2012. 融资约束与企业出口行为: 基于工业企业数据的经验研究. 经济学（季刊）,（3）: 1503-1524.

杨斌, 林信达, 胡文骏. 2015. 中国金融业"营改增"路径的现实选择. 财贸经济,（6）: 5-17.

杨婵, 贺小刚, 徐容慈. 2018. "创一代-至亲"组合治理模式与企业绩效——基于中国家族上市公司的实证研究. 经济管理, 40（6）: 17-37.

杨昌辉, 张可莉. 2016. 民营企业债务融资成本研究——基于利率市场化和会计稳健性双重视角. 中国管理科学, 24（S1）: 405-412.

杨得前. 2013. 营业税征收力度评估: 一个分析框架及其应用. 管理世界,（5）: 173-175.

杨典. 2013. 公司治理与企业绩效——基于中国经验的社会学分析. 中国社会科学,（1）: 72-94, 206.

杨汝岱. 2015. 中国制造业企业全要素生产率研究. 经济研究, 50（2）: 61-74.

尹美群, 盛磊, 李文博. 2018. 高管激励、创新投入与公司绩效——基于内生性视角的分行业实证研究. 南开管理评论, 21（1）: 109-117.

余明桂, 潘红波. 2008. 政治关系、制度环境与民营企业银行贷款. 管理世界,（8）: 9-21, 39, 187.

禹奎, 陈小芳.2014. 我国建筑业"营改增"的税率选择与征管. 税务研究,（12）：31-35.

袁从帅, 刘晔, 王治华, 等.2015. "营改增"对企业投资、研发及劳动雇佣的影响——基于中国上市公司双重差分模型的分析. 中国经济问题,（4）：3-13.

袁建国, 胡明生, 唐庆.2018. 营改增对企业技术创新的激励效应. 税务研究,（3）：44-50.

岳树民, 肖春明.2017. "营改增"对上市公司债务融资的效应分析. 中央财经大学学报,（9）：13-21.

曾庆生, 陈信元.2006. 国家控股、超额雇员与劳动力成本. 经济研究, 41（5）：74-86.

曾亚敏, 张俊生.2005. 股利所得税削减对权益资产价格的影响——以财税〔2005〕102 为背景的事件研究. 经济科学,（6）：84-94.

曾亚敏, 张俊生.2009. 税收征管能够发挥公司治理功用吗？管理世界,（3）：143-151, 158.

张三峰, 张伟.2016. 融资约束、金融发展与企业雇佣——来自中国企业调查数据的经验证据. 金融研究,（10）：111-126.

张伟华, 毛新述, 刘凯璇.2018. 利率市场化改革降低了上市公司债务融资成本吗？金融研究,（10）：106-122.

张炜.2014. 基于制度经济学视角的"营改增"改革成本分析. 税务研究,（1）：79-82.

张五常.2017. 中国的经济制度. 北京: 中信出版社.

张祥建, 徐晋, 徐龙炳.2015. 高管精英治理模式能够提升企业绩效吗？——基于社会连带关系调节效应的研究. 经济研究, 50（3）：100-114.

张学勇, 荆琦.2014. 铁路运输业、邮政服务业和电信业在"营改增"后的税负预测. 税务研究,（8）：25-27.

张兆国, 刘亚伟, 杨清香.2014. 管理者任期、晋升激励与研发投资研究. 会计研究,（9）：81-88, 97.

赵连伟.2015. 营改增的企业成长效应研究. 中央财经大学学报,（7）：20-27.

中国财政科学研究院.2017-10-13. 营改增: 守正出奇的一项改革. 经济日报（15）.

周楷唐, 麻志明, 吴联生.2017. 高管学术经历与公司债务融资成本. 经济研究, 52（7）：169-183.

周黎安, 罗凯.2005. 企业规模与创新: 来自中国省级水平的经验证据. 经济学（季刊）,（3）：623-638.

周振华.2013. 营业税改征增值税研究. 上海: 格致出版社, 上海人民出版社.

朱恒鹏.2006. 企业规模、市场力量与民营企业创新行为. 世界经济, 29（12）：41-52, 96.

朱凯, 陈信元.2009. 金融发展、审计意见与上市公司融资约束. 金融研究,（7）：66-80.

朱平芳, 徐伟民.2003. 政府的科技激励政策对大中型工业企业 R&D 投入及其专利产出的影响——上海市的实证研究. 经济研究,（6）：45-53, 94.

朱青.2014. 完善我国地方税体系的构想. 财贸经济,（5）：5-13.

朱卫东，张超，吴勇，等. 2018. 基于价值共创与共享视角的增加价值报告研究. 会计研究，
　　（7）：20-27.

邹筱. 2016. "营改增"对物流业税负影响实证研究——基于沪深 A 股上市公司的经验数据.
　　中南财经政法大学学报，（2）：43-47.

Abadie A，Drukker D，Herr J L，et al. 2004. Implementing matching estimators for average
　　treatment effects in Stata. The Stata Journal，4（3）：290-311.

Acemoglu D. 2009. Introduction to Modern Economic Growth. Princeton：Princeton University
　　Press.

Adams R B，Ferreira D. 2009. Women in the boardroom and their impact on governance and
　　performance. Journal of Financial Economics，94（2）：291-309.

Adelman M A. 1955. Concept and Statistical Measurement of Vertical Integration. Princeton：
　　Princeton University Press.

Ahern K R，Dittmar A K. 2012. The changing of the boards：the impact on firm valuation of
　　mandated female board representation. The Quarterly Journal of Economics，127（1）：
　　137-197.

Aktas N，Bodt E，Cousin J G. 2009. Idiosyncratic volatility change and event study tests.
　　Finance，30（2）：31-61.

Anderson R C，Mansi S，Reeb D M. 2004. Board characteristics，accounting report integrity，and
　　the cost of debt. Journal of Accounting & Economics，37（3）：315-342.

Anger N，Oberndorfer U. 2008. Firm performance and employment in the EU emissions trading
　　scheme：an empirical assessment for Germany. Energy Policy，36（1）：12-22.

Arrow K J. 1972. Economic welfare and the allocation of resources for invention//Rowley C K.
　　Readings in Industrial Economics. London：Palgrave：219-236.

Asselbergh G. 1999. A strategic approach on organizing accounts receivable management：some
　　empirical evidence. Journal of Management and Governance，3（1）：1-29.

Aterido R，Hallward-Driemeier M，Pagés C. 2011. Big constraints to small firms' growth? Business
　　environment and employment growth across firms. Economic Development and Cultural
　　Change，59（3）：609-647.

Ayers B C，Cloyd C B，Robinson J R. 2002. The effect of shareholder-level dividend taxes on
　　stock prices：evidence from the Revenue Reconciliation Act of 1993. The Accounting
　　Review，77（4）：933-947.

Ayyagari M，Demirgüç-Kunt A，Maksimovic V. 2011. Small vs. young firms across the world：
　　contribution to employment，job creation，and growth. World Bank Policy Research Working
　　Paper.

Balasubramanian N，Lee J. 2008. Firm age and innovation. Industrial and Corporate Change，

17（5）：1019-1047.

Ball R，Brown P. 1968. Empirical evaluation of accounting income numbers. Journal of Accounting Research，6（2）：159-178.

Beck T，Demirgüç-Kunt A，Maksimovic V. 2005. Financial and legal constraints to growth： does firm size matter? The Journal of Finance，60（1）：137-177.

Beck T，Levine R，Levkov A. 2010. Big bad banks? The winners and losers from bank deregulation in the United States. The Journal of Finance，65（5）：1637-1667.

Becker S O，Ichino A. 2002. Estimation of average treatment effects based on propensity score. The Stata Journal，2（4）：358-377.

Benmelech E，Bergman N，Seru A. 2011. Financing labor. NBER Working Paper.

Bennedsen M，Nielsen K M，Perez-Gonzalez F，et al. 2007. Inside the family firm： the role of families in succession decisions and performance. The Quarterly Journal of Economics，122（2）：647-691.

Bennett B，Bettis J C，Gopalan R，et al. 2017. Compensation goals and firm performance. Journal of Financial Economics，124（2）：307-330.

Bertero E，Rondi L. 2000. Financial pressure and the behaviour of public enterprises under soft and hard budget constraints： evidence from Italian panel data. Journal of Public Economics，75（1）：73-98.

Bertrand M，Kramarz F，Schoar A，et al. 2004. Politically connected CEOs and corporate outcomes： evidence from France. SSRN Working Paper.

Bhojraj S，Sengupta P. 2003. Effect of corporate governance on bond ratings and yields： the role of institutional investors and outside directors. The Journal of Business，76（3）：455-475.

Black B，Kim W. 2012. The effect of board structure on firm value： a multiple identification strategies approach using Korean data. Journal of Financial Economics，104（1）：203-226.

Boadway R，Bruce N. 1984. A general proposition on the design of a neutral business tax. Journal of Public Economics，24（2）：231-239.

Boeri T，Garibaldi P，Moen E R. 2012. The labor market consequences of adverse financial shocks. IZA Discussion Paper.

Bond S R，Devereux M P. 1995. On the design of a neutral business tax under uncertainty. Journal of Public Economics，58（1）：57-71.

Boubakri N，Ghouma H. 2010. Control/ownership structure，creditor rights protection，and the cost of debt financing： international evidence. Journal of Banking & Finance，34（10）：2481-2499.

Boycko M，Shleifer A，Vishny R W. 1996. A theory of privatisation. The Economic Journal，106（435）：309-319.

Bradley M, Chen D. 2011. Corporate governance and the cost of debt: evidence from director limited liability and indemnification provisions. Journal of Corporate Finance, 17（1）: 83-107.

Brown J R, Fazzari S M, Petersen B C. 2009a. Financing innovation and growth: cash flow, external equity, and the 1990s R&D boom. The Journal of Finance, 64（1）: 151-185.

Brown J R, Petersen B C. 2011. Cash holdings and R&D smoothing. Journal of Corporate Finance, 17（3）: 694-709.

Brown S, Hillegeist S T, Lo K. 2009b. The effect of earnings surprises on information asymmetry. Journal of Accounting and Economics, 47（3）: 208-225.

Bucovetsky S. 1991. Asymmetric tax competition. Journal of Urban Economics, 30（2）: 167-181.

Buzzell R D. 1983. Is vertical integration profitable. Harvard Business Review, 61（1）: 92-102.

Campbell J, Andrew W L, Mackinlay A C. 1996. The Econometrics of Financial Markets. Princeton: Princeton University Press.

Campello M, Graham J R, Harvey C R. 2010. The real effects of financial constraints: evidence from a financial crisis. Journal of Financial Economics, 97（3）: 470-487.

Carroll R, Holtz-Eakin D, Rider M, et al. 2000. Income taxes and entrepreneurs' use of labor. Journal of Labor Economics, 18（2）: 324-351.

Cerda R A, Larrain F. 2010. Corporate taxes and the demand for labor and capital in developing countries. Small Business Economics, 34（2）: 187-201.

Chan K C, Chen N F. 1991. Structural and return characteristics of small and large firms. The Journal of Finance, 46（4）: 1467-1484.

Che J H, Qian Y Y. 1998. Insecure property rights and government ownership of firms. The Quarterly Journal of Economics, 113（2）: 467-496.

Chen G M, Firth M, Xu L R. 2009. Does the type of ownership control matter? Evidence from China's listed companies. Journal of Banking & Finance, 33（1）: 171-181.

Chen S P, Chen X, Cheng Q, et al. 2010. Are family firms more tax aggressive than non-family firms? Journal of Financial Economics, 95（1）: 41-61.

Chen W R. 2008. Determinants of firms' backward-and forward-looking R&D search behavior. Organization Science, 19（4）: 609-622.

Clarke G, Li Y, Xu L X C. 2016. Business environment, economic agglomeration and job creation around the world. Applied Economics Publishing, 48（33）: 3088-3103.

Coase R H. 1937. The nature of the firm. Economica, 4（16）: 386-405.

Cohen J, Cohen P, West S G, et al. 2014. Applied Multiple Regression/Correlation Analysis for the Behavioral Sciences. London: Psychology Press.

Cooper R, Gong G, Yan P. 2015. Dynamic labor demand in China: public and private objectives. The Rand Journal of Economics, 46（3）: 577-610.

Cornett M M, Marcus A J, Saunders A, et al. 2007. The impact of institutional ownership on corporate operating performance. Journal of Banking & Finance, 31（6）: 1771-1794.

Dehejia R H, Wahba S. 2002. Propensity score-matching methods for non-experimental causal studies. The Review of Economics and Statistics, 84（1）: 151-161.

Demirgüç-Kunt A, Love I, Maksimovic V. 2006. Business environment and the incorporation decision. Journal of Banking & Finance, 30（11）: 2967-2993.

Demirgüç-Kunt A, Maksimovic V. 1998. Law, finance, and firm growth. The Journal of Finance, 53（6）: 2107-2137.

Demsetz H. 1967. Toward a theory of property rights. The American Economic Review, 57（2）: 347-359.

Derashid C, Zhang H. 2003. Effective tax rates and the "industrial policy" hypothesis: evidence from Malaysia. Journal of International Accounting, Auditing & Taxation, 12（1）: 45-62.

Dewenter K L, Malatesta P H. 2001. State-owned and privately owned firms: an empirical analysis of profitability, leverage, and labor intensity. The American Economic Review, 91（1）: 320-334.

Diamond P A, Mirrlees J A. 1971. Optimal taxation and public production Ⅱ: tax rules. The American Economic Review, 61（3）: 261-278.

Dickinson V. 2011. Cash flow patterns as a proxy for firm life cycle. The Accounting Review, 86（6）: 1969-1994.

Diewert W E. 1992. The measurement of productivity. Bulletin of Economic Research, 44（3）: 163-198.

Dong X Y, Putterman L. 2003. Soft budget constraints, social burdens, and labor redundancy in China's state industry. Journal of Comparative Economics, 31（1）: 110-133.

Duchin R, Ozbas O, Sensoy B A. 2010. Costly external finance, corporate investment, and the subprime mortgage credit crisis. Journal of Financial Economics, 97（3）: 418-435.

Ellison G, Glaeser E L, Kerr W R. 2010. What causes industry agglomeration? Evidence from coagglomeration patterns. The American Economic Review, 100（3）: 1195-1213.

Elyasiani E, Jia J Y, Mao C X. 2010. Institutional ownership stability and the cost of debt. Journal of Financial Markets, 13（4）: 475-500.

Fama E F, Fisher L, Jensen M C, et al. 1969. The adjustment of stock prices to new information. International Economic Review, 10（1）: 1-21.

Fan J P H, Wei K C J, Xu X Z. 2011. Corporate finance and governance in emerging markets: a selective review and an agenda for future research. Journal of Corporate Finance, 17（2）:

207-214.

Fan J P H, Wong T J, Zhang T Y. 2007. Politically connected CEOs, corporate governance, and post-IPO performance of China's newly partially privatized firms. Journal of Financial Economics, 84 (2): 330-357.

Fan J P H, Wong T J, Zhang T Y. 2013. Institutions and organizational structure: the case of state-owned corporate pyramids. The Journal of Law, Economics, and Organization, 29 (6): 1217-1252.

Feldmann H. 2009. The unemployment effects of labor regulation around the world. Journal of Comparative Economics, 37 (1): 76-90.

Ferreira M A, Matos P. 2008. The colors of investors' money: the role of institutional investors around the world. Journal of Financial Economics, 88 (3): 499-533.

Ferris A E, Shadbegian R J, Wolverton A. 2014. The effect of environmental regulation on power sector employment: phase I of the title IV SO$_2$ trading program. Journal of the Association of Environmental and Resource Economists, 1 (4): 521-553.

Fligstein N, Zhang J J. 2011. A new agenda for research on the trajectory of Chinese capitalism. Management and Organization Review, 7 (1): 39-62.

Fowowe B. 2017. Access to finance and firm performance: evidence from African countries. Review of Development Finance, 7 (1): 6-17.

Francis B, Hasan I, Wu Q. 2013. The impact of CFO gender on bank loan contracting. Journal of Accounting, Auditing & Finance, 28 (1): 53-78.

Giannetti M, Liao G M, Yu X Y. 2015. The brain gain of corporate boards: evidence from China. The Journal of Finance, 70 (4): 1629-1682.

Goldman E, Rocholl J, So J. 2009. Do politically connected boards affect firm value? The Review of Financial Studies, 22 (6): 2331-2360.

Gong G J, Li L Y, Shin J Y. 2011. Relative performance evaluation and related peer groups in executive compensation contracts. The Accounting Review, 86 (3): 1007-1043.

Gort M. 1962. Diversification and Integration in American Industry. Westport: Greenwood Press.

Greenstone M, Mas A, Nguyen H L. 2014. Do credit market shocks affect the real economy? Quasi-experimental evidence from the great recession and "normal" economic times. NBER Working Paper.

Griliches Z. 1986. Productivity, R&D, and basic research at the firm level in the 1970s. The American Economic Review, 76 (1): 141-154.

Gu F F, Hung K, Tse D K. 2008. When does guanxi matter? Issues of capitalization and its dark sides. Journal of Marketing, 72 (4): 12-28.

Guedhami O, Pittman J. 2008. The importance of IRS monitoring to debt pricing in private firms.

Journal of Financial Economics, 90（1）: 38-58.

Gulen H, Ion M. 2016. Policy uncertainty and corporate investment. The Review of Financial Studies, 29（3）: 523-564.

Gupta S, Newberry K. 1997. Determinants of the variability in corporate effective tax rate: evidence from longitudinal data. Journal of Accounting and Public Policy, 16（1）: 1-34.

Hall B H, Mairesse J. 1995. Exploring the relationship between R&D and productivity in French manufacturing firms. Journal of Econometrics, 65（1）: 263-293.

Haltiwanger J C, Jarmin R S, Miranda J. 2010. Who creates jobs? Small vs. large vs. young. NEBR Working Paper.

Hanlon M, Heitzman S. 2010. A review of tax research. Journal of Accounting and Economics, 50（2/3）: 127-178.

Heckman J J. 2000. Causal parameters and policy analysis in economics: a twentieth century retrospective. The Quarterly Journal of Economics, 115（1）: 45-97.

Heckman J J, Ichimura H, Todd P. 1998. Matching as an econometric evaluation estimator. The Review of Economic Studies, 65（2）: 261-294.

Huergo E, Jaumandreu J. 2004. How does probability of innovation change with firm age? Small Business Economics, 22（3/4）: 193-207.

Hundley G, Jacobson C K, Park S H. 1996. Effects of profitability and liquidity on R&D intensity: Japanese and U.S. companies compared. The Academy of Management Journal, 39（6）: 1659-1674.

Jacob M, Michaely R, Müller M A. 2019. Consumption taxes and corporate investment. The Review of Financial Studies, 32（8）: 3144-3182.

Julio B, Yook Y. 2012. Political uncertainty and corporate investment cycles. The Journal of Finance, 67（1）: 45-83.

Kim K A, Limpaphayom P. 1998. Taxes and firm size in pacific-basin emerging economies. Journal of International Accounting, Auditing & Taxation, 7（1）: 47-68.

Kornai J. 1980. Economics of Shortage. Amsterdam: North-Holland.

Kothari S P, Warner J B. 2007. Econometrics of event studies. Handbook of Empirical Corporate Finance, 1（1）: 3-36.

Krause R, Semadeni M. 2013. Apprentice, departure, and demotion: an examination of the three types of CEO-board chair separation. Academy of Management Journal, 56（3）: 805-826.

Kumbhakar S C, Lovell C A K. 2003. Stochastic Frontier Analysis. Cambridge: Cambridge University Press.

Lamont O, Polk C, Saaá-Requejo J. 2001. Financial constraints and stock returns. The Review of Financial Studies, 14（2）: 529-554.

Lee Y, Gordon R H. 2005. Tax structure and economic growth. Journal of Public Economics, 89（5/6）: 1027-1043.

Levinsohn J, Petrin A. 2003. Estimating production functions using inputs to control for unobservables. The Review of Economic Studies, 70（2）: 317-341.

Lin C, Ma Y, Malatesta P, et al. 2011. Ownership structure and the cost of corporate borrowing. Journal of Financial Economics, 100（1）: 1-23.

Lin J Y, Tan G F. 1999. Policy burdens, accountability, and the soft budget constraint. The American Economic Review, 89（2）: 426-431.

Lin Y R, Fu X M. 2017. Does institutional ownership influence firm performance? Evidence from China. International Review of Economics & Finance, 49: 17-57.

Lins K V, Servaes H, Tamayo A. 2017. Social capital, trust, and firm performance: the value of corporate social responsibility during the financial crisis. The Journal of Finance, 72（4）: 1785-1824.

Liu M D, Shadbegian R, Zhang B. 2017. Does environmental regulation affect labor demand in China? Evidence from the textile printing and dyeing industry. Journal of Environmental Economics and Management, 86: 277-294.

Liu M D, Zhang B, Geng Q. 2018. Corporate pollution control strategies and labor demand: evidence from China's manufacturing sector. Journal of Regulatory Economics, 53（3）: 298-326.

Liu Q, Lu Y. 2015. Firm investment and exporting: evidence from China's value-added tax reform. Journal of International Economics, 97（2）: 392-403.

Liu Y, Luo Y D, Liu T. 2009. Governing buyer-supplier relationships through transactional and relational mechanisms: evidence from China. Journal of Operations Management, 27（4）: 294-309.

Liu Y, Miletkov M K, Wei Z B, et al. 2015. Board independence and firm performance in China. Journal of Corporate Finance, 30: 223-244.

Liu Y, Wei Z B, Xie F X. 2014. Do women directors improve firm performance in China? Journal of Corporate Finance, 28: 169-184.

Maskus K E, Neumann R, Seidel T. 2012. How national and international financial development affect industrial R&D. European Economic Review, 56（1）: 72-83.

McGuire S T, Omer T C, Wang D C. 2012. Tax avoidance: does tax-specific industry expertise make a difference. The Accounting Review, 87（3）: 975-1003.

Menz K M. 2010. Corporate social responsibility: is it rewarded by the corporate bond market? A critical note. Journal of Business Ethics, 96（1）: 117-134.

Mertens J B. 2003. Measuring tax effort in Central and Eastern Europe. Public Finance &

Management, 3（4）：530-563.

Minnis M. 2011. The value of financial statement verification in debt financing: evidence from private U.S. firms. Journal of Accounting Research, 49（2）：457-506.

Morck R, Yeung B, Yu W. 2000. The information content of stock markets: why do emerging markets have synchronous stock price movements? Journal of Financial Economics, 58（1）：215-260.

Newman R J, Sullivan D H. 1988. Econometric analysis of business tax impacts on industrial location: what do we know, and how do we know it? Journal of Urban Economics, 23（2）：215-234.

Nickell S J. 1996. Competition and corporate performance. Journal of Political Economy, 104（4）：724-746.

Njikam O. 2014. Trade reform and firm-level labor demand in cameroon. The Journal of International Trade & Economic Development, 23（7）：946-978.

North D C. 1990. Institutions, Institutional Change and Economic Performance. Cambridge: Cambridge University Press.

Okada Y. 2005. Competition and productivity in Japanese manufacturing industries. Journal of the Japanese and International Economies, 19（4）：586-616.

Olley G S, Pakes A. 1996. The dynamics of productivity in the telecommunications equipment industry. Econometrica, 64（6）：1263-1297.

Palmer K, Oates W E, Portney P R. 1995. Tightening environmental standards: the benefit-cost or the no-cost paradigm? Journal of Economic Perspectives, 9（4）：119-132.

Papke L E. 1991. Interstate business tax differentials and new firm location: evidence from panel data. Journal of Public Economics, 45（1）：47-68.

Park J H, Kim C, Chang Y K. 2018. CEO hubris and firm performance: exploring the moderating roles of CEO power and board vigilance. Journal of Business Ethics, 147（4）：919-933.

Petrin A, Poi B P, Levinsohn J. 2004. Production function estimation in stata using inputs to control for unobservables. The Stata Journal, 4（2）：113-123.

Pistor K, Xu C G. 2005. Governing stock markets in transition economies: lessons from China. American Law and Economics Review, 7（1）：184-210.

Pittman J A, Fortin S. 2004. Auditor choice and the cost of debt captical for newly public firms. Journal of Accounting and Economics, 37（1）：113-136.

Popov A, Rocholl J. 2018. Do credit shocks affect labor demand? Evidence for employment and wages during the financial crisis. Journal of Financial Intermediation, 36：16-27.

Porcano T M. 1986. Corporate tax rates: progressive, proportional, or regressive. Journal of the American Taxation Association, 7（2）：17-31.

Porta R L, Lopez-de-Silanes F, Shleifer A, et al. 2002. Investor protection and corporate valuation. The Journal of Finance, 57（3）: 1147-1170.

Porter M E. 1991. America's green strategy. Scientific American, 264（4）: 168.

Poterba J, Summers L. 1992. Time horizons of American firms: new evidence from a survey of CEOs. Manuscript, Department of Economics, Massachusetts Institute of Technology.

Qi Y X, Roth L, Wald J K. 2010. Political rights and the cost of debt. Journal of Financial Economics, 95（2）: 202-226.

Qian J, Strahan P E. 2007. How laws and institutions shape financial contracts: the case of bank loans. The Journal of Finance, 62（6）: 2803-2834.

Rosenbaum P R, Rubin D B. 1983. The central role of the propensity score in observational studies for causal effects. Biometrika, 70（1）: 41-55.

Sappington D E M, Stiglitz J E. 1987. Privatization, information and incentives. Journal of Policy Analysis and Management, 6（4）: 567-582.

Schoar A. 2002. Effects of corporate diversification on productivity. The Journal of Finance, 57（6）: 2379-2403.

Schumpeter J A. 1994. Capitalism, Socialism & Democracy. London: Routledge.

Shevlin T J. 1987. Taxes and off-balance-sheet financing: research and development limited partnerships. The Accounting Review, 62（3）: 480-509.

Shleifer A, Vishny R W. 1994. Politicians and firms. The Quarterly Journal of Economics, 109（4）: 995-1025.

Shleifer A, Vishny R W. 1998. The Grabbing Hand: Government Pathologies and Their Cures. Cambridge: Harvard University Press.

Siegfried J J. 1972. The relationship between economic structure and the effect of political influence: empirical evidence from the corporation income tax program. PhD. Dissertation of University of Wilconsin.

Solow R M. 1957. Technical change and the aggregate production function. The Review of Economics and Statistics, 39（3）: 312-320.

Spooner G M. 1986. Effective tax rates from financial statements. National Taxation Journal, 39（3）: 293-306.

Stam E, Wennberg K. 2009. The roles of R&D in new firm growth. Small Business Economics, 33（1）: 77-89.

Stickney C P, McGee V E. 1982. Effective corporate tax rates: the effect of size, capital intensity, leverage, and other factors. Journal of Accounting and Public Policy, 1（2）: 125-152.

Stiglitz J E. 2014. Reforming taxation to promote growth and equity. Roosevelt Institute White

Paper.

Sun Q, Tong W H S, Tong J. 2002. How does government ownership affect firm performance? Evidence from China's privatization experience. Journal of Business Finance & Accounting, 29（1/2）：1-27.

Wahal S, McConnell J J. 2000. Do institutional investors exacerbate managerial myopia? Journal of Corporate Finance, 6（3）：307-329.

Wang J. 2012. Do firms' relationships with principal customers/suppliers affect share holders' income? Journal of Corporate Finance, 18（4）：860-878.

Wiengarten F, Lo C K Y, Lam J Y K. 2017. How does sustainability leadership affect firm performance? The choices associated with appointing a chief officer of corporate social responsibility. Journal of Business Ethics, 140（3）：477-493.

Wilson J D. 1991. Tax competition with interregional differences in factor endowments. Regional Science and Urban Economics, 21（3）：423-451.

Withers M C, Fitza M A. 2017. Do board chairs matter? The influence of board chairs on firm performance. Strategic Management Journal, 38（6）：1343-1355.

Wu M W, Shen C H. 2013. Corporate social responsibility in the banking industry: motives and financial performance. Journal of Banking & Finance, 37（9）：3529-3547.

Wu W F, Wu C F, Zhou C Y, et al. 2012. Political connections, tax benefits and firm performance: evidence from China. Journal of Accounting and Public Policy, 31（3）：277-300.

Xu N H, Yuan Q B, Jiang X Y, et al. 2015. Founder's political connections, second generation involvement, and family firm performance: evidence from China. Journal of Corporate Finance, 33（3）：243-259.

Zhang J Y. 2008. The contracting benefits of accounting conservatism to lenders and borrowers. Journal of Accounting and Economics, 45（1）：27-54.

Zhang M, Li J M, Zhang B, et al. 2016. Pyramidal structure, political intervention and firms' tax burden: evidence from China's local SOEs. Journal of Corporate Finance, 36：15-25.

Zimmerman J L. 1983. Taxes and firm size. Journal of Accounting and Economics, 5：119-149.